国家重点档案专项资金资助项目

抗日战争档案汇编

抗战时期云南空袭善后救济档案汇编

1

云南省档案馆 编

中華書局

图书在版编目（CIP）数据

抗战时期云南空袭善后救济档案汇编 / 云南省档案馆编 . – 北京 : 中华书局 , 2021.8
（抗日战争档案汇编）
ISBN 978-7-101-15291-3

Ⅰ. 抗… Ⅱ. 云… Ⅲ. 抗日战争 – 历史档案 – 汇编 – 云南 Ⅳ. K265.063

中国版本图书馆 CIP 数据核字 (2021) 第 152934 号

书　　名　抗战时期云南空袭善后救济档案汇编（全二册）
丛 书 名　抗日战争档案汇编
编　　者　云南省档案馆
策划编辑　许旭虹
责任编辑　李晓燕
装帧设计　许丽娟
出版发行　中华书局
（北京市丰台区太平桥西里38号　100073）
http://www.zhbc.com.cn
E-mail:zhbc@zhbc.com.cn
图文制版　北京禾风雅艺文化发展有限公司
印　　刷　天津艺嘉印刷科技有限公司
版　　次　2021年8月北京第1版
2021年8月第1次印刷
规　　格　开本889×1194毫米　1/16
印张62
国际书号　ISBN 978-7-101-15291-3
定　　价　1000.00元

抗日战争档案汇编编委会

云南省抗日战争档案汇编编委会

编纂出版工作领导小组

主　任　黄凤平

副主任　段俐娟　龙　岗　张文芝　刘海岩　王志强

委　员　梁屹峰　陈建东　杨健生　苏晓霞　梁雪花
叶惠杰　李　涛　杨庆树　陈静波　杨　萍
和爱丽

抗战时期云南空袭善后救济档案汇编编委会

总序

为深入贯彻落实习近平总书记「让历史说话，用史实发言，深入开展中国人民抗日战争研究」的重要指示精神，国家档案局根据《全国档案事业发展「十三五」规划纲要》和《「十三五」时期国家重点档案保护与开发工作总体规划》的有关安排，决定全面系统地整理全国各级综合档案馆馆藏抗战档案，编纂出版《抗日战争档案汇编》（以下简称《汇编》）。

中国人民抗日战争是近代以来中国反抗外敌入侵第一次取得完全胜利的民族解放战争，开辟了中华民族伟大复兴的光明前景。这一伟大胜利，也是中国人民为世界反法西斯战争胜利、维护世界和平作出的重大贡献。加强中国人民抗日战争研究，具有重要的历史意义和现实意义。

全国各级档案馆保存的抗战档案，数量众多，内容丰富，全面记录了中国人民抗日战争的艰辛历程，是研究抗战历史的珍贵史料。一直以来，全国各级档案馆十分重视抗战档案的开发利用，陆续出版公布了一大批抗战档案，对揭露日本帝国主义侵华罪行，讴歌中华儿女勠力同心、不屈不挠抗击侵略的伟大壮举，弘扬伟大的抗战精神，引导正确的历史认知，发挥了积极作用。特别是国家档案局组织有关方面共同努力和积极推动，「南京大屠杀档案」被联合国教科文组织评选为「世界记忆遗产」，列入《世界记忆名录》，捍卫了历史真相，在国际上产生了广泛而深远的影响。

全国各级档案馆馆藏抗战档案开发利用工作虽然取得了一定的成果，但是，在档案信息资源开发的系统性和深入性方面仍显不足。正如习近平总书记所指出的：「同中国人民抗日战争的历史地位和历史意义相比，同这场战争对中华民族和世界的影响相比，我们的抗战研究还远远不够，要继续进行深入系统的研究。」「抗战研究要深入，就要更多通过档案、资料、事实、当事人证词等各种人证、物证来说话。要加强资料收集和整理这一基础性工作，全面整理我国各地抗战档案、照片、资料、实物等……」

国家档案局组织编纂《汇编》，对全国各级档案馆馆藏抗战档案进行深入系统地开发，是档案部门贯彻落实习近平总书记重要指示精神，推动深入开展中国人民抗日战争研究的一项重要举措。本书的编纂力图准确把握中国人民抗日战争的历史进程、主流和本质，用详实的档案全面反映一九三一年九一八事变后十四年抗战的全过程，反映中国共产党在抗日战争中的中流砥柱作用以及中国人民抗日战争在世界反法西斯战争中的重要地位，反映国共两党「兄弟阋于墙，外御其侮」进行合作抗战、共同捍卫民族尊严的历史，反映各民族、各阶层及海外华侨共同参与抗战的壮举，展现中国人民抗日战争的伟大意义，以历史档案揭露日本侵华暴行，揭示日本军国主义反人类、反和平的实质。

编纂《汇编》是一项浩繁而艰巨的系统工程。为保证这项工作的有序推进，国家档案局制订了总体规划和详细的实施方案，明确了指导思想、工作步骤和编纂要求。为保证编纂成果的科学性、准确性和严肃性，国家档案局组织专家对选题进行全面论证，对编纂成果进行严格审核。

各级档案馆高度重视并积极参与到《汇编》工作之中，通过全面清理馆藏抗战档案，将政治、军事、外交、经济、文化、宣传、教育等多个领域涉及抗战的内容列入选材范围。入选档案包括公文、电报、传单、文告、日记、照片、图表等多种类型。在编纂过程中，坚持实事求是的原则和科学严谨的态度，对所收录的每一件档案都仔细鉴定、甄别与考证，维护档案文献的真实性，彰显档案文献的权威性。同时，以《汇编》编纂工作为契机，以项目谋发展，用实干育人才，带动国家重点档案保护与开发，夯实档案馆基础业务，提高档案人员的业务水平，促进档案馆各项事业的发展。

守护历史，传承文明，是档案部门的重要责任。我们相信，编纂出版《汇编》，对于记录抗战历史，弘扬抗战精神，发挥档案留史存鉴、资政育人的作用，更好地服务于新时代中国特色社会主义文化建设，都具有极其重要的意义。

抗日战争档案汇编编纂委员会

编辑说明

一九三七年七七事变，日本发动全面侵华战争，凭借其军事上的绝对优势，疯狂进攻，迅速占领了华北、华东及东南沿海地区，西南成为抗战的大后方，云南的战略地位变得尤为重要。云南境内有抗战赖以维系的滇越铁路、滇缅公路国际运输线，有内迁的国民政府中央机关、高等院校、科研单位、工厂企业及大批百姓。日军为达到截断中国对外交通，包抄抗战后方、迅速灭亡中国的目的，从一九三八年九月二十八日首次空袭昆明，至一九四四年十二月二十六日夜袭滇缅公路及景东一带止，在六年多的时间里，对昆明、个旧、蒙自、保山、屏边、昭通、建水、西畴等二十多个城镇及重要交通线进行了数百次狂轰滥炸，最多时日投炸弹数百枚，被炸处房屋被毁，尸横遍地，造成昆明「二·二六」「四·八」、蒙自「四·一三」、保山「五·四」等重大惨案，欠下累累血债。为铭记历史，以史为鉴，珍爱和平，云南省档案馆影印出版《抗战时期云南空袭善后救济档案汇编》。

本书共选取档案一百六十六份，全部来自云南省档案馆。本书所选档案时间跨度为一九三八年至一九四六年，档案内容包括昆明、滇东北、滇南、滇西等二十多个城镇的轰炸情况报告、各县政府汇报被炸受灾伤亡情况的呈；各县政府遭受轰炸后的损失情况统计报告；云南省政府、民政厅等部门对炸后的救济抚恤的令、来往公函等。全书按照「主题—时间」体例编排，包括省会昆明遭受的轰炸，云南东北部、南部、西部遭受的轰炸和轰炸善后救济三个部分，每部分分别按时间排序，反映了云南遭受侵华日军无差别轰炸的真实状况。

所选档案均为本馆馆藏原件全文影印，未做删节；如有缺页，为档案自身缺页。

档案中原标题完整或基本符合要求的使用原标题；无标题的加拟标题。标题中人名使用通用名，机构名称使用机构全称或规范简称，历史地名沿用当时地名。档案所载时间不完整或不准确的，作了补充或订正。档案无时间且无法考证的标注「时间不详」，时间只有年份、月份而没有日期的档案，排在本年或本月末。

本书使用规范的简化字。对标题中人名、历史地名、机构名称中出现的繁体字、错别字、不规范异体字、异形字等，予以径改。限于篇幅，本书不作注释。

本书由云南省档案馆利用服务处负责编纂。梁屹峰拟定编纂大纲并对全书进行审定。杨萍完成档案选取、标题拟写和统稿。陈静波、殷俊燕、和丽琨、刘春茂、李艳、唐娟参与了对档案与标题的核审校对。

限于学识与水平，本书难免会有疏漏，敬请专家和读者指正。

编　者

二〇一八年十月

目录

二、云南东北部、南部、西部遭受的轰炸

第二册

三、轰炸善后救济

一、省会昆明遭受的轰炸

云南省一九三八年九月二十八日空袭情况报告表（一九三八年九月二十八日）

1、

日期	廿七年九月廿八日
星期	三
经过时间	一小时五十分
空袭情报	（八、三〇分）接桂省情报敌機九架侵邕宁万冈乐里田西西林西隆向滇飛（八、四〇分）由江底入境经罗平各情陆良杨林板桥（九、一四分）由市郊东北侵入市空（九卅分）由呈贡宜良弥勒泸西邱北广南富宁出境
處置情形	八、四〇分 空袭警报 九、五〇分 紧急警报 一〇、三〇分 解除警报
空袭景况	一、巫家坝機场中弹八十余枚 二、昆明市西门外潘家湾凤翥街苗圃荒地中弹廿枚 炸毁师校一部 民房数十间 死伤卅人 农[illegible] 三、我空军击毁敌機一架击毙敌空军五名生获俘虏他逃一名
联络员	王伴　郝炬
值班人员	李正和　马俊华　陈兰芳　谢建新

昆明市第一次敌机轰炸后人口伤亡汇报表（一九三八年九月二十八日）

33

昆明市人口傷亡彙報表

事件：第一次敵機轟炸本市
日期：二十七年九月二十八日
地點：市四區鳳翥街及潘灣

填送日期二十八年十二月四日

傷亡人數／性別	重傷	輕傷	死亡
男	十人	十一人	九人
女	六人	十五人	十五人
童	無	一人	二人
不明			

附人口傷亡調查表四張
報告者第四區長廖資始

34

昆明市人口傷亡彙報表

事件：第一次敵機轟炸本市
日期：二十七年九月二十八日
地点：市四區鳳翥街及潘家灣

填送日期二十八年十二月四日

傷亡人數 / 性別	重傷	輕傷	死亡
男	10 十二人 五	11 九人 七	十六人 9
女	6 八人 七	15 十四人 九	十五人 15
童	無	1 [illegible]	女一人 男四人 2
不明			五十三人

附人口傷亡調查表四張

報告者第四區區長廖資始

云南全省防空司令部关于日军轰炸昆明市大西门外情况报告表（一九三八年九月二十八日）

日期	廿八年四月八日	星期	六	經過時間	三小時五十分
空襲情形摘要	（一一·四七分）敵機廿六架由那馬分兩批向西飛（一二·三八分）敵機二十八架由蒙自西林向雲南飛（一三·五〇分）敵機廿六架由廣南向西飛陸續經楷甸彌勒路南宜良呈貢安寧（一五·〇〇分）到昆明市東郊投彈後分兩批一由馬龍曲靖師宗羅平出境一由呈貢宜良路南彌勒瀘西師宗羅平出境				
處置情形	一三·三〇分空襲警報 一四·三八分緊急警報 一六·四〇分解除警報				
空襲損害概況	一、巫家壩機場中彈 二、市郊和甸營只條村中彈炸毀民房四十七戶死七人傷婦人牛一頭				
聯絡員	王仲 郝炬				
值班人員	李正和 余雲伦 汪穎濤				
附記					

3、

日期	廿八年四月十三日	星期	四	经过时间	一小时四十二分
空袭情报	（一一·五五分）越南南关发敌大型轰炸机架数不明，至越南南关飞（一五·三〇分）入境，经马关、芷村、黑龙潭至蒙自一批四架，经屏边沿江河至石屏、建水、个旧、蒙自投弹，均出役由黑龙潭旁向经越南出境。来机十五架，二批十四架。				
处置情形	一五·五八分 空袭警报 一七·二七分 解除警报				
空袭景况	敌机十四架在蒙自 弹 166枚 炸 403间 震 720间 焚 51间 死 173人 伤 156人				
联络员	王钟 郝姬				
值班人员	张俊新 曾毅涛 余翠仙 李正和				
附记					

昆明县政府关于第二区和甸营村香条前村、白得邑村被炸情形致云南民政厅的呈（一九三九年四月十四日）

呈為呈請賑卹事竊查四月八日敵機襲滇職縣所屬第二區和甸營村被投彈數枚炸燬民房二十六戶炸死男二丁女二口受傷男二丁女一口共計男女六丁口又香條前村被炸燬房屋二十一戶炸死女二口受傷男二丁女一口共男女五丁口又白得邑村被炸三戶炸死男二丁女一口受傷女一口共四丁口以上三村共計被炸五十戶共炸死男三丁女五口炸傷男四丁女三口業經派員查明屬實理合造具清册具文呈報請祈

鈞廳鑒核俯念該災民等均係無辜被炸情實悽慘准予援照大災章程例案從優撫卹給賑以惠災黎

是否有當伏祈

鈞核示遵

謹呈

雲南民政廳廳長李

計呈被炸災民清册一本

昆明縣縣長董廣布

15

中華民國二十八年四月十四日

云南省一九三九年十二月三十日空袭情况报告表（一九三九年十二月三十日）

4

雲南省敵機空襲情況報告表

日期	十二月卅日	星期	六	經過時間	三小時十五分
空襲情報	(一〇·〇八)敵機三十九架由田蓬入境後分为兩批 第一批十二架(一〇·一八)經普弄廣南阿基得那北(一一·一六)到蒙自機場投彈(一一·二〇)由碧色寨經鳴鷲文山八播(一二·〇〇)由富寧方面出境 第二批二十七架(一〇·三〇)經文山後又分二批·(1)一批九架沿鉄路在馬街附近投彈(一一·三〇)过河口經玉皇閣越境入桂竄去 (2)一批十八架(一〇·四〇)過平填街分兩批各九架沿鉄路在白寨及老范寨附近投彈一批繞龍脖折經大栗樹馬関庶栗坡出境一批經仁和馬関麻栗坡出境				
處置情形	(一〇·〇六)預行警報 (一〇·二五)空襲警報 (一一·〇四)緊急警報 (一三·二二)解除警報				
空襲結果	一、蒙自市空敵機盤旋三轉未投彈 二、蒙自機場暨東郊石觀音一帶投彈三十餘枚 三、滇越鉄路馬街車站附近蔓住坡寨村外投彈九枚无損 四、滇越鉄路四十三基罗老范寨附近投彈十餘枚路基稍塌妨交通 五、滇越鉄路八十二基羅白寨鉄橋附近投彈百餘枚未中橋路				
聯絡員	王仲 郝烜				
值班人員	李正和 褚德新 曾韻濤 盧貴琴				
附記					

製表員

昆明空袭紧急救济联合办事处关于一九四〇年九月三十日昆明空袭受灾情况致云南省赈济会的报告（一九四〇年十月一日）

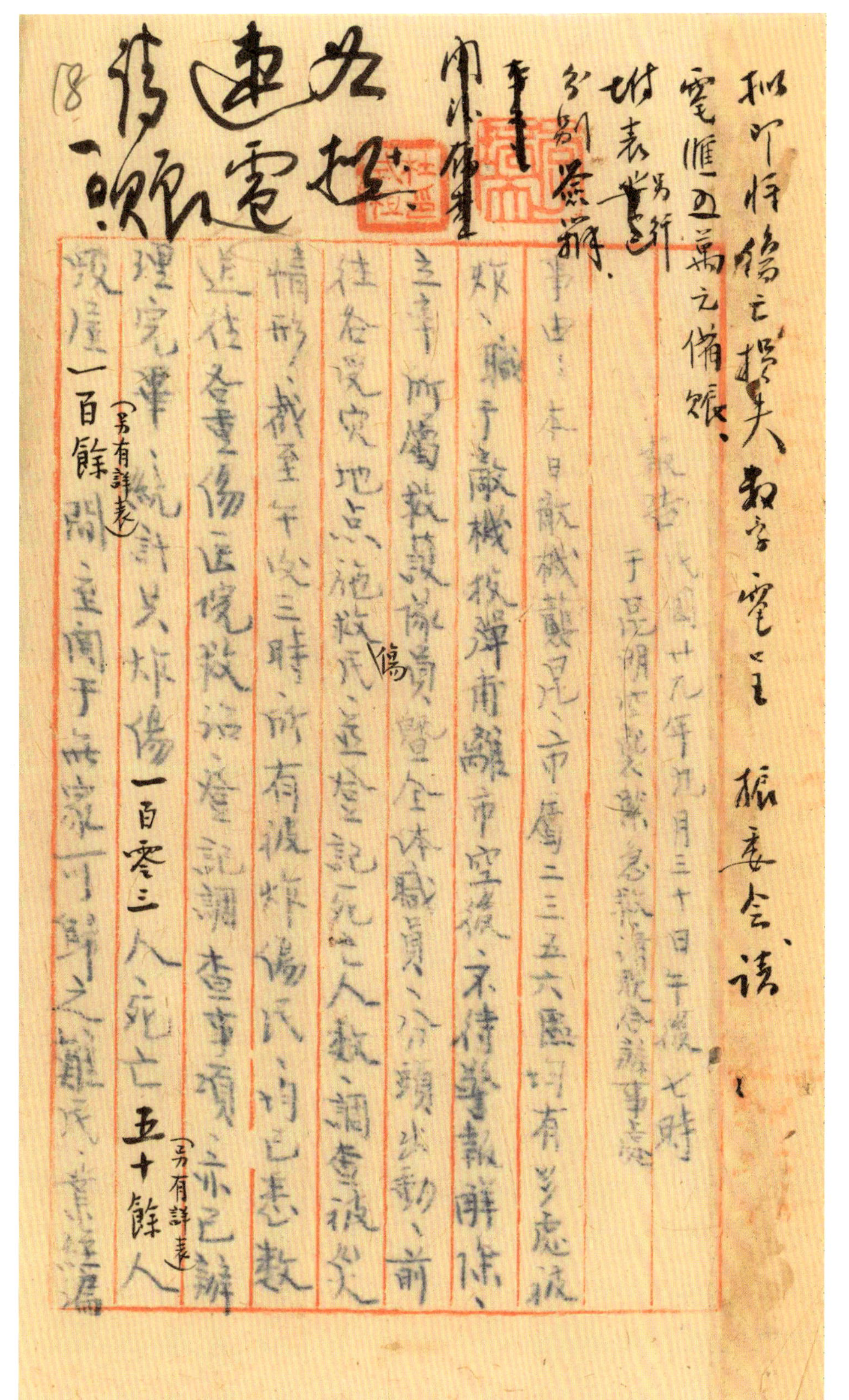

報告　民國廿九年九月三十日午後七時
于昆明空襲緊急救濟聯合辦事處

事由：本日敵機轟昆，市屬二三五六區均有多處被炸，職于敵機投彈甫離市空後，不待警報解除，立率所屬救護隊員，暨全体職員，分頭出動，前往各受災地点，施救傷民，並登記死亡人數，調查被災情形，截至午後三時，所有被炸傷民，均已悉數送往各重傷醫院救治，登記調查事項，亦已辦理完畢，統計共炸傷一百零三人，死亡五十餘人（另有詳表），毀屋一百餘間（另有詳表），至關于無家可歸之難民，業經編

19

後令飭各收容所從事收容，並飭準需留備米三十公石，餘交各該所備用。復已通知二三五六區區公所從速調查，分別填給難民證，俾便持證入所收容。至死亡尸體，擬請令飭掩埋隊前往紅慈兩會指取本處存棺，儘本晚掩埋完竣。茲謹將救護隊送往各醫院收治傷民人數及災區概況，分別列表附呈，仰祈

鑒核示遵！

謹呈

雲南省賑濟會

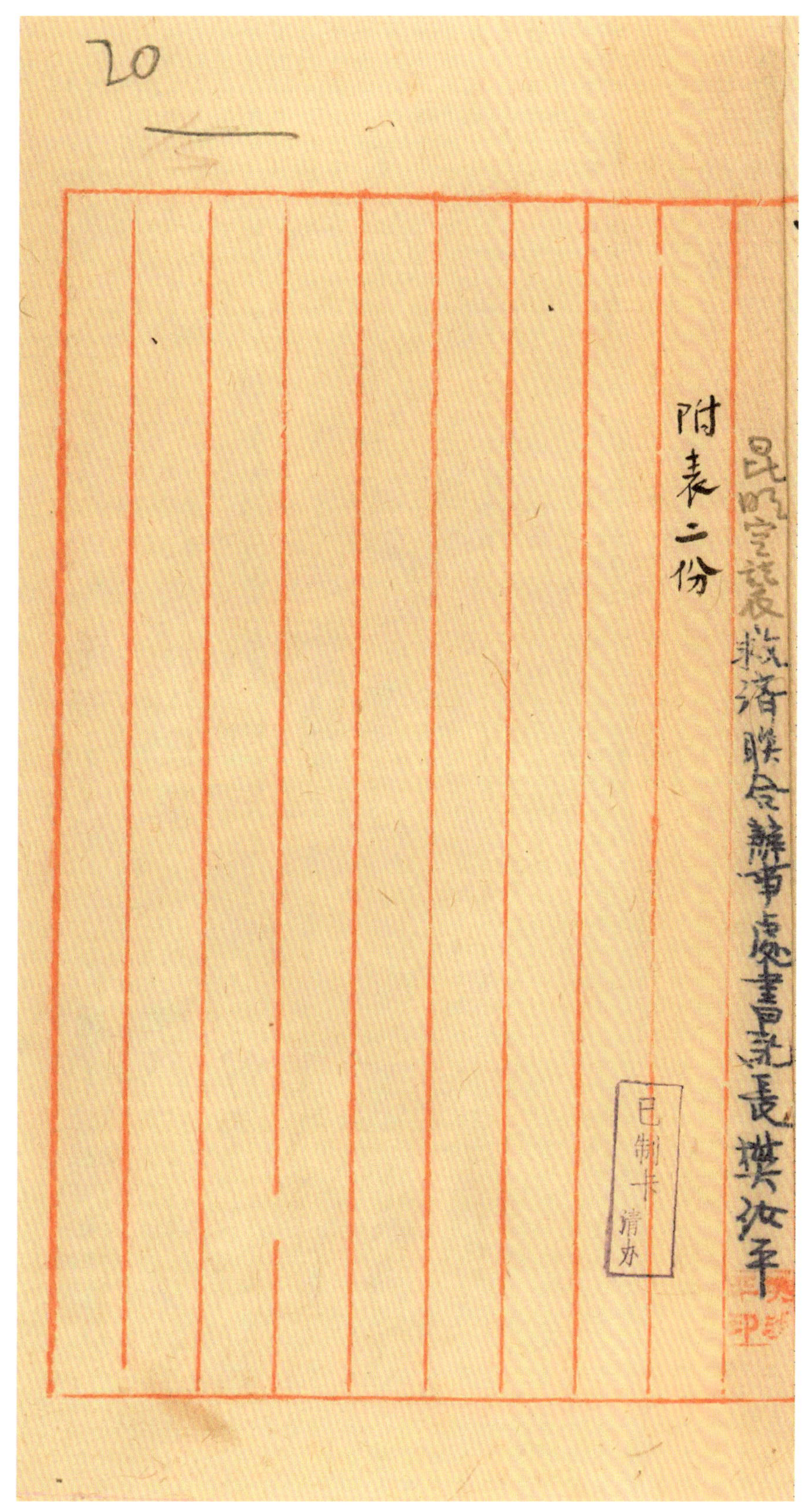

20

昆明空襲救濟聯合辦事處書記長龔汝平

附表二份

已制卡
清办

附：昆明空袭紧急救济联合办事处调查「九卅」市区被炸灾区概况表

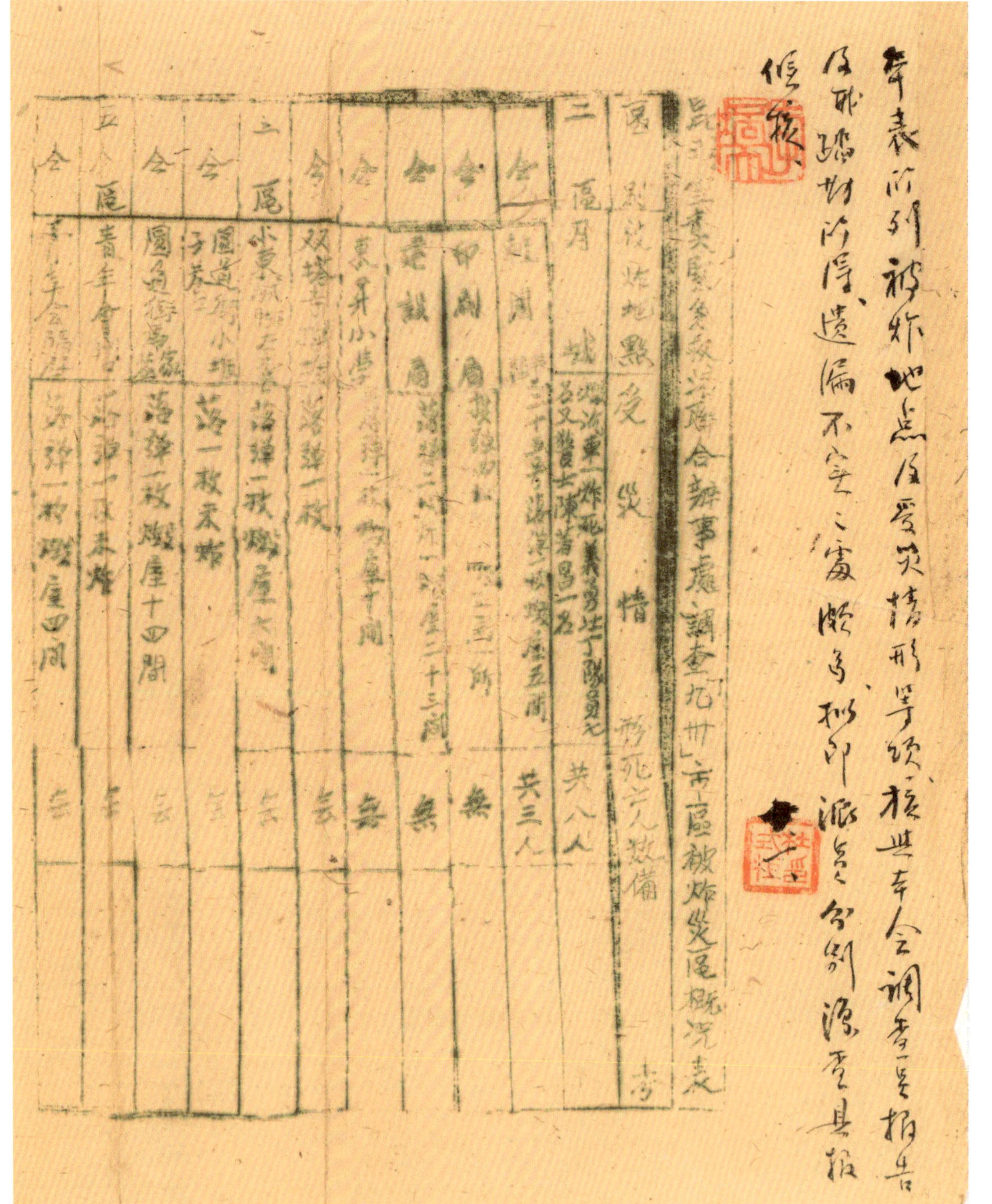

昆明空袭紧急救济联合办事处调查「九卅」市区被炸灾区概况表

区别	被炸地点	受灾情形	炸死亡人数	备考
二区	月城	[illegible]炸死[illegible]学生陈著昌一名	共八人	
仝	钱局街	[illegible]号落弹一枚，毁房屋五间	共三人	
仝	印刷局	投[illegible]一所	无	
仝	造[illegible]局	落弹二枚[illegible]毁房屋二十三间	无	
仝	东升小学	落弹一枚，毁房屋十间	无	
仝	双塔寺[illegible]	落弹一枚	无	
三区	小东城脚[illegible]	落弹一枚，毁房屋六间	无	
仝	圆通街小坝子巷	落弹一枚未炸	无	
仝	圆通街[illegible]	落弹一枚，毁房屋十四间	无	
五区	青年会[illegible]	落弹一枚未炸	无	
仝	[illegible]会馆	落弹一枚，毁房屋四间	无	

本表所列被炸地点及受灾情形等项，核与本会调查员报告及昨据财所得、遗漏不全之处，拟即派员分别调查具报，俟核。

22

仝	鞍場堰十[illegible]	落弹一枚未炸	無
仝	護國門大學	落弹一枚未炸	無
仝	南草街	落弹一枚未炸	無
仝	三人鋪	十坊五保燬屋共二十[illegible]間	一人
仝	仝	七保燬屋十四間	一人
仝	仝	十二坊五保中行儲貨倉全燬	無
仝	仝	十二坊六保郵務工會燬一部未炸	七人
仝	仝	郵務工會附近民房燬五間	仝
仝	巡李公祥街	落一弹未炸	

23

仝	集園西院	全毁附近民房亦波及多間	十餘人	正發掘中
仝	祥云街中	毁鋪房五間	無	
仝	東方滙理銀行	全毁	無	
六區	區公所	全毁	十二人	區長在内
仝	尚义街	振華工廠毁汽車二	二人	
仝	篆塘河岸	得勝橋附近落彈一彈未炸	無	

附记

一、死亡人數除集園十餘人正發掘外，共死三十四人。

二、房屋除東方滙理銀行、印刷局正廠一所、中行倉庫、郵務工會、六區公所、集園西院均全毁外，共毁一百一十三間（連遺產在内）。

三、城外護國路、城内雲衣街房屋十餘間（附一、部）大東門外一間。

四、昆明縣屬一區四道埧村，毁房一間，死一、傷一。

24

第557號　文

竊查本市昨日被炸，當經連夜趕辦一切善後，並將辦理詳情造具報告，連同傷亡人數表、災區概況表等，於昨晚十時，專人送呈

鈞閱在案。惟是災民中，不無欲行疏散，不願停留市內者，自應予以便利，以示體恤。茲特由會派人分為五組，前往受災各區，會同各該區坊長，列冊登記無家可歸之難民，其願入收容所者，立刻送所。不願者，由會按照「五九」辦法，酌其受災輕重，發給急賑，並限本日辦畢。除將辦理詳情，當續即造具專冊，另案呈

昆明空襲緊急救濟聯合辦事處用箋

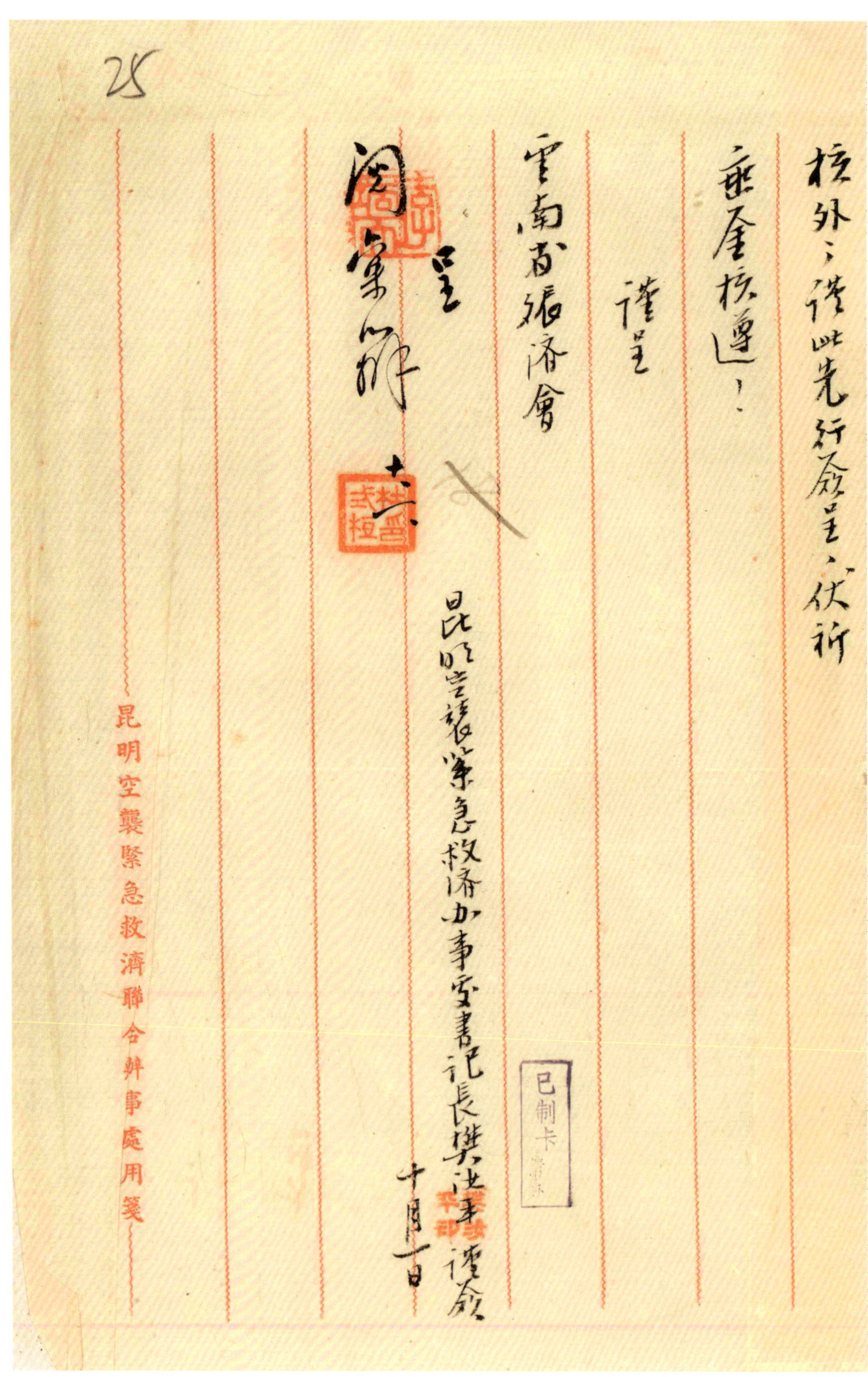

25

核外，謹此先行簽呈，伏祈

垂鑒核遵！

謹呈

雲南省賑濟會

呈

閱案卿 十六

昆明空襲緊急救濟辦事處書記長樊沚年謹簽

十月一日

已制卡

昆明空襲緊急救濟聯合辦事處用箋

昆明空袭紧急救济联合办事处关于一九四〇年十月七日空袭情况致赈济委员会驻滇办事处的报告（一九四〇年十月七日）

報告　十月七日午后七時

于昆明空襲緊急救濟聯合辦事處

事由：竊查本日（七號）午后一時，敵機侵襲本市，於投彈後，警報尚未解

除，職處全体職員及救護隊，當即赴往災區救護，計有紡紗廠、

中央光學廠、椰壩、西岳廟、土橋等處被炸；除防紗廠及光學

廠係屬公營事業，政府另有規定，不在職處賑濟範圍外，統

計受災人民共有三十五戶，房屋什物全毀者約二十六戶，死十五

人，傷二十三人，所有傷者業已於午后三時以前悉數送入各重

傷醫院治療，其無家可歸者已囑該區坊長速送第九收容

所收容（地址在南翔小學），其不願入所者，由處照[illegible]五九區辦法

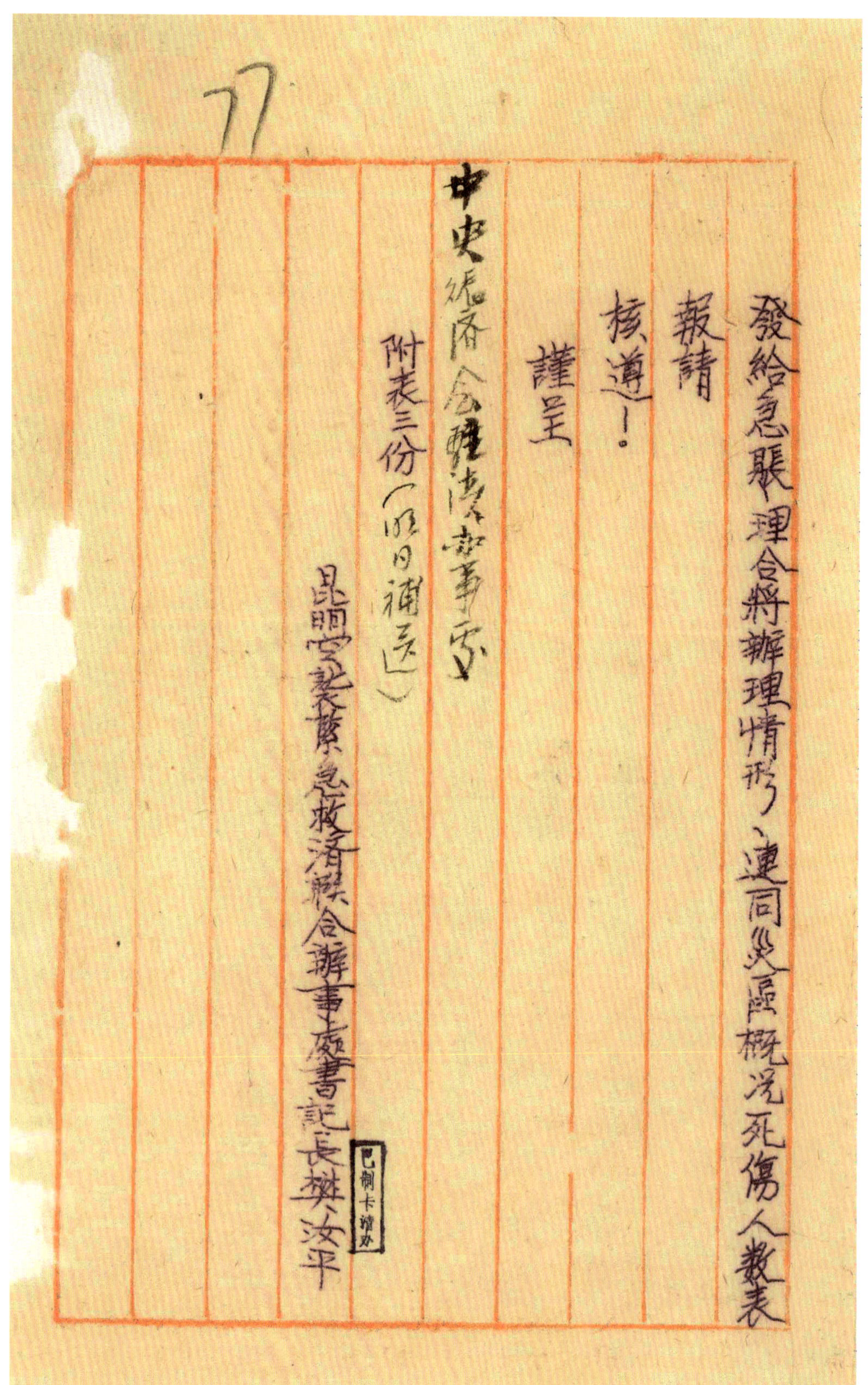
77

發給急賑理合將辦理情形，連同災區概况死傷人數表

報請

核，遵！

謹呈

中央振濟委員會

附表三份（明日補送）

昆明空襲緊急救濟聯合辦事處書記長樊汝平

已制卡

刘仁关于调查敌机轰炸昆明市县死伤情形致杜式桓的报告（一九四〇年十月七日）

為簽報事

竊查十七午敵機二十六架再度襲滇，于敵機出境

時遂往災區調查，以資補助，藉供參考

一、鎮昆電機綫廠手瓦房十一间全毁，炸死女職工三人

張瓊林、何樹蘭、叶鳳英，其被埋斃者現正挖掘，其住

址已飭該經理郭輝南詳報

二、新橋炸斷橫屍三具，一周羅氏為周崇之妻，二具不明

待查，皆女性，住址在棉花巷劉氏跡散者

三、西嶽廟六十一號時義瓦房四间，六十二號朱保長鋪面二间

達住房三间一耳，六十三號唐洪太州房二间，六十四號丁

育中瓦房一间，七十七號姚保長祥太瓦房鋪面二间又

住房一间一耳，七十號徐質軒鋪面二间又四耳，六十八號楊

（一）

尚有瓦房二间皆全毁。七十八号喻丰耕瓦房一间半毁

房一男尸不识名一女尸名八十五号住人宋戚氏

四被滇纺织公司震伤男工三人姓名不愿登记

二十二号工厂毁房二所人未伤。纺投弹廿余枚未炸

纺纱厂约投弹四余枚未炸。工人无伤。烧毁食堂

（二）板桥房

三棉花桥死侦缉队员孙西成一人。二十七号查伤白岩

英一人。二十六号毁叶祖端瓦房一所计三间

以上被埋在未剷出已伤送医院尚未记。谨呈

组长杜

　　　　　　　　　　　　　　　　　　　　组员刘仁谨呈

　　　　　　　　　　　　　　　　　　　　　　　十·七

呈

周队长绣

昆明市一九四〇年十月、十一月空袭情形报告表（一九四〇年十月七日至十一月十五日）

132

空襲情況報告表

日期	月日	十月七日
	时分	一时十五分
空襲	地點	昆明市
	次数	一次
敵机架数		二十五架轟炸机，五架驅逐机，
警报时间	空襲	十二时五分
	紧急	十二时二十分
	解除	二时二十分
襲擊狀況	着弹地点	新巷兩防空廠二十二兵工廠柳垻村飛机製造廠土橋村柿花橋西壩廟三板橋朝陽巷
	炸弹種類	爆炸弹及燃燒弹
	炸弹數目	九十三枚（內有十四枚未爆炸）
損害情形	房屋 炸燬	一百零七间
	房屋 震倒	十五间（外有朝陽巷及柳垻二處碉堡震倒）
	房屋 焚燬	五间
	人口 死	二十一人
	人口 傷	二十二人
其他		新桥中弹二枚燬桥一半
備考		闻殷家箐靶場有軍分校实弹射擊被敵机發現投弹一枚幸無損傷

此表祇填寫空襲情形至表格填滿為止惟每一次之情況填註完畢後應加劃红線以示區別當無空襲時不必填

127

空襲情况報告表

日期	月日		十月十三日
	時分		二時二十分
空襲	地點		昆明市
	次數		一次
敵機架數			三十六架
警報時間	空襲		十一時十九分
	緊急		十一時二十五分又午後一時五十分
	解除		
轟炸狀况	着彈地點		大西門文林街文化巷天君殿小東門小吉坡西倉坡[illegible]街[illegible]造幣廠兵工廠錢局街[illegible]潤北門街民房街長耳街大西城腳北城外白馬廟鄉現在[illegible]機製造廠老鼠廟裕[illegible]
	炸彈種類		爆炸彈
	炸彈數目		九十餘枚(內有六枚未爆炸)
損害情形	房屋	炸毀	約四百餘間
		震倒	約三百餘間
		焚燬	無
	人口	死	現已發現三十餘人餘正挖掘中
		傷	五十餘人輕傷在外
其他			
備考			查本日敵機侵入市空依飛機降觸有漢奸指示目標當經防警注意偵查旋據報稱是時於菊花村汽油庫方面發現有河西人潘榮第施小亭持有紅旗兩面不無嫌疑又白馬廟方面亦發現有廣東人何大璣形迹可疑送請訊辦均情到局除分別訊究另案呈報合併陳明

此表可繼續填寫空襲情形至表格填滿為止惟每一次之情况填寫完畢後应加劃紅線以示區别當日無空襲可不必填

空袭情况报告表

日期	月日	十月十七日
空袭	时分	二时十分
	地点	昆明市及郊区馬街子工廠
	次数	一次
敌机架数		偵查机 驱逐机九架 轰炸机廿七架
警报时间	空袭	午前九时五十分
	紧急	午後一时廿分
	解除	五时十分
轰炸状况	着弹地点	文廟街 威遠街口 龍泉巷 汶私街 書林街 金碧路 宝善街 东寺街 復興街 鑫丘里 沐宅巷 汶方老製革廠側 馬街子電工器材廠
	炸弹种数	爆炸弹
	炸弹数目	本市共投廿九枚 郊区馬街子電工器材廠五十餘枚（内有十枚未炸）
损害情形	房屋 炸燬	三百一十九间
	房屋 震倒	四十三间
	房屋 焚燬	十三间
	人口 死	五人
	人口 傷	八人
其他		
備考		

114

空襲情況報告表

日期	月日		十月二十八日
	時分		十二時四十分
空襲	地點		昆明市
	次數		一次
敵機架數			偵察機一架驅逐三架轟炸機九架
警報時間	空襲		七時二十分
	緊急		七時卅五分 十二時卅分
	解除		四時卅分
襲擊狀況	着弹地点		小东城外小菜園一带及海埂
	炸弹種類		爆炸弹
	炸弹數目		十四枚
損害情形	房屋	炸毁	二十間
		震倒	六十餘間
		焚毁	
	人口	死	九人
		傷	二十八人
其他			
備考			

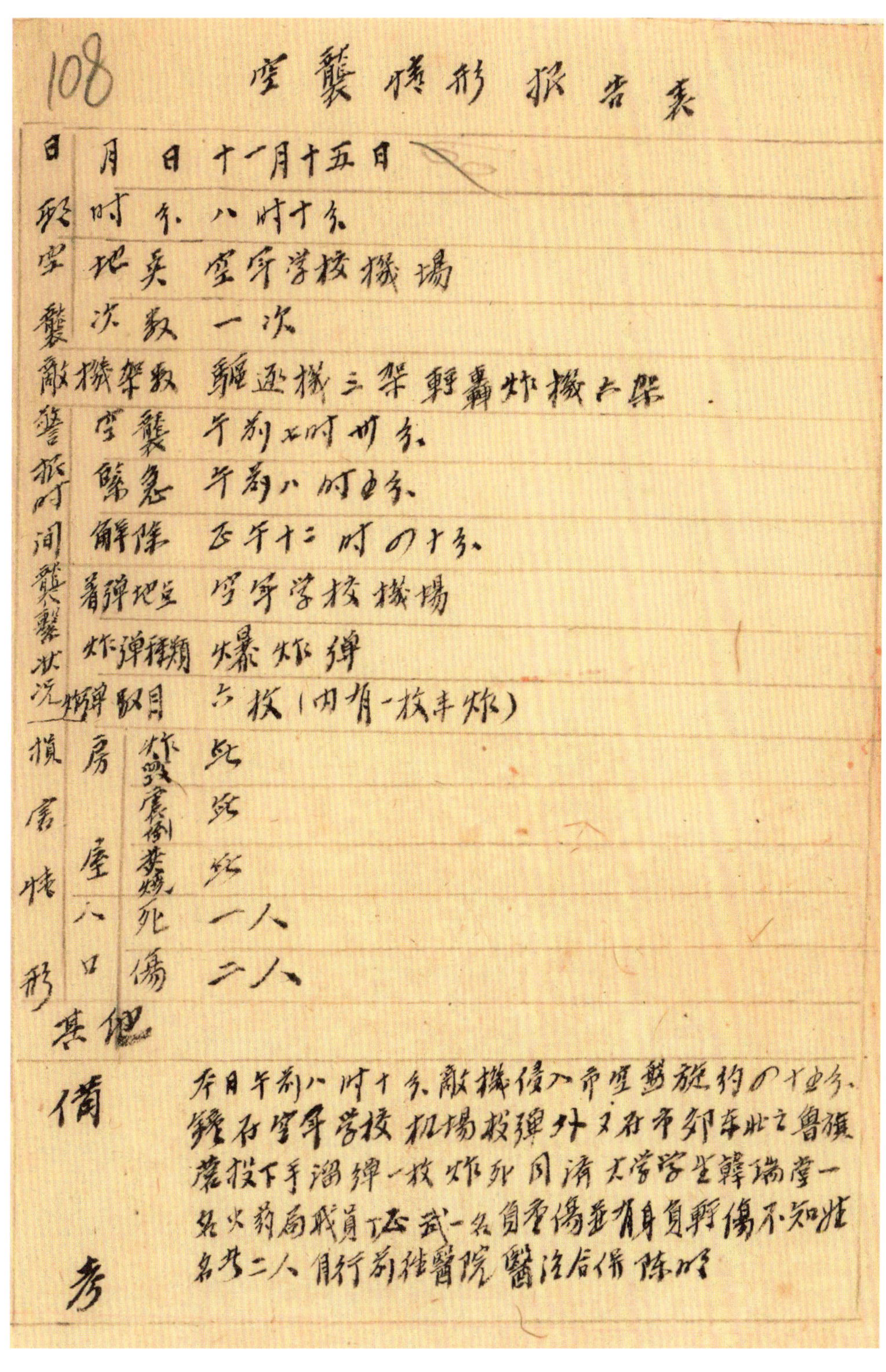

108

空袭情形报告表

日	月日		十一月十五日
空袭	时分		八时十分
	地点		空军学校机场
	次数		一次
敌机架数			驱逐机三架 轻轰炸机六架
警报时间	空袭		午前七时卅分
	紧急		午前八时五分
	解除		正午十二时四十分
袭击状况	着弹地点		空军学校机场
	炸弹种类		爆炸弹
	投弹数目		六枚(内有一枚未炸)
损害情形	房屋	炸毁	无
		震倒	无
		焚烧	无
	人口	死	一人
		伤	二人
其他			
备考			本日午前八时十分敌机侵入市空盘旋约四十五分钟在空军学校机场投弹外又在市郊东北之鲁旗营投下手溜弹一枚炸死同济大学学生韩瑞堂一名火药局职员丁弘武一名负重伤并有身负轻伤不知姓名者二人自行前往医院医治合併陈明

云南全省经济委员会纺织厂为报送该厂一九四〇年十月七日被敌机轰炸损失清单致中央信托局昆明分局函（一九四〇年十月八日）

照抄致中央信託局昆明分局函

逕啟者：敝廠於本日午後一時被炸，廠内機械、建築及原料等均受損失，相當重大，相應函請

貴局速爲派員前來查勘，是爲至盼！此致

中央信託局昆明分局

蓋雲南經濟委員會紡織廠章謹啟 十月七日

逕啟者：查敝廠昨日被敵機轟炸，即經函請

貴局派員前來查勘被炸狀况，當蒙

貴局派林震峰先生蒞廠查勘，業將廠内建築機械物件及在製品、製成品等損壞情形詳細檢查，茲附上被炸損失報告表一份送請

246

查核。茲查敝廠此次被炸損失，係屬紗廠部份，包括建築、機械、物料、及在製品、製成品等。關于建築部份，修理工程已請揚子建築公司代為估計，機械損失，一時尚難估計就緒，至廠内物料及在製品、製成品，均在整理清查中，容俟估計清查損失確數後，再為奉報。惟敝廠此次被炸損失，對於後方生產工業關係尤重，亟應於最短期内恢復，以濟民需而利抗戰。用特函達，請煩

貴局以迅速方式處理賠償，如何之處？仍希　賜覆為荷。此致

中央信託局昆明分局

附被炸損失情形報告表一份

蓋本廠章　加廠長私章　謹啓　十月八日

附：云南全省经济委员会纺织厂一九四〇年十月七日被敌机轰炸损失清单

228
166

雲南全省經濟委員會紡織廠二十九年十月七日被敵機轟炸

損失清單

（Ⅰ）建築

甲、全部炸毁者

（一）紗廠第一連第一間

（二）紗廠第七連計伍间

（三）紗廠第八連第一间

乙、屋頂損傷者

（一）紗廠抽水间弍间（瓦片損失十分之七）

（二）布廠屋頂二十七處

271

丙、屋頂及墻震鬆者

（一）紗廠第一連第二間弍間（瓦片損失十分之四）

（二）紗廠第二連西面山墻一間（瓦片損失十分之三）

（三）紗廠第三連一間（瓦片損失十分之三）

（四）紗廠第四連及第五連共二間（瓦片損失十分之三）

（五）紗廠第六連計六間（較重）（瓦片損失十分之九）

（六）紗廠第六連計八間（較輕）（瓦片損失十分之四）

（七）紗廠第七連計叁間（較重）（瓦片損失十分之七）

（八）紗廠第七連計陸間（較輕）（瓦片損失十分之四）

（九）紗廠第八連計肆間（較重）（瓦片損失十分之九）

240
167

(十)纱厰第八連計玖间(較輕)(瓦片損失十分之三)
(十一)纱厰第九連東面屋頂損傷叁间
(全連總共瓦片損失計十分之三)
(十二)纱厰第九連西山墻(較輕)一间
(十三)布厰鍋爐室一间
(十四)纱厰全部天窗均有損傷
丁、隔壁震鬆者
(一)布厰隔墻一堵
(二)布厰階沿石一条
Ⅱ機械
甲、全部炸燬不能修復者:

241

（一）精紡機壹台

（二）搖紗機拾伍台

（三）棉条桶陸拾壹支

（四）亨司牌及木桿牌捌块

乙、一部份炸壞尚能修復者：

（一）精紡機肆台

（二）搖紗機壹拾伍台

（三）梳棉機兩台

（四）粗紡機一台

丙、受傷而須整理方能開動者：

（一）精紡機壹台
（二）搖紗機肆台
（三）清棉科花捲磅秤盤壹支
（四）三角機壹台
（Ⅲ）電燈及電力線
甲、須更換者：
（一）精紡科全部
（二）搖紗機全部　（三）地下線全部
註（1）精紡科及搖紗科全部電燈綫皆已殘缺不全不堪使用勢非更換
不可其他各處亦稍有損壞惟略加修理即可應用也

243

註(2)電力綫之損壞以精紡搖紗兩科為最甚若不加以更換則難能

開車粗紡科尚有斷鉄然經修理後尚能應用

地下綫因水管炸斷及滅火時之積水浸漬相當時間現已腐壞

不堪使用必須全部更換

(IV)水管

以搖紗精紡兩科損壞最重内約百分之六十應重行更換其餘有

被彈片洞穿者須加修理

(V)原料成品及在製品：

(一)原料　棉花叁百伍拾捌磅

(二)成品　團紗管紗玖百伍拾磅

244
161

（三）在製品　棉捲条粗紗陸千陸百磅

云南全省经济委员会纺织厂关于被敌机轰炸情形致云南全省经济委员会的呈（一九四〇年十月八日）

呈为呈报事：查本月七日午后一时，敌机袭昆，在市东南区一带轰炸，职厂内外落弹念馀枚，被毁地点：计纱厂办公室、物料库、揉纱料、女工宿舍、洗面室、食堂、工友厨房等处。当时职厂职工均疏散在外，未曾伤及，刻下所有被炸建筑以及厂内机械物料损失，已正估计清理中，俟清理估计损失若干，再为另案详报外，谨将职厂被炸概况先行具文呈报，即祈

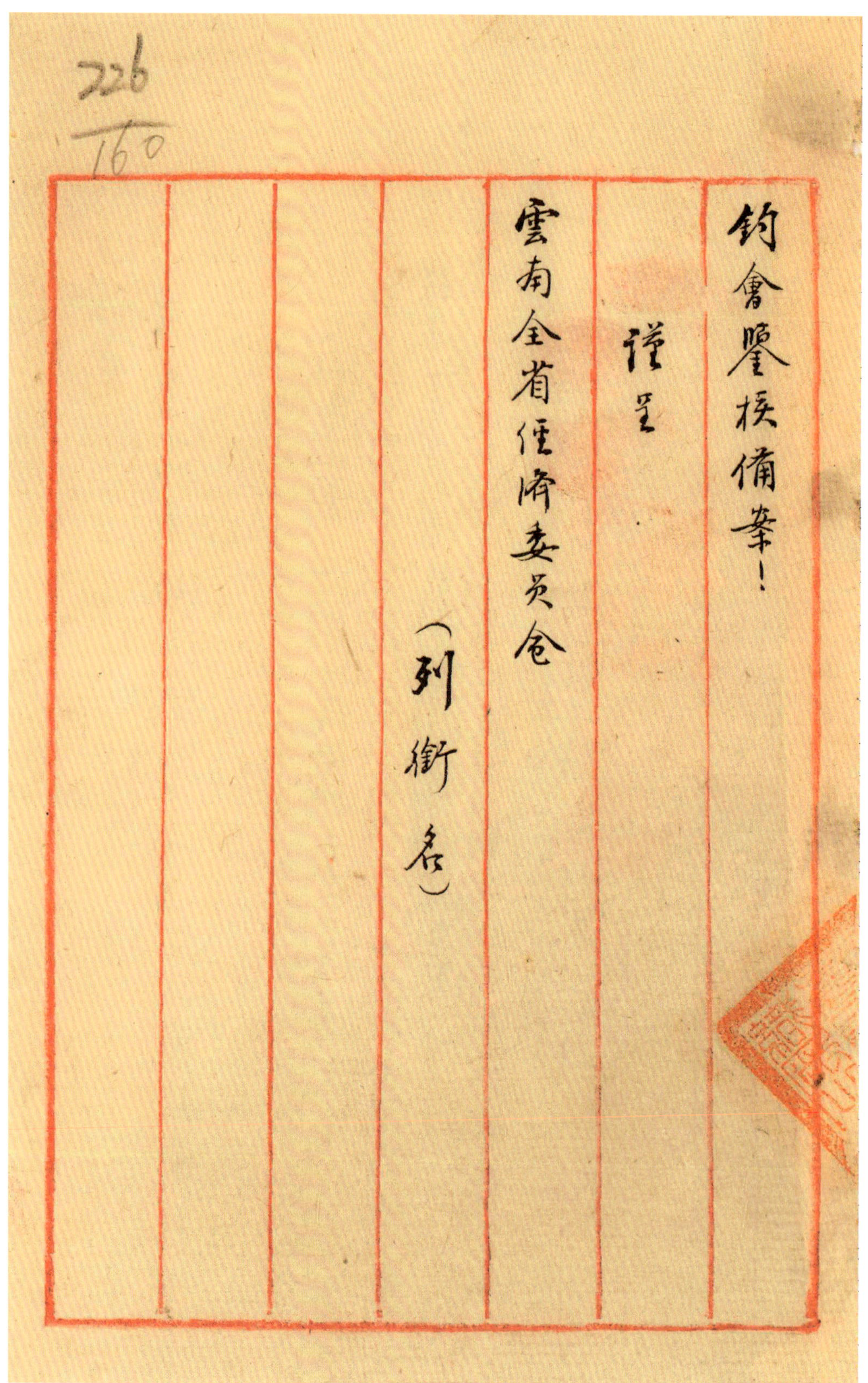
226
160

钧会鉴核备案！

谨呈

云南全省经济委员会

（列衔名）

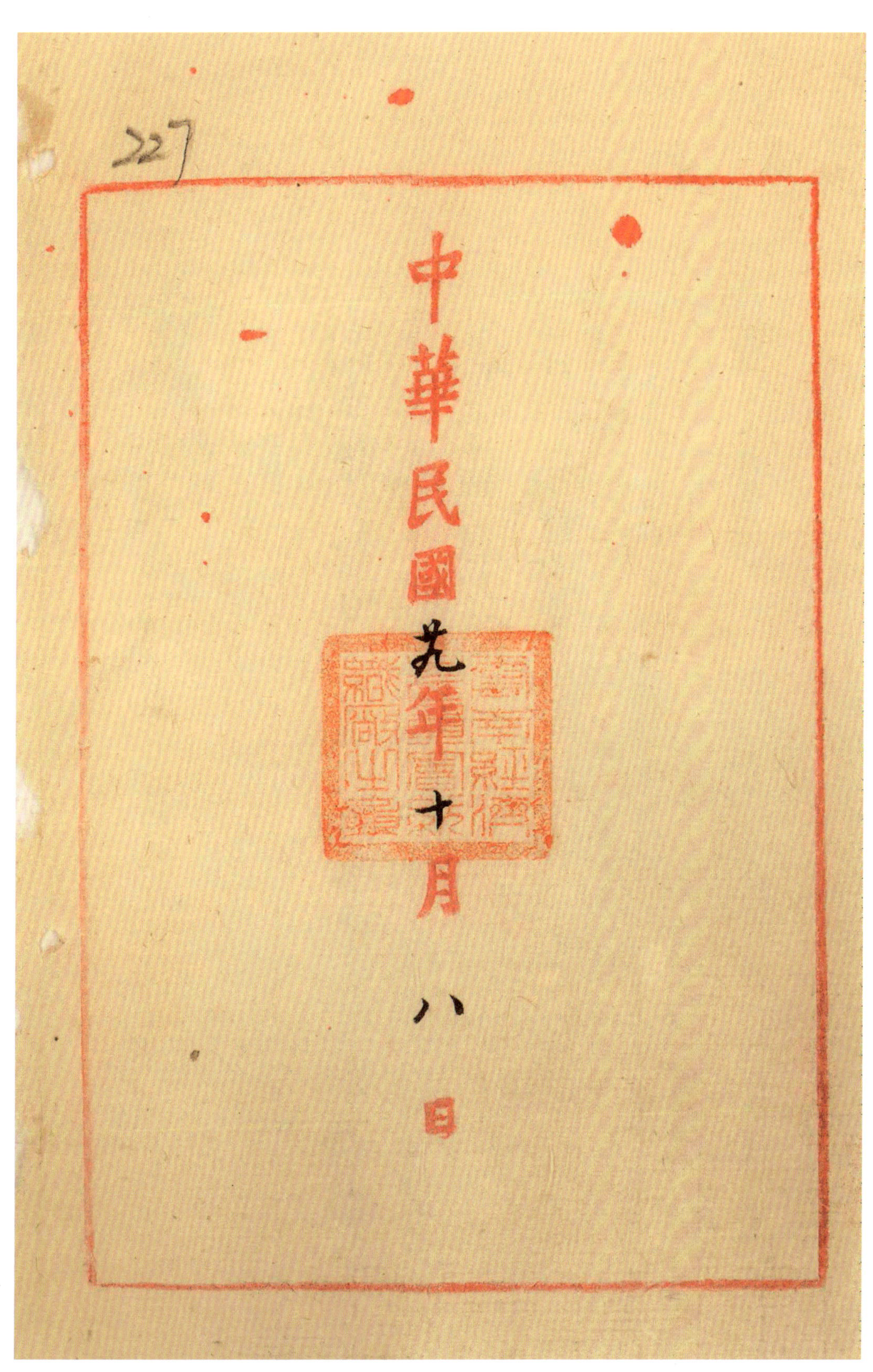
227

中華民國元年十月八日

西南联大师范学院学生郑永福等为惨遭敌机轰炸请求救济致云南省教育厅的呈及教育厅批复

（一九四〇年十月十五日至二十二日）

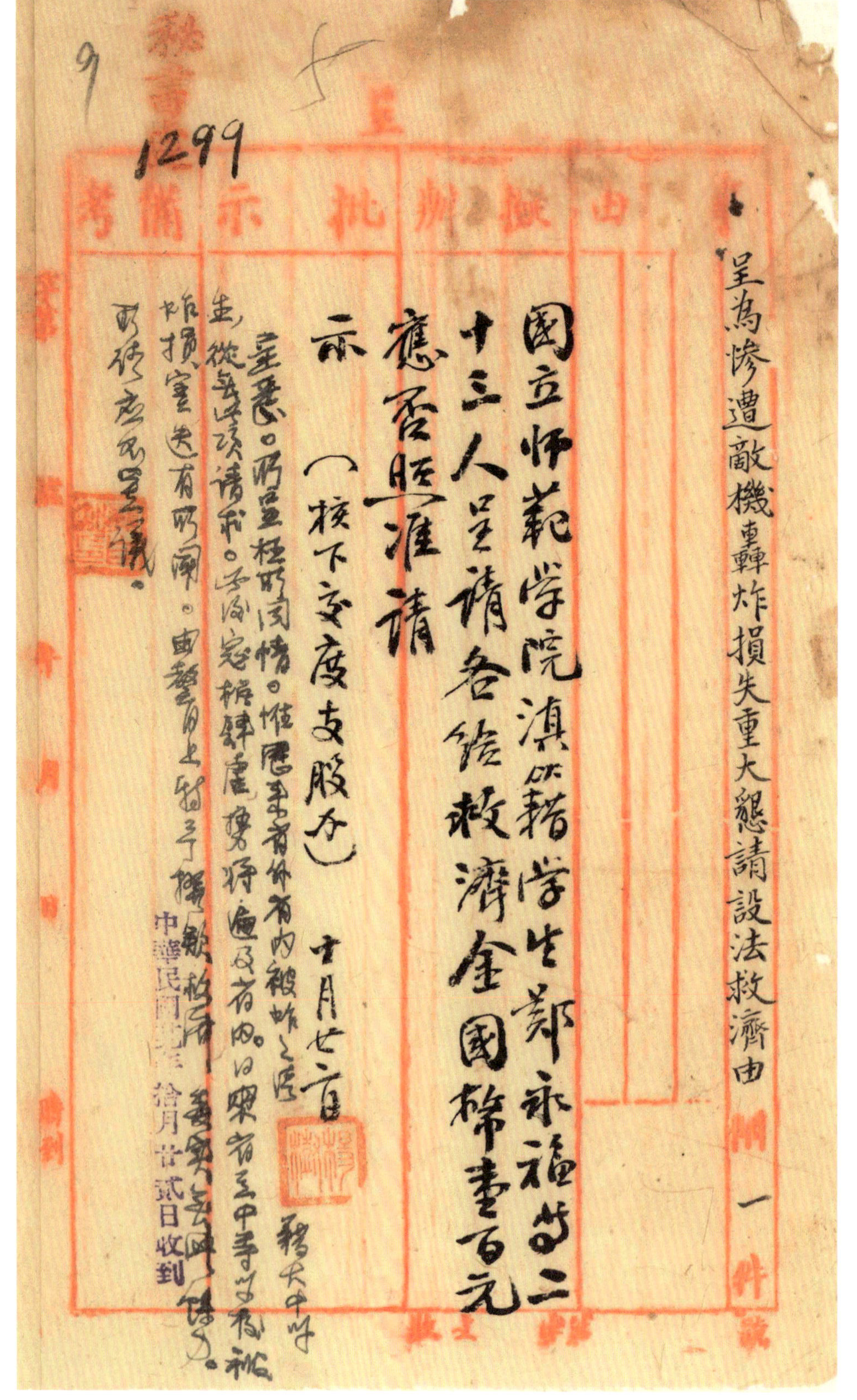

1299

呈

由	擬辦	批示	備考
呈為慘遭敵機轟炸損失重大懇請設法救濟由	國立師範學院滇籍學生鄭永福等二十三人呈請各給救濟金國幣壹百元應否照准請示（校下交度支股存） 十月廿二日	呈悉。所呈極堪同情。惟思本省外省內被炸之滇籍大中學生，從無此項請求。本廳總核辦法，勢將遍及省內。且衆省立中等學校被炸損失迭有所聞。由[illegible]予撥款救濟，[illegible]。所請應毋庸議。	中華民國廿九年拾月廿貳日收到

件數 一件

10.

呈為慘遭敵機轟炸損失重大呈請設法救濟事竊維本月十三日敵機侵襲昆明於本市西區一帶投下炸彈多枚致將西南聯大師範學院男生宿舍全部炸燬女生宿舍亦受波及故生等衣物被褥一無所餘情形之慘不堪言喻查師院學生家境素極清寒平時向學已感財力匱乏時有輟學之虞不幸此次忽遭狂炸衣物書籍損失殆罄且值此物價飛漲期間添製頗感困難因此日來生活異常痛苦此種情狀如不設法救濟難免被迫輟學如是滇省教育蒙受相當之損失生等以此次遭遇不幸特不揣冒昧備文呈請

鈞廳體念生等處境之慘每人給予救濟全國幣壹佰元

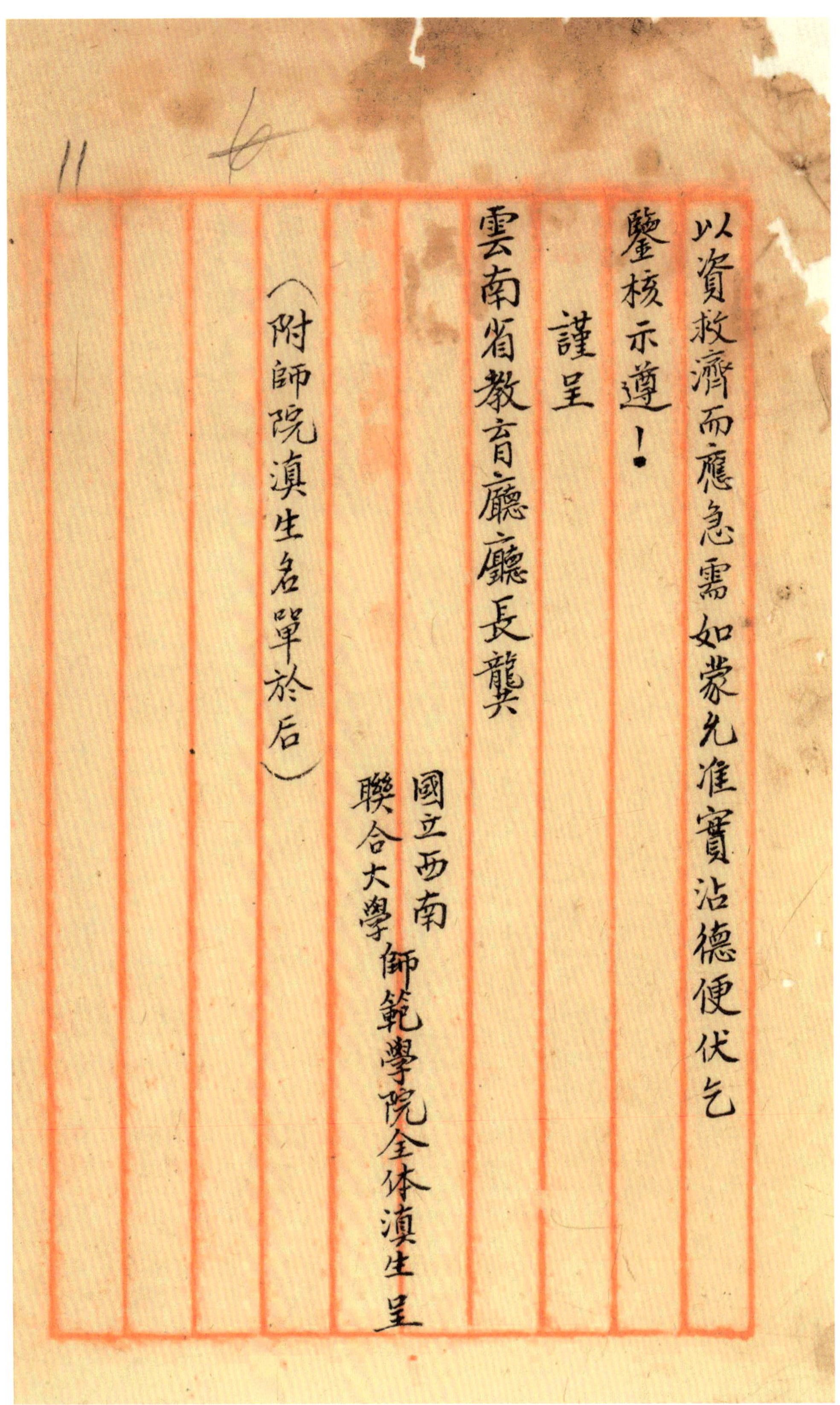

以資救濟而應急需如蒙允准實沾德便伏乞
鑒核示遵！
謹呈
雲南省教育廳廳長龔
國立西南
聯合大學師範學院全体滇生呈
（附師院滇生名單於后）

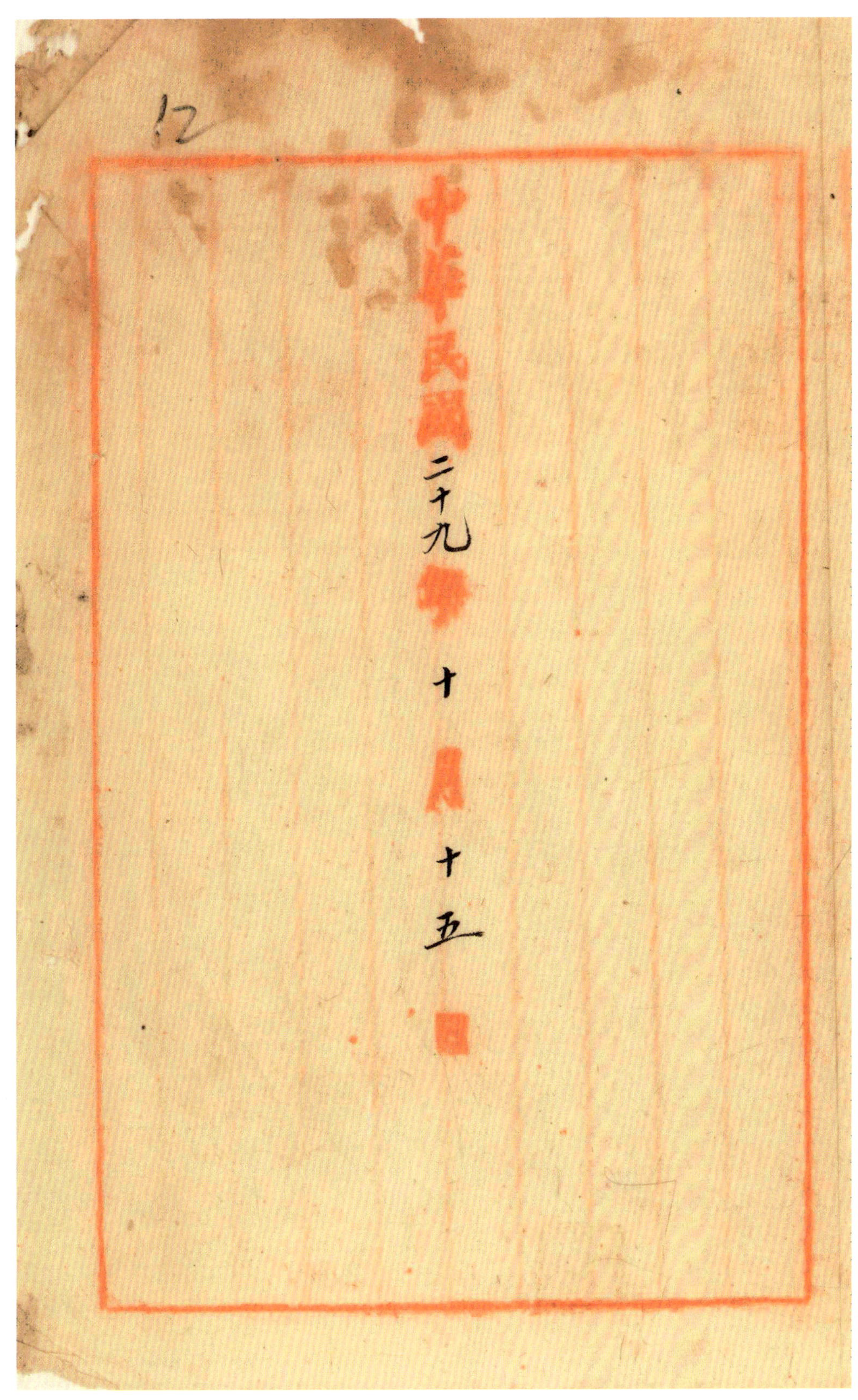

12

中華民國二十九年十月十五日

附：国立西南联合大学师范学院全体滇籍生姓名

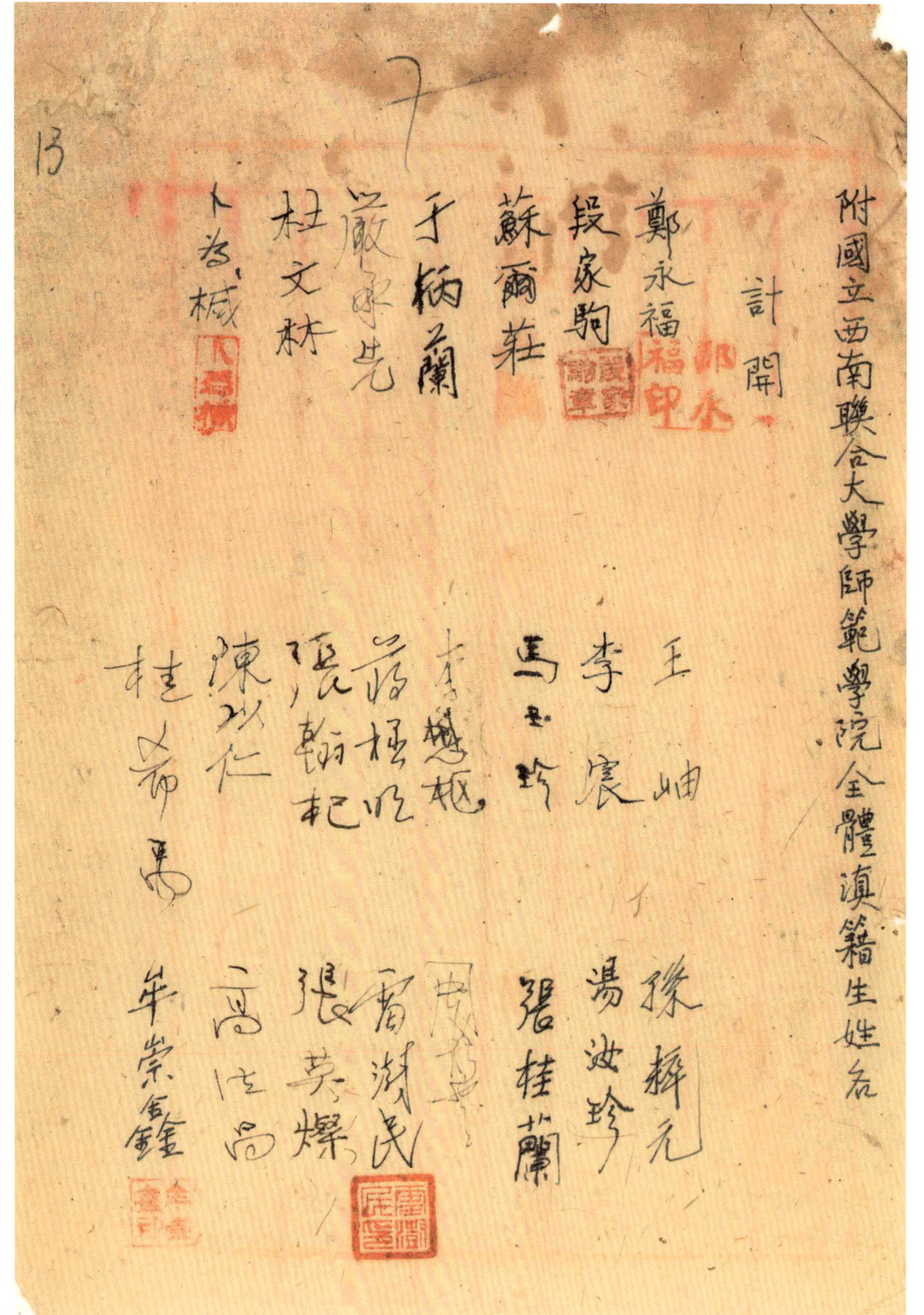

附國立西南聯合大學師範學院全體滇籍生姓名

計開

鄭永福 段家駒 蘇爾莊 于炳蘭 嚴寧光 杜文林 卜若械

王岫 李宸 馬玉玲 李懋柩 蔣楨明 張翰杞 陳以仁 桂文節

孫舜元 湯汝玲 張桂蘭 覃湘民 張英燦 高位昌 華崇鑫

昆华高级工业职业学校关于被敌机轰炸损失情形致云南省教育厅的呈（一九四〇十月三十日）

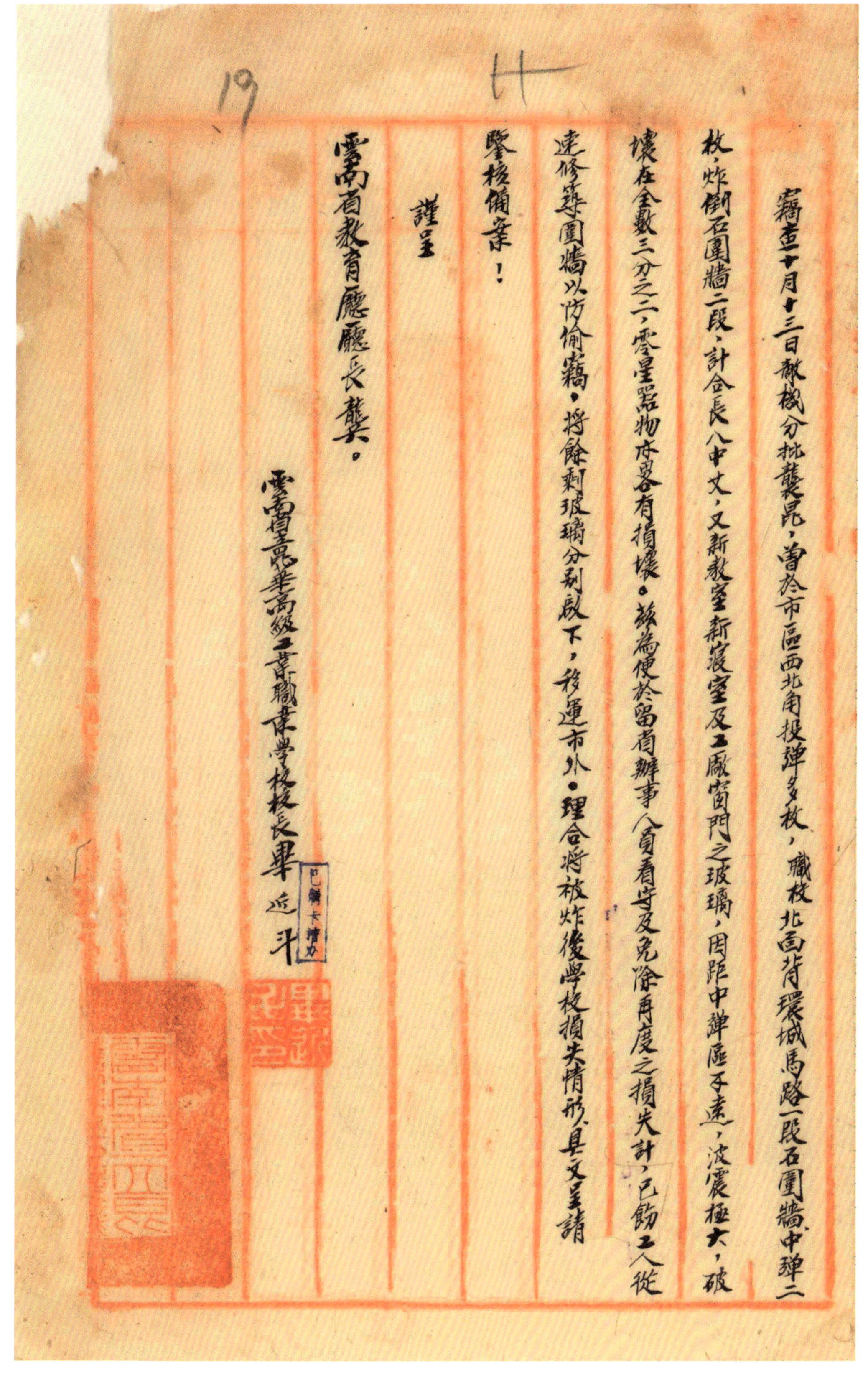

竊查十月十三日敵機分批襲昆，曾於市區西北角投彈多枚，職校北面背環城馬路一段石圍牆，中彈二枚，炸倒石圍牆二段，計合長八中丈，又新教室新寢室及工廠窗門之玻璃，因距中彈處不遠，波震極大，破壞在全數三分之二，零星器物亦略有損壞。茲為便於留省辦事人員看守及免除再度之損失計，已飭工人從速修築圍牆以防偷竊，將餘剩玻璃分别取下，移運市外。理合將被炸後學校損失情形具文呈請

鑒核備案！

謹呈

雲南省教育廳廳長龔

雲南省立昆華高級工業職業學校校長畢近斗

拓东体育场工务处办事员袁明铣关于被炸房屋损毁请求救济致工务处的呈

（一九四〇年十一月十二日至三十日）

55

102

為懇請憐恤空襲被災懇祈函轉救濟事。竊員住居錢局街崇節坊慶姓上隅壁六十六號北耳房三間内。平時因生活職務關係，未克移鄉疏散。每有空襲警報，只得闔家臨時疏散郊外，所有被褥衣物家俱等件，概行放存家中。不幸於十月十三日下午二點餘鐘敵機轟炸錢局街，至警報解除後歸家時，見舍下院内中一重大炸彈，房屋倒平，各物被土掩埋。當刨開時，箱籠什物飛散難尋，被褥衣服炸爲小塊，屋内磁器俱成粉

103

碎銅器打成餅塊書籍各物燒濫無存所謂十不存一當晚於錢局上街八十八號王姓親戚處暫寄棲身員受此難災今寒冬已至一家六口饑寒交迫被褥衣服禦寒之物全被炸毀至於日常應用物件如鍋灶碗盞等皆係借用奈無家可歸缺少親助憐念員在公二十餘年遭茲傾家之禍懇祈

鈞廳衔名函請

雲南省賑濟會（在民政廳內）照中央頒發公務人員寓所

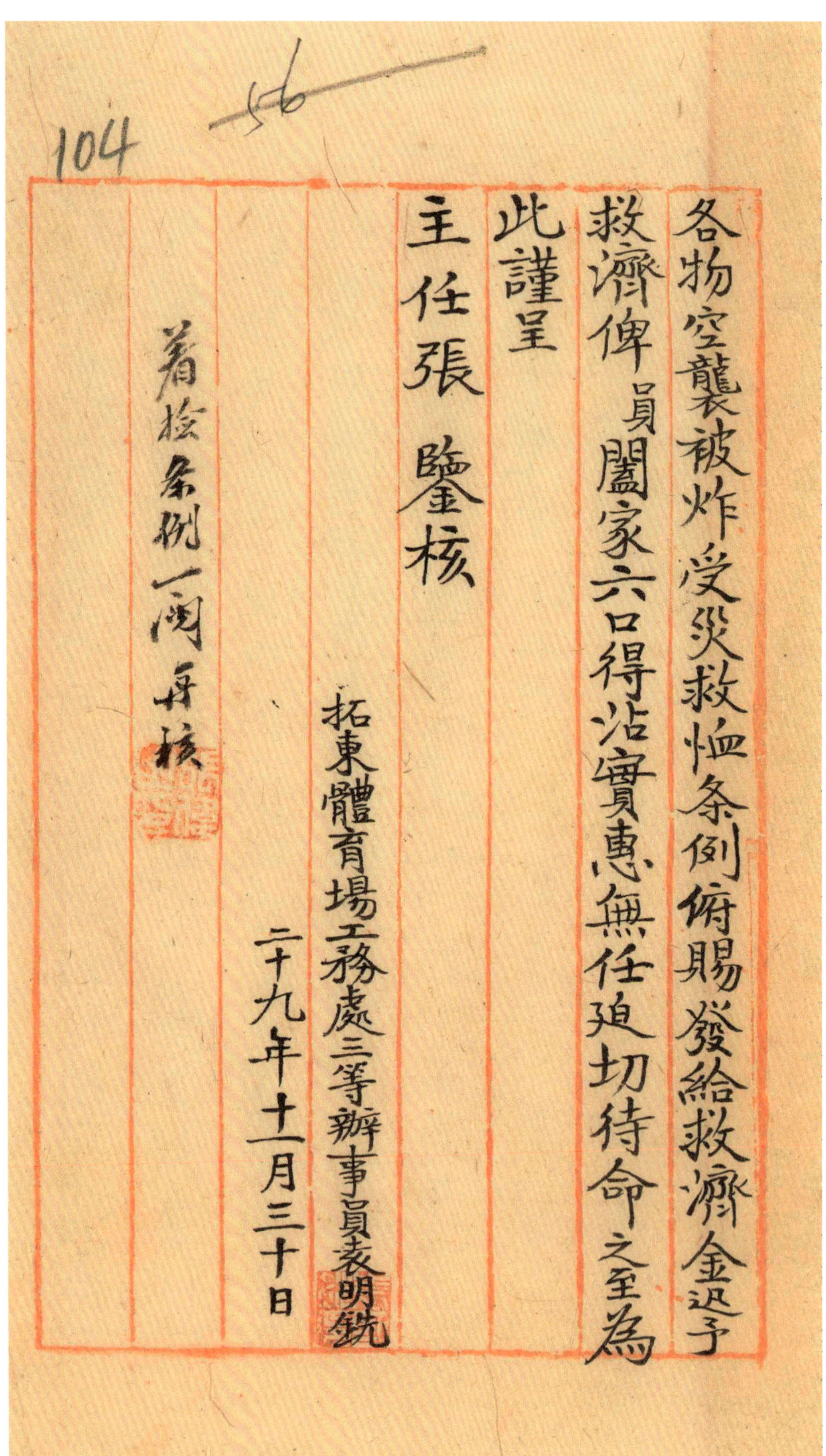
104

56

各物空襲被炸受災救恤條例俯賜發給救濟金迅予
救濟俾員闔家六口得沾實惠無任迫切待命之至爲
此謹呈
主任張　鑒核

拓東體育場工務處三等辦事員袁明銑
二十九年十二月三十日

着按條例一閱再核

昆明实验县县政府就大渔镇公所呈报遭受敌机轰炸致工厂壮丁殉职请求抚恤致云南省民政厅的呈（一九四〇年十一月十四日）

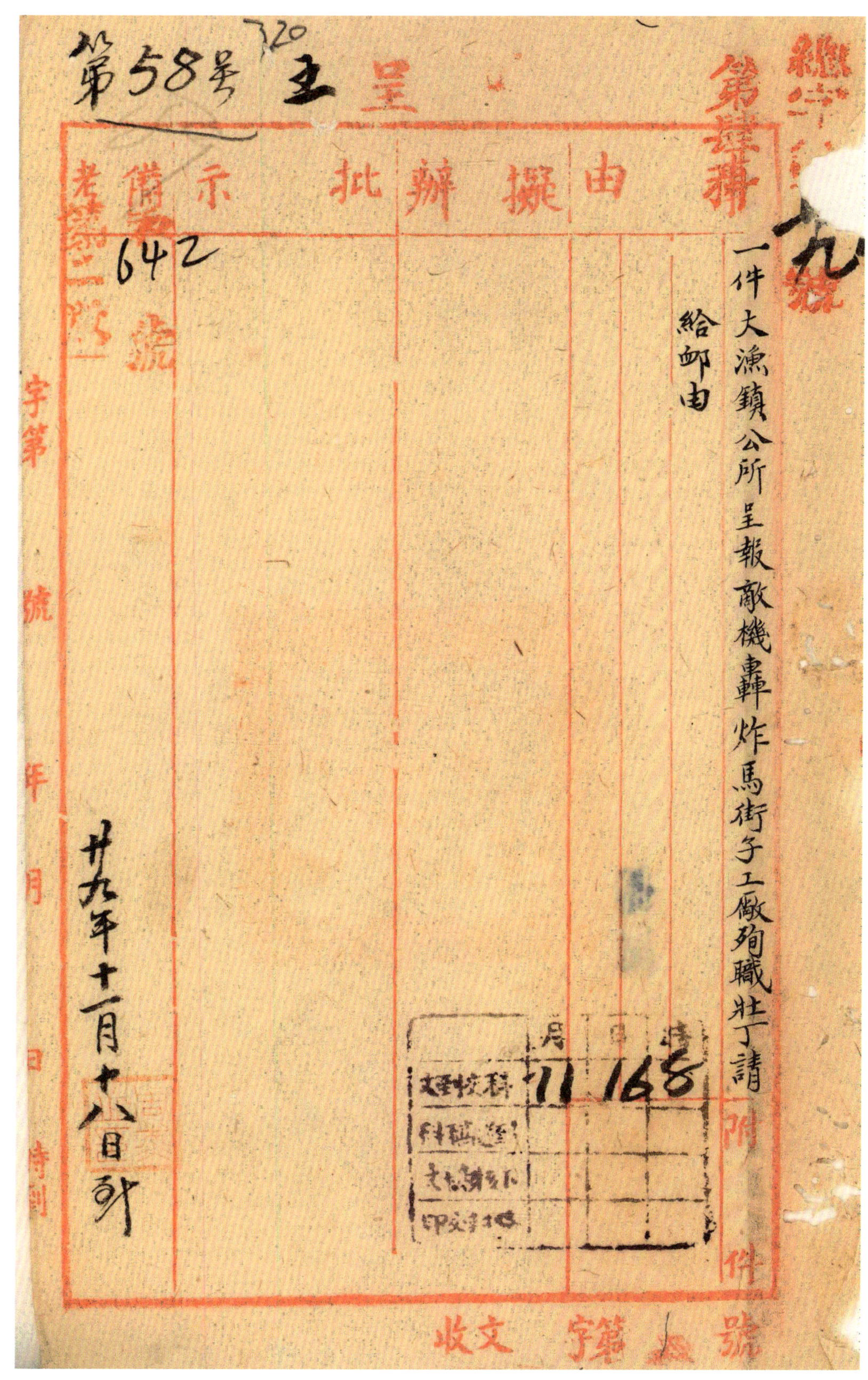
第58号
呈
第　號
擬辦　由　擬辦　批示　備考
一件大漁鎮公所呈報敵機轟炸馬街子工廠殉職壯丁請給卹由
642
廿九年十一月十八日到
11 16
附件
收文　字第　號

呈為呈報事：案據職屬大漁鎮公所報告稱：

「事由本月（十月）十七日下午一時許，有敵機三批計二十七架，轟炸職鎮馬街子一帶，計投下炸彈無數，每重一百鎊左右，而落於馬街子附近尚未炸者有五、六枚，計燬中央電工器材廠前部，馬街子房屋，俱被震塌，並炸斃第六中隊部第二分隊壯丁徐連芳一名，及廠工一名，負輕重傷所查獲者計五、六人，損失甚重，慘酷至極，理合將被炸情形，飛報呈請鈞長衡核

示遵。」

等情；並據第七區工業警察所所長楊從文呈稱：「事由本日上午十一時發出空襲警報時當即督飭所屬警戒交通路線維持

治安嚴密監視至下午一時許由東邉竄來敵机二十六架在電廠

高空盤旋一週即行投彈狀如雨下當時電工廠數部被毀燃燒煙霧

頗大附近車路亦已中彈約十餘分鐘敵始向南逸去當敵投彈時

幸賴高射砲射擊敵機倉惶失措以故練銅廠暨湖電廠未遭

襲擊計此役炸斃壯丁兩名馬街房屋為炸彈波及亦有所傷此

即本日被炸經過情形也理合具報呈請鈞長鑒核各等情據此

查該鎮長等所呈各節尚屬實情，被炸後縣長亦親到災區指

揮救護，查勘災情，惟殉職壯丁徐連芳忠於職務，殊堪憫念，擬

請照章給卹以示優典，除分呈外，理合具文呈報

鈞廳俯賜衡核批示祗遵！

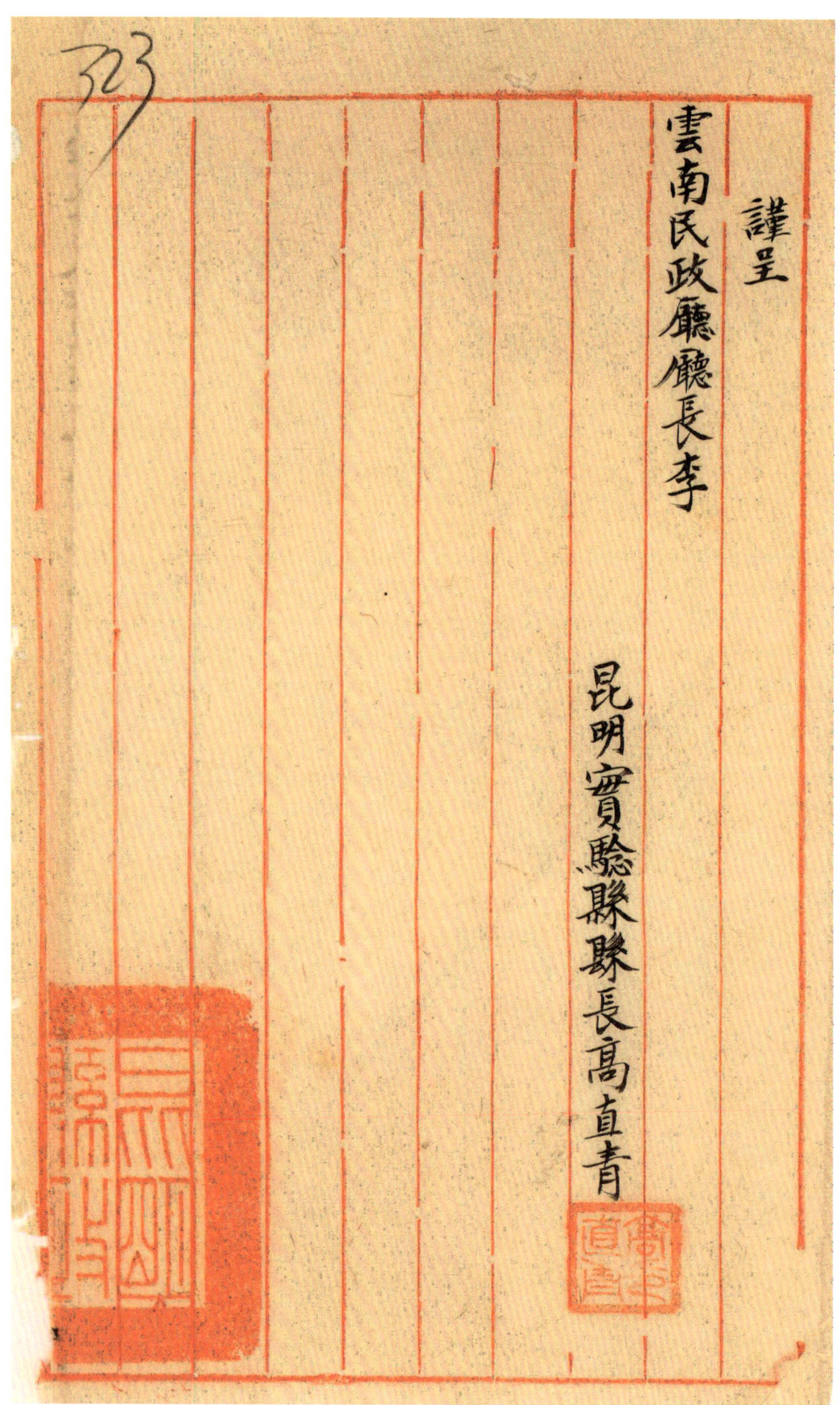

323

謹呈

雲南民政廳廳長李

昆明實驗縣縣長高直青

325
中華民國二十九年十一月十四日

昆明试验县县政府关于遭受敌机轰炸炸死学生及炸伤工人壮丁情形致云南省民政厅的呈（一九四〇年十一月二十七日）

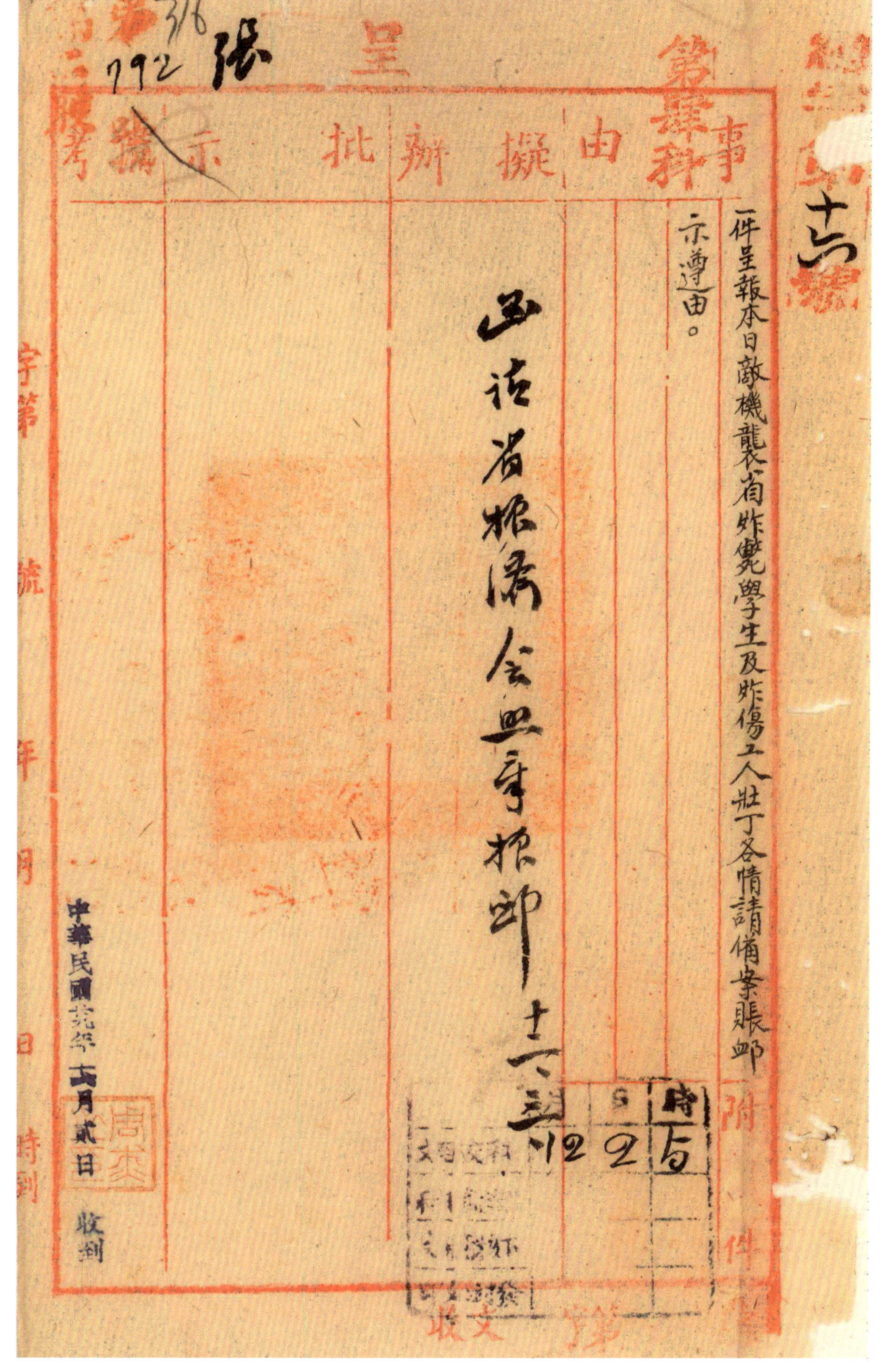
呈
第　號
事由
一件呈報本日敵機襲省炸斃學生及炸傷工人壯丁各情請備案賬邺
示遵由。
擬辦
函請省振濟會照章振邺
批示
備考
中華民國廿九年十一月貳日收到

317

呈为呈报事：窃查本日敌机袭省，据县属自卫独备大队第四中队长范正端及云卫乡长周天佑、官渡镇镇长王之彬仝日报称：「本日午前八时许，警报发出时，有疏散于东波乡鲁旗营村之同济大学生一名，被敌机投下手烟弹一枚，将该生击毙于田中，伤左胸部，该生名项瑞堂，系宁波人，年二十一岁，伤二人，系波罗村人，名杨荣一，系公路局火药局工役，均伤在左肩部，受伤者已由红十字会救护医治，至炸毙之学生项瑞堂当日即由其同学抬回装殓，仝日又于官渡镇后所村投手烟弹一枚，伤壮丁一人，又于云卫乡亚家堡投弹数枚，概落于空军军官学校内」各等情，据此，除分呈外，理合具文呈报，请祈

钧厅鉴核备案，并赈恤示遵！实沾公便。

318

謹呈

雲南省民政廳廳長李

昆明實驗縣縣長高直青

319

中華民國二十九　十一　二十七日

昆阳县政府关于遭受敌机轰炸致云南省民政厅的代电（一九四〇年十二月十四日）

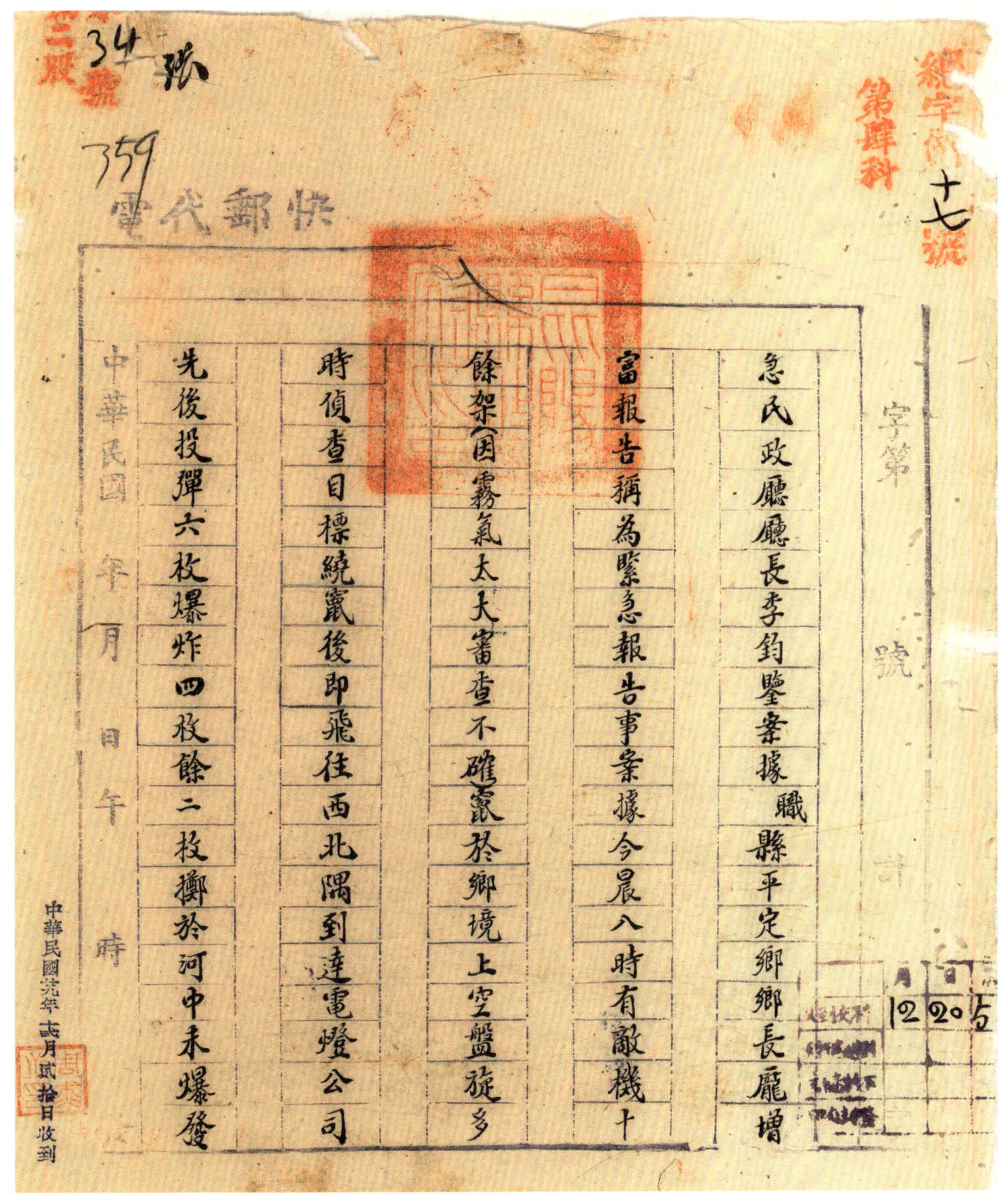

快郵代電

急民政廳廳長李鈞鑒案據職縣平定鄉鄉長龐增
富報告稱為緊急報告事案據今晨八時有敵機十
餘架（因霧氣太大審查不確）竄於鄉境上空盤旋多
時偵查目標繞竄後即飛往西北隅到達電燈公司
先後投彈六枚爆炸四枚餘二枚擲於河中未爆發

中華民國　年　月　日　午　時

中華民國廿九年十二月貳拾日收到

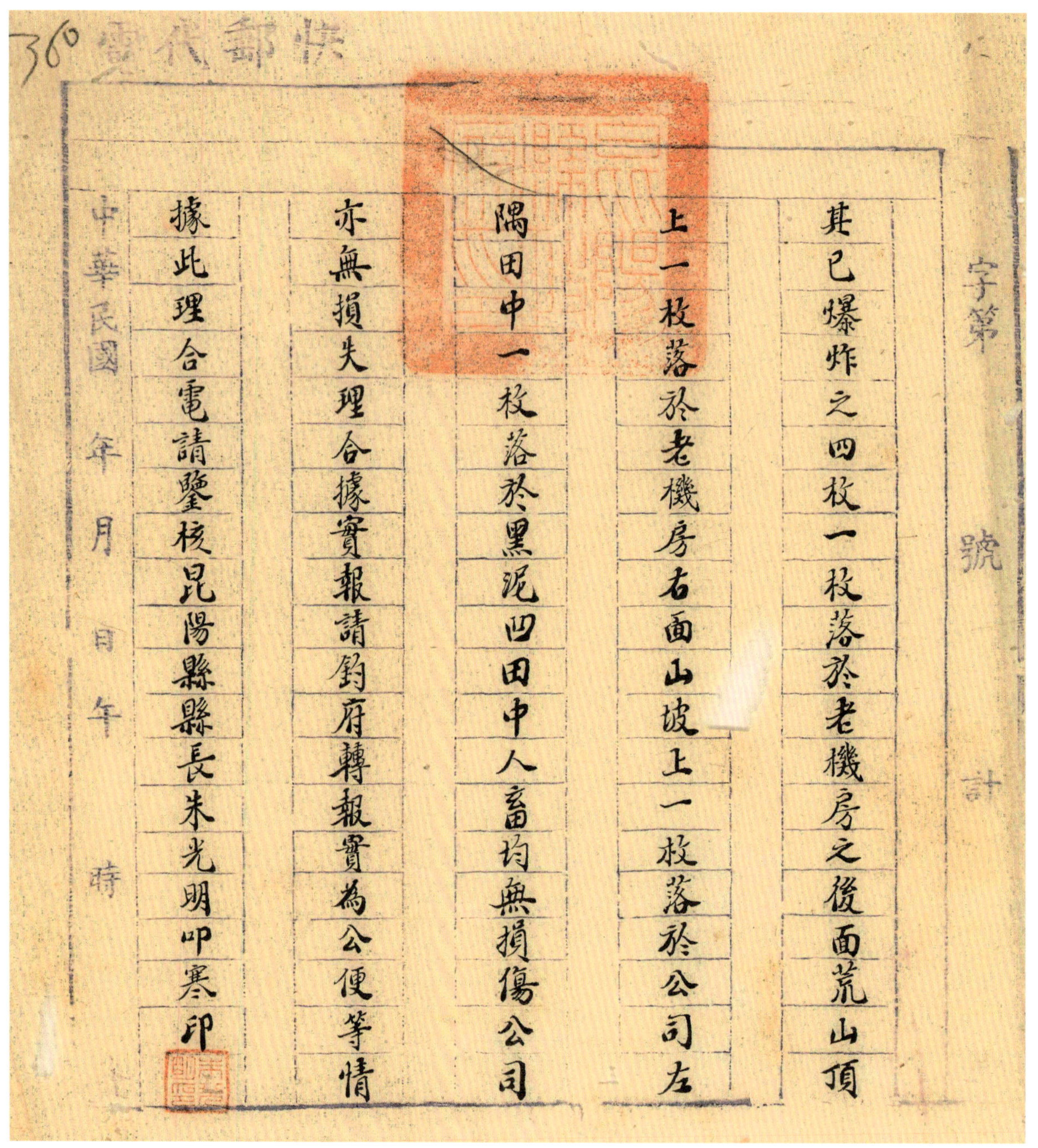
360 快郵代電

字第　號　計

其已爆炸之四枚一枚落於老機房之後面荒山頂
上一枚落於老機房右面山坡上一枚落於公司左
隅田中一枚落於黑泥凹田中人畜均無損傷公司
亦無損失理合據實報請鈞府轉報實為公便等情
據此理合電請鑒核昆陽縣縣長朱光明叩寒印

中華民國　年　月　日　午　時

云南全省防空司令部关于敌机轰炸昆明市区圆通街等处致云南省振济会的公函（一九四一年一月五日）

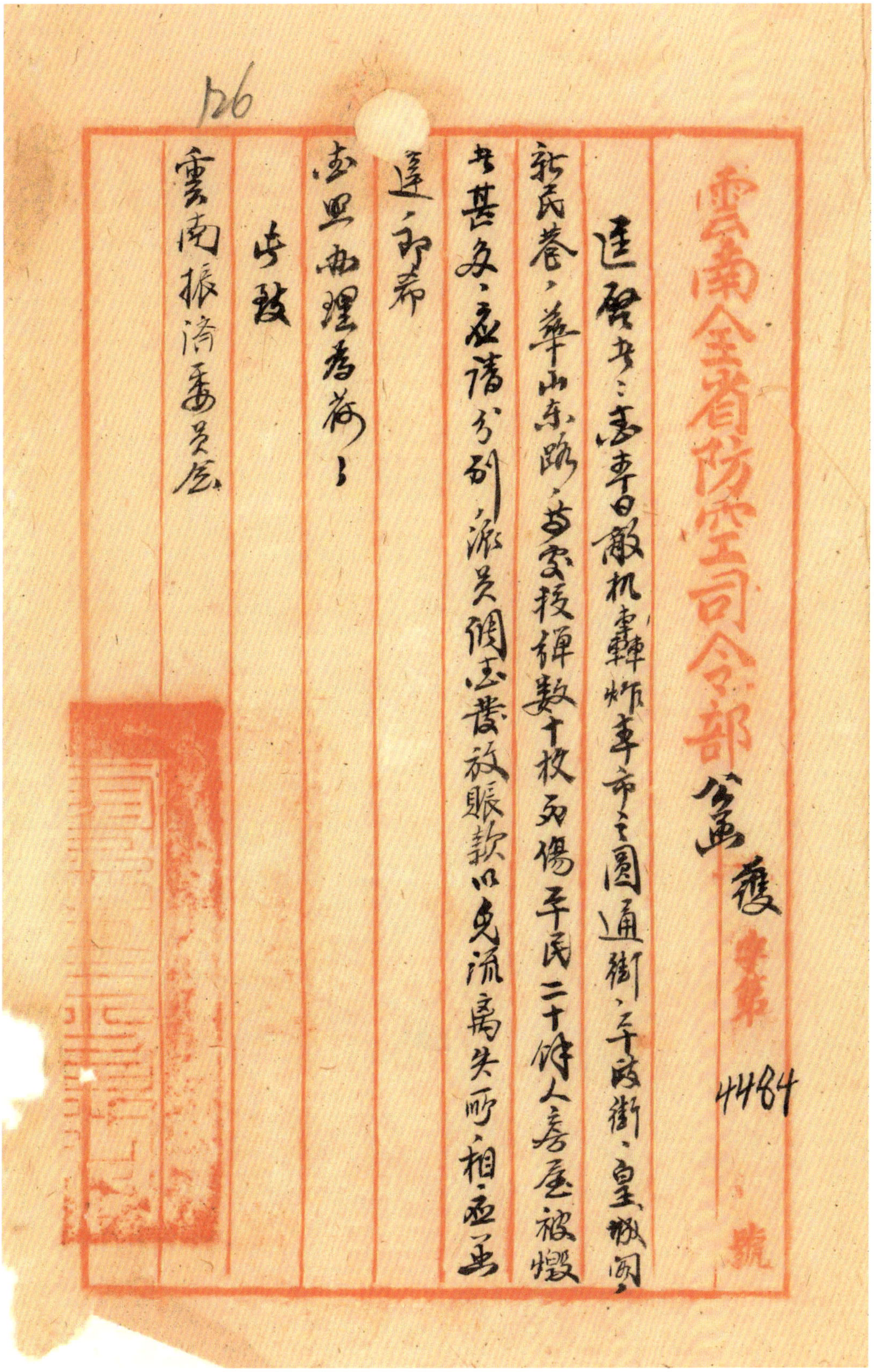

126

雲南全省防空司令部公函　[illegible]字第4484號

逕啟者：三日敵機轟炸本市之圓通街、平政街、皇[illegible]閣、新民巷、華山東路，投彈數十枚，死傷平民二十餘人，房屋被燬甚多，應請分別派員調查，發放賑款，以免流離失所。相應函達，即希查照辦理為荷！

此致

雲南振濟委員會

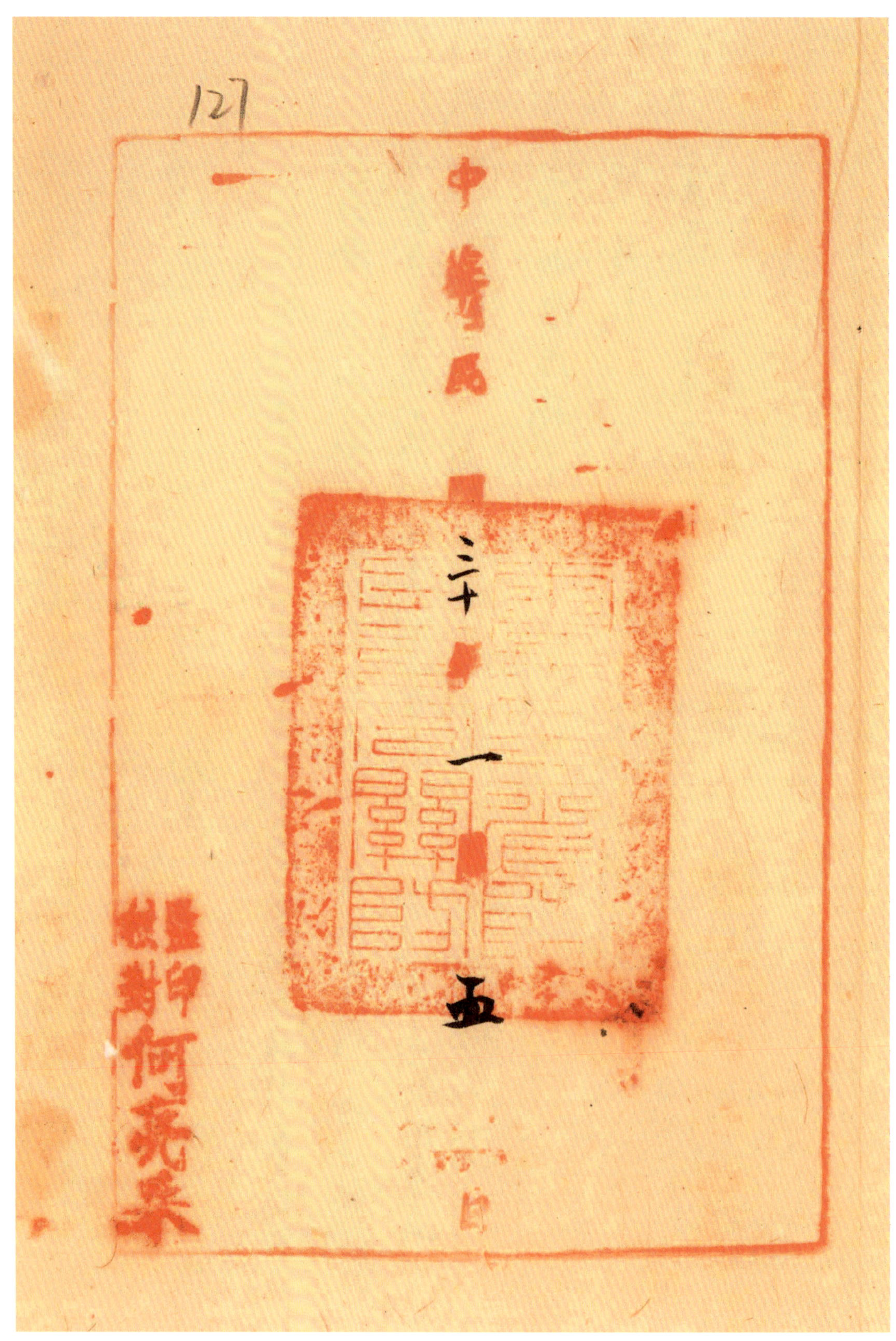
127

中华民国三十一年一月五日

监印 校对 何瑞棻

昆明市第六区公所关于报送金马寺南闸沟内被炸死人数姓名年籍表事致云南省振济会的公函（一九四一年一月九日）

附：金马寺南闸沟内被炸死人数姓名表

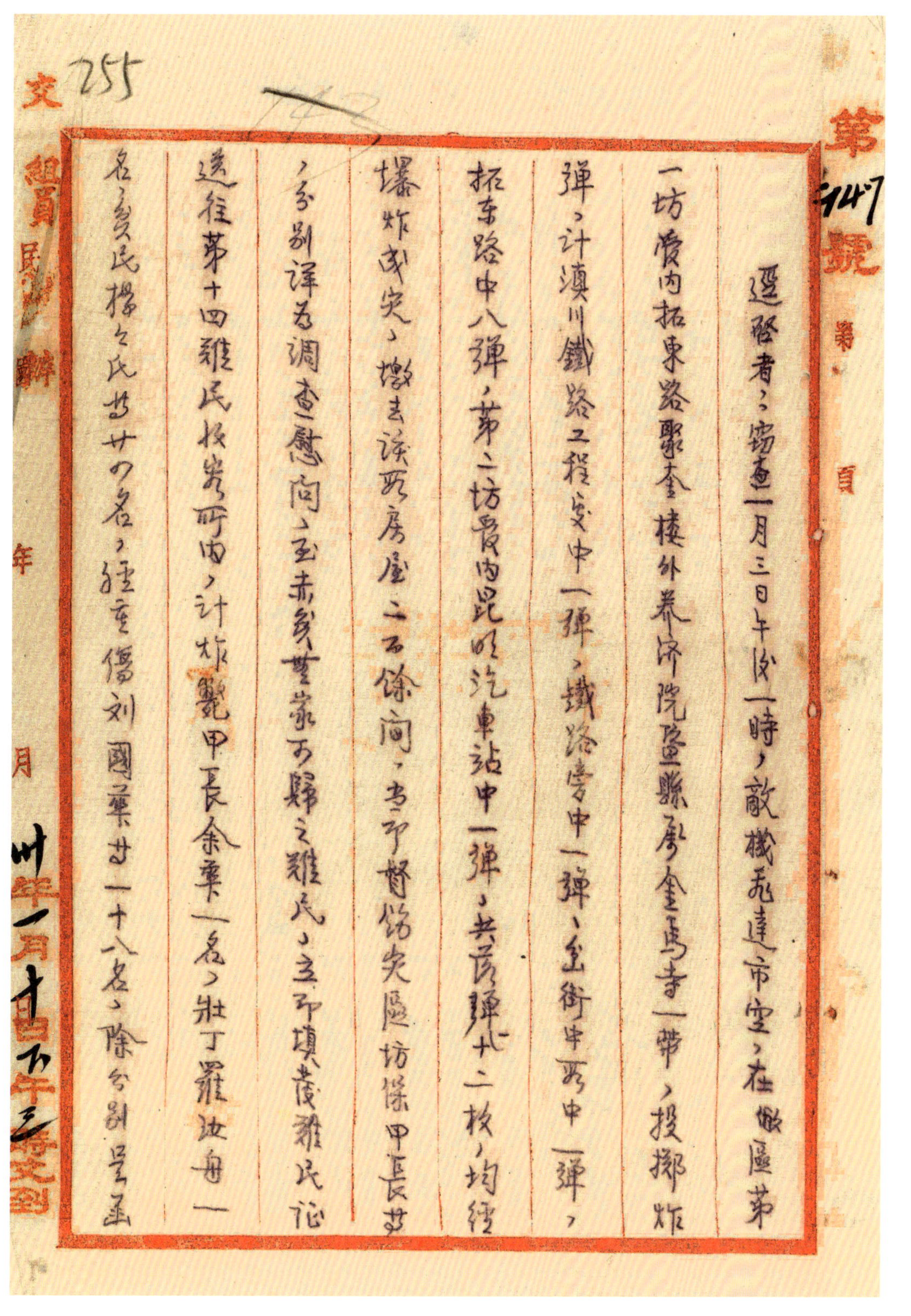
逕啓者：窃查一月三日午後一時，敵機飛達市空，在敝區第一坊管内拓東路聚奎樓外救济院暨縣府金馬寺一帶，投擲炸彈，計滇川鐵路工程处中一彈，鐵路旁中一彈，金街中路中一彈，拓東路中八彈，第二坊管内昆明汽車站中一彈，共落彈十二枚，均經爆炸成災，燬去該區房屋二百餘间，当即督飭災區坊保甲長并分别詳為調查慰问，至赤貧無家可歸之難民，立即填發難民证送往第十四難民收容所内，計炸斃甲長余秉一名，壯丁羅汝舟一名，貧民楊氏等廿四名，經查係刘國華等一十八名，除分别呈函

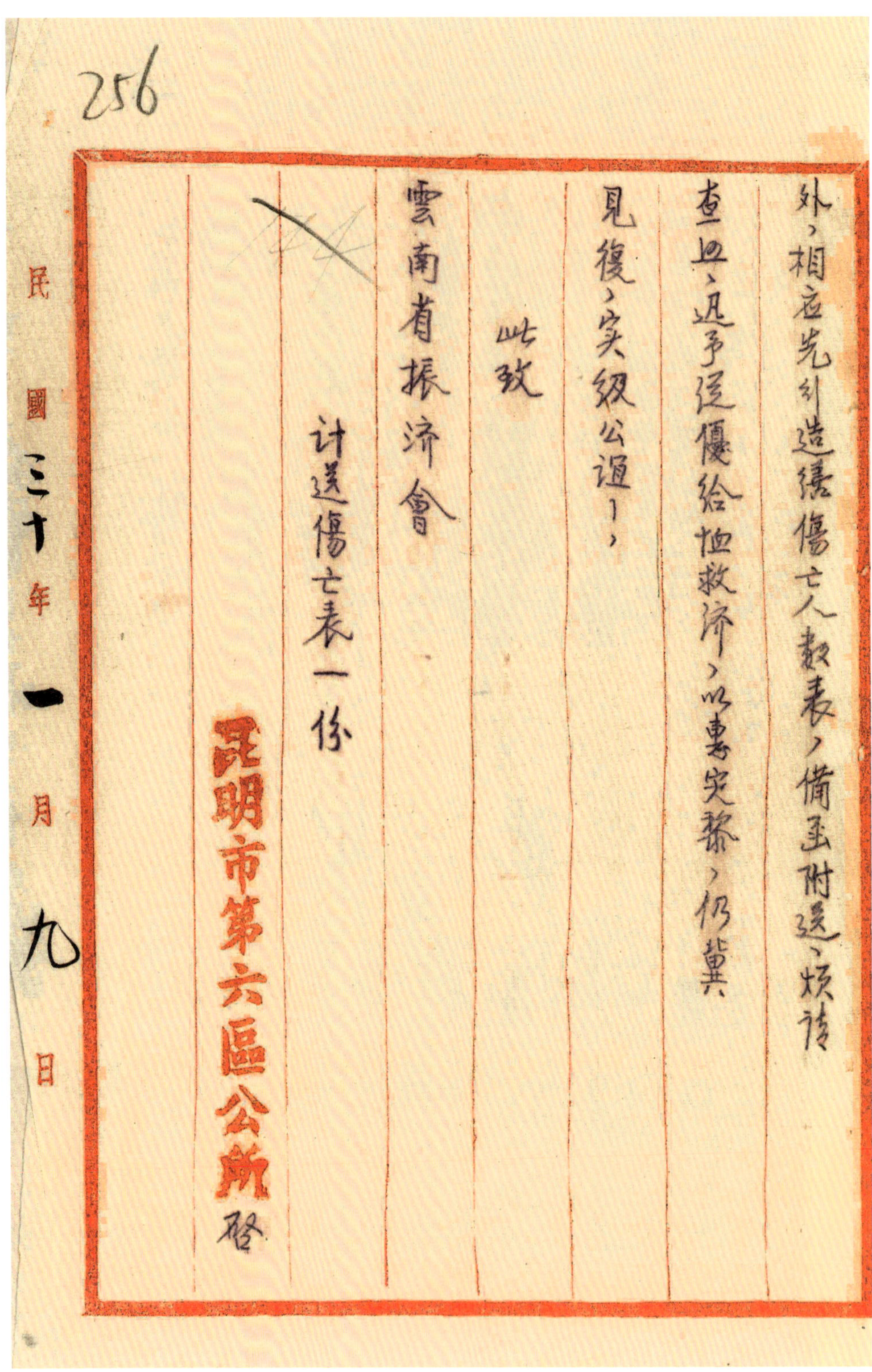
256

外，相应先行造缮伤亡人数表，备函附送，烦请

查照，迅予从优给恤救济，以惠灾黎，仍冀

见复，实纫公谊！

此致

云南省振济会

计送伤亡表一份

昆明市第六区公所启

民国三十年一月九日

251

謹將此次在金馬寺南閘溝内被炸死人數姓名年籍開呈
鑒核

姓名	年齡	籍貫	性別	職業	住址
劉寶之	六十七	四川	男	織布	聚奎街
王俊臣	三十一	昆明	男	滇緬路職員	土塡河趙家村
劉潛生	十九	山東	男	敘昆路工	臨江里
張曾氏	二十八	浙江	女	未詳	菊花村
彭振榮	二十二	四川	男	閑	館護國路
周錦潮	三十七	四川	男	十二集團軍當伕子	未詳
孫興武	三十	江蘇	男	第十修理廠	

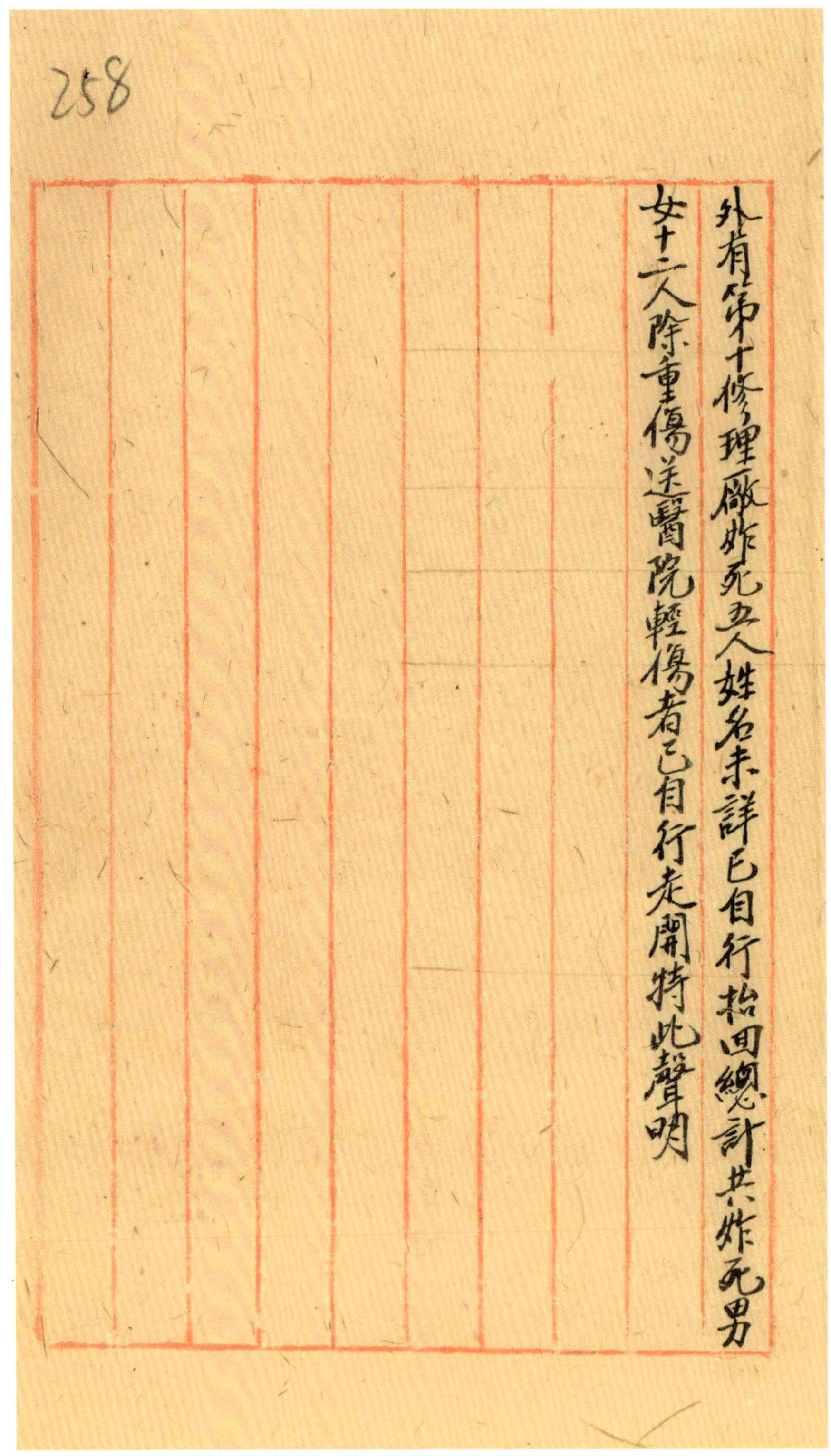
258

外有第十修理厂炸死五人，姓名未详，已自行抬回。总计共炸死男女十二人，除重伤送医院，轻伤者已自行走开。特此声明

云南省政府为抄发昆明市一九四一年一月五日空袭情况报告表致云南省民政厅训令（一九四一年一月十八日）

第二聯

第 394 號

300

備考	決定辦法	擬辦	事由
中華民國三十年壹月念二日發出			

字第　號　年　月　日　時到

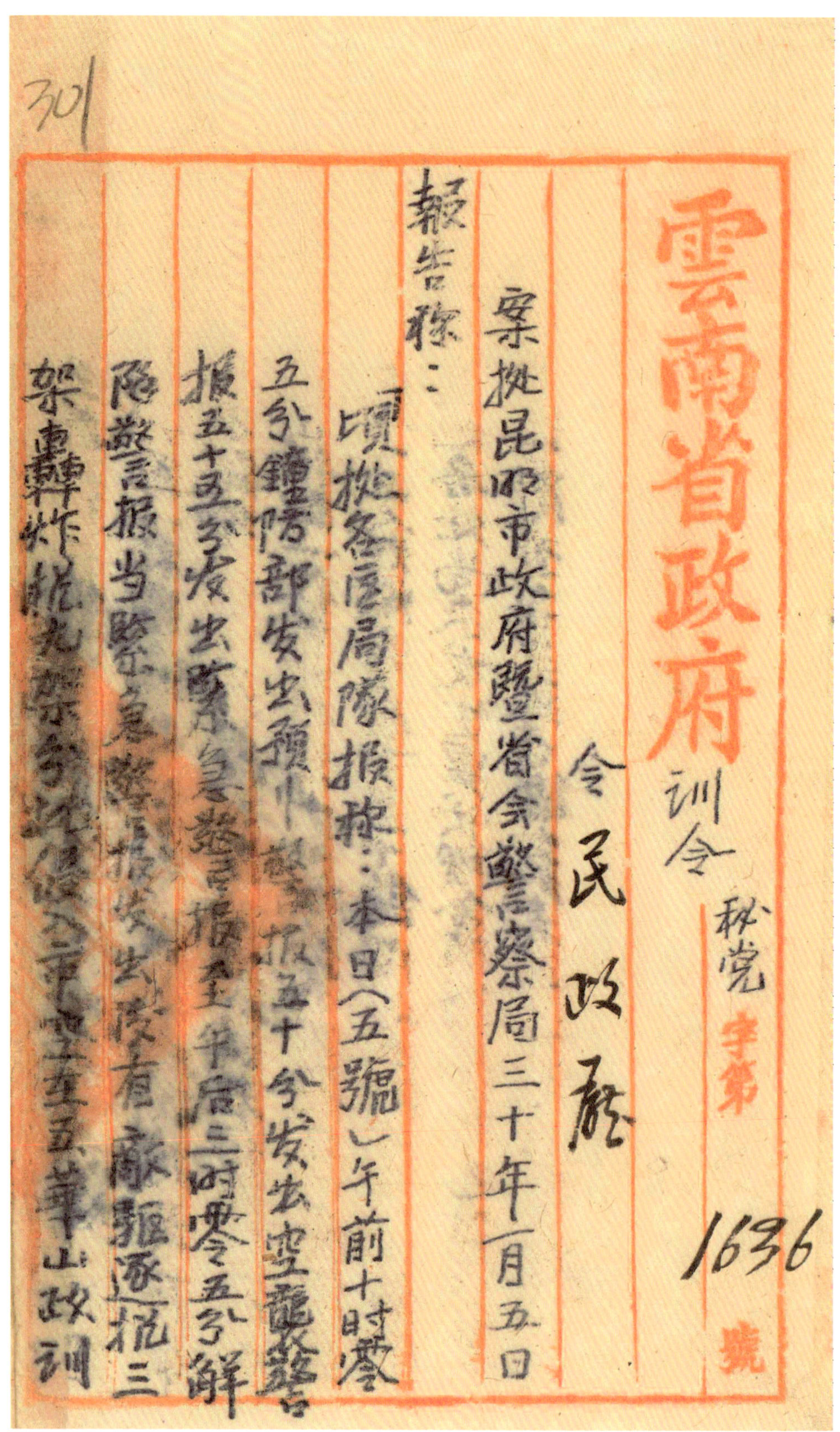
301

雲南省政府訓令　秘党字第1636號

令民政廳

案据昆明市政府暨省會警察局三十年一月五日

報告稱：

頃据各區局隊振稱：本日（五號）午前十時零

五分鐘防部發出預行警報，至五十分發出空襲警

報，五十五分發出緊急警報，至午后三時零五分解

除警報。當緊急警報後，有敵機逐架三

架，轟炸後，復架今架低飛市空，至五華山政訓

302

共投彈二枚，華山東路及黃河巷口投彈二枚，皇城投彈一枚，圓通街投彈二枚，平政街投彈一枚，華山東路衛生材料廠投彈一枚，義民巷投彈二枚，圓通山投彈一枚，共計投彈十二枚，死亡男女九人，受傷男女二十三人，炸毁房屋一百二十餘間，震倒四百二十餘間。其他各處尚未發生異狀，理合報請鑒核。各等情，前來當經覆查無異，理合備文列表報請鈞府鑒核。

等情；計呈空襲情況報告表一份。據此，除分令外，合將原表抄發，令仰該廳知照。此令。

計抄發表一份。

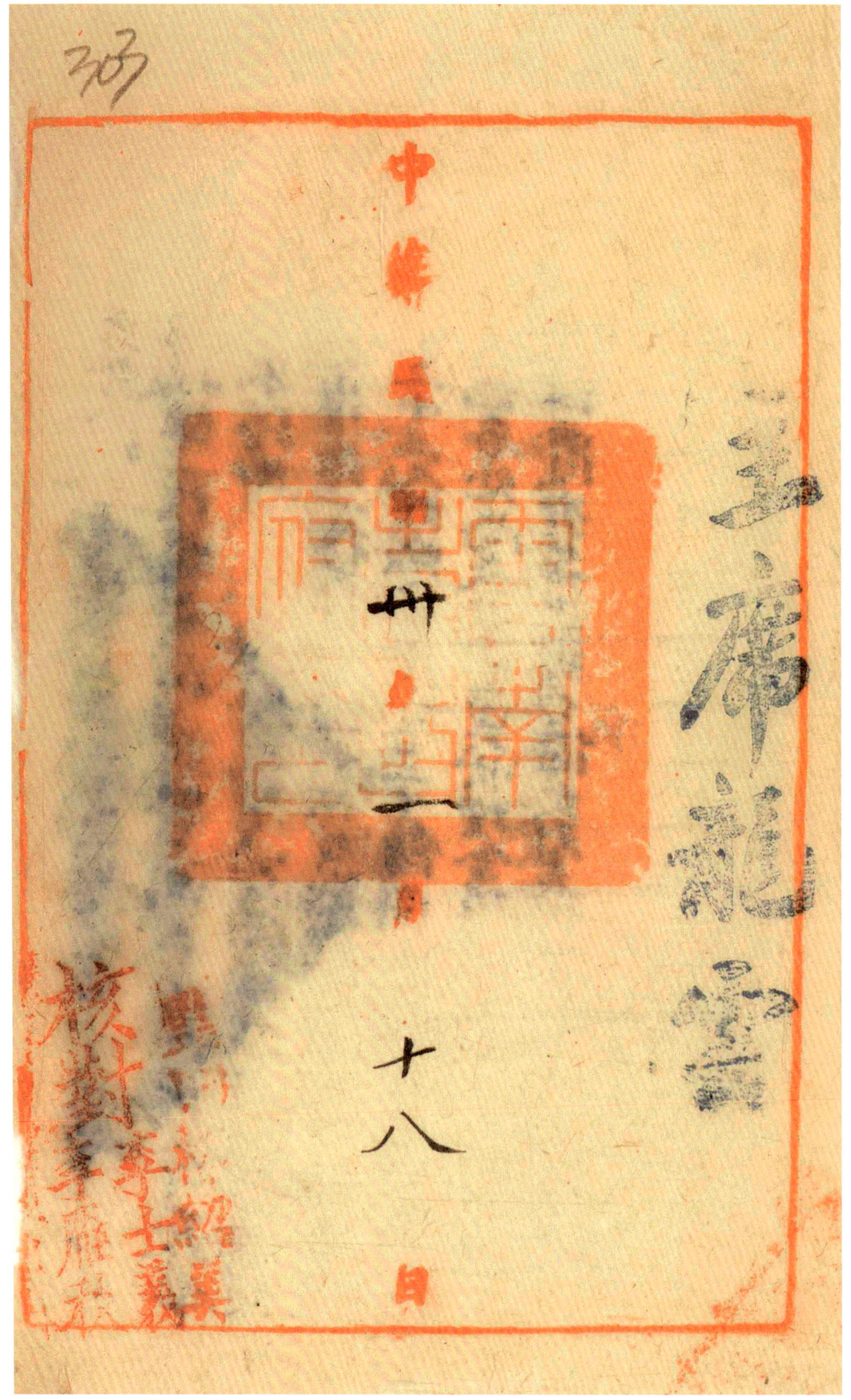
主席龍雲
中華民國
十八
日

304

空襲情况报告表

日期	月日		一月五日
	时分		午前十一时十分
空襲	地点		昆明市
	次数		一次
敵机架数			驱逐机三架 轟炸机九架
警报时间	空襲		午前十时五十分
	緊急		十时五十五分
	解除		午後三时零五分
轟炸状况	着弹地点		五華山 華山东路 黄河巷口 皇城角 圆通街 平政街 新民巷 圆通山
	炸弾種類		爆炸弾
	炸弾数目		十二枚
損害情形	房屋	炸燬	一百二十餘間
		震倒	四百二十餘間
		焚燬	无
	人口	死	男女九人
		傷	男女二十三人
其他			本日另外呈贡县属江上坳落有炸弾一枚
備考			

昆明县政府关于敌机袭炸金汁河埂南闸沟死伤情形致云南省振济会的呈（一九四一年一月十八日）

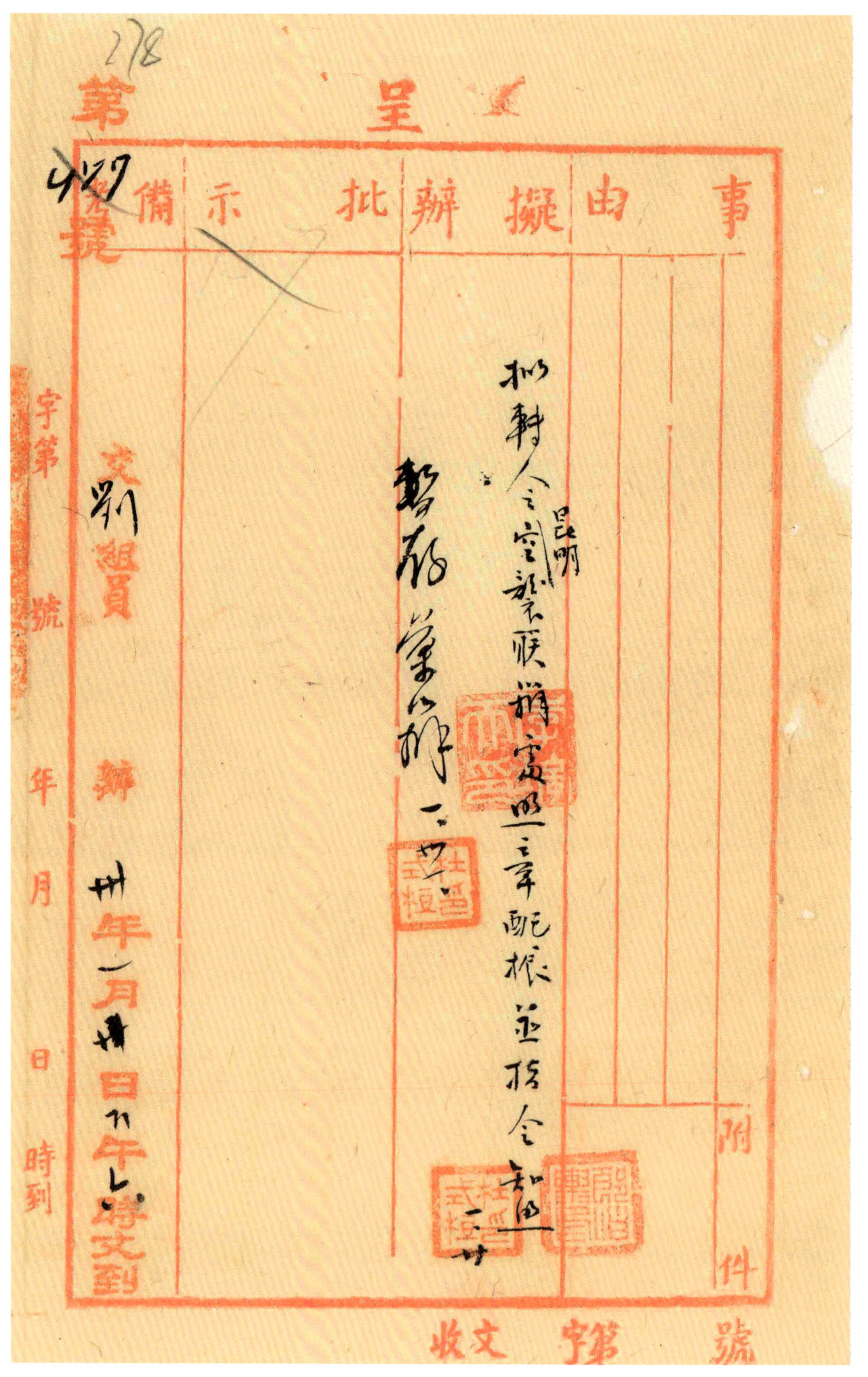
呈

第 4127 號

事由

擬辦　擬轉令昆明空襲緊急救濟聯合辦事處照章配恤並指令知照

批示

備考

附件

文別　組員　辦

卅年一月卅日九午七時文到

收文　字第　號

279

報告　一月六日于昆明縣政府

事由：查一月三日敵機襲滇，於轟炸後，縣長立即電飭縣屬各鄉鎮公所民眾自衛預備大隊及各中隊查明所轄境内有無被炸情事具覆去後。茲據民衆自衛預備大隊第四中隊長范正端報告，本日有敵機一架在縣屬金馬寺村前金汁河埂南閘溝附近投下一彈，於空中爆炸。當將滇内市區疏散人民炸死男六丁女一口外，有第十修理廠炸死五人，姓名未詳，已自行指回，共炸死男女十二丁口。其受重傷者經派第二分隊長率領壯丁前往救護，並抬送醫院治療，暨看守死者屍体，候驗掩埋等情。據此，當經諭飭該中隊長將死傷人員姓名年籍確查具報。茲據該中隊長范正端列表呈報前來。職縣覆查屬實，除呈報雲南省防

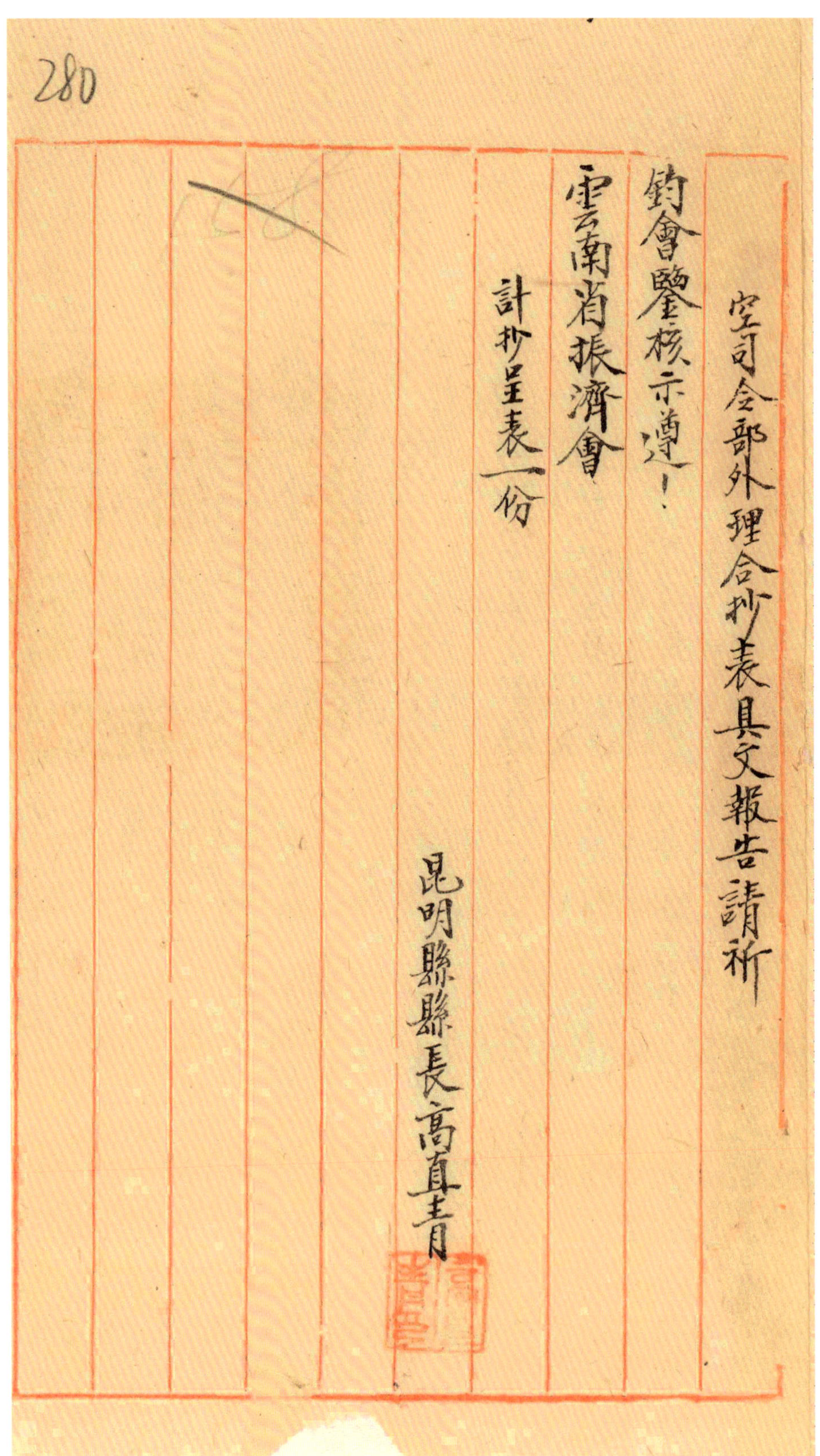

280

空司令部外理合抄表具文报告请祈

鈞會鑒核示遵！

雲南省振濟會

計抄呈表一份

昆明縣縣長高直青

281

中華民國三十年一月十八日

昆明市一九四一年一月三日空袭情况报告表（一九四一年一月二十三日）

空襲情况報告表

日期	月日	一月三日
	時分	十二時四分
空襲地点		昆明市区拓东路及郊区金馬寺等處
空襲次数		一次
敵機架数		轟炸機九架
警報時間	空襲	午前十一时四分
	緊急	十一時五十五分
	解除	午後四時八分
敵襲狀况	着彈地点	中国運輸公司昆明站滇緬路修車場養疾院大门外拓东路岳街金馬寺
	炸彈種類	爆炸彈
	炸彈数目	市区内九枚郊区内金馬寺二枚
損害情形	房屋 炸燬	六十間
	房屋 震倒	一百二十五間
	房屋 焚燬	樓房四間
	人口 死	二十一人
	人口 傷	重傷三十六人輕傷三十四人
其他		翠湖南路蓮花池共落有小炸彈四枚均未傷人
備考		查有滇緬路修車廠内炸燬汽車六輛

何卓堂关于查报昆明市钱局街、正义路等被敌机轰炸伤亡情况的呈（一九四一年一月二十九日）

为呈请鉴核事。窃查本日中午敌机数批袭炸市区钱局街、华山南路、正义路、民权街、民生街、珠玑街一带，均被灾甚重。职奉派于炸后随同救护队驰往正义路、民权街、民生街一带调查伤亡损失，除将调查所得另列表呈报外，理合备文呈请

钧鉴！谨呈

组长 杜 核转

常务委员 李

调查员 何卓堂 谨呈

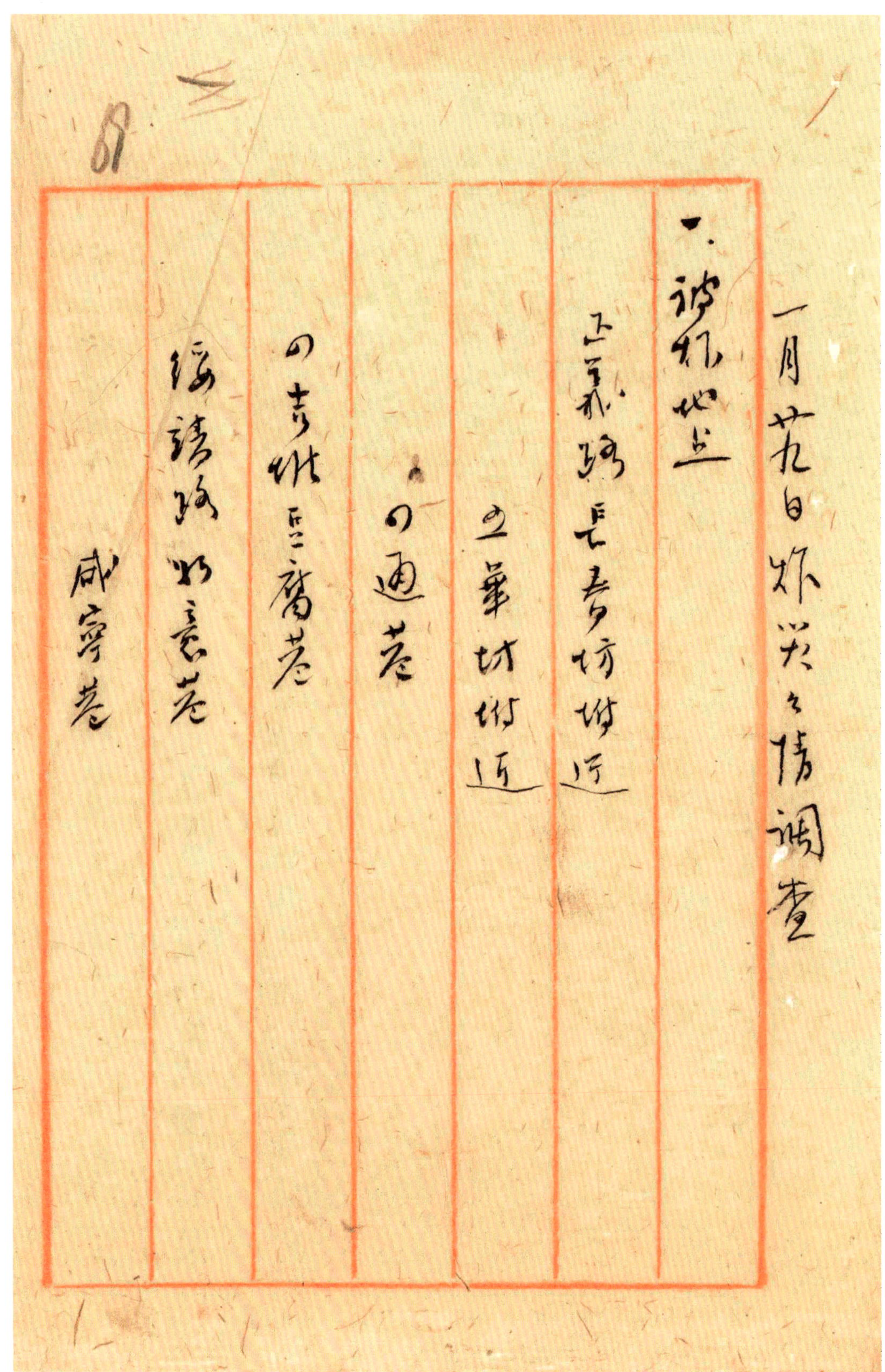

一月廿九日炸災災情調查

一、被炸地點

正義路長春坊附近

光華街附近

四通巷

四吉堆三層巷

綏靖路好義巷

咸寧巷

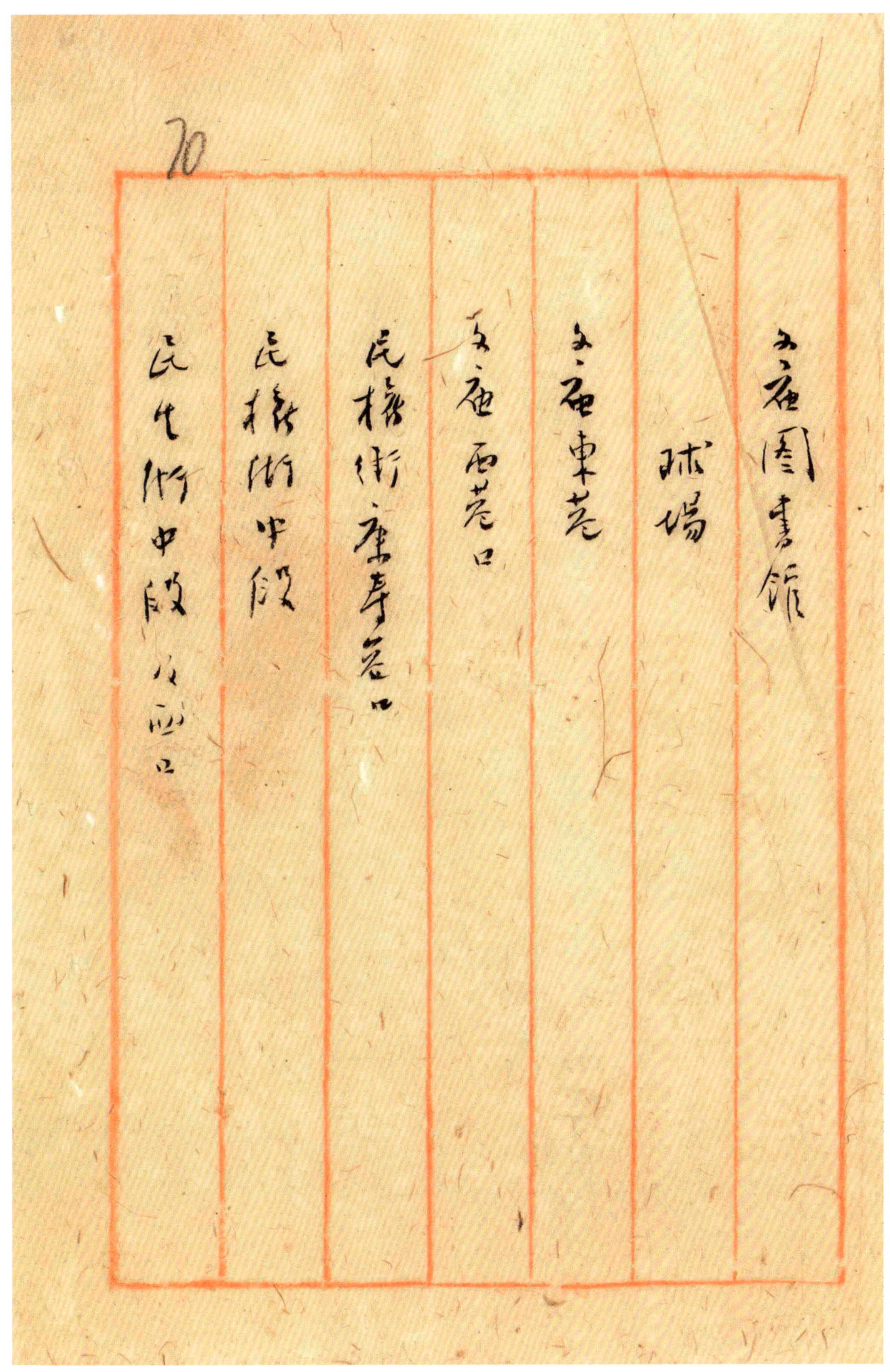
20

文廟圖書館

球場

文廟東巷

文廟西巷口

民權街康寧巷口

民權街中段

民生街中段及西口

示

福照街口福巷口东西两廊

兴隆街口

兴安街民主门口

市商会附近

文林街联大宿舍

翠湖西路

琵琶树巷

天仙阁巷

云华体育场

若園巷

大西门外西路

珠璣街第三〇八号一带中弹起火波及对街三十七号一带

二、死伤人数

死三十五人

伤六十余人

毁屋六百余间

三、时案地点

崇義中学、邢華小学

華山、晏虹、七牛樹小

杜式桓关于昆明市区一九四一年一月二十九日被敌机轰炸伤亡情形致行政院振济委员会的电（一九四一年一月二十九日）

查一二九、房屋炸毁

全毁四百〇八间

半毁二百六十七间

算法为一院共三间四耳以七间算

震倒一部作半毁，震倒全部作全毁

電稿　一月廿九日下午九时發

重慶（此字疑）鈞鑒：艷午市中心區及東區西北區被炸，毀屋六百餘，死卅五，傷六十餘，救護收容工作滿意。趕辦（此字疑）。印

杜
（印：杜聿明印）

昆明县政府关于一九四一年一月二十三日敌机轰炸昆明县属情形致云南省振济会的呈（一九四一年二月七日）

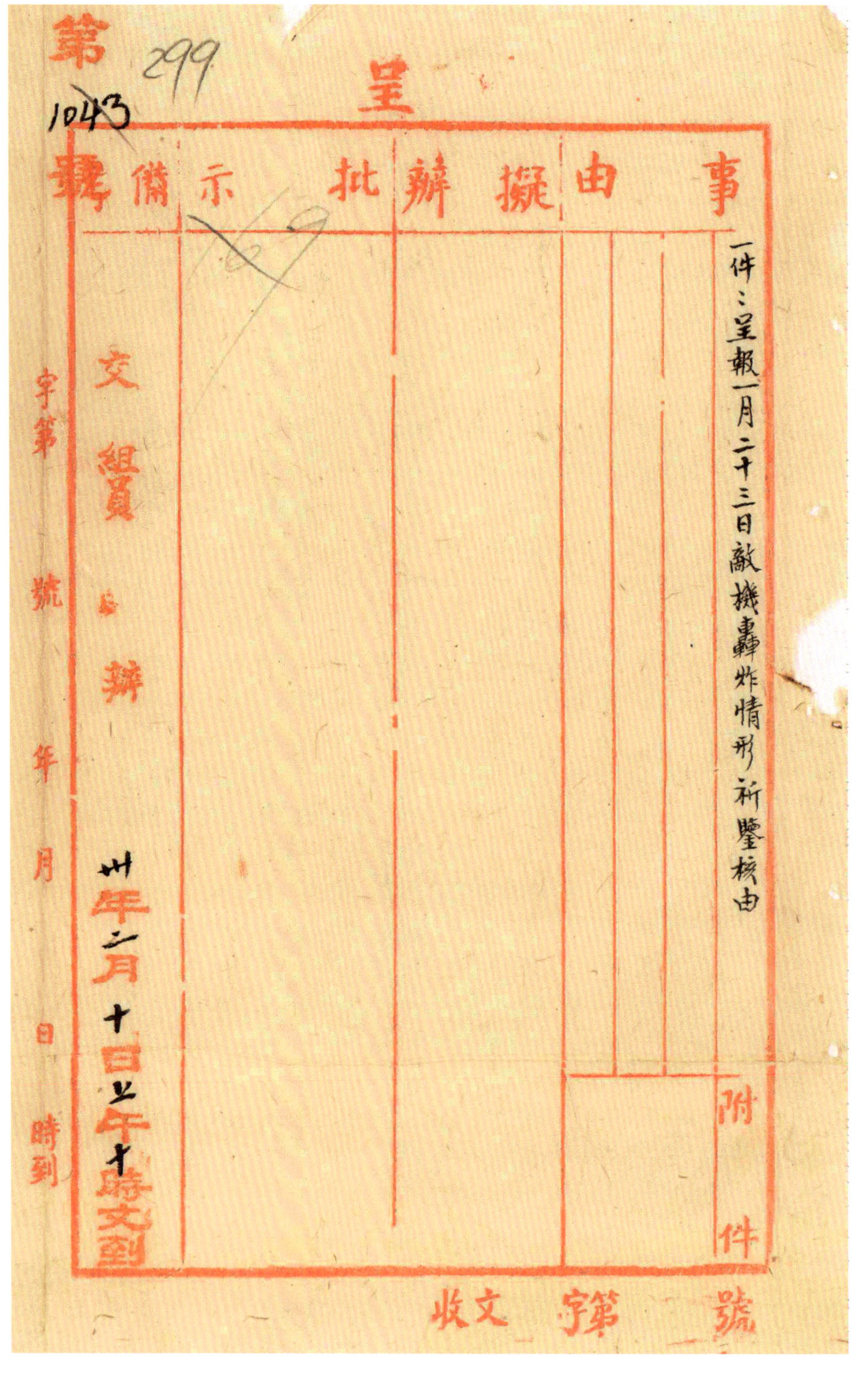
第 299 1043
呈
事由
一件：呈報一月二十三日敵機轟炸情形祈鑒核由
擬辦
批示
備考
附件
交組員 辦
卅年二月十日上午十時文到
字第 號 年 月 日 時到
收文 字第 號

300

為呈報事，竊查一月二十三日，敵機襲省，空襲警報解除後，據自衛預備大隊第六中隊長董鳳英報告稱：本日上午十一時許有敵機六架盤旋市空，繼有三架俯衝投彈，投中西南運輸處汽車修理總廠共中彈五枚，炸倒房屋百餘間，門口中彈一枚，均係重量炸彈，並炸毀平民李樹生瓦平房正房三間、耳房六間，共九間，該廠小工李海彬之茅屋一間亦被炸毀，內有李樹森之妾、李海彬之妻均被土壓傷，傷形頗重，人事不省，已車送醫院救治。又該廠技工游豐奎之瓦茅屋各二間亦被炸毀，該李樹森、游豐奎之家具什物亦被震盪，餘無損傷，并於郊外拾獲敵機上洋鐵牌一塊，理合一併送請鈞長鑒核示遵。又據自衛預備隊第六中隊第三分隊長王堯報告：本日敵機襲昆，於西壩村河北大石橋溝投手榴彈三枚，陸家營村前棺材溝投手榴彈一枚，僅傷一疏散工人口部，下唇負輕傷，餘未

301

傷及理合報請鈞核。又據職縣政務警長楊光武報告稱：本日敵機襲省警長往大觀樓疏散得見敵機投下手溜彈四枚落於大觀樓門口田内。并無死傷。又據龍院村警察第四分局長李發報告稱：本日十一時二十分被敵機投手榴彈二枚，一枚落於昆明市疏散人謝明山之門前傭工鄭嫂頭部微傷，一枚落於李石生草房内李國世之母被破片擊傷腳部。各等情。據此，縣長當即前往查勘屬實，並切實慰問該廠負責人暨受傷人及其家屬，列表連同自敵機落下之九三二型腳緩衝裝置取扱法洋鐵牌一塊一併於當日具文呈報主座鑒核在案，理合將炸毀房屋及炸傷人民情形，列表呈請

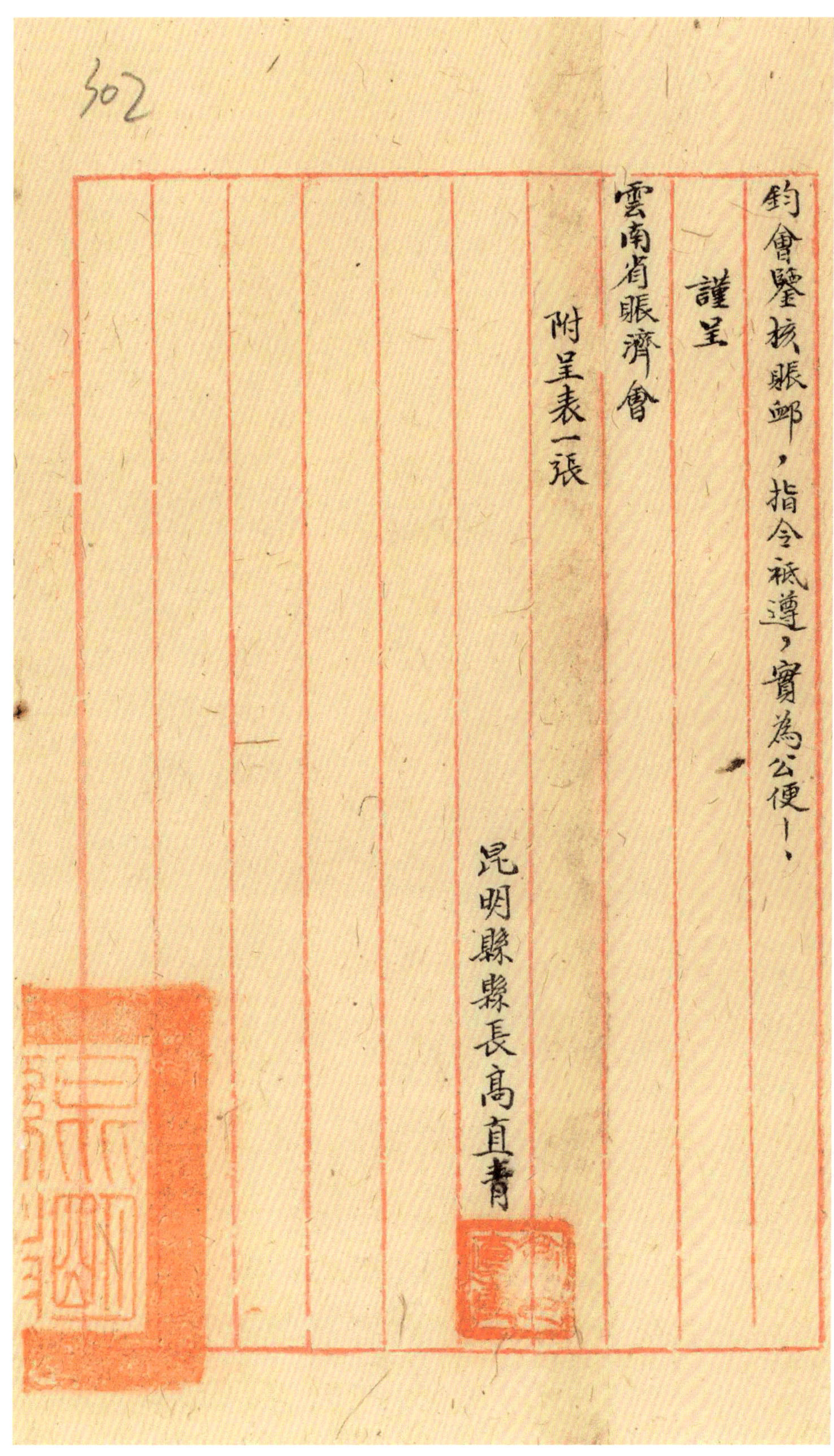
302

鈞會鑒核賑卹，指令祇遵，實爲公便！、

謹呈

雲南省賑濟會

附呈表一張

昆明縣縣長高直青

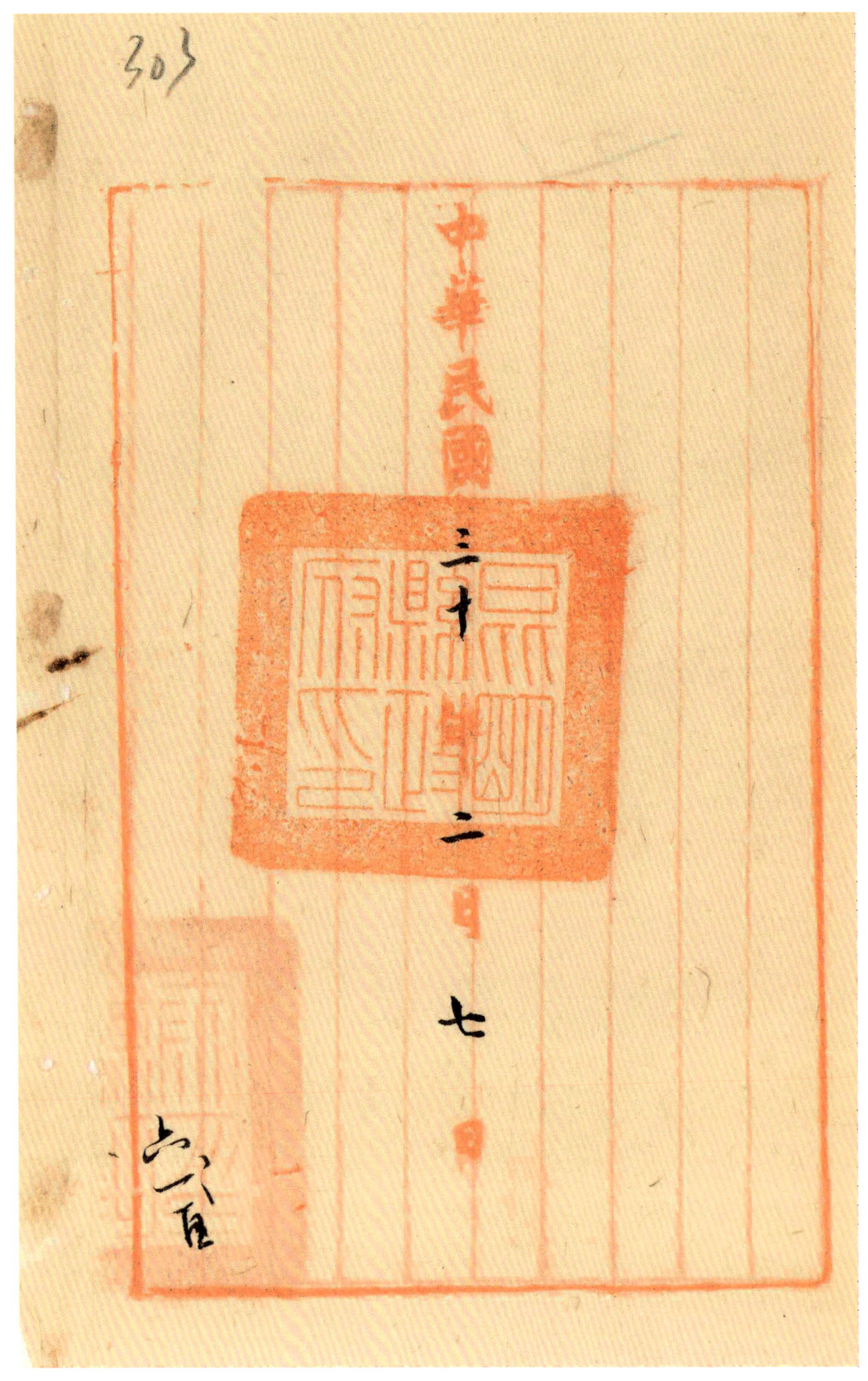
303

中華民國三十二年二月七日

六一八直

安宁县政府关于三架敌机往返县城击伤人员等情况致云南省民政厅的代电（一九四一年二月二十一日）

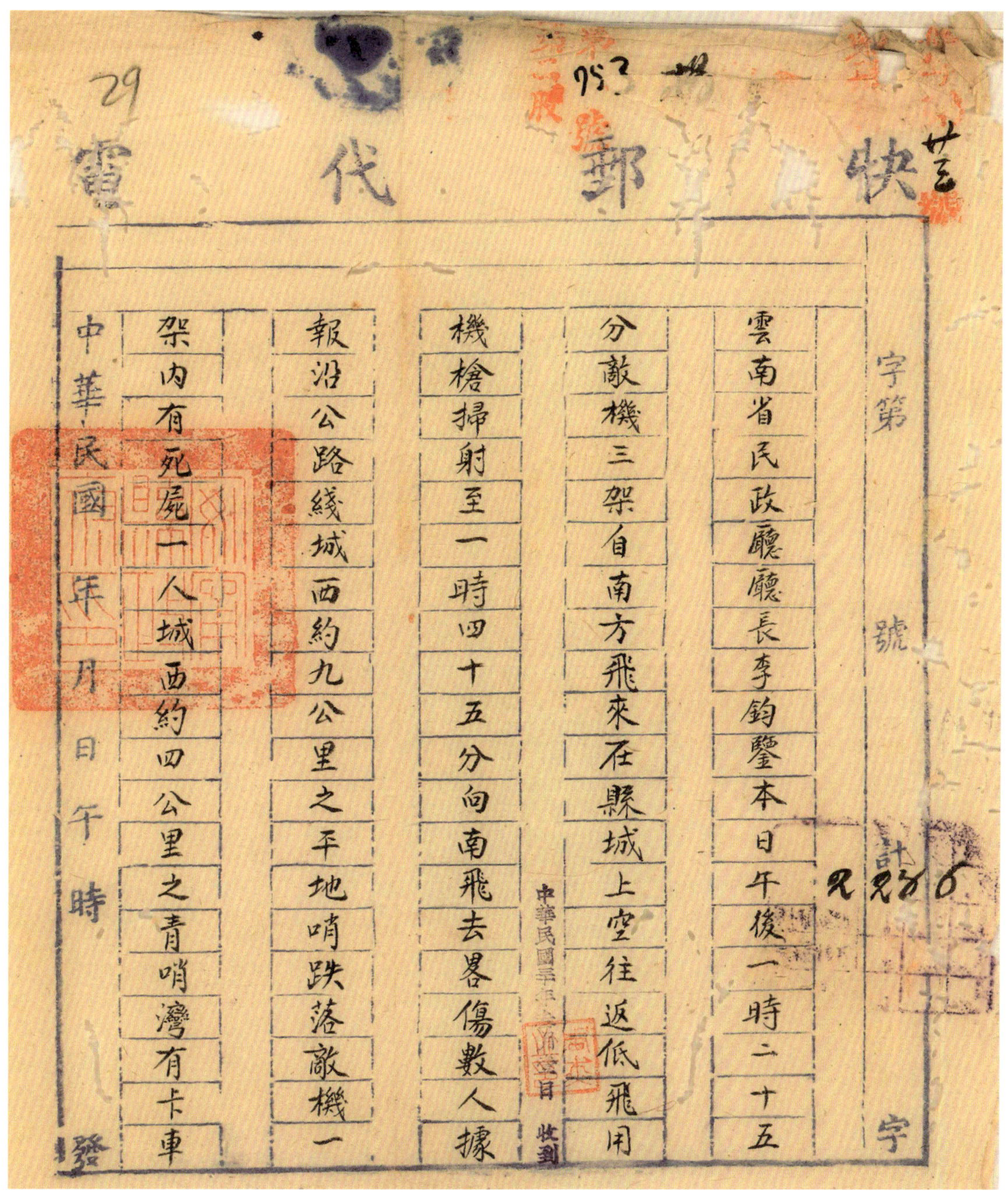
快邮代电

字第　号

云南省民政厅厅长李钧鉴：本日午后一时二十五分敌机三架自南方飞来，在县城上空往返低飞，用机枪扫射。至一时四十五分向南飞去，略伤数人。据报沿公路线城西约九公里之平地哨跌落敌机一架，内有死尸一人。城西约四公里之青哨湾有卡车

中华民国　年　月　日午　时发

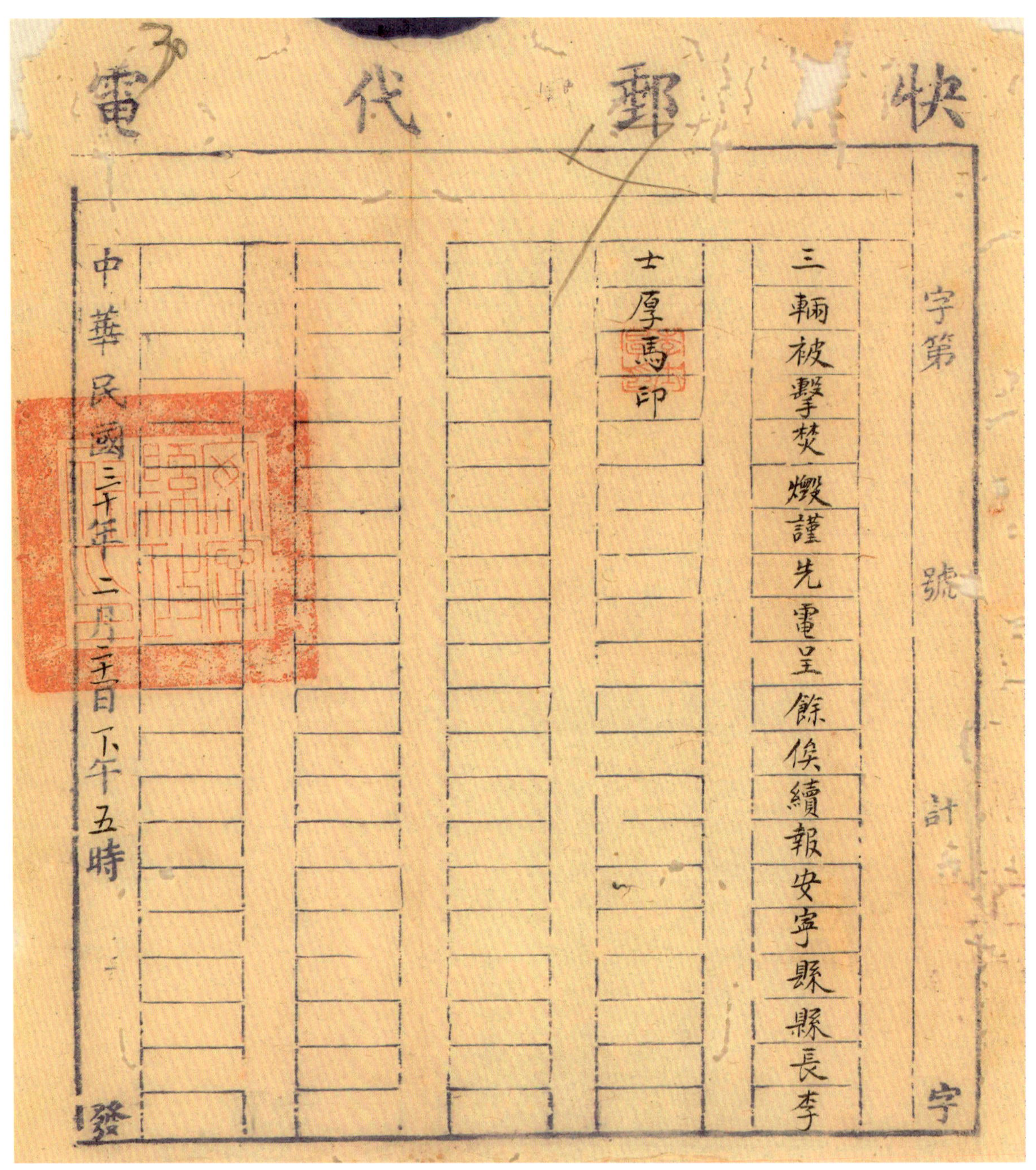

快邮代电

字第　号　计　字

三辆被击焚毁，谨先电呈，余俟续报。安宁县县长李士厚马印

中华民国三十年十二月二十日下午五时　发

云南省立开广中学关于被炸损害各情致云南省教育厅代电（一九四一年二月二十一日）

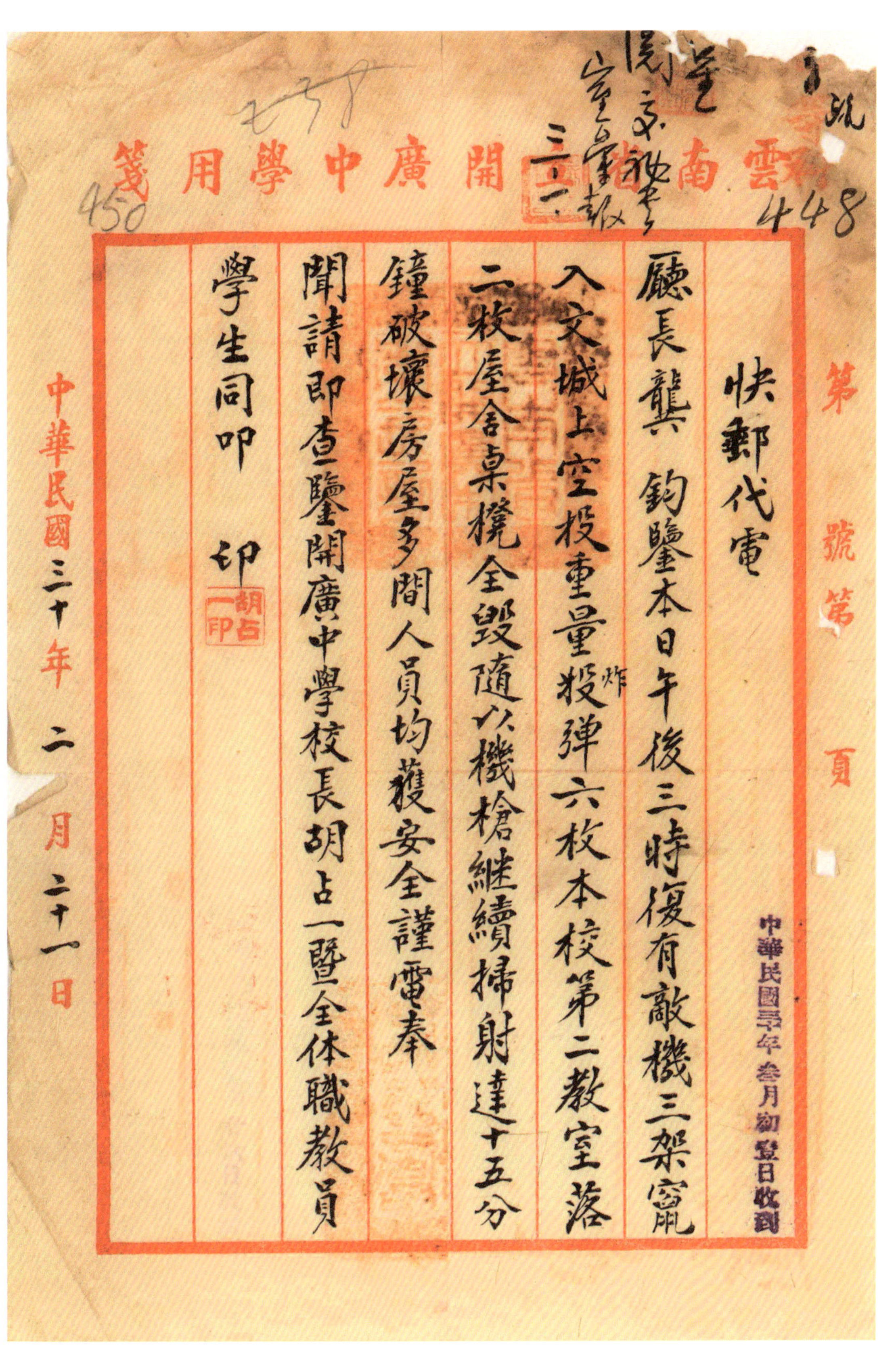

雲南省立開廣中學用箋

第　號第　頁

快郵代電

廳長龔　鈞鑒本日午後三時復有敵機三架竄入文城上空投重量投（炸）弹六枚本校第二教室落二枚屋舍桌櫈全毀隨以機槍繼續掃射達十五分鐘破壞房屋多間人員均獲安全謹電奉聞請即查鑒開廣中學校長胡占一暨全体職敎員學生同叩　印

胡占一印

中華民國三十年二月二十一日

中華民國卅年叁月初壹日收到

云南省政府关于核准滇省文教机关被敌机轰炸简表备案致云南省民政厅的指令（一九四一年二月二十五日）

雲南省政府指令　秘亮字第1768號

令民政廳

案據教育廳廳長龔自知卅年二月十五日呈稱：「竊查倭寇自侵入越南以後，時以飛機侵入滇境，轟炸肆虐，對於文化教育機關，蓄意摧燬破壞。數月以來，滇中大中小學、民衆教育場所以及文化團體均多受其毒害，致使積年經營，一旦化為灰燼。其中尤以本年一月廿九日昆華民衆教育館被炸受災不輕。查該館係假於省會文廟大成殿，即孔子廟之建築，在文化上、歷史上均具偉大之價值，尊重護惜，人所同情，乃竟被寇機摧燬，業遭可憾孰甚！計自廿九年九月卅日起至卅年一月廿九日止，被敵轟炸各教育文化机关共计十七家，其机关名称及损害情形另行列表呈核。复查各校学生早已分头疏散，其图书校具等项亦多移往安全地带，校舍虽被轰炸而学业不辍，照常上课，又蒙钧座躬亲巡视抚慰，教部驰电慰问，所有教育文化机关人员及学生等莫不愈激奋勉，各守岗位，以尽抗建职责。至于被敌轰炸之学校及文化机关之余宇，已分别清除，略加修葺。据其受灾最重部份之恢复，应俟另案统筹。除已先后据情签报教育部外，理合将本省教育文化机关最近被敌轰炸情形汇造表册，备文呈报钧府鉴核备案示遵。等情。计呈云南省教育文化机关被敌机轰炸情形表一份。据此，除指令准予备案外，合将原表抄发，令仰该厅遵照。院颁表式另行缮具，径转报。此令。○计抄发原表一份。

129
中華民國
卅二年二月廿五日
監印 林紹梁
核對 李士義 李雁秋

附：云南省教育文化机关被敌机轰炸简表

雲南省教育文化機關被敵机轟炸简表　民國三十年二月造报

機關名称	機關原地	敵机轟炸年月日	損害情形：死亡或受傷人數	損害情形：毀壞房屋	損害情形：毀壞器物	附記
私立求實中學	昆明市双塔寺	二十九年九月三十日	無	宿舍房屋兩間	圖書儀器標本器物及化學药品等數	該校學生疎散於昆明北御竹園村
省立開遠農業職業學校	開遠縣城内	二十九年十月一日	無	中山紀念堂及課室宿舍被炸震動損失不重	蜂房被毀	該校學生疎散於布沼鄉
省立昆華高級工業職業學校	昆明市大西門外	二十九年十一月三十日	無	石圍墻炸倒八丈新教室寢室破壞五全數三分之二	零星器物	該校學生疎散於呈贡县可桨村及烏龍浦

省立開遠農業職業學校	省立昆華高級工業職業學校	省立昆華中學
開遠縣城内	昆明市大西门外	昆明市文林街
二十九年十月一日	二十九年十一月十三日	二十九年十月十三日
無	無	無
中山紀念堂及課室宿舍被炸震動損失不重	右圖墻炸倒八丈新教室寢室破壞近全數三分之二	該校舊址南北兩院屋舍中彈毀壞大小共七十餘間
蜂房被毀	零星器物	棹櫈木器等類
該校學生疏散於布沿鄉	該校學生疏散於呈贡县可樂村及烏龍浦	該校學生已疏散於澂江县舊城又該校新建校舍係在西门外學校區

省立昆明女子初級實用職業學校	敬節堂	省立昆華民衆教育館	省立昆明初級實用職業學校
昆明市敬節堂巷	昆明市錢局街	昆明市文廟街	昆明市福照街
二十九年十月十三日	二十九年十月十三日	三十一年一月二十九日	三十一年一月二十九日
無	死二人 傷三人	無	無
主房三間及門窗牆壁被波及屋頂瓦片震毀	大門門房三間住室十四間	孔子廟屋頂全部炸毀民衆茶園房屋全毀鼓樓走廊樓室房屋二間研究室一間全毀專線園套閱覽室陳列室辦公室等被震倒塌	校舍樓上下共五十八間毀損震裂房五陳鋪面六間炸毀
	節婦家俱什物	零星什物標本殘剩條陳列物品及少數書畫圖表	各項大小標本校具及木器零星什物
該校學生疏散於昆明縣東鄉白龍寺	該堂節婦老多移老弱殘廢	該館重要陳列品及圖書等遷移昆明東鄉十里鋪	該校學生疏散於昆明北鄉花竹鄉尹家村

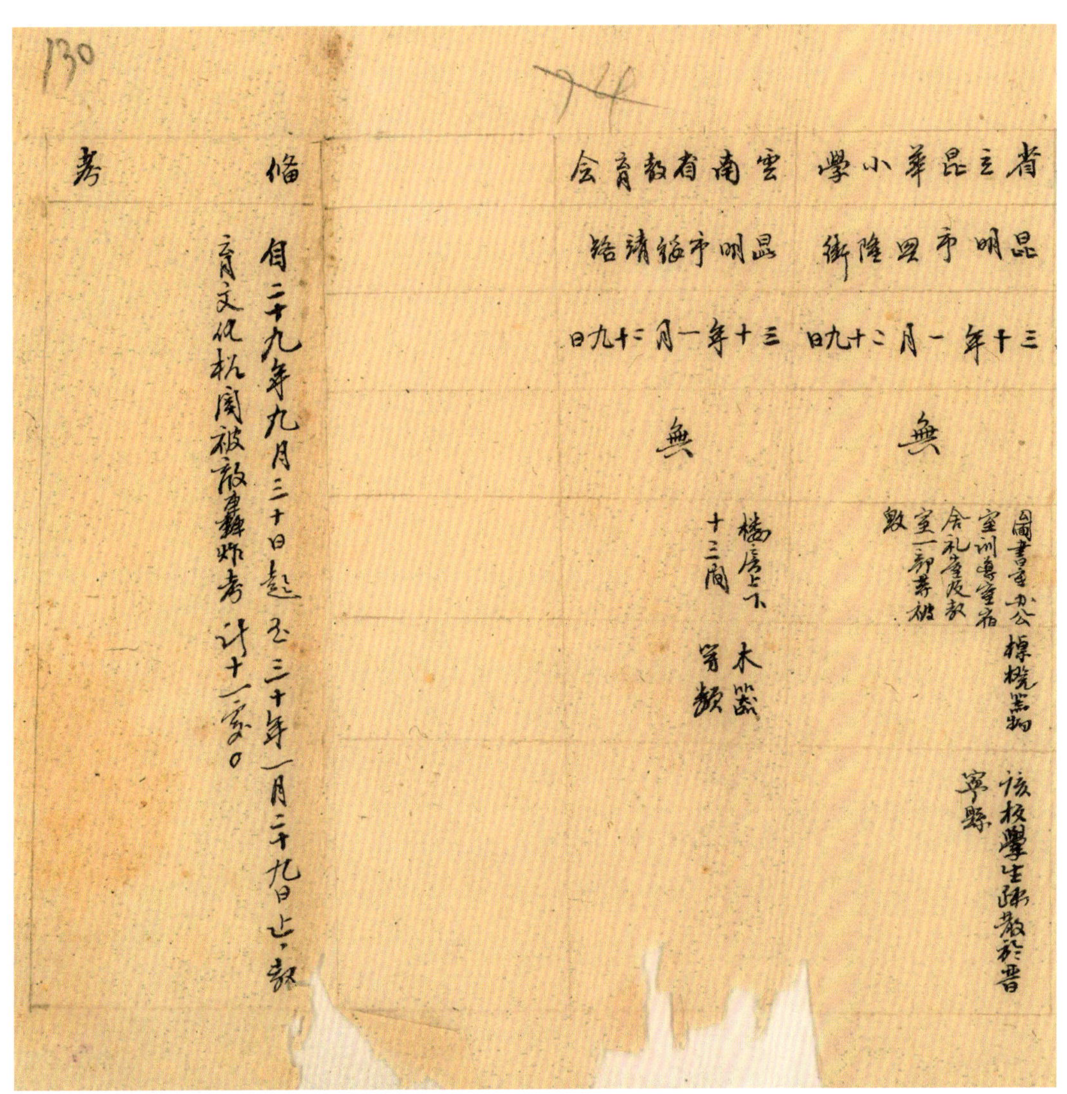

省立昆華小學	雲南省教育会	備考
昆明市四隆街	昆明市綏靖路	自二十九年九月三十日起至三十年一月二十九日止，教育文化機關被敵轟炸者計十一處。
三十年一月二十九日	三十年一月二十九日	
無	無	
圖書室辦公室訓導室宿舍禮堂及教室一部焚毀	樓房上下十三間	
損毀器物	木器多毀	
該校學生疏散於晋寧縣		

昆明市一九四一年二月二十六日空袭情况报告表（一九四一年二月二十六日）

197

空襲情況報告表

日期	月日		二月二十六日
	時分		午後一時三十五分
空襲	地點		昆明市
	次數		一次
敵機架數			二十七架
警告時間	空襲		午後一時十分
	緊急		午後一時二十五分
	解除		午後四時二十分
襲擊狀況	着弾地点		文明街正義路高山舖廣雲街啟文街東城脚護國門城頭南昌街青龍巷威遠街象眼街勸學巷大柳樹巷護國路大東門城東昇街如意巷花園巷龍泉巷紅廟村拓東路唐家營鄒家村金牛街綏靖路
	炸弾種類		爆炸弾
	炸弾數目		一百零二枚
損害情形	房屋	炸燬	九百四十四間
		震倒	一千二百七十七間
		焚燬	十五間
	人口	死	七十八人
		傷	四十五人
其他			啟文街未爆炸弾一枚威遠街未爆炸弾二枚
備考			查拓東運動場炸燬輜重隊汽車七輛鹽務管理局運輸處汽車五輛合併申明

云南省民政厅、昆明县政府等关于呈报敌机炸毁县属乾海子情形的一组文件

昆明县政府致云南省民政厅呈文（一九四一年三月十四日）

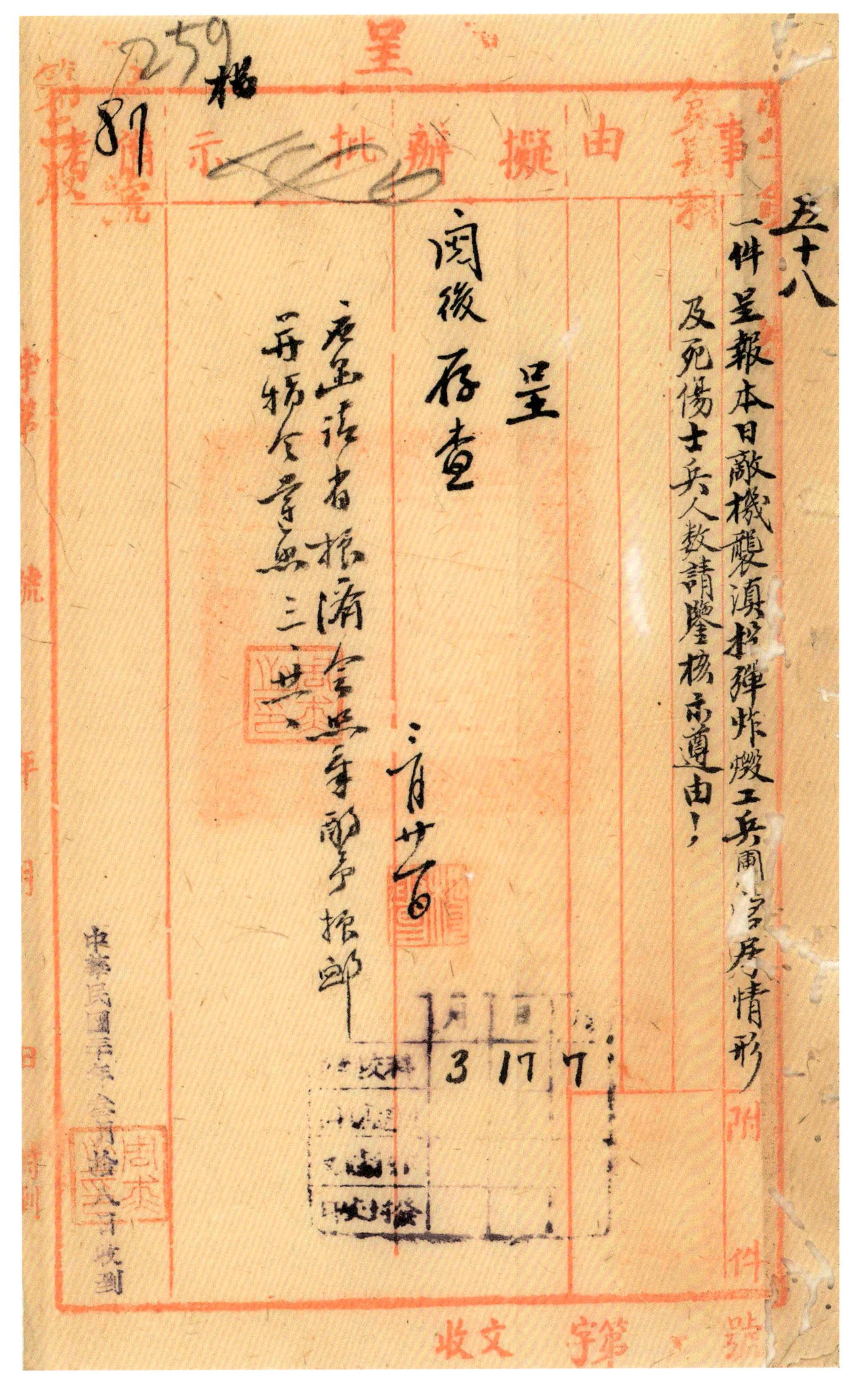

呈

五十八

事由：一件呈報本日敵機襲滇投彈炸燬工兵團營房情形及死傷士兵人數請鑒核示遵由！

擬辦：呈

批示：閱後存查

應函請省振濟會無庸再飭令警察三·廿一

三月廿一日

3 17 7

中華民國三十年三月十四日時收到

收文　第　字　號

210

報告 三月十四日 於昆明縣政府

事由：竊查本月十日敵機八架襲昆明，縣長 於轟炸後，立即乘車親往乾海子工兵團營房內外查勘，該處計投彈十一枚，內一枚未爆炸，四枚落於荒郊，一枚炸燬馬房三間，二枚落於騎兵營講堂，炸燬講堂四間，一枚落於士兵寢室，二枚落於營房荒郊，一枚落於東南面營房管理處，將圍墻炸燬，計炸死士兵三人，受傷者三人，理合將查勘情形，具文呈報，請祈

鈞廳鑒核！

謹呈

雲南省民政廳廳長李

昆明實驗縣縣長高直青

262

中華民國三十三年十四日

云南省民政厅致昆明县振济会指令及公函（一九四一年三月三十一日）

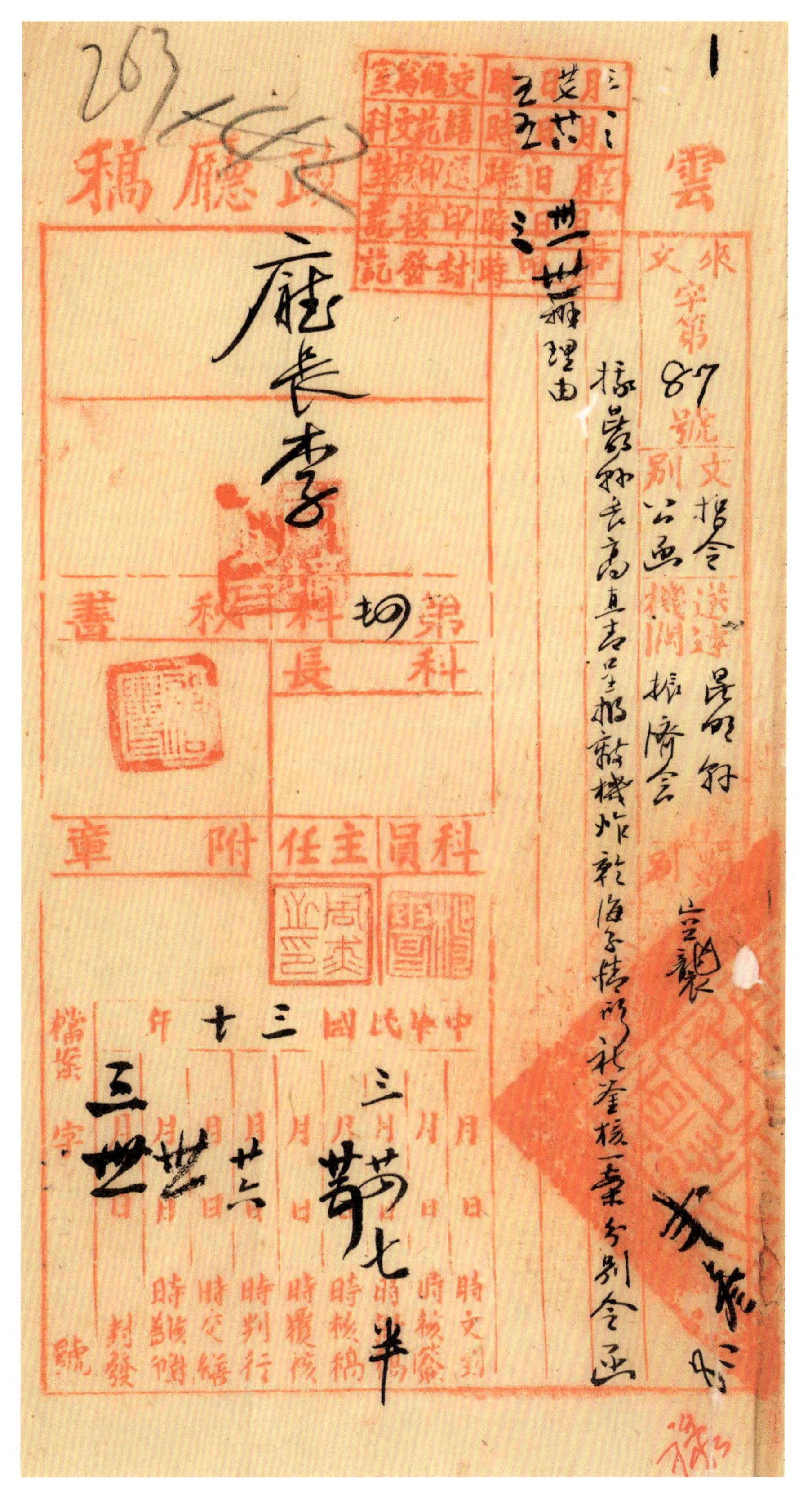
雲南省民政廳稿

來文字第87號

文別 指令 公函

送達機關 昆明縣振濟會

事由 據昆明縣振濟會呈報警察局及高真宮被炸難民核准准發振款案，令行遵照

廳長李

第一科科長

中華民國三十年三月 日

列

銜 指令 坤二字第 3466 號

令昆明實驗縣長高直青

二月十四日呈一件，為據報該縣屬乾海子被敵機轟炸各情一案，祈鑒核由。

呈悉。查所呈該縣屬之乾海子被敵機轟炸情形，殊為軫念。該縣長於炸後尚能立即親赴查勘，並報前來，辦理尚無不合，應准備查。除函請省振濟會辦理振卹外，仰即知照！

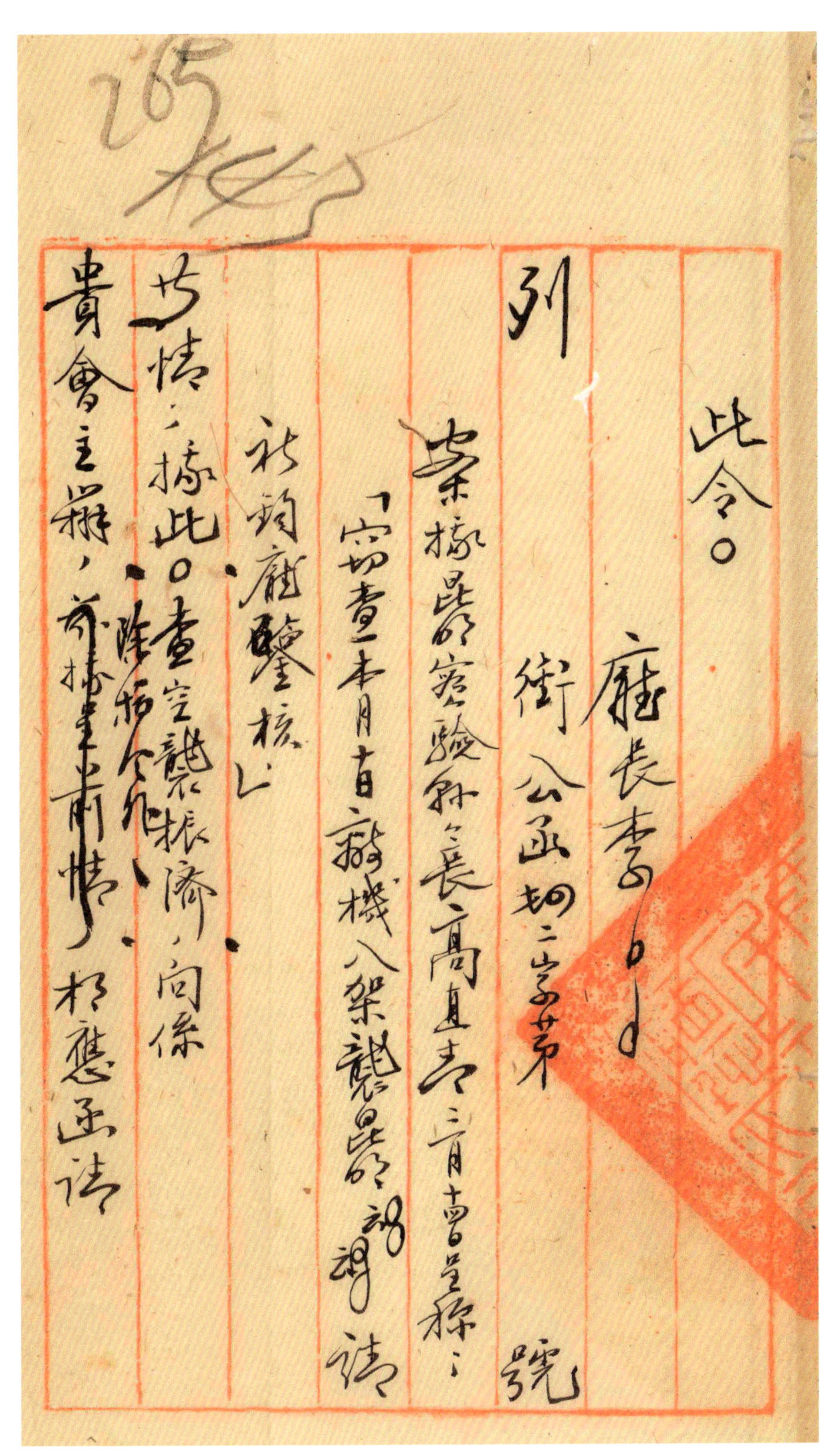

此令。

廳長李○○

銜公函捌二字第　號

列

案據縣府農林課長高直吉三月十四日呈稱：「前奉本月十日辦機八染龍農字第號譯　請

核轉廳鑒核」

等情，據此。查空龍振濟，向係

貴會主辦，除指令外，相應據情函請

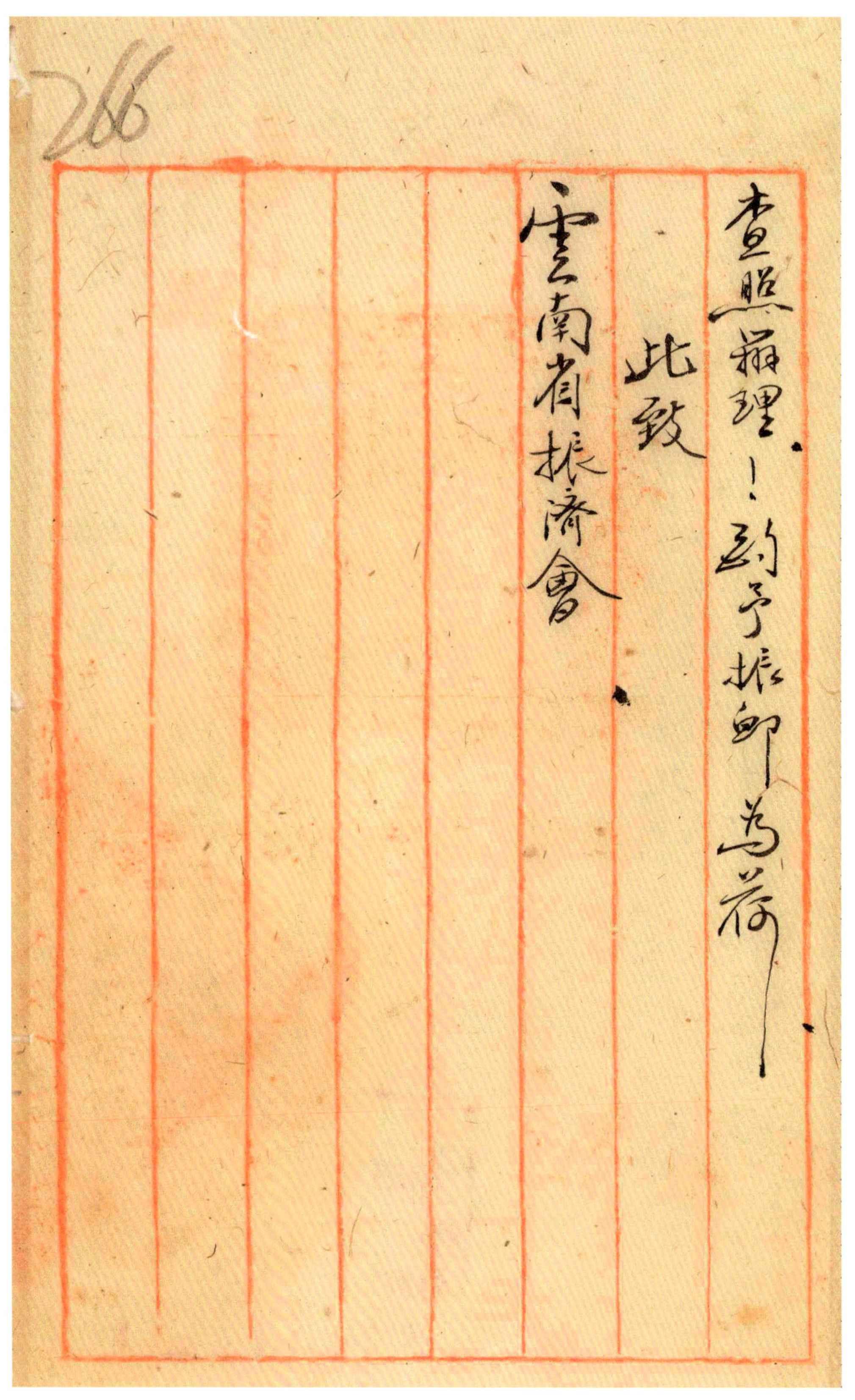
266

查照办理，：酌予振卹为荷！

此致

云南省振济会

云南省昆阳县政府关于派警前往勘察敌机轰炸五十一厂等情致云南省民政厅的代电（一九四一年三月二十六日）

快邮代电

雲南省民政廳長李鈞鑒：本日敵機來炸五十一廠，當即派警前往查勘，是夜十二時據平定鄉鄉長龐增富、警察分局長方錫侯報告，稱本日午後二時有敵機七架旋繞至職鄉所屬山冲共投彈七枚，拉蘇董投彈三枚，震毁五一廠保儆隊隊長一員、班長一名、士兵二名，一彈投落山腳，無損傷，一彈投落高家場，無損傷，二彈投落拉龍箐之小山頭，無損傷等情。據此，理合將被炸情形先行電呈，伏鈞

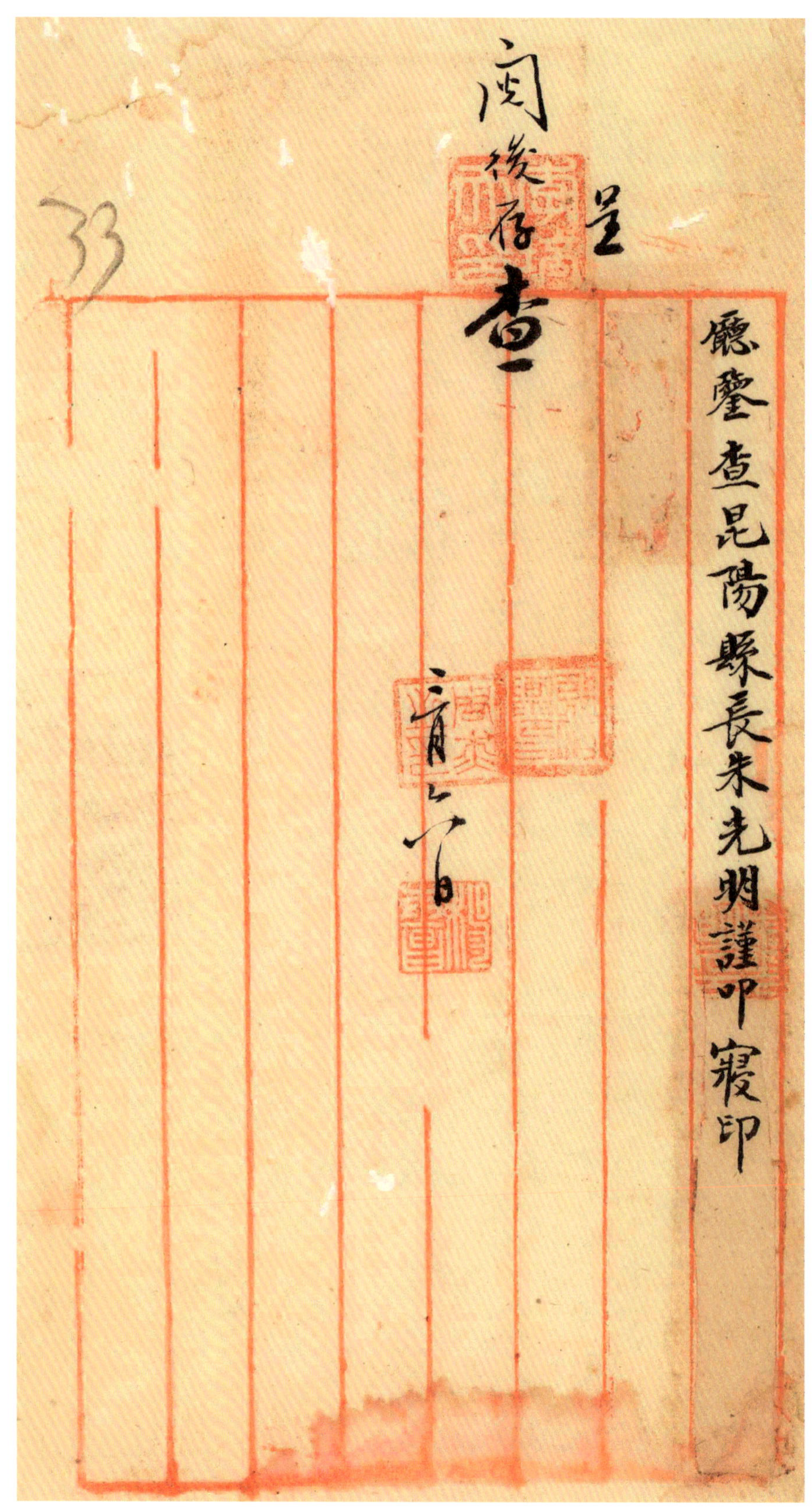
钧鉴查昆阳县长朱先明谨叩寝印

阅后存查 呈

三月六日

张姜氏就被炸伤请发恤金事致昆明第二区公所的呈（一九四一年四月二十四日）

具呈孀婦張姜氏，年五十八歲，昆明人，住黃公東街菜市內二巷內。業爲身受傷痕，叩懇鈞所垂憐下情，賞准給恤。爲因日前被破片擊傷脚足，行動實難，且氏冰孀可憐，伏乞查核撫恤，實沾公便。此呈

昆明二區公所區長

請照發

十一坊坊長

四保保長

四、廿四

民國卅年四月廿四日具呈孀婦張姜氏

云南省立昆华女子中学附属小学、幼稚园被敌机轰炸状况报告表（一九四一年四月二十四日）

65　38

雲南省立昆華女子中學附屬小學幼稚園被敵機轟炸狀況報告

學校名稱	所在地	學生人數	被炸狀況	備考
附屬小學	昆明市武成路關岳廟内	八百五十六人	計有外面東首牌坊大門一道計房叁間其窗欄門扇全被炸毀房瓦亦震落大半中層屋内操塌一個被炸全毀正殿三間簷口瓦片震落不少東邊廂房拾間窗欄及瓦片炸毀去十分之六又正房三間及西廊廂房拾肆間窗欄及房瓦亦震落多處南面房屋三間震爛較輕其餘房屋亦多震壞	該校業經於民國二十七年十月疏散至呈貢可樂大漁及安江等鄉上課 原校房屋被炸日期係民國三十年四月八日
附屬幼稚園	昆明市咸寧巷	一百二十人	中層房屋三間全被炸毀前面房屋四間炸毀大半又前面耳房一間側面平房三間炸毀十分之三後層正房五間南北耳房各三間所有屋簷窗欄均被炸毀又後面房屋一間全被炸毀	該園業經於民國二十七年十月疏散至呈貢縣城内上課 原校房屋被炸日期係民國三十年一月二十九日

中華民國三十年四月二十四日填報

（印：雲南省立昆華女子中學）

第一集团军总司令部参谋处关于云南省财政厅股长陈泰阶夫妇及使女被炸伤证明（一九四一年五月九日）

169

99

身旁数尺处中一弹

兹有前寧洱縣長（現財廳股長）陳泰堦夫婦及使女一名於五月八日在北郊沙溝埂附近受敵機轟炸震傷太劇腦耳失覺（耳內流血）四人皆去一時，當送昆華醫院診治，特為證明。

第一集團軍總部參謀處處長
嚴中英 五、九

已制卡
清办

第一集團軍總司令部參謀處用箋

字第　號第　頁　民國　年　月　日

刘仁、侯琮关于一九四一年五月十一日昆明市内被炸情形的报告（一九四一年五月十一日）

報告 五月十一日

事由本日午前十时敵機二批入境一批九架炸
箇舊卡房損傷情形待該縣查報一批六架飛
往功果橋盤旋未投彈後入昆明市區一時四十
分在東郊及南城邊投彈

一帶子營 在該地麥田投彈七枚死七人傷三
人民房無損

一大南門 投彈二枚城樓被震微傷正義路

133

之王家鐘街口鋪面震毀八間警察之

分局隔壁之鋪面震毀四間人無損傷

城內南段前有一彈未炸

一南岸街　勤業東側被炸毀大門前一彈未炸

一大柳樹巷　炸毀房屋八所約三十餘間人無損傷

祿司令官公館亦被炸毀謹呈

組長杜靜呈

常務委員李

134

再案

一、新市場東段中彈一枚，震毀房屋七間

一、高山鋪五十九號鋪及四十七號鋪內各中彈一枚，約炸毀民房西院被震毀廿餘間

一、慶雲街二十四號及西南大商場旁各中彈一枚，共毀民房廿餘間，被震毀十餘間，地方法院中一彈

一、雲興巷三號內中彈一枚，毀屋一所

135

一、西義巷二號内中彈一枚毀房屋一所

一、華花巷四號内中彈一枚~~未起火當時熄滅~~震毀房屋一所震毀十餘間

一、滌春巷四號内中中彈一枚未起火即時熄滅震毀房屋一所

值日員 劉仁
侯琮 再呈

昆明县政府关于一九四一年五月十一日昆明县境被炸受灾情形致云南省振济会的呈（一九四一年五月十一日）

第130
126 号

報告 五月十一日 於縣政府

事由：本日敵機六架襲昆，在市縣境內投彈後，職當即馳往災區查勘，縣屬東波鄉蒂子營村前東南田郊落彈二枚，炸死無名男子三人，二人年約三十歲，屍體尚全，二人屍體不全，難以分辨。村子東北落彈二枚，鐵路炸燬一節。又村子南頭田中落彈二枚，炸斃男子二人，一係昆明汽車公司機司名王文豪，一人係該公司傳達兵名王冠玉，年均約二十餘歲。本日縣區計落彈六枚，炸斃五人，其餘別無損傷，理合將受災情形報告，請乞

鑒核備查！

卅年五月十一日上午九時交副

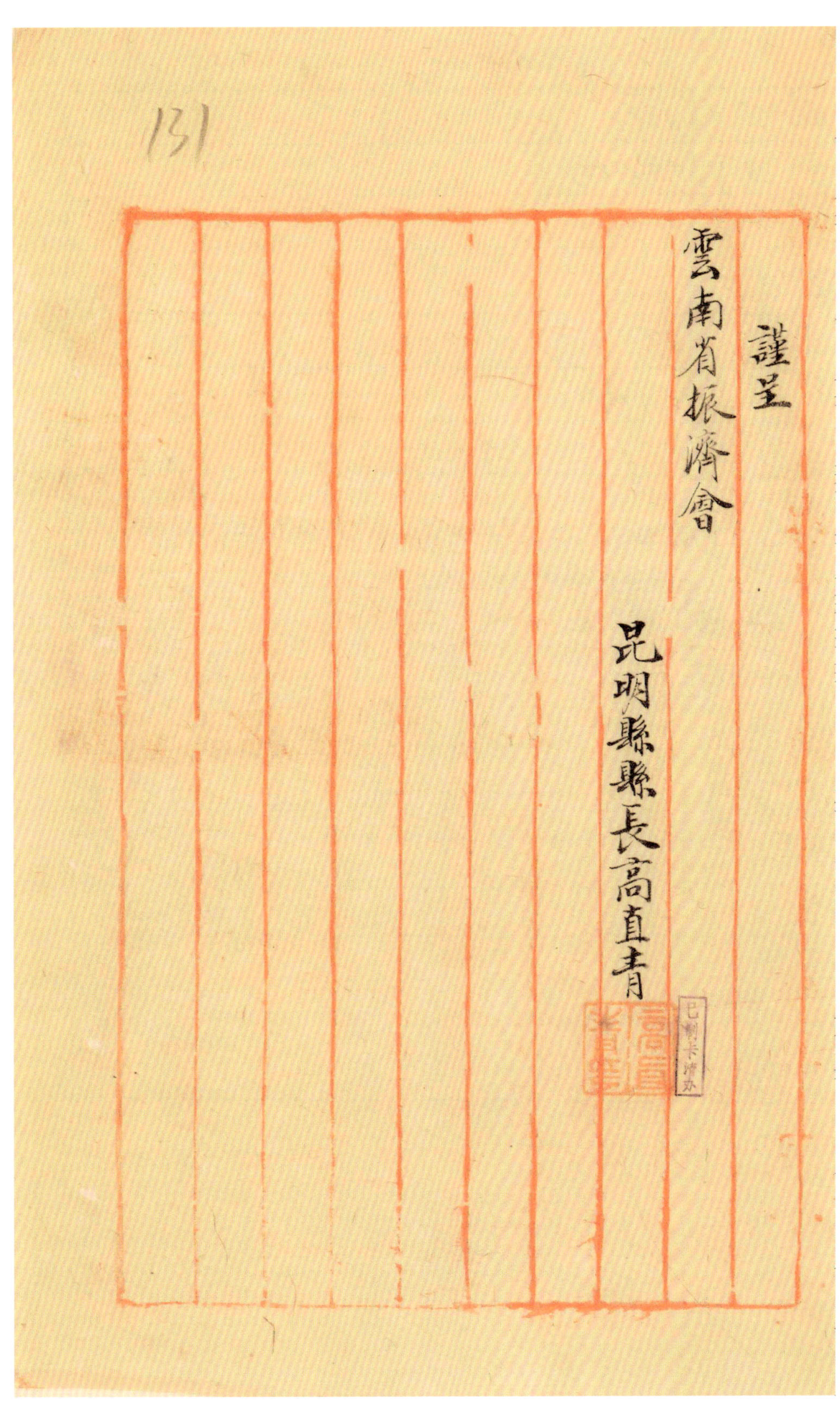

謹呈

雲南省振濟會

昆明縣縣長高直青

昆明市一九四一年五月十一日空袭情况报告表（一九四一年五月十一日）

空袭情况报告表

日期	月日		五月十一日
	时分		午后一時[illegible]分
空袭	地点		昆明市區
	次数		一次
敌机架数			九架
警报时间	空袭		午前[illegible]時[illegible]分
	紧急		[illegible]
	解除		午後三時
投弹情形	着弹地点		[illegible]
	炸弹种类		爆炸彈
	炸弹数目		[illegible]
损害情形	房屋	炸毁	一百九十[illegible]間
		震毁	一百八十三間
	房屋	焚毁	無
	人口	死	四人
		伤	五人
其他			
備考			

日期	月日		五月十二日
	时分		午前十时三十三分
空袭	地点		昆明市區
	次数		一次
敌机架数			轰炸机廿七架
警报时间	空袭		午前十时廿三分
	紧急		午前十时卅三分
	解除		午後二时
轰炸实况	轰炸地点		（详附图另附）
	所投弹种		爆炸弹
	投掷弹数		七十枚
损害情形	房屋	炸毁	二百七十三间
		震倒	二百九十八间
		焚毁	三间
	人口	死	四人
		伤	三人
其他			[illegible]
备考			[illegible]

昆明县大渔镇公所关于第八军需处工役李荣被炸身亡的证明（一九四一年五月二十日）

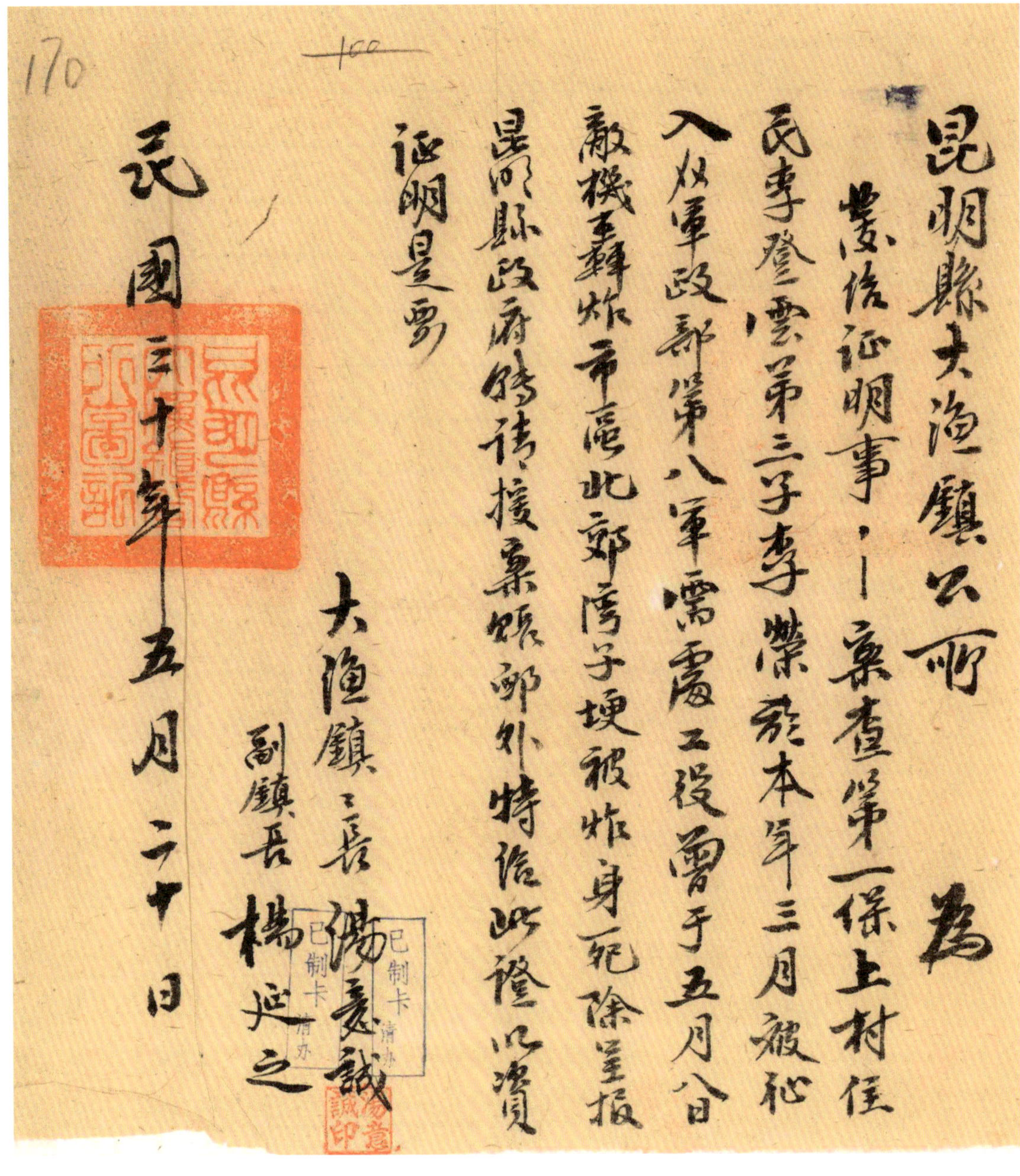

昆明县大渔镇公所　为

发给证明事：——案查第一保上村住民李登云第三子李荣，于本年三月被征入伍，军政部第八军需处工役。曾于五月八日敌机轰炸市区，北郊隐子埂被炸身死。除呈报昆明县政府转请核案赈邮外，特给此证以资证明。是要。

大渔镇镇长　汤意诚
副镇长　杨延之

民国三十年五月二十日

云南省会男子感化院一九四一年四月二十九日被炸伤亡工犯姓名表（一九四一年五月）

84

省會男子感化院謹將四二九炸災傷害各工犯姓名開後

計開

、趙家瑞

、姚玉林

、劉宗顯

、雷雨春

以上炸斃工犯肆名

$120

呂偉

葉海清

曹興五

陳家福

已於五月一日在紅十字醫院蒂記

高成

以上計重傷工犯伍名

、魏振義

、陳建秋

、楊志榮

、趙秉昆

孫朝品

85

俞樹清
李子佩
陳玉典
李正清
張廷柱
何應昌
張子榮
李貴新
周紹玉
李貴榮
葉玉堂
馬興國
顧崇義
王開第
蔡枝芬

以上計輕傷二死貳拾名

$200

民國三十年五月　日

雲南省會慈善感化院　具

呈贡县政府为呈报该县被敌机轰炸情形致滇黔绥靖公署主任兼云南省政府主席龙云等的代电

（一九四一年七月四日）

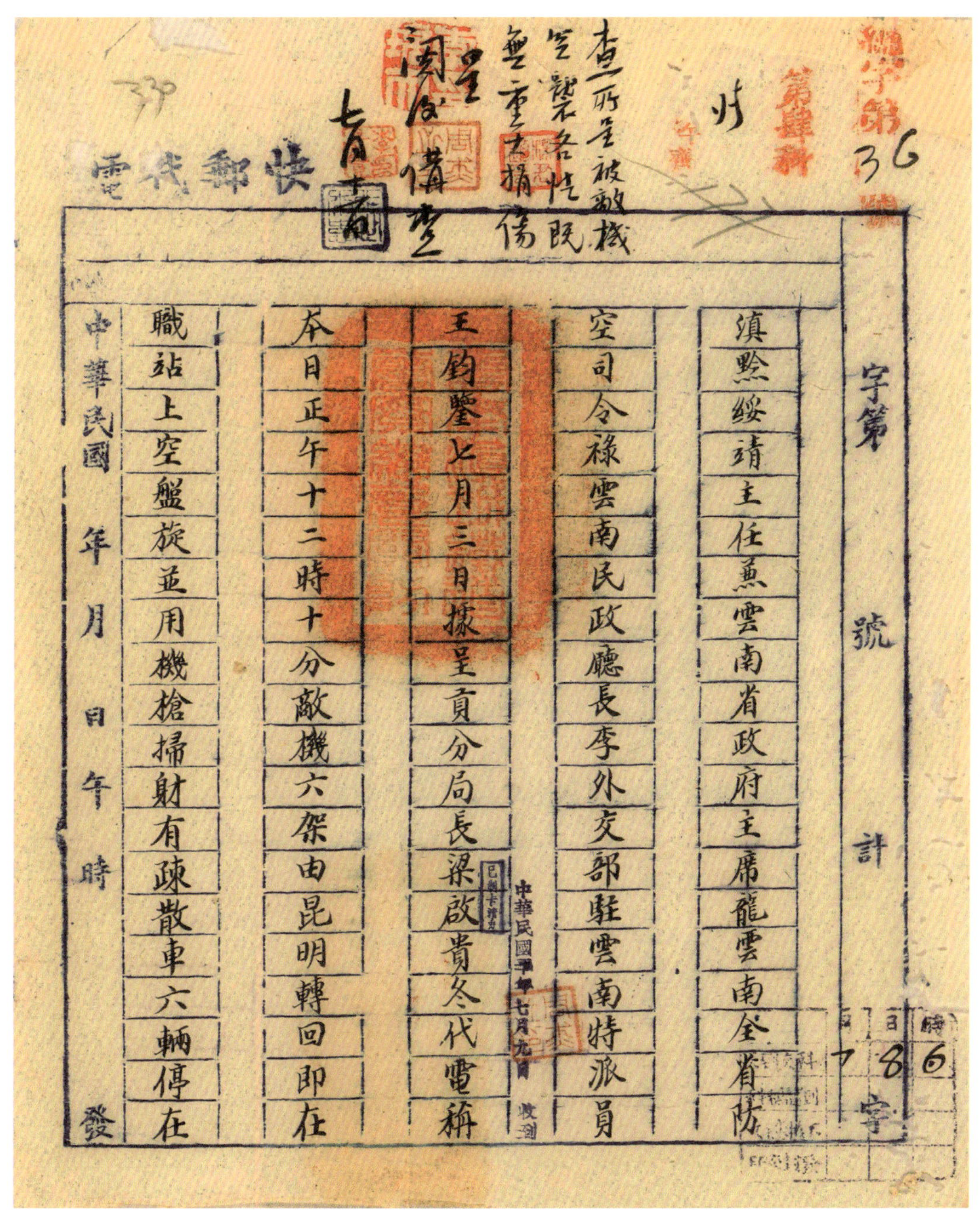
快郵代電

第　字　號　計　字

滇黔綏靖主任兼雲南省政府主席龍雲南全省防
空司令祿雲南民政廳長李外交部駐雲南特派員
王鈞鑒七月三日據呈貢分局長梁啟貴冬代電稱
本日正午十二時十分敵機六架由昆明轉回即在
職站上空盤旋並用機槍掃射有疎散車六輛停在

中華民國　年　月　日　午　時　發

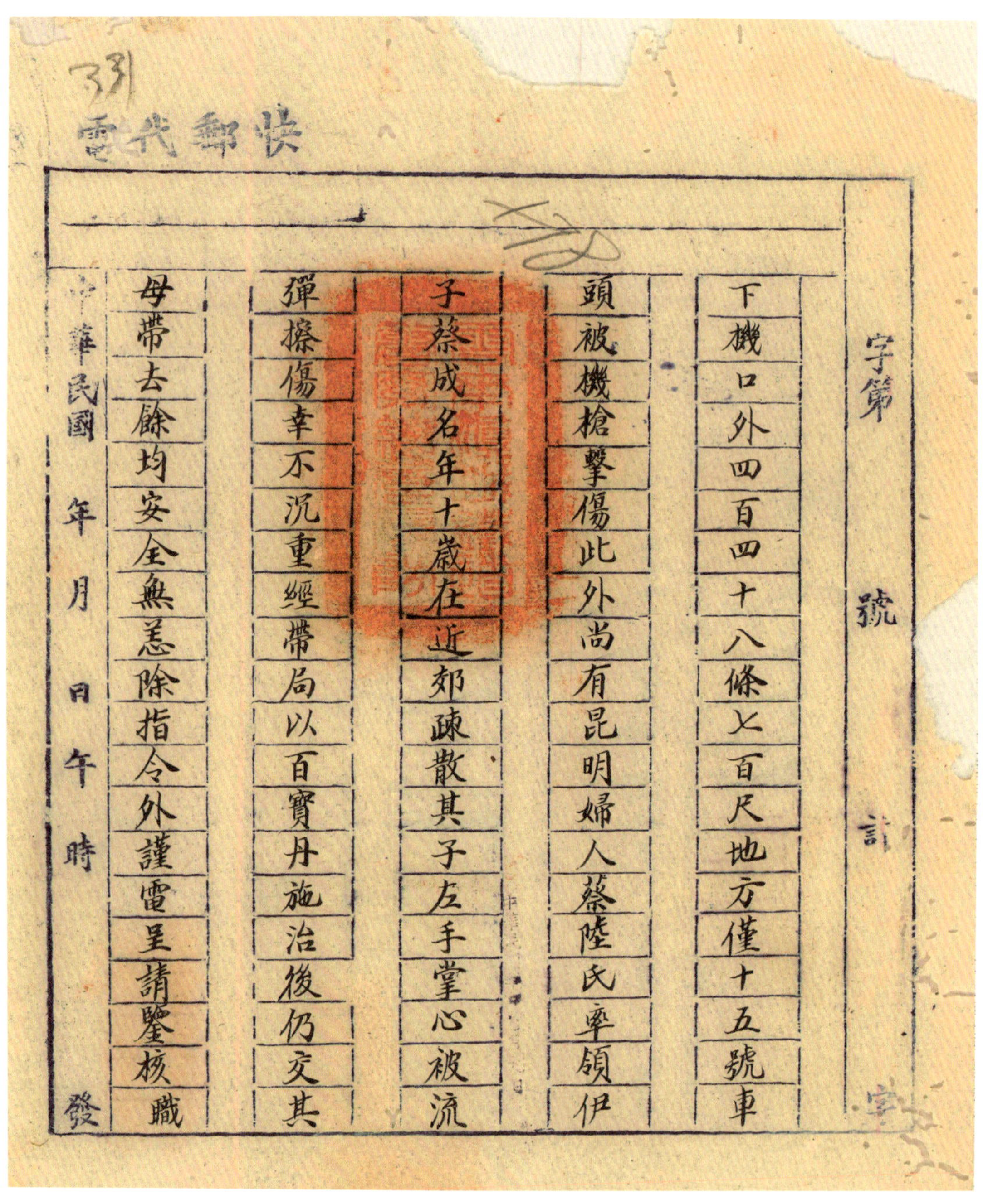
331

快郵代電

字第　號　計　字

下機口外四百四十八條七百尺地方僅十五號車頭被機槍擊傷此外尚有昆明婦人蔡陸氏率領伊子蔡成名年十歲在近郊疎散其子左手掌心被流彈擦傷幸不沉重經帶局以百寶丹施治後仍交其母帶去餘均安全無恙除指令外謹電呈請鑒核　職

中華民國　年　月　日　午　時　發

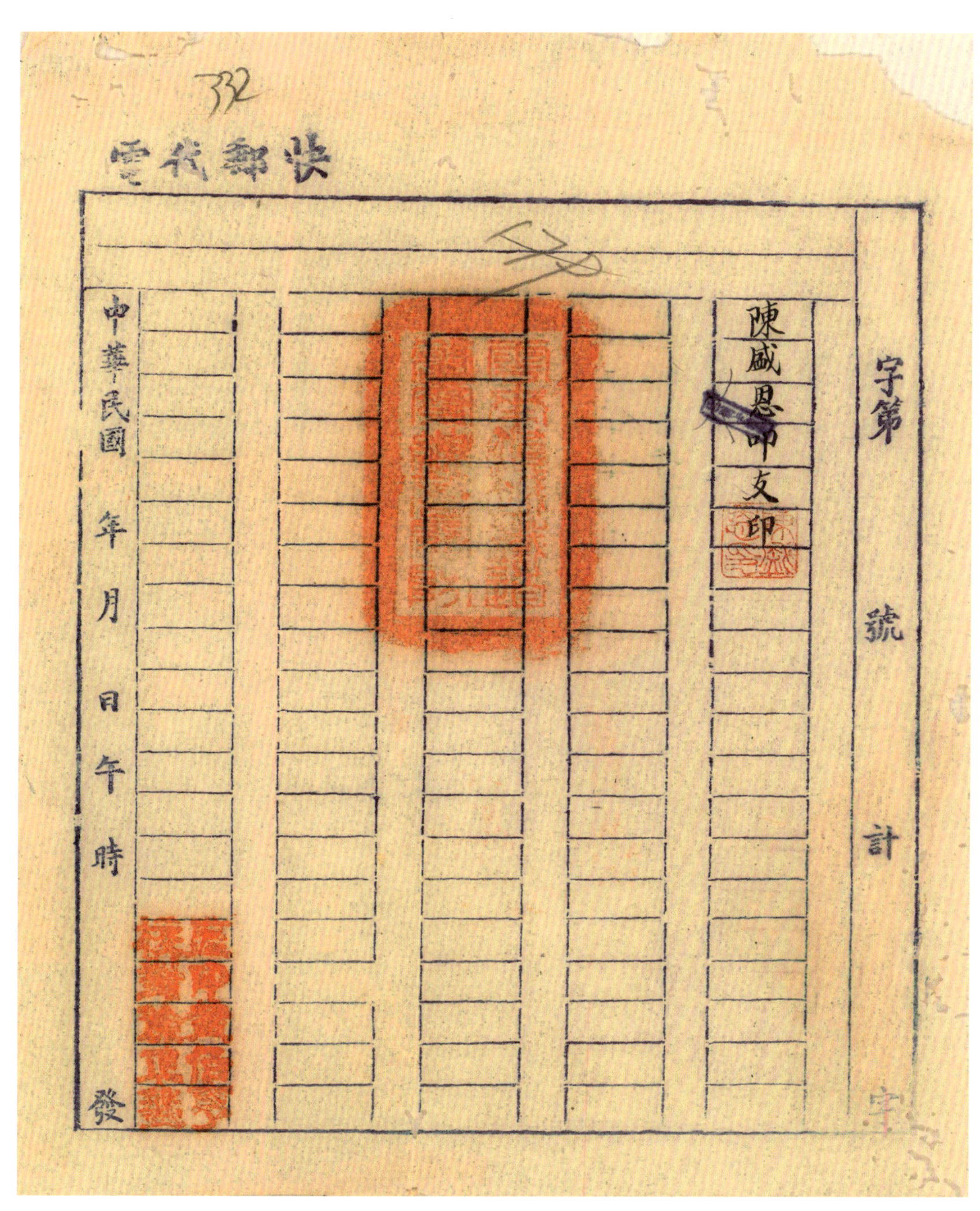

332

快郵代電

字第　　號　計　　字

陳威恩叩文印

中華民國　　年　　月　　日　　午　　時　　發

呈贡县政府关于一九四一年八月十三日日机轰炸情形致云南省振济委员会的呈（一九四一年八月二十三日）

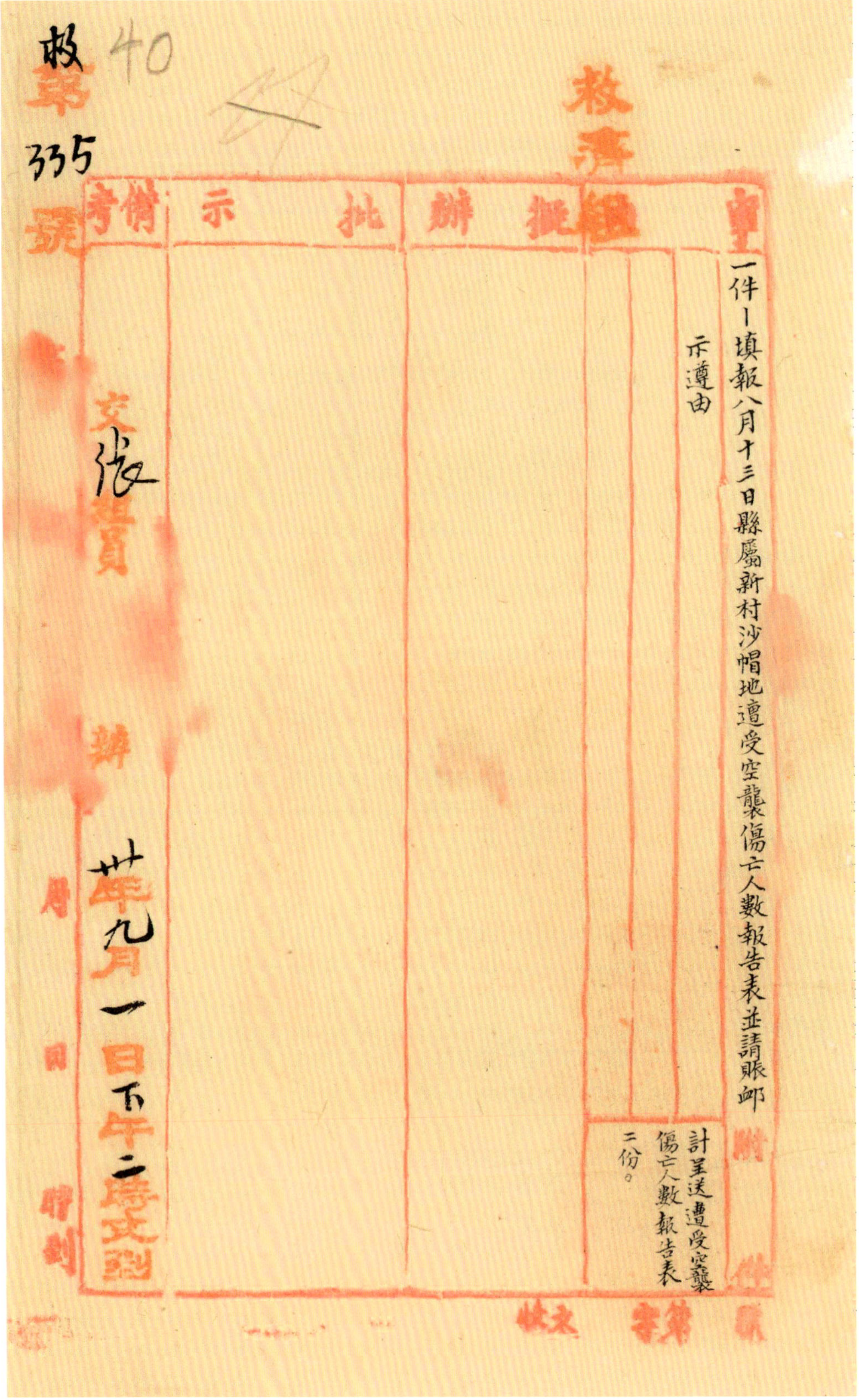

收第335號 40

事由：一件—填報八月十三日縣屬新村沙帽地遭受空襲傷亡人數報告表並請賑卹示遵由

附件：計呈送遭受空襲傷亡人數報告表二份。

擬辦

批示

備考

文書組員 張 辦

卅年九月一日下午二時收到

民國三十年八月十三日，據縣屬龍街鄉鄉長段瀛、副鄉長劉汝騏呈：據新村保長劉品忠、楊煖，到所報稱：本日上午十時三十二分，有敵機二十七架，由東向西飛，至村外涉帽地田間，投彈一枚，傷害田中工作婦女楊應福之妻楊李氏，將其右手掌炸斷，旁有幼女二人，一為楊應新之次女小蕙，將腦後皮擦破，一為楊李氏幼女，週身被泥塗汚，其餘無恙，等情，轉請核辦到府。縣長當即率同警察局局長王幼衡，馳往該處復查屬實，除由縣長先行挪款發給該楊應福之妻新幣壹百元，飭其家屬將各該受傷人送往縣立衛生所認真醫治暨分呈外，理合將辦理情形，填同遭受空襲傷亡人數報告表，具文呈請

鈞會鑒核！俯賜依據修正空襲緊急救濟辦法第三條乙丙兩項之規定，給與該重傷楊應福之妻李氏國幣肆拾元，輕傷楊應新之女小蕙國幣拾伍元，俾便轉發，實為公便！

謹呈

42

雲南省賑濟委員會主任委員龍。

計呈送遭受空襲傷亡人數報告表二份。

呈貢縣縣長李悦立

43
三十八
二十三

附：云南省呈贡县一九四一年度遭受空袭伤亡人数报告表

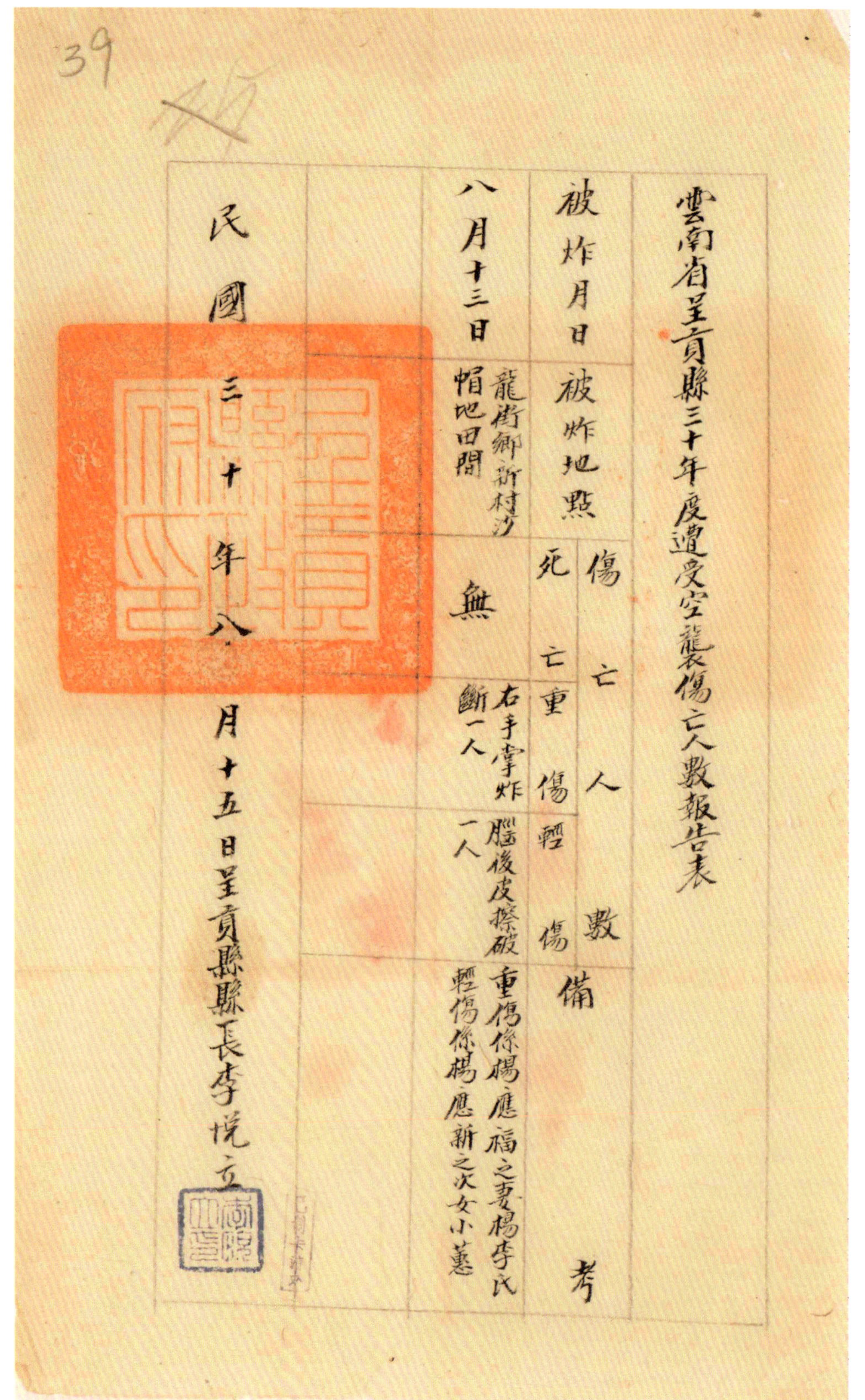

雲南省呈貢縣三十年度遭受空襲傷亡人數報告表

被炸月日	被炸地點	傷亡人數			備考
		死亡	重傷	輕傷	
八月十三日	龍街鄉新村涉帽地田間	無	右手掌炸斷一人	腦後皮擦破一人	重傷係楊應福之妻楊李氏 輕傷係楊應新之次女小蕙

民國三十年八月十五日呈貢縣縣長李悅立

照抄原表一份

日期	月日	八月十二日
	時分	午前十时十五分
空襲	地点	昆明縣
	次数	一次
敵機架数		二十七架
發報時間	空襲	午前九时十分
	緊急	九时四十五分
	解除	午後二时
轟炸狀況	著彈地点	縣屬黄土坡
	炸彈種類	爆炸彈
	炸彈数目	三十七枚
損害情形	房屋 炸燬	無
	房屋 震倒	草草房三間
	房屋 焚燬	無
	人口 死	十七人
	人口 傷	重傷四人輕傷二十六人
其他		焚燬鹽務管理局汽油五十六桶
備考		

149

空襲情況報告表

日期	月日		八月十三日
	時分		上午十时廿分
空襲	地点		昆明市
	次數		一次
敵機架數			廿七架
警報時間	空襲		午前九时十五分
	緊急		九时十五分
	解除		午後二时
襲擊狀況	着弹地点		(詳見備考)
	炸弹种类		爆炸彈
	炸弹数目		一百廿二枚
損害情形	房屋	炸燬	一千〇七十四間
		震倒	六百四十一間
		焚燬	十六間
	人口	死	廿七人
		傷	廿五人
其他			
備考			

130

空襲情况報告表

日期	月日		八月十四日
			午前十时二十分
空襲	地点		昆明市
	次数		一次
敵机架数			二十七架
警報时間	空襲		午前九时十分
	緊急		午前九时四十五分
	解除		午後二时
襲擊狀况	着彈地点		（詳見備考）
	炸彈種類		爆炸彈
	炸彈数目		一百七十一枚
損害情形	房屋	炸燬	二百九十一间
		震倒	三百四十二间
		焚燬	二十间
	人口	死	十二人
		傷	三十一人
其他			炸燬永利化学公司汽油六十一桶汽車七輛
備考			着彈地点翠湖中路華山西路蓮花池联合大学文林街蔡忠烈祠敬節堂兵工廠造幣廠翠湖北路翠湖小学西仓大西门外凤翥街工業学校西南联合大学環城路北头圓[illegible]医院湖北会館拓东運動場西南汽車公司修理廠东路[illegible]行[illegible]街[illegible]路口永利化学公司车輛[illegible]公司後面状元楼[illegible]

112

空襲情況報告表

日期	月日		八月十七日
	時分		午前九時四十五分
空襲	地點		昆明市
	次數		一次
敵機架數			驅逐機五架轟炸機二十七架
警報時間	空襲		午前九時十分
	緊急		午前九時三十分
	解除		午後三時
襲擊狀況	着彈地點		詳見備考
	炸彈種類		爆炸彈
	炸彈數目		一百零二枚
損害情形	房屋	炸燬	一千三百八十五間
		震倒	無百五十八間
		焚燬	無
	人口	死	三人
		傷	四人
其他			
備考			着彈地点正義路威遠街象眼街沙朗巷光華街文廟街四知巷憲部財廳測量局市政府邱家巷武成路華山南路綏靖路綏靖公署大客廳政訓處省党部文廟東巷五華坊衛家巷威寧巷達連巷柿花巷民生街義生巷華山小學西園巷等處

此表可繼續填寫空襲情形至表格填滿為止惟每一次之情況填註完畢後應加劃紅線以示區別當日無空襲可不必填

云南省民政厅厅长李培天关于昆明市区被日军空袭死伤二百余人事致行政院振济委员会的电稿（一九四一年十二月十八日）

16

電稿　卅年十二月十八日下午一时　拟

急。重慶。2167鈞鑒：昆市區巧晨九时半被炸，死傷貳百餘人，救護指埋工作在辦理中。昆明2167叩巧。

十二月十八日發

刘仁、孙裕关于一九四二年四月七日昆明被炸情况的报告（一九四二年四月七日）

109

報告 四月七日

事由：本日十二時卅五分敵機廿七架襲炸市區，查

報如左

小西門外：（一）武城路中燃燒彈起火甚大，大小全毀，鋸房意

已俱燬（邊燒），經書武廟西厘已焚燬十間

間；一雁康新巷者房屋及金邊俱焚燬，毀房卅餘間

已炸毀房屋；（三）青云街354號中彈一枚，毀房六間，損壞

云巷口中（側）彈一枚，毀二層樓四間，損及廿餘間；

翠湖南路第二區公所側中彈一枚，損及房屋

八間；翠湖南路47號中彈一枚，毀三間；

110

華山西路中彈二枚，毀八間，波及卌餘間—
高法院中彈一枚—三棵樹中彈一枚，9、10號
毀兩院，波及兩院—高等法院新修廳中彈
一枚，毀三間，波及數間—華會堂茶社對門
中彈一枚，毀三間—中正路274、275、276號中彈
一枚，全毀—華興巷中彈一枚，毀九號房屋一
院，龍六安村巷中彈一枚，毀8—10號全數
俱毀—同泉廠中彈一枚，毀二間—小富春
街隣毀一院—南居街大井巷口中彈一枚，空地（毀小洞）
似未爆—順城街金生栈中彈一枚，又孫中彈

一枚毁三间两层共六间后四十余间｜荣庆里巷口中弹一枚毁六间｜军需局中弹三枚内容未详｜光华体育场中弹二枚｜光华街珠光侧及一乐也对门中弹二枚毁十余间又兴隆街口中弹一枚毁数间｜民生街八旅住所侧中弹一枚毁数间又民生旅社玉溪会馆中弹二枚毁十余间｜福照街口中弹二枚一枚未爆毁十余间东民权街二分局侧中弹一枚毁七八间后及廿余间｜中和巷口弘大宅中弹一枚毁两院｜甬道中弹一枚毁一院｜晋宁门外中弹一枚毁数间｜大东门中弹一枚止落空地

死傷之人數—本日調查尚有不詳者，就已查明有難

宮村巷死一傷二—光華街死三人、小富春街

死一傷二—三棵樹死一傷一—業廣里傷一—

光華體育場死一—以上共死八人傷六人

值日員　劉紀

孫禎

云南省振济会职员关于请速报和甸营等村被炸损失灾情的签呈（一九四三年五月五日）

查昆明縣屬和甸營、香條苟村，於上月廿八日遭受敵機侵襲，擊突起火，燕及各村。厥為該地草房居多，且天時亢陽，溝洫枯涸，致救火隊趕到，亦因力不從心，竟至全村房屋，付諸一炬，其災民露宿風餐，觸目傷情！苟辛容不問、庶能政府於念災黎之旨？茲擬令飭昆明縣長，速具災冊呈候核請省府准予撥（大災）例撥款，普及賑撫救，以慰災黎，而維輿情。是否可行，理合簽請鑒核、示遵。謹呈

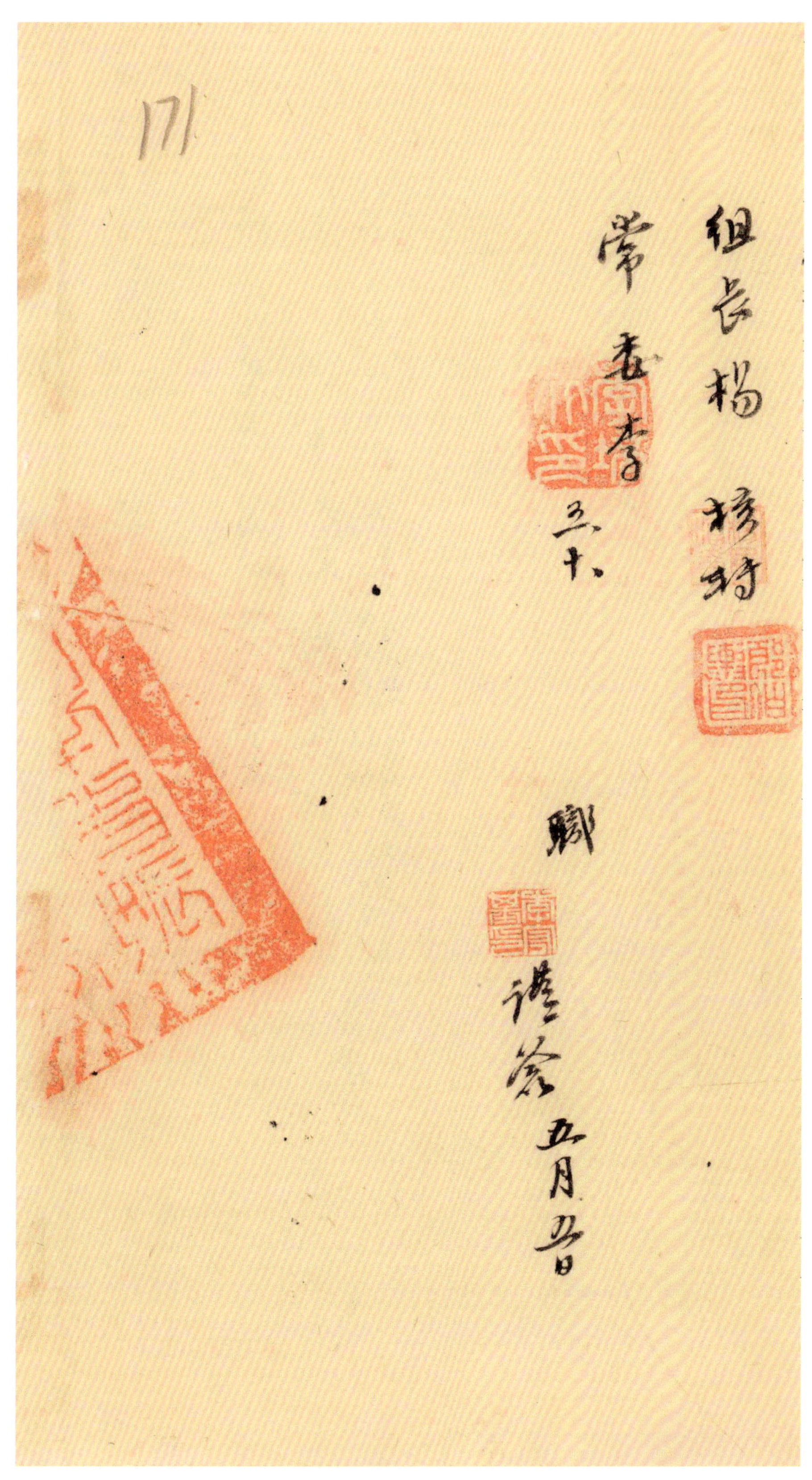
171

組長楊 核封

常春李 三十

職

謹簽 五月晉

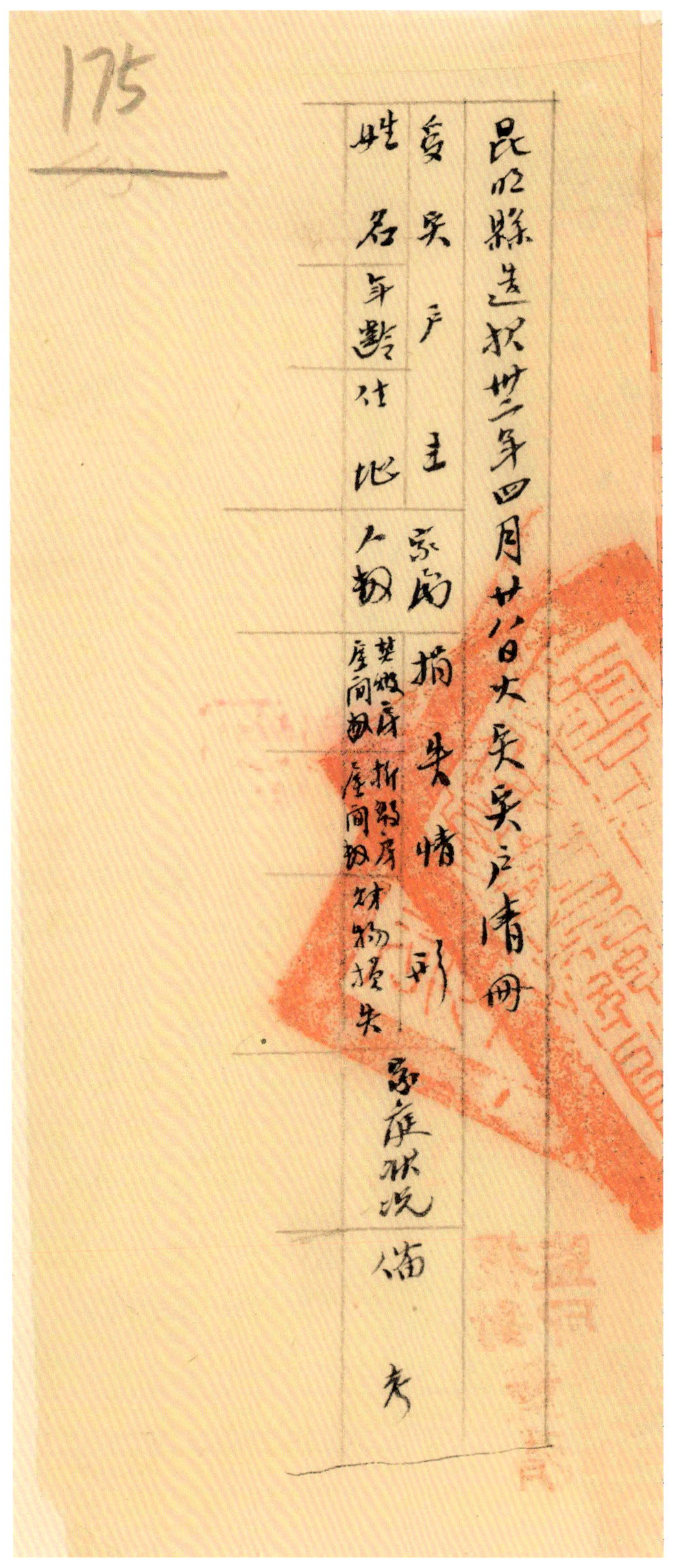

175

昆明縣造報卅二年四月廿八日火災災戶清冊

災戶戶主			家屬人數	損失情形			家庭狀況	備考
姓名	年齡	住址		焚燬房屋間數	拆毀房屋間數	財物損失		

昆明县政府关于一九四三年九月二十日敌机袭炸情形及敌机被击落情形事致云南省振济会的呈（一九四三年九月二十日）

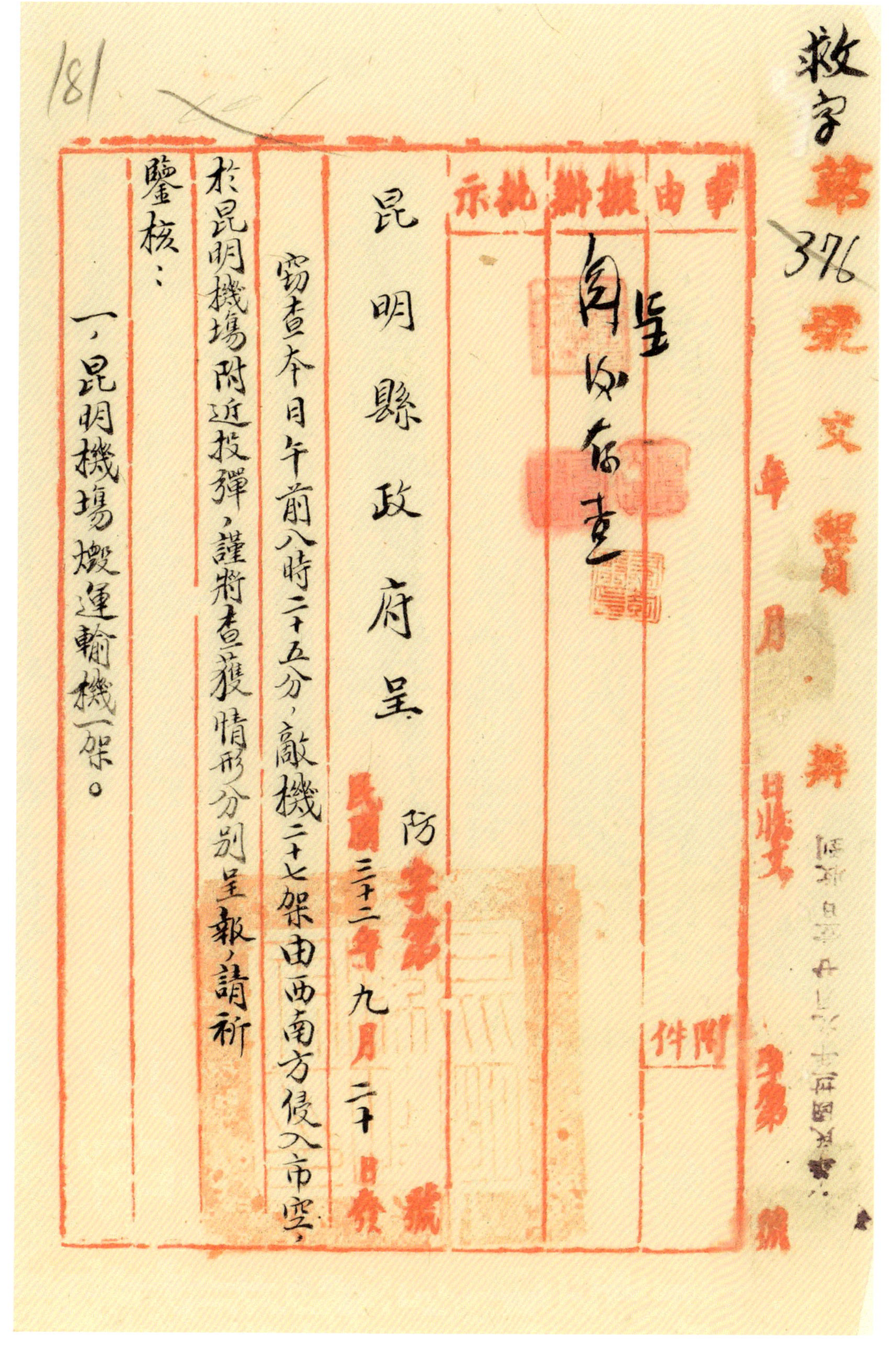
181

救字第376號

事由：呈為呈報查獲日機轟炸情形

昆明縣政府呈　防字第　號

民國三十二年九月二十日發

竊查本日午前八時二十五分，敵機二十七架由西南方侵入市空，於昆明機場附近投彈，謹將查獲情形分別呈報，請祈

鑒核：

一、昆明機場燬運輸機一架。

182

二、雲衛鄉之上下苜蓿村投彈二十餘枚，燬民房五十六間，死村民梁小和等六名，傷三十餘人，已送醫院救治，又滇越鐵道炸斷數公尺。

三、龍泉鎮之麥冲村属黑媽山，擊落敵機一架，人機俱燬，機師四人斃命，機上尚有機槍四挺，二十响手槍三支，被二百師特務連派武裝士兵百餘名取去，同時防部亦派員到達該地，會同該部長官辦理。

四、板橋鎮之大東冲擊落敵機一架，機身全燬，架駛員四人斃命，遺皮包一個內裝敵死者陸軍中尉櫻井孝一名片領隊單等文件，又任家山擊落一架，人機俱燬，機師五人斃命，遺廢小槍二枚，又大麥地擊落一架，人機俱燬，機師二人亦斃命，以上計發現被擊落敵機三架。

五、三合鄉第三保小河嘴，擊落敵機一架，落於水中，僅浮出敵機師攜帶之日文証一紙，並撈得太陽徽一片，不全屍體一具，

六、西碧鄉大倒小海面撈獲油箱一只。

以上共在境内發現被擊落敵機五架，共有斃命機師十四人，除分呈

主座暨民政廳防空司令部外，理合具文報請

鈞部俯賜鑒核辦理示遵。

謹呈

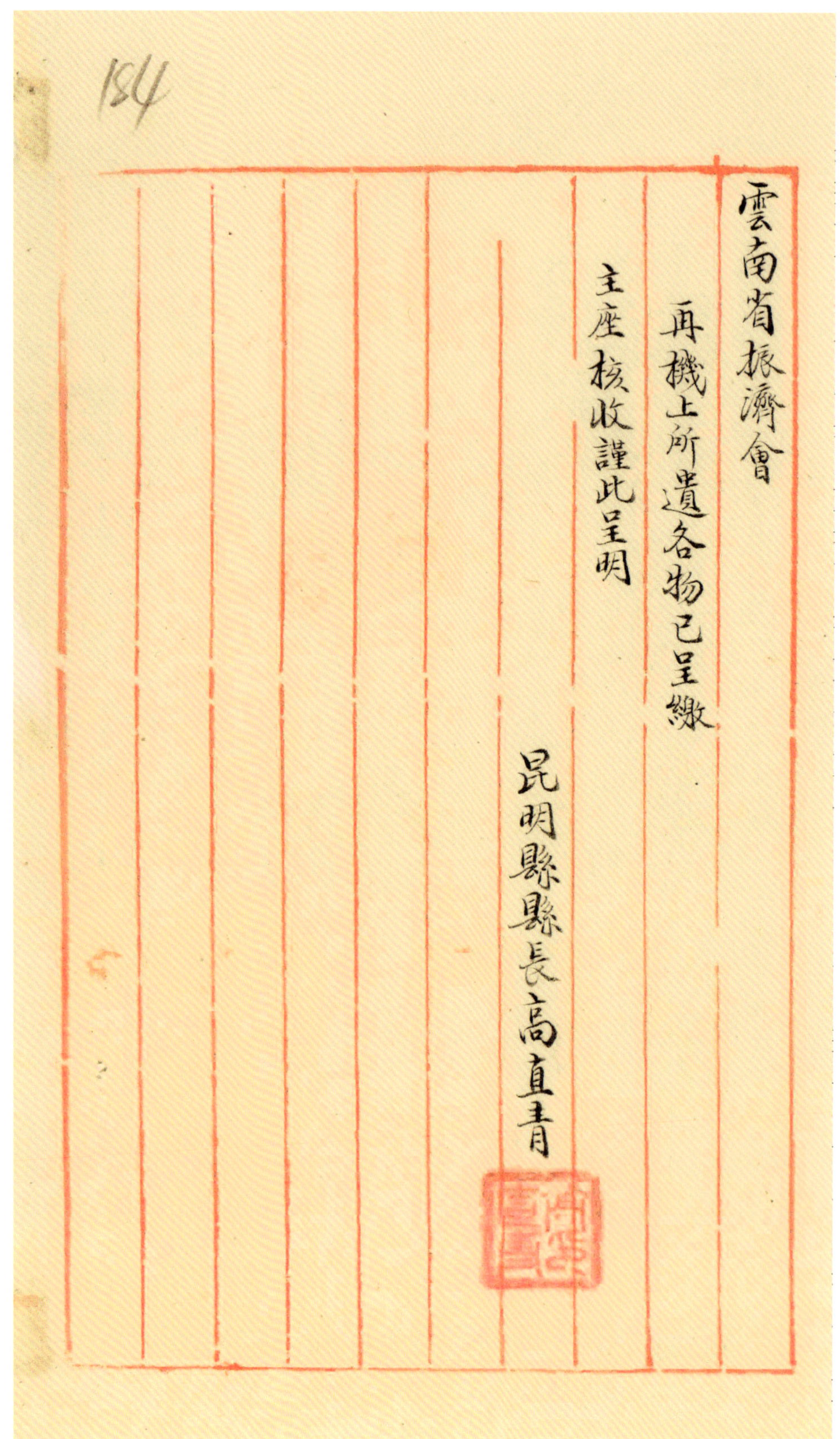

184

雲南省振濟會

再機上所遺各物已呈繳

主座核收謹此呈明

昆明縣縣長高直青

昆明县政府、云南省民政厅关于敌机轰炸苜蓿村损失情形的来往文书

昆明县政府致云南省民政厅呈文（一九四三年十一月八日）

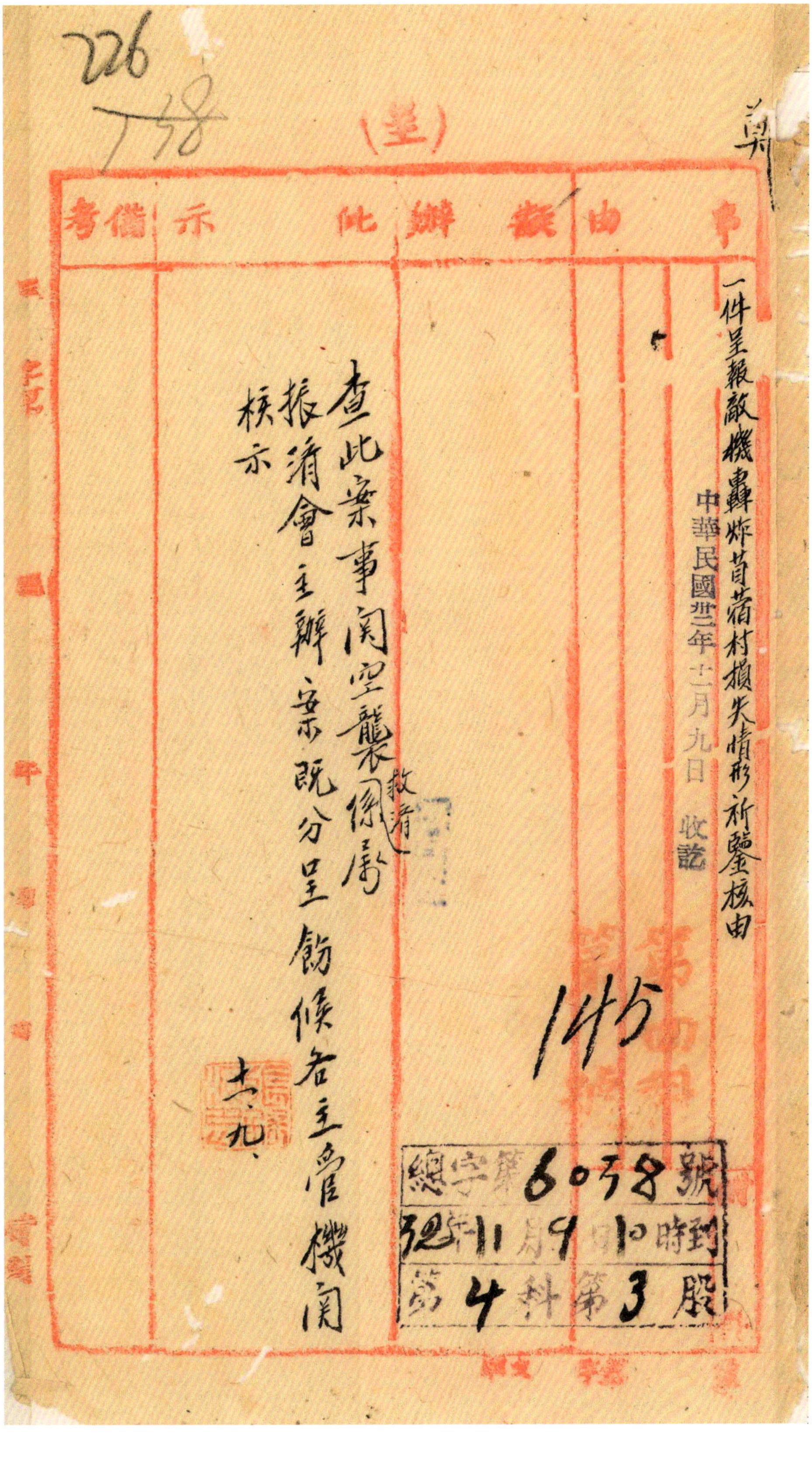

事由：一件呈報敵機轟炸苜蓿村損失情形祈鑒核由

中華民國卅二年十一月九日收訖

擬辦　批示　備考

查此案事關空襲救濟，係屬振濟會主辦，案既分呈，飭候各主管機關核示

十一、九

總字第6038號

32年11月9日10時到

第4科第3股

145

案據職縣雲衛鄉長呈稱：

「呈為敵機肆虐，轟炸平民，災情慘重，懇祈迅賜賑濟，以惠災黎事。竊於九月二十日午前九時餘鐘，職鄉第四保上苜蓿村突復遭敵機投彈轟炸。當時煙霧沖霄，繼則起火，瞭望情勢異常嚴重，當即率領所屬分隊長張雲、鄧彬調集全部壯丁，攜帶救火消防器具，飛馳災區搶救。羅中隊長鴻書聞訊，即時調集官渡、珥琮、普自各鄉鎮壯丁，親身率領，前來救護。又蓮德鎮趙鎮長亦派丁協助。斯時各級職員壯丁均奔馳災區，不避危險，竭力搶救，即將火勢撲滅，未致波及延燒。當時受災難民，疲於奔命，或受創穿胸洞腹，斷臂折肘，當時斃命或受傷臥地者，見其形狀無不慘然。當即召集保甲人員，將受傷未斃

難民並交紅十字會救護汽車送往昆華醫院診治被炸死亡者分別收殮備
棺掩埋惟查受災難民流離失所當飭就該村寺内及未受災人家藉作難
民臨時收容所並予以安慰自當日呈請上峯援照上次被炸救濟食米適值
貸放積谷期間擬請即以該村應貸放積谷撥借食米貳公石飭由該管保
倉協助員具領轉發各難民查該村計有一百五十餘户前於五月十五日慘遭
轟炸悲痛未息此次復遭狂炸死亡損傷實屬慘酷已極兹經詳細調查
計燬草瓦房屋五十一間被炸受輕傷者計三人重傷者計七丁口死亡者共十一人
燒死牲畜馬七頭牛 頭豬四口炊燬糧食谷米家俱什物傾刻化為灰燼遺
生人民驟然變為傾家蕩產無衣無食無家可歸流離失所之難民矣兹已調
查完竣分別造具名册備文報請鈞長軫念災黎迭遭慘炸迅賜賑濟俾惠

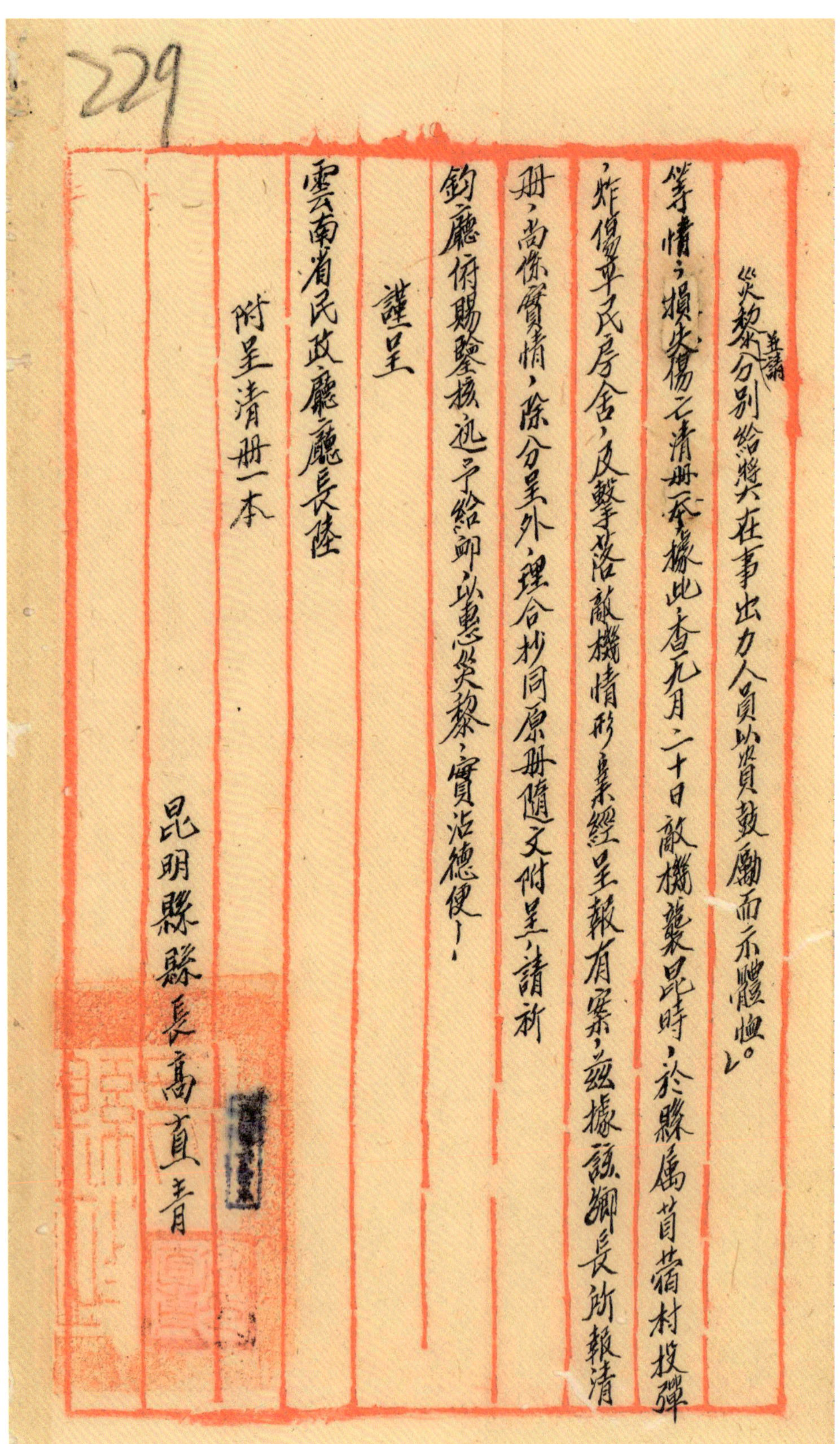
229

灾黎，并请分别给奖，在事出力人员，以资鼓励而示体恤。

等情，并损失伤亡清册一本，据此。查九月二十日敌机袭昆时，于县属苜蓿村投弹炸伤平民房舍，及击落敌机情形，业经呈报有案。兹据该乡长所报清册，尚系实情，除分呈外，理合抄同原册随文附呈，请祈

钧厅俯赐鉴核，迅予给卹，以惠灾黎，实沾德便！

谨呈

云南省民政厅厅长陆

附呈清册一本

昆明县县长高直青

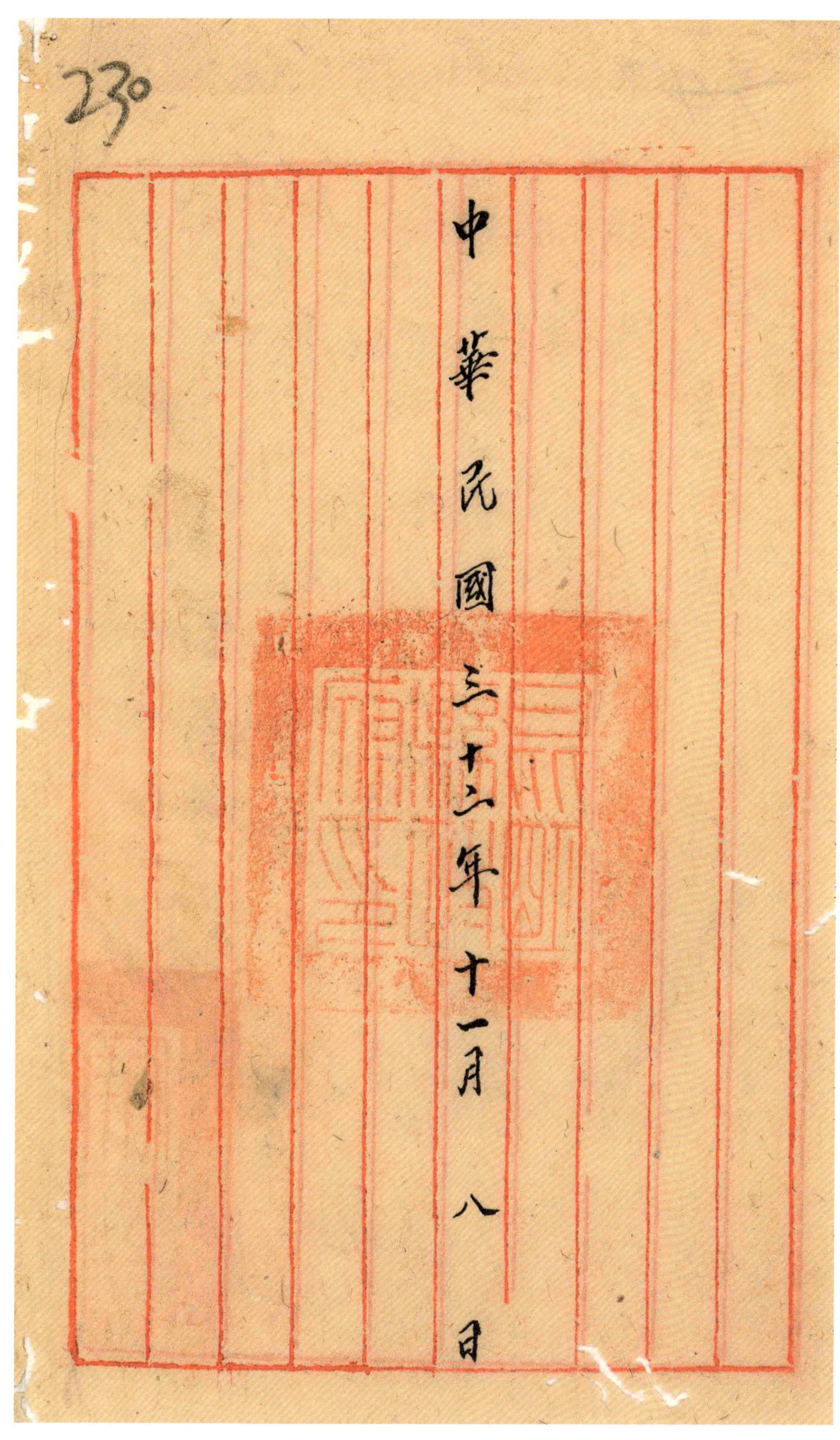

230

中華民國三十二年十一月八日

附：清册一本

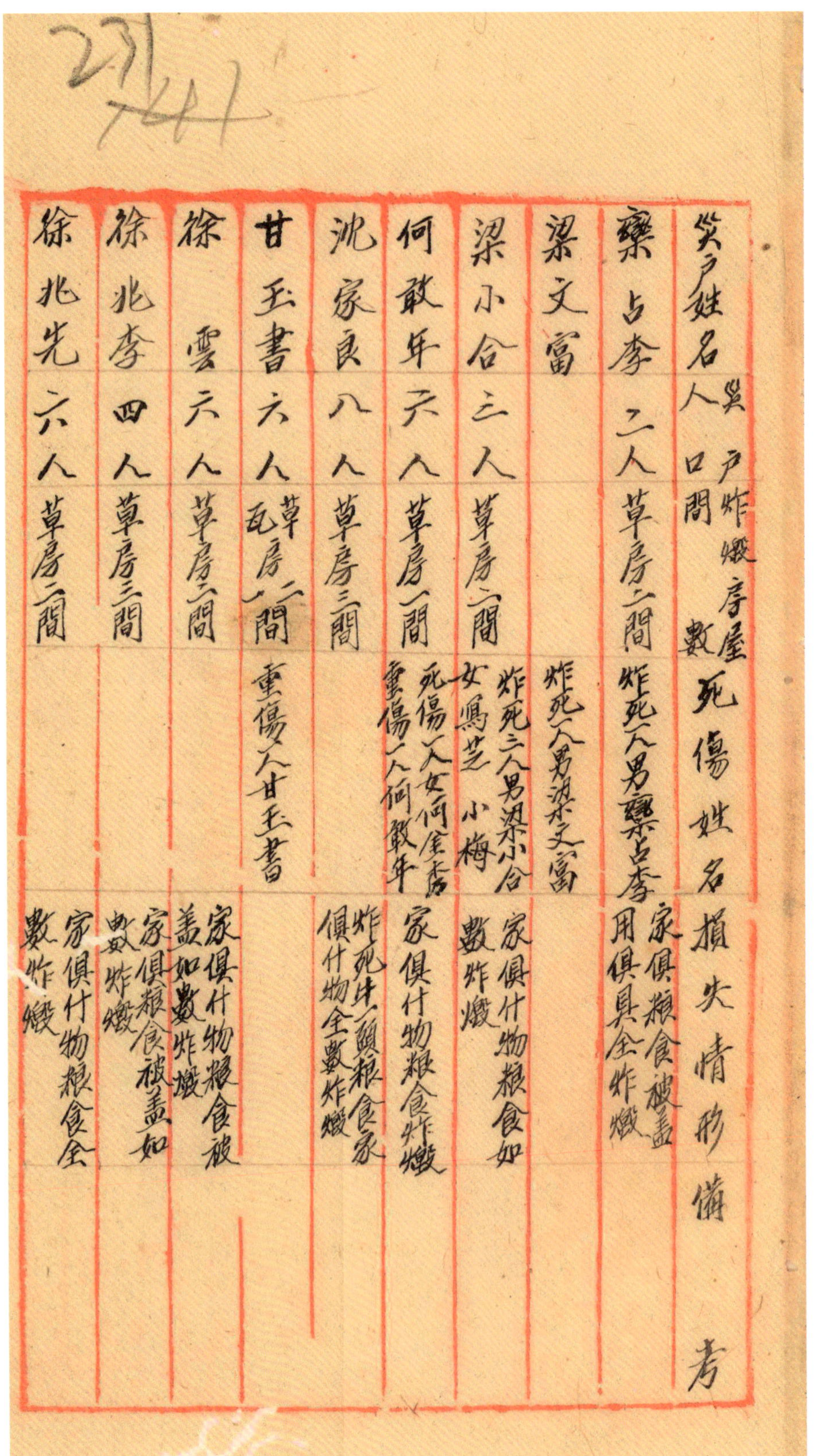

灾户姓名	人口	炸毁房屋间数	死伤姓名	损失情形	备考
蘩占李	二人	草房二間	炸死一人男蘩占李	家俱粮食被盖用俱具全炸燬	
梁文富			炸死一人男梁文富		
梁小合	三人	草房一間	炸死二人男梁小合女馮芝 小梅	家俱什物粮食如數炸燬	
何啟年	六人	草房一間	死傷一人女何金秀 重傷一人何啟年	家俱什物粮食炸燬	
沈家良	八人	草房三間		炸死牛一頭粮食家俱什物全數炸燬	
甘玉書	六人	草瓦房一間	重傷一人甘玉書		
徐雲	六人	草房二間		家俱什物粮食被盖如數炸燬	
徐兆李	四人	草房三間		家俱粮食被盖如數炸燬	
徐兆先	六人	草房二間		家俱什物粮食全數炸燬	

梁謝氏五人　草房二間　家俱什物粮食被盖如數炸燬

欒占春七人　瓦房九間　輕傷二人　男欒占春　荣華　炸死猪三口馬一匹及粮食家俱什物等炸燬

路雲一人　炸死猪一口什物

欒義四人　重傷三人

陳聘九六人　瓦房三間　家俱什物粮食炸燬

王瓊四人　草房二間　家俱什物粮食具全炸燬

韓鳳珍四人　草房三間　家俱什物被盖如數炸燬

潘莫氏三人　輕傷一人　女潘紀英　炸死牛一頭馬一匹家

潘永慶六人　俱什物俱全

徐兆余四人　草房一間　重傷一人　家俱什物粮食如數炸燬

232

潘　榮　二　人　瓦房二間
韓金光　一　人　草房二間
韓　啟　四　人　草房二間
繆　彩　五　人　瓦房二間
唐致富　六　人　瓦房二間
孫義柱　五　人　重傷一人　炸死牛二頭馬一匹
李　茂　五　人　炸死馬一匹
李張氏　四　人　炸死馬一匹
謝四八　三　人　炸死馬二匹
李丙長　五　人　家俱糧食如數炸燬

234

李元五人　家具什物粮食炸燬
李忠祥六人　家具什物俱全
謝樹德四人
何有光二人　家具什物全數炸燬
楊金四人
梁玉所四人草房一間炸死二人
李牙生一人
梁子臣二人
機場工人　炸死三人　姓名籍貫不詳
以上被炸損傷草瓦房共五十一間死傷十二人重傷七人輕傷三人家俱及糧食十五户牛三頭馬七匹猪四口

云南省民政厅致昆明县振济会指令（一九四三年十一月十六日）

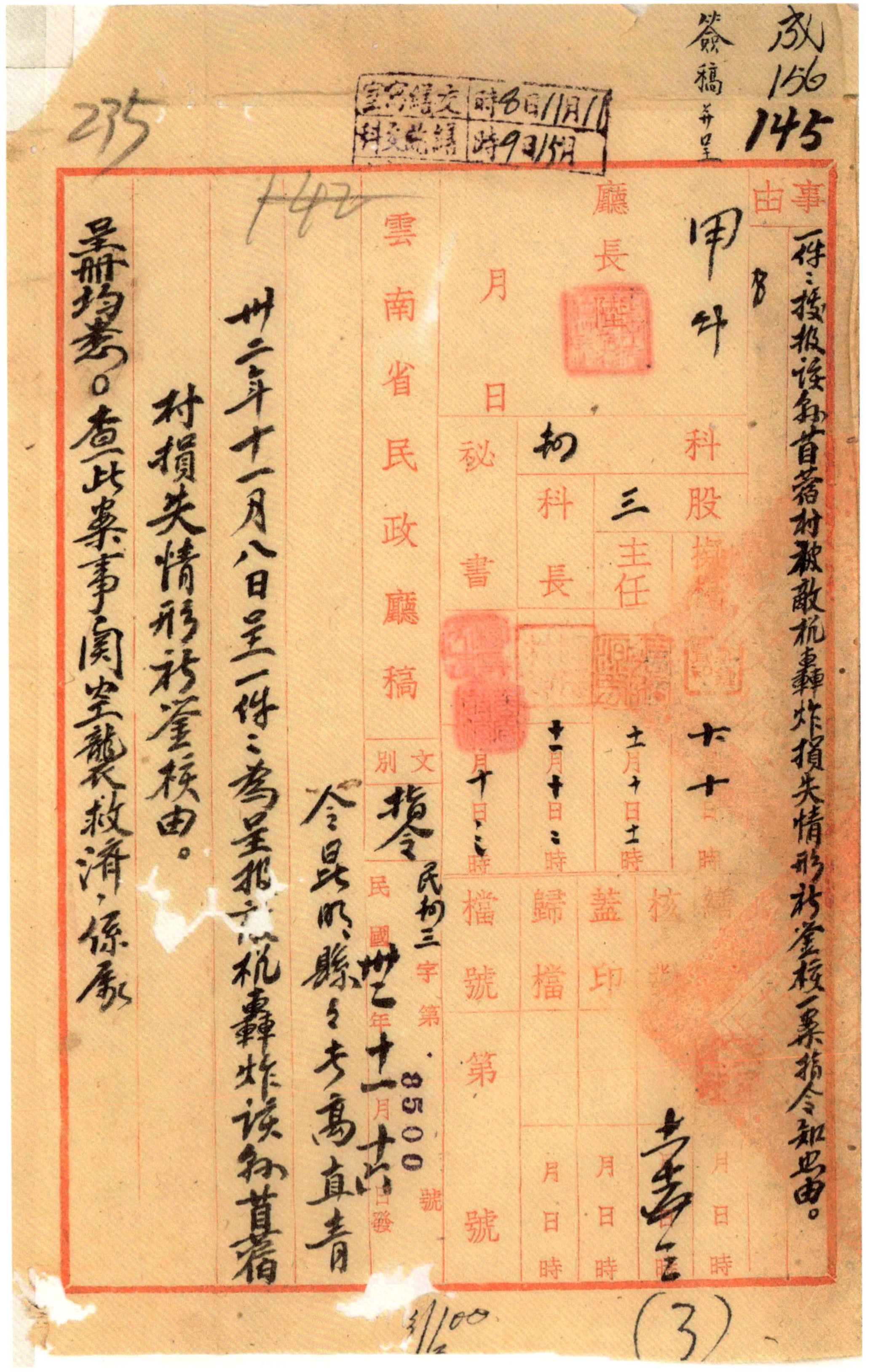
事由：一件：據報該縣首蓿村被敵機轟炸損失情形祈鑒核一案指令知照由。

廳長

雲南省民政廳稿

文別：指令

民國卅二年十一月十六日發　民初三字第8500號

令昆明縣縣長高直青

卅二年十一月八日呈一件：為呈報敵機轟炸該縣首蓿村損失情形祈鑒核由。

呈冊均悉。查此案事関空襲救濟，係屬

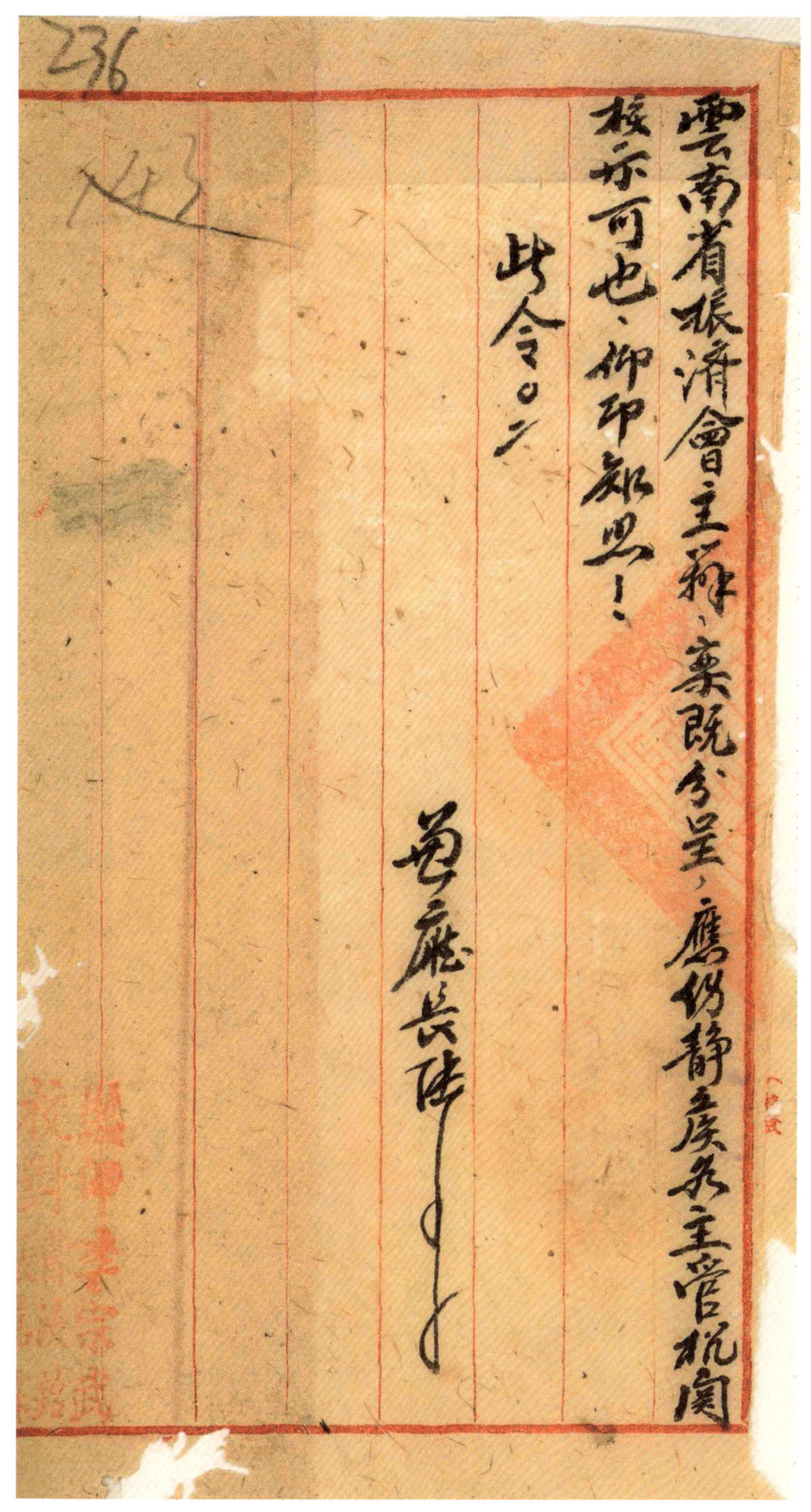

雲南省振濟會主辦，案既分呈，應仍靜候各主管机関核示可也，仰即知照！

此令。

兼廳長陸

昆明县政府为报告一九四三年十二月二十二日被炸灾情致云南省民政厅的呈（一九四四年一月六日）

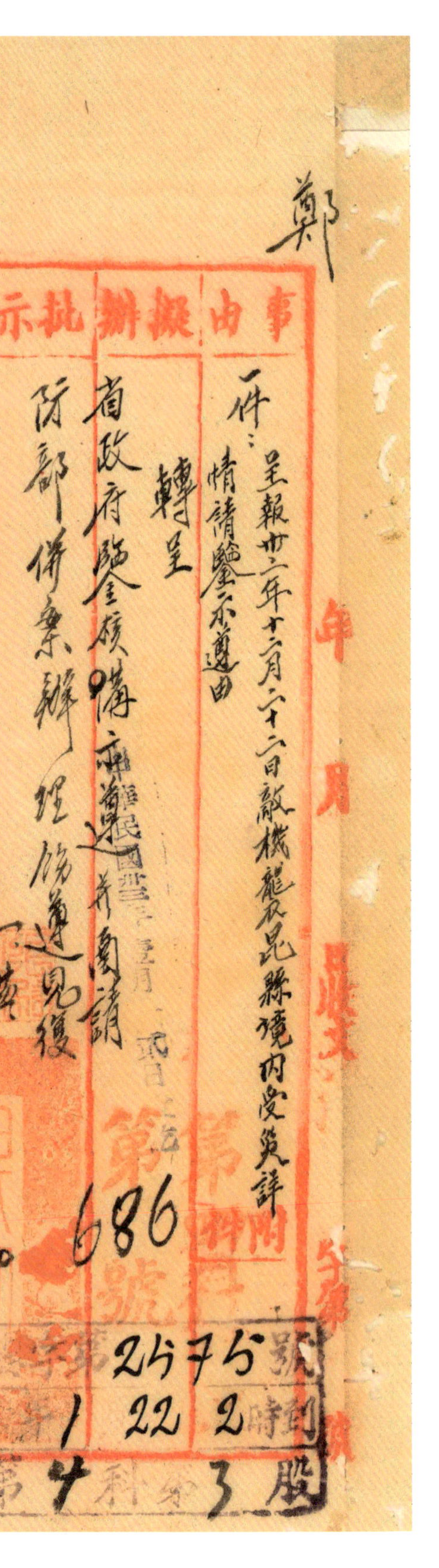

事由：呈報卅二年十二月二十二日敵機襲昆縣境內受災詳情請鑒核示遵由

附件：一件

擬辦：轉呈省政府鑒核備案並函請防空司令部併案辦理

昆明縣政府 呈 民國三十三年一月六日發

案查十二月廿二日敵機襲昆肆虐，謹將縣境內受災情形分別詳報，請祈鑒核：

一、昆明機場落彈十餘枚，毀運輸驅逐機各架

264

二、和甸營村面落彈五枚毁草房二十餘間死吳張氏及吳正學之妻暨縣務團學兵一人共三人死馬二匹村東落彈十餘枚死馬二匹及婦人小孩各一人該村共死五人馬四匹。

三、陳家院村東落彈十餘枚毁劉飛草房一間傷周光明一人內有二枚未爆炸。

四、黑土山村附近落彈二十餘枚傷小孩一人。

五、黄土坡堰塘田間拾獲敵機拋下油壓系統表一匣計十一張。

六、官渡後街村劉寶家被機槍打死大猪一口又梅篤楷之曾被手榴彈炸傷右膝又李官村附近被投彈二枚未有損傷

265
163

七、普自乡傅家营落弹五枚，震坏傅辉瓦房二间，草房三间，伤牛一头，马一匹，内中一枚未爆炸。

八、西碧乡普坪村山后落敌机油箱一只，事后被美空军直接运回。

九、东波乡金刀营村界内捡获破坏木箱一只。

十、玉案乡第八保起台村文笔山昆安交界处落下敌战斗机一架，机翼、机身全部烧毁，血肉横飞，难以辨认，只看清烧毁敌炮一挺，并捡获东京中岛（昭和一八七七年）证一枚，大日本银币一钱，日本钞票六十元零三角（共九张），机翼一块，钢炮弹七颗。

以上各情，除将捡获证物呈送

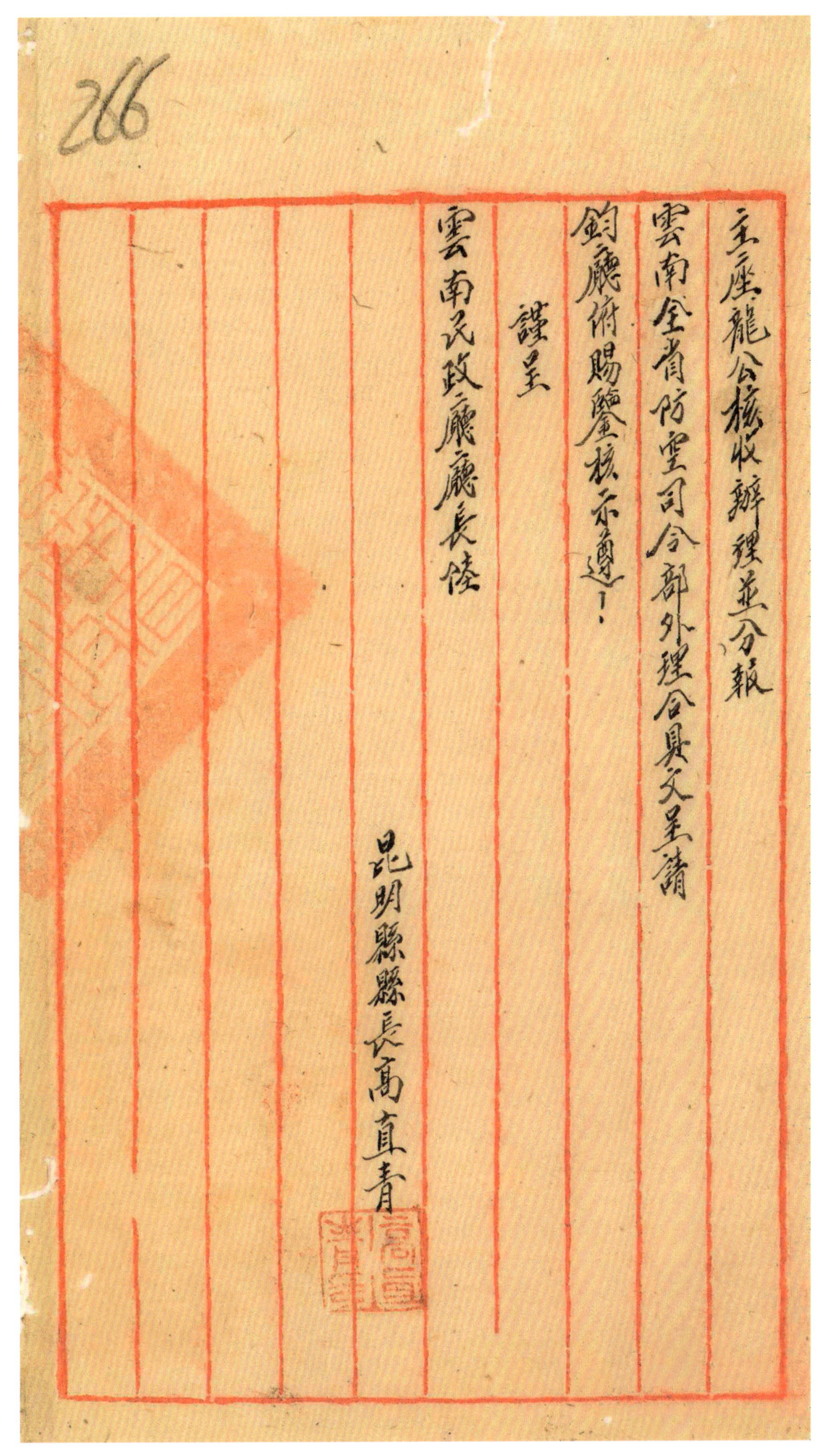

266

主座龍公核收辦理並分報
雲南全省防空司令部外理合具文呈請
鈞廳俯賜鑒核示遵！
謹呈
雲南民政廳廳長陸
昆明縣縣長高直青

云南省政府为赈恤昆明县和甸营被炸死伤民众事致云南省振济会的训令（一九四四年一月八日）

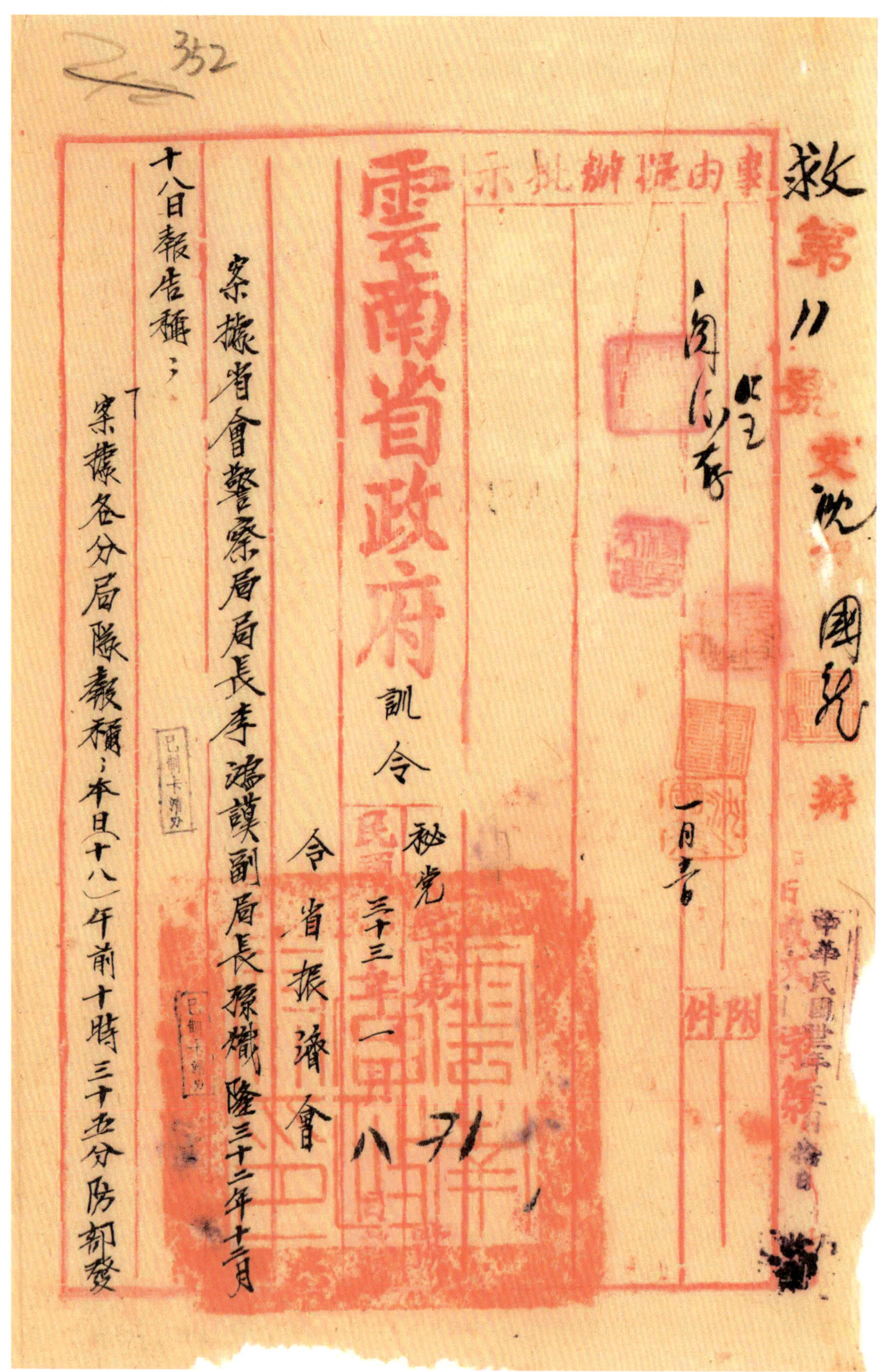

353

出預行警報十時五十分發空襲警報十一時十分發緊急警報後有敵機三十七架侵入縣區東南方在和甸營及機場附近一帶投彈數十枚炸斃軍校特務團士兵七名炸傷市民王郭氏等三名馬十餘匹經由救護隊分別送往醫院治療午前十二時在市區分局管內三牌坊復聚茶莊主人楊雨三及市二區分局管內承華圃街慶雲鄉墨廠主人何來生等因疏散不慎遺留火種致起燃燒三牌坊亦遭波及幸消防隊部救護得力隨即撲滅除將復聚茶莊主人楊雨三慶雲鄉墨廠主人何來生分別傳局管押俟空襲時不滅火種懲處辦法辦處另案呈核外理合填具火災報告單報請 鈞府鑒核

351

等情，附呈表單二份。據此，除指復外，合行令仰該會即便遵照，依例振卹具報！

此令。

主席 龍雲

監印 陳嘉壽

校對

云南省政府关于昆明县巫家坝等处被炸死伤民众事致云南省振济会的训令（一九四四年一月十一日）

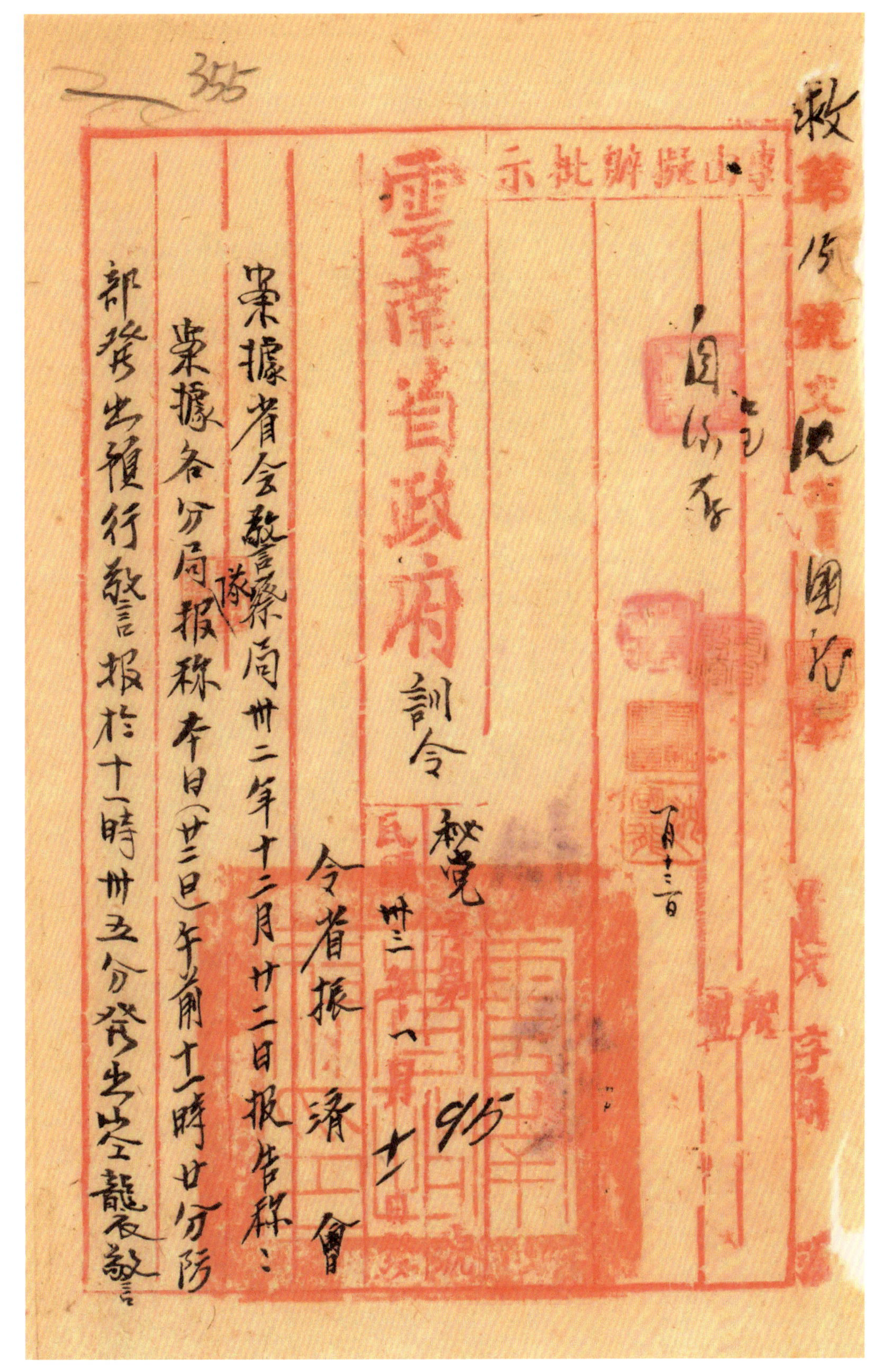

事由 擬辦 批示

雲南省政府訓令 秘覺 卅三 一 十一

令省振濟會

案據省會警察局卅二年十二月廿二日報告稱：案據各分局報稱本日（廿二日）午前十一時廿分防部發出預行警報於十一時卅五分發出空襲警

356

報十一時四十五分發出緊急警報後查有敵重轟炸機十八架驅逐機廿四架侵入市空盤旋在縣區巫家壩及和自營投彈七十餘枚炸燬我機運輸機一架驅逐機一架更炸死婦女二人馬一匹敵機被我擊落多架未現正搜查中市區內查有彌勒寺村金陵農場劉場長及小孩二人被流彈擊傷業經送醫院治又老雅營村民李應春亦被流彈射入眼眶身死已飭其家屬掩埋此外尚未發生異狀至午後二時解除警報各節情前來當經覆查無異理合具單報請鈞府鑒核！！

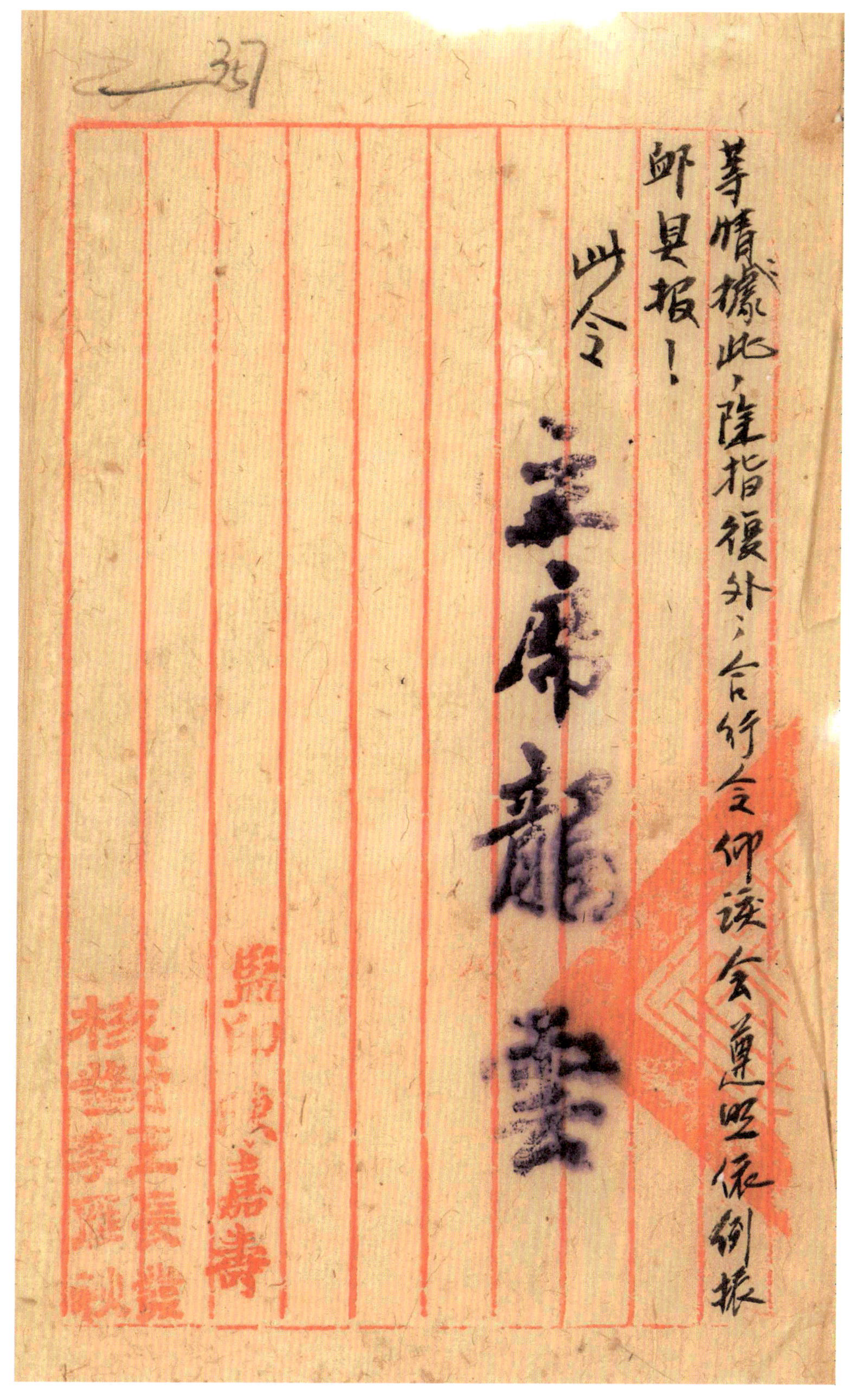

等情。據此，除指復外，合行令仰該會遵照依例振

邮具报！

此令

主席 龍雲

監印 陳嘉壽

校對 王長鑑 李雁秋

昆明县政府关于一九四四年十二月二十一日敌机夜袭昆明损害情形致云南省民政厅的笺函（一九四四年十二月二十三日）

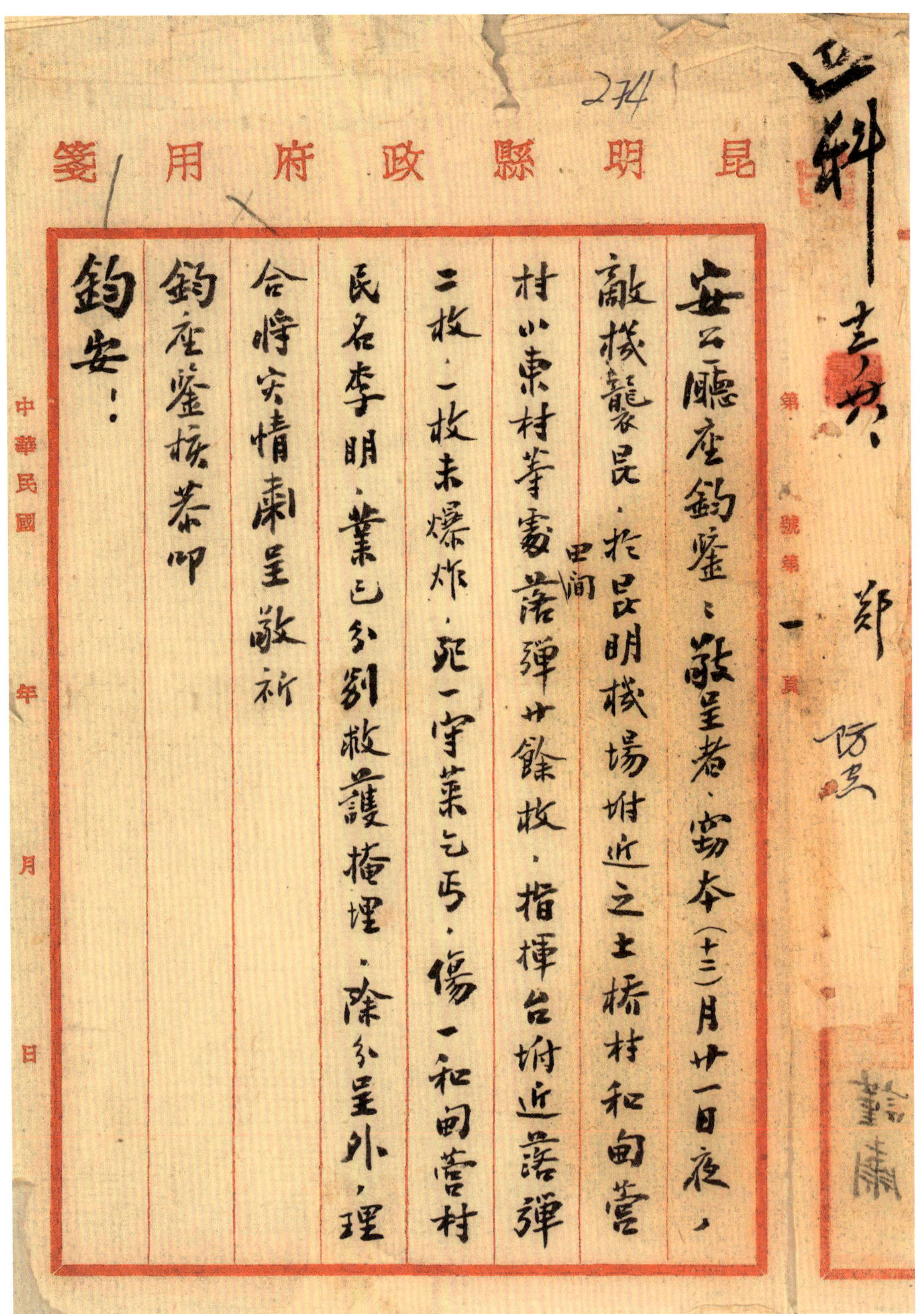

昆明縣政府用箋

安公廳座鈞鑒：敬呈者，竊本（十二）月廿一日夜，敵機襲昆，於昆明機場附近之土橋村和甸營村、小東村等處田澗落彈廿餘枚，指揮台附近落彈二枚，一枚未爆炸，死一宇業乞丐，傷一和甸營村民名李明，業已分別救護掩埋，除分呈外，理合將實情肅呈，敬祈

鈞座鑒核，恭叩

鈞安！

昆明縣政府用箋

職高直青謹肅

第　號第二頁

中華民國卅三年十二月廿三日

云南省立昆明图书馆关于抗战损失情形致云南省教育厅的公函（一九四五年十一月三十日）

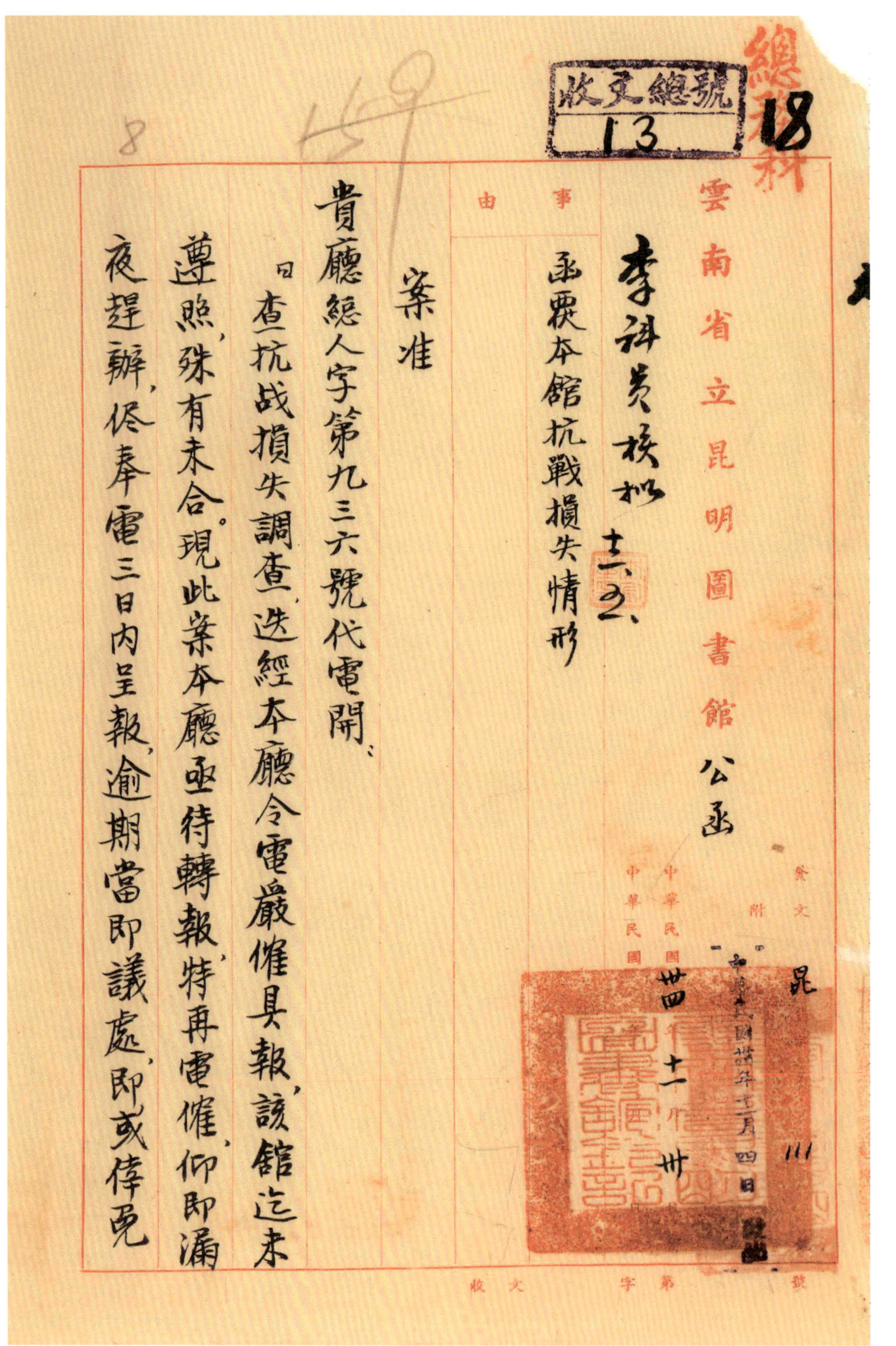

雲南省立昆明圖書館公函

李科長核擬 十二、五、

事由：函覆本館抗戰損失情形

附文

發文 昆字第111號

中華民國卅四年十一月卅日

案准

貴廳總人字第九三六號代電開：

查抗战損失調查，迭經本廳令電嚴催具報，該館迄未遵照，殊有未合。現此案本廳亟待轉報，特再電催，仰即漏夜趕辦，限奉電三日内呈報，逾期當即議處，即或倖免

9 160

於難，仍須呈明□。等由，准此，查本館係於卅三年十一月廿七日正式開館，在開館後並未遭受損失。惟在廿八年動工建築館址期間，迭遭敵機轟炸，旋建旋毀，計先後損失建築工料費國幣壹仟陸佰萬元。相應函覆，即請

查照彙轉為荷！

此致

雲南省教育廳

二、云南东北部、南部、西部遭受的轰炸

蒙自县政府为请抚恤一九三九年四月十三日敌机袭击中被炸殉职公务人员致云南省民政厅的呈（一九三九年七月十四日）

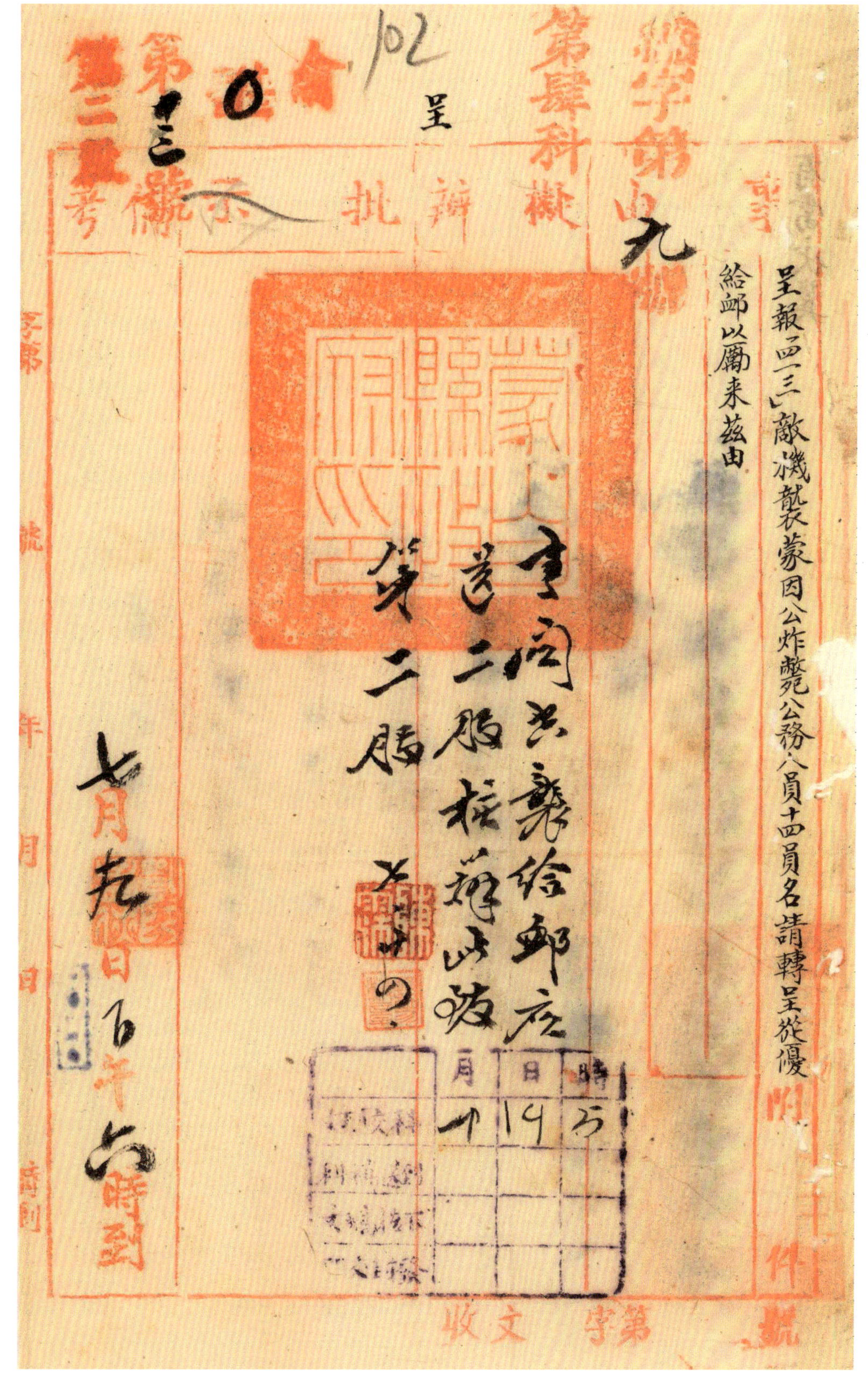
呈報四一三敵機襲蒙因公炸斃公務人員十四員名請轉呈從優給邺以勵来兹由

103

呈为呈请转恳抚恤事：案据职县赈济会调查股长邑量廷呈称：查蒙自县城，于本年四月十三日，惨遭敌机轰炸，人民伤亡数百，县政府收发员杨楚白，防空分会事务员王家厚，第一区公所事务员李应昌，文澜小学教务主任杨福寿，政警班长李用，警备队班长胡汝松，李奎，甲长王应兴，官正亢，政警邓良之，杨兴德，警备队兵张小亮，高世忠，高禄，等，共计十四员名，均同时被炸殉职，请予从优抚恤等情前来，查各该故员兵等，因公陨命，身后萧条，寡妇孤儿，生活无着，情殊至惨，实堪悯恤，理合具文呈请

钧厅俯赐鉴核转请

省政府准予按照战时公务员因公殉职抚恤条例，从优给恤，以励来兹，是否有当，伏冀

示遵！謹呈

雲南省民政廳廳長李

蒙自縣縣長李寶鈐

中華民國二十八年文月十四日

河口对汛督办关于客车被炸致云南省政府的呈（一九四〇年三月十三日）

呈為呈報事案查職署前奉

雲南全省防空司令部篠電開：「東日白寨客車被炸一切善後飭即會同妥為辦理死傷人數應速設法調查登記有家屬認領者應將姓名查明具報以憑撫卹」等因正遵辦間又奉

鈞座暨賑濟會規定發給賑款數目飭即遵照分發具領報查各等因奉此當經職署遵照籌墊賑款令發河口賑濟分會遵照辦理並飭將分發賑款領單一併具報去後茲據該分會呈報稱：

「呈為呈請核轉備案事案奉鈞署行字第四六九號訓令開案奉

雲南省防空司令祿篠電開河口胡督辦覽東日白寨客車被炸一切善後飭即會同妥為辦理一案除原文有案邀免全錄外後開合

行令仰该会即便遵照会同防空分会尅日查明具报以凭核转切切此令等因奉此遵查此次被炸死伤人数约贰百余人惟查当日在出事地点炸毙同胞姓名无法登记兹就本市医院公路卫生站收容被炸同胞查得因伤太重到河医治无效死七十八人重伤二十二人轻伤十二人当经逐一登记完毕再此次被炸同胞经

政府发给赈款分为慰问抚䘏业经发讫新币壹仟陆百叁拾肆元整除将伤亡同胞姓名缮具清册并取具领单附呈外理合具文

一并呈请钧署核转备案

等情前来复查该会此次办理善后事宜尚属洽当除将册单分别呈报

备案外理合检同领单清册备文呈请

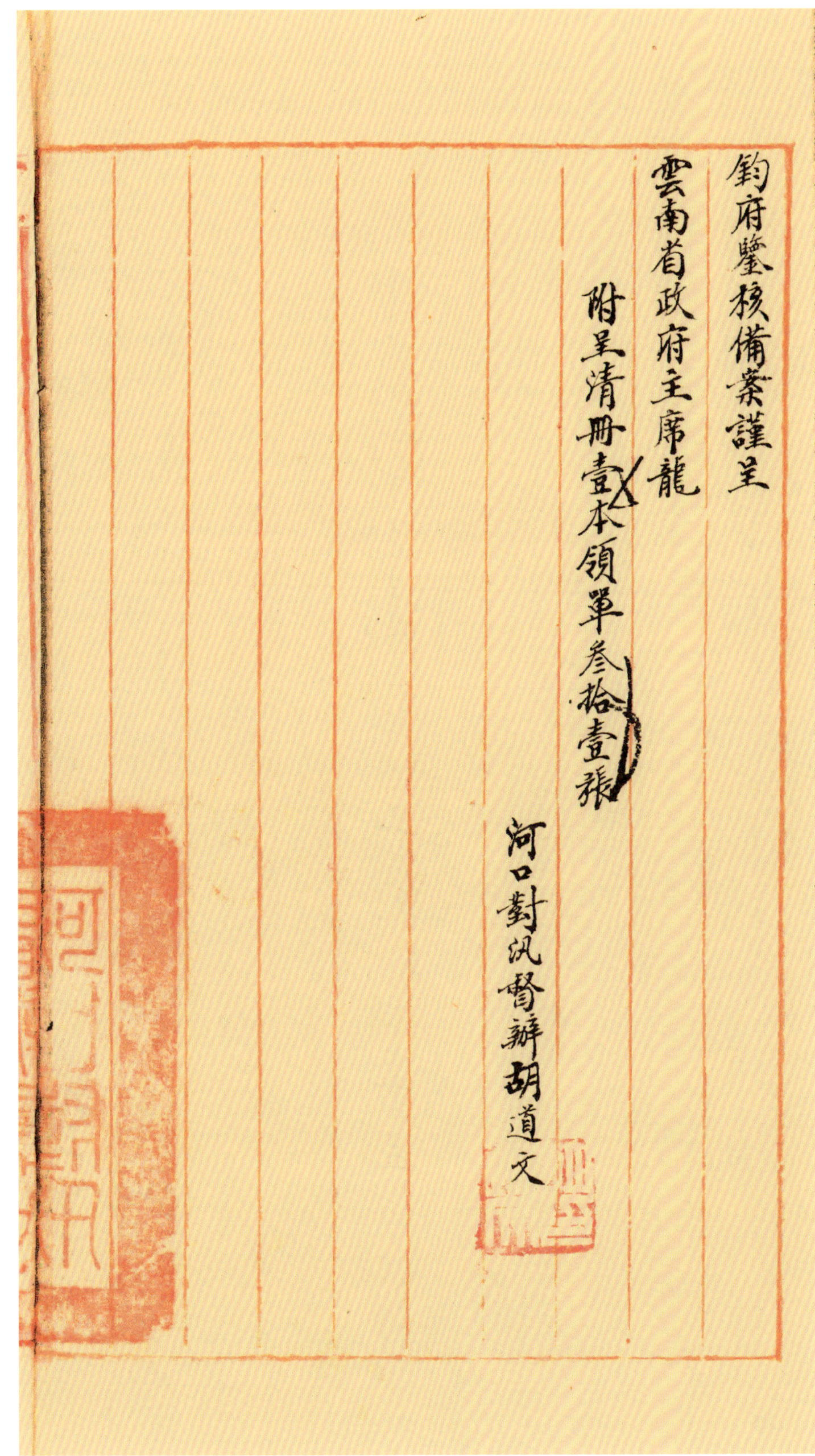
鈞府鑒核備案謹呈
雲南省政府主席龍
附呈清冊壹本領單叁拾壹張
河口對汛督辦胡道文

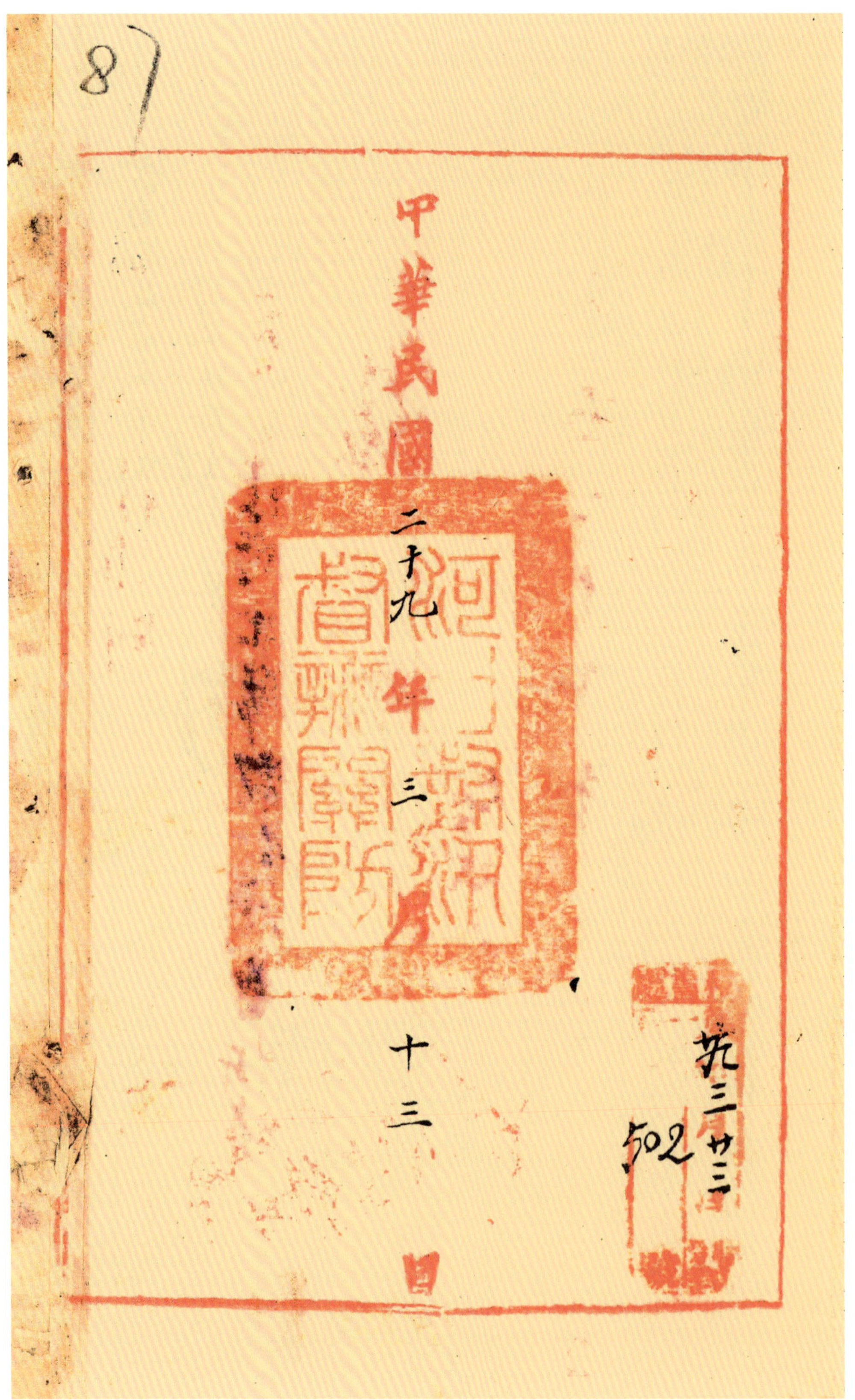
87

中華民國二十九年三月十三日

廿九 三 廿三

502

蒙自县政府关于一九四一年四月十八日、五月七至八日被炸情形致云南省民政厅的呈（一九四一年六月十六日）

呈

已廻 60

案由：一件呈報職縣「四一八、五七、五八」等日被炸情形彙表呈請備查由

擬辦　批示　備考

附報告表一份

中華民國卅年六月貳四日收到

266

民國三十年六月一日案奉

雲南省振濟會振救字第七二二號令飭各地遭受空襲損害傷亡人民未將死亡重傷輕傷分别查明詳報合行令仰該縣長遵照查填逕報并分報本會以憑彙辦爲要此令。」等因，附發表式一份，奉此，遵查前四月十八日敵機二批先後侵入蒙縣市空轟炸，第一批八架第二批九架投彈數十枚，計炸死平民十五名，重傷十五名，輕傷十四名。又五月七日敵機二批在蒙北門車站及縣府市區一帶轟炸，第一批八架第二批三架投彈數百枚，計炸死平民一名，重傷五名，炸死黄牛八頭。又旋至五月八日敵機九架又在北門車站市區投彈數十枚，計炸死平民一名，逐一確實詳查登記，當經將被炸情形電陳在案，兹奉令前因，是以填具傷亡人數

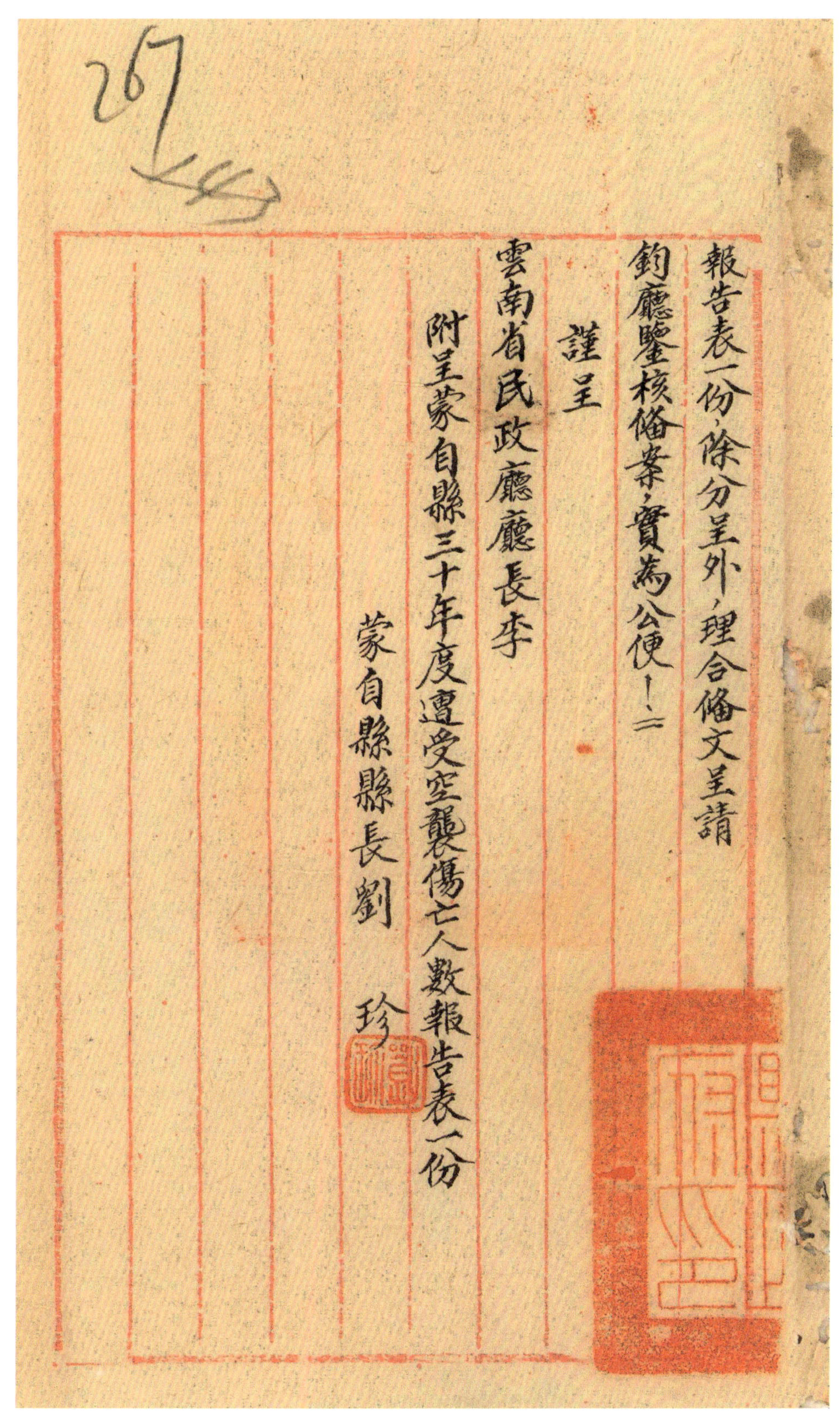
267

報告表一份，除分呈外，理合備文呈請

鈞廳鑒核備案，實爲公便！

謹呈

雲南省民政廳廳長李

附呈蒙自縣三十年度遭受空襲傷亡人數報告表一份

蒙自縣縣長劉　珍

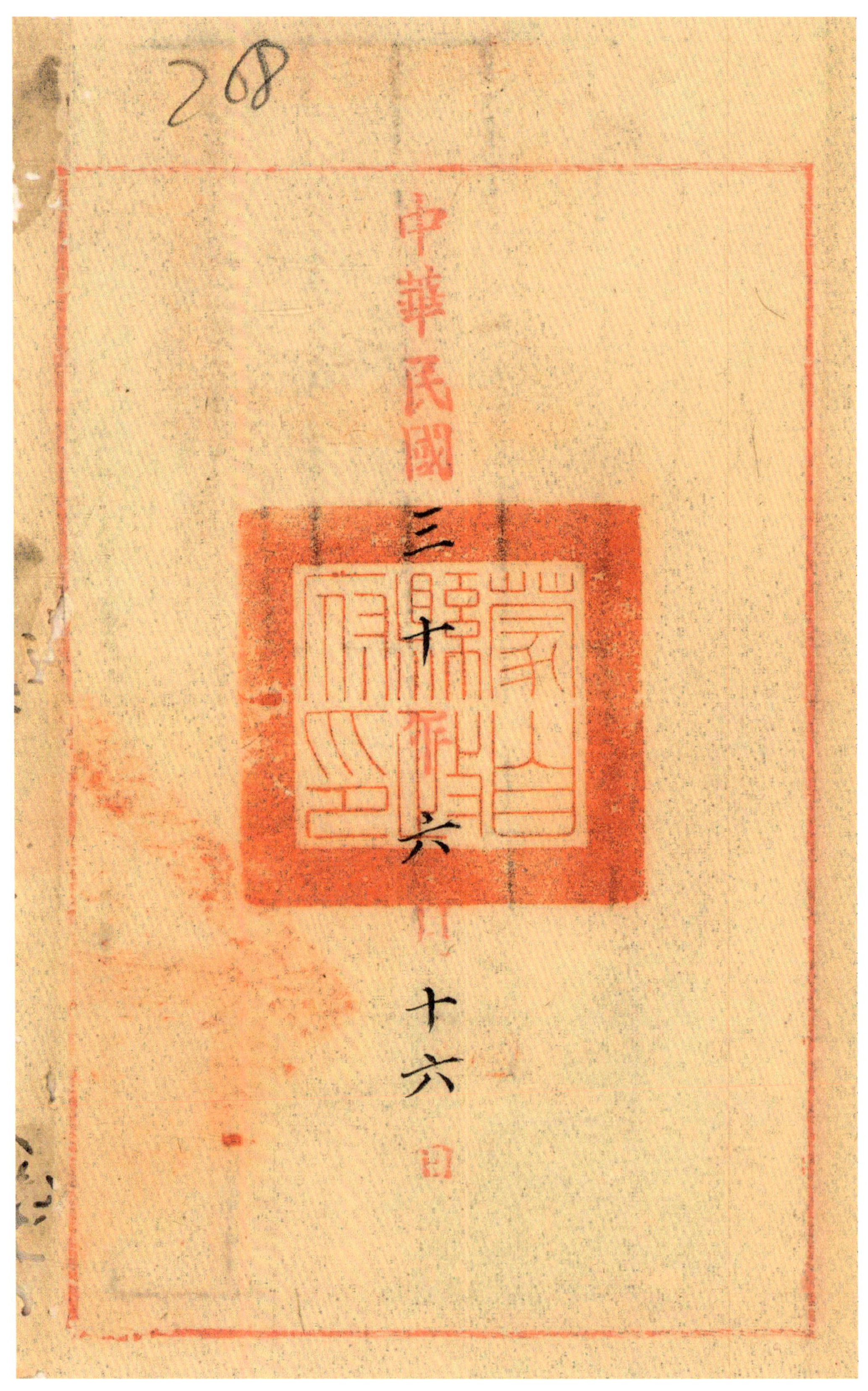

268

中華民國三十六年六月十六日

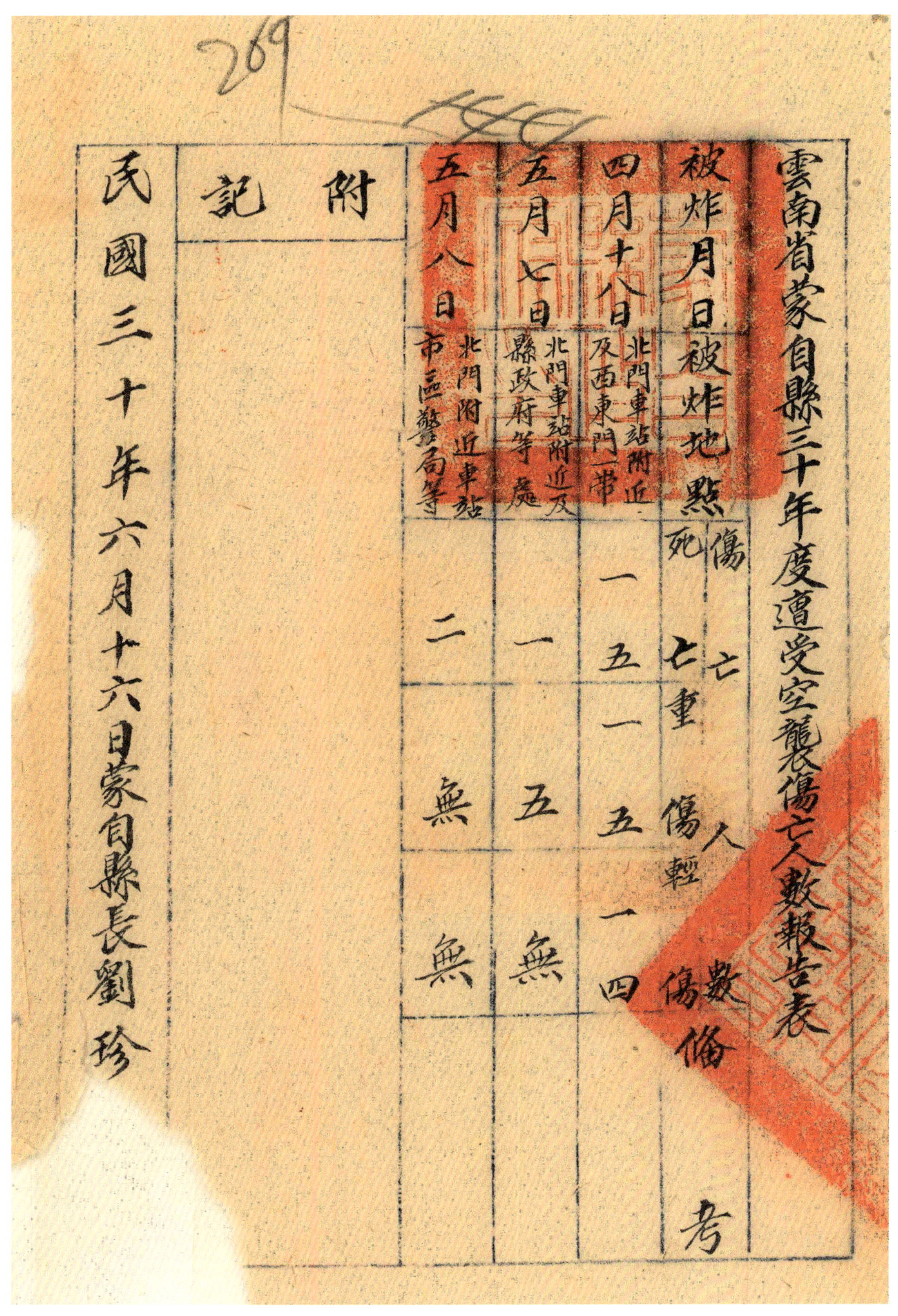

雲南省蒙自縣三十年度遭受空襲傷亡人數報告表

被炸月日	被炸地點	傷亡人數 死	傷亡人數 重傷	傷亡人數 輕傷	備考
四月十八日	北門車站附近及西東門一帶	一五	一五	一四	
五月七日	北門車站附近及縣政府等處	一	五	無	
五月八日	北門附近車站市區警局等	二	無	無	

附記

民國三十年六月十六日蒙自縣長劉珍

附：云南省蒙自县一九四一年度遭受空袭伤亡人数报告表

墨江县政府关于一九四〇年十月十八日遭受敌机轰炸致云南省民政厅的代电（一九四〇年十月十八日）

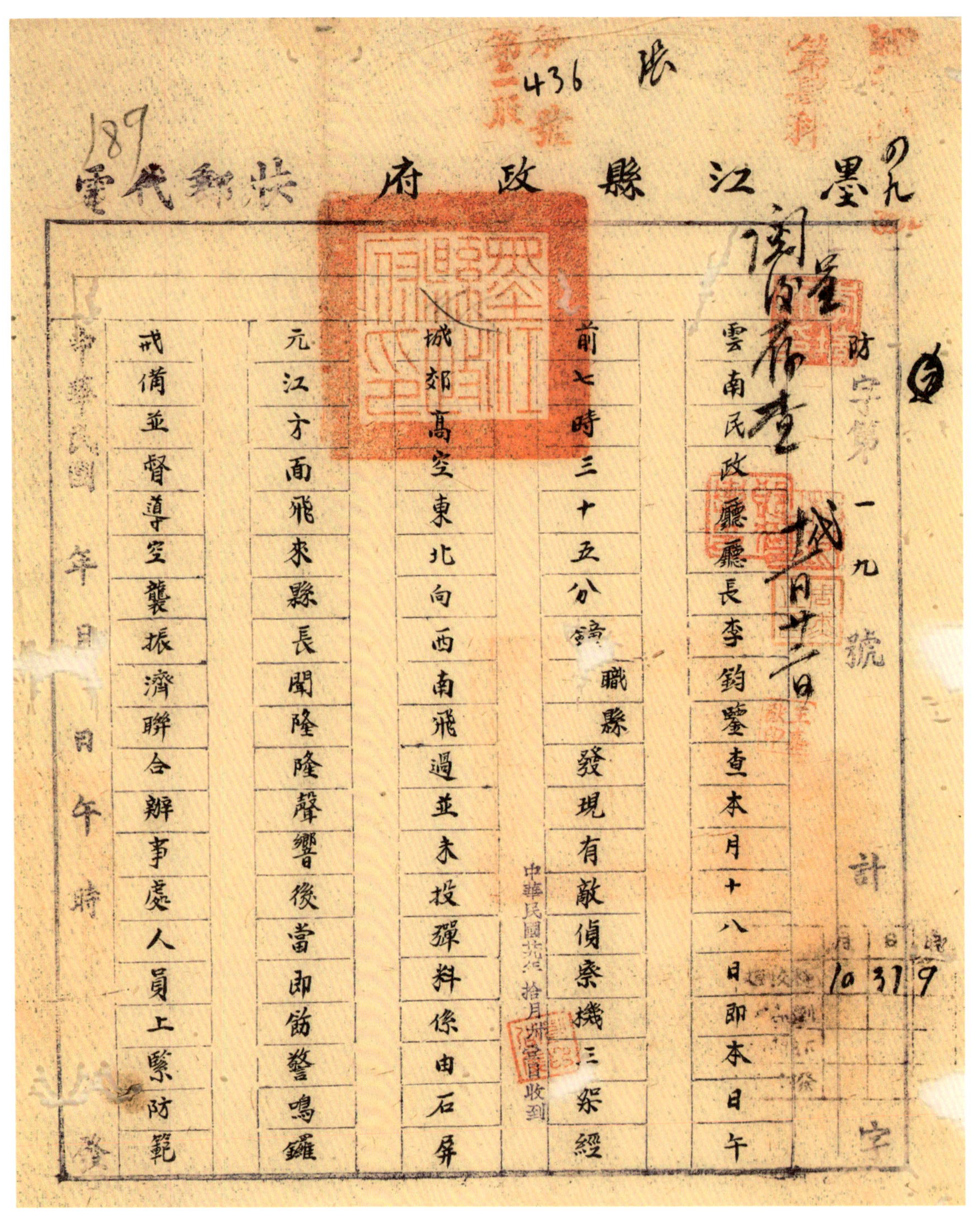
墨江縣政府快郵代電
防字第一一九號
雲南民政廳廳長李鈞鑒：查本月十八日即本日午前七時三十五分鐘職縣發現有敵偵察機三架經城郊高空東北向西南飛過並未投彈料係由石屏元江方面飛來縣長聞隆隆聲響後當即飭警鳴鑼戒備並督導空襲振濟聯合辦事處人員上緊防範
中華民國　年　月　日　午　時　發

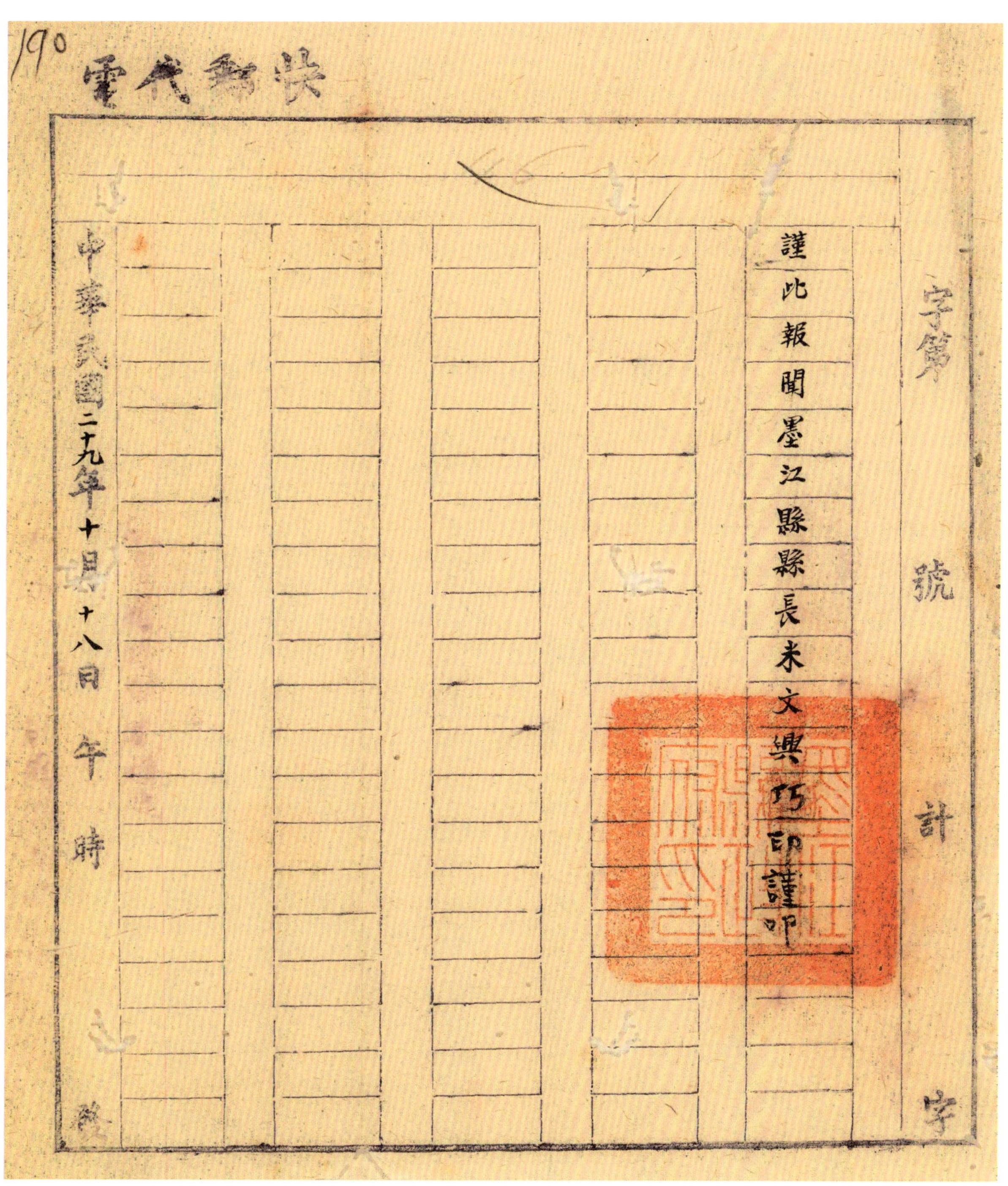
190
快郵代電
字第　號　計　字
謹此報聞墨江縣縣長米文興巧印謹叩
中華民國二十九年十月十八日　午　時　發

个旧县政府关于一九四〇年十月十八日遭受敌机轰炸情形致云南省民政厅的笺函（一九四〇年十月十九日）

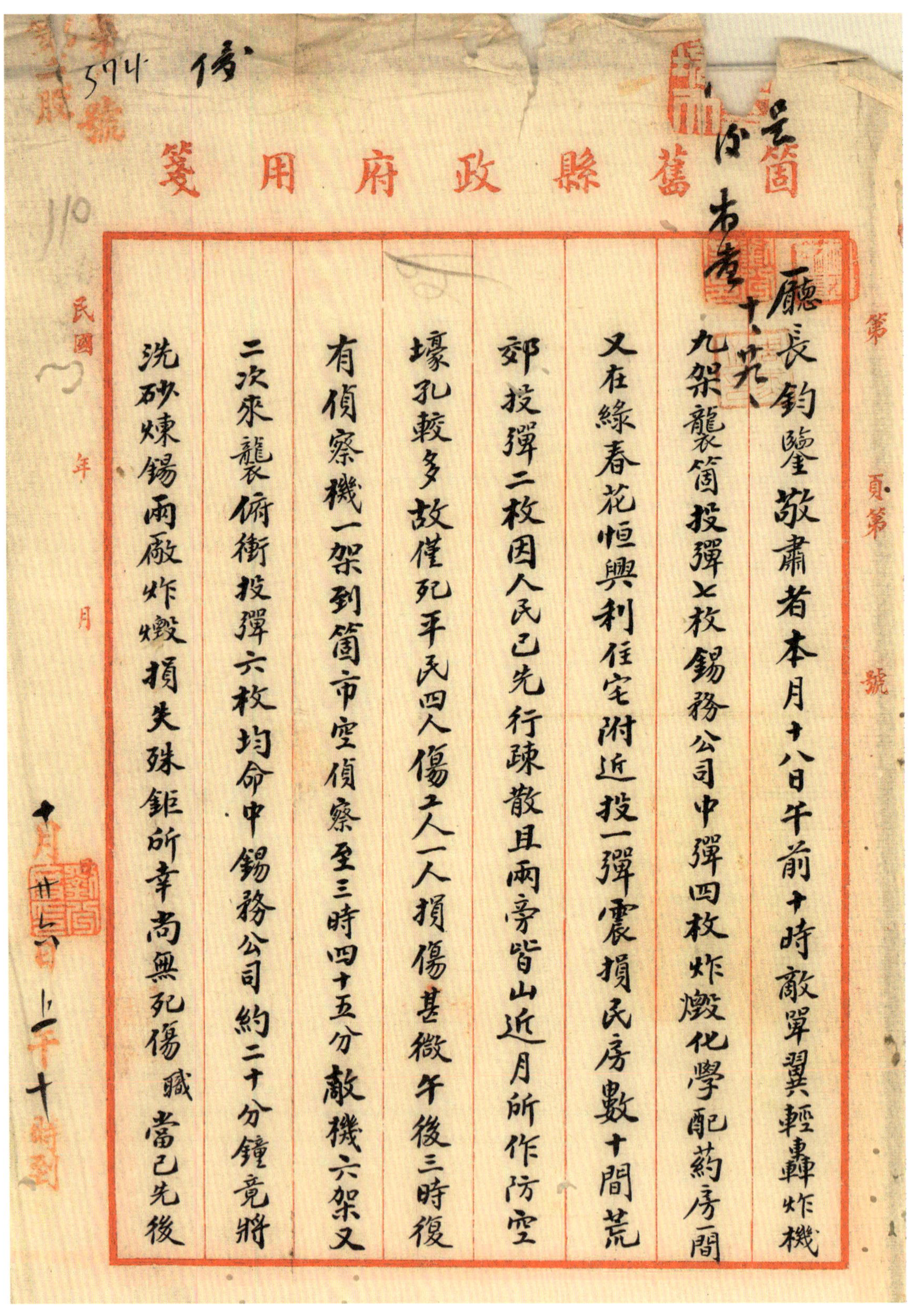

箇舊縣政府用箋

廳長鈞鑒敬肅者本月十八日午前十時敵單翼輕轟炸機九架襲箇投彈七枚錫務公司中彈四枚炸燬化學配藥房一間又在綠春花恒興利住宅附近投一彈震損民房數十間荒郊投彈二枚因人民已先行疏散且兩旁皆山近月所作防空壕孔較多故僅死平民四人傷二人一人損傷甚微午後三時復有偵察機一架到箇市空偵察至三時四十五分敵機六架又二次來襲俯衝投彈六枚均命中錫務公司約二十分鐘竟將洗砂煉錫兩廠炸燬損失殊鉅所幸尚無死傷職當已先後

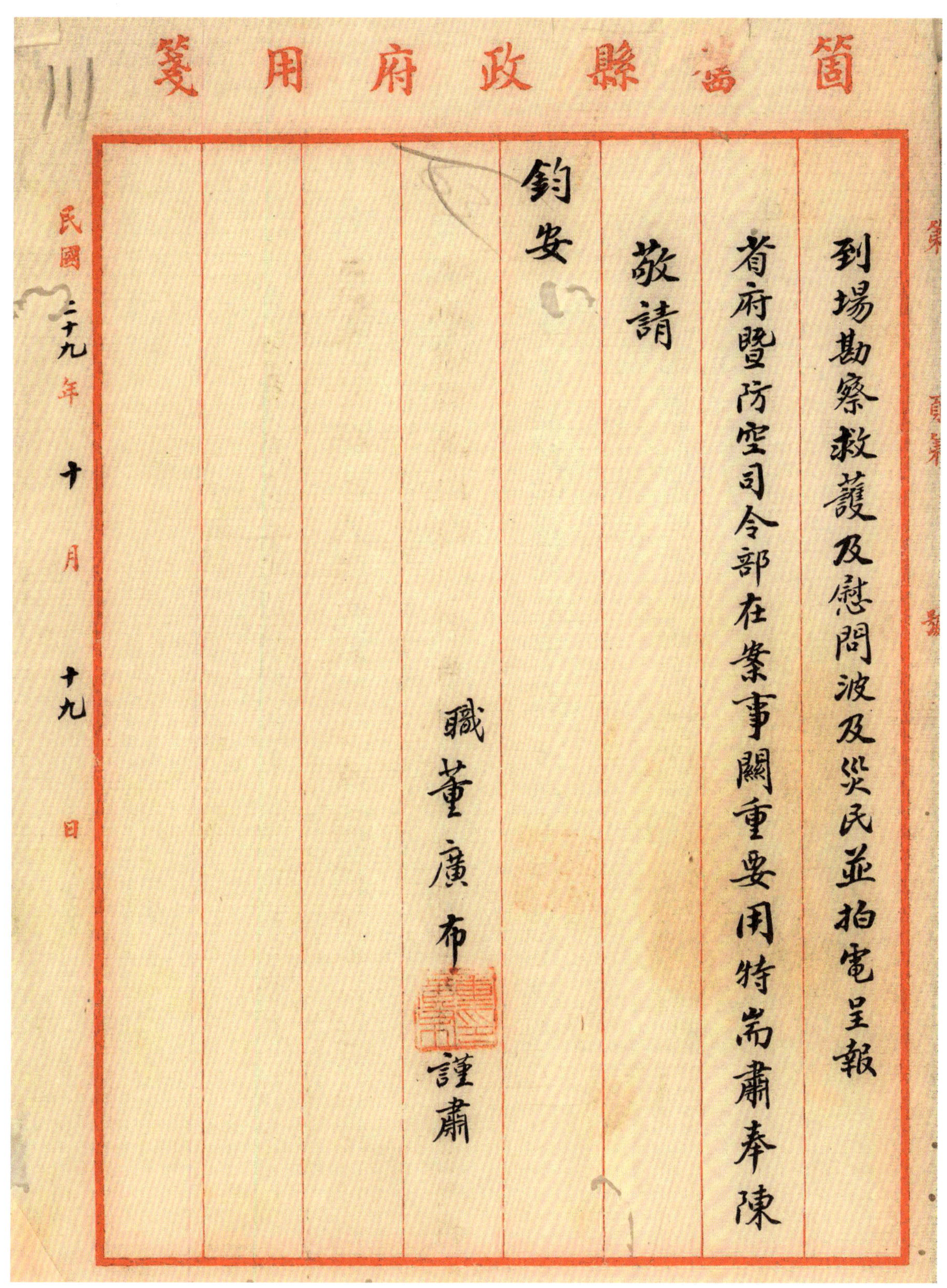

箇舊縣政府用箋

到場勘察救護及慰問被及災民並拍電呈報

省府暨防空司令部在案事關重要用特耑肅奉陳

敬請

鈞安

職董廣布謹肅

民國二十九年十月十九日

云龙县政府关于敌机轰炸功果桥军民受损情形致云南省民政厅的代电（一九四〇年十月二十一日）

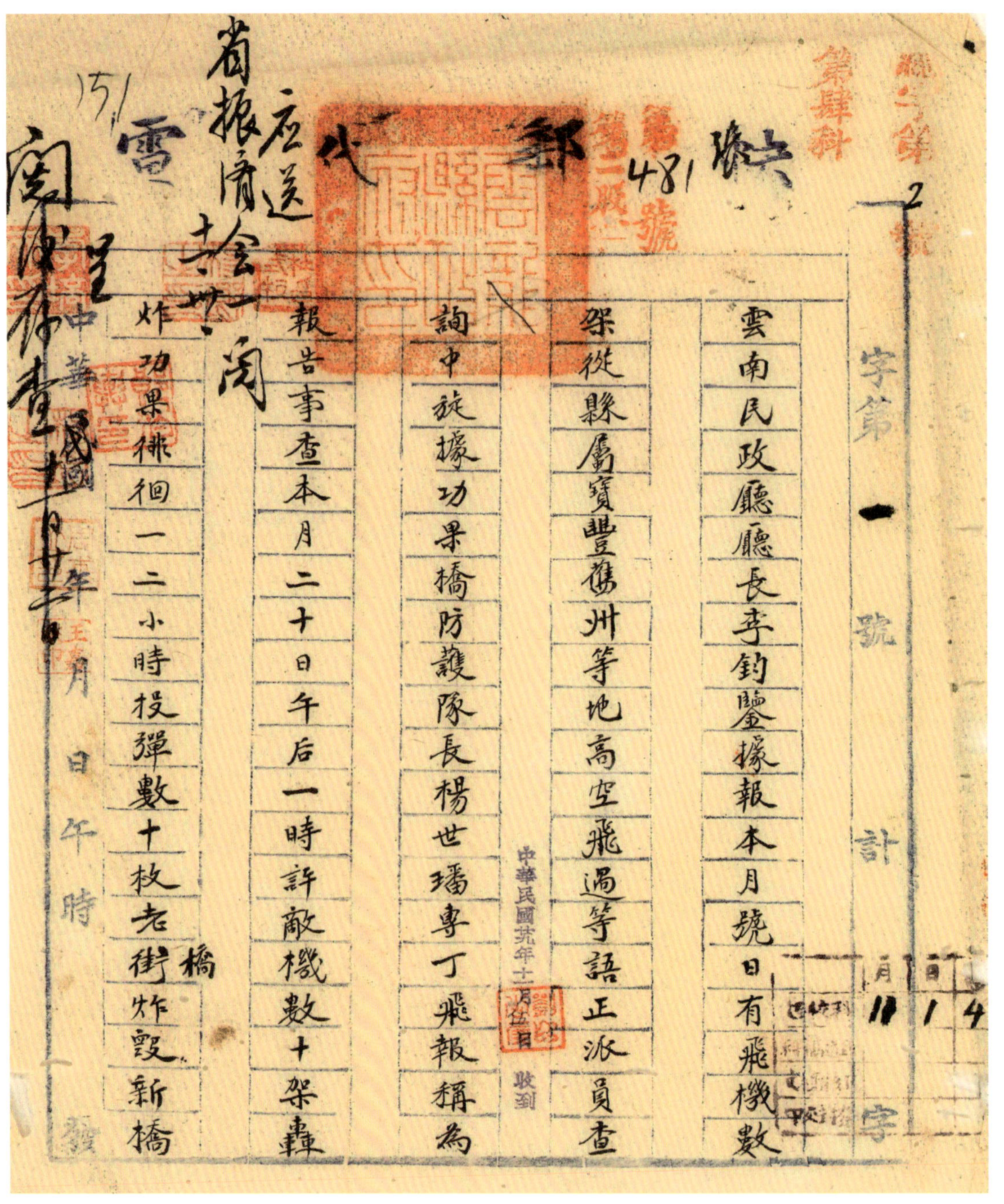

雲南民政廳廳長李鈞鑒：據報本月日有飛機數架從縣屬寶豐舊州等地高空飛過等語，正派員查詢中，旋據功果橋防護隊長楊世璠專丁飛報稱：為報告事，查本月二十日午后一時許，敵機數十架轟炸功果徘徊一二小時，投彈數十枚，老街炸毀新橋

152 快郵代電

字第二號 計 字

稍有損壞房屋炸壞三四間普通人及軍人傷亡共計六七名現正清查中職隊駐守之東西兩碉頂上均已炸壞武器械彈則有士兵隨身攜帶潛逃蔭蔽並無損失職率衛兵二名在橋之兩端防範陸地破壞職曾受重傷右肩膀創入炸片目下不能行動現

中華民國　年　月　日　午　時　發

快郵代電

字第三號 計 字

有救濟隊將所有員傷人員運至保山醫治職因責任重大未敢擅離職責前往醫治伏乞速派專員接代或飭本隊班長楊子亮代為負責管理賞給短假二週俾得前往醫治以免傷損生命假滿當即歸隊服務故此迫切具報謹呈等情據此除指令并以爲

中華民國 年 月 日 午 時

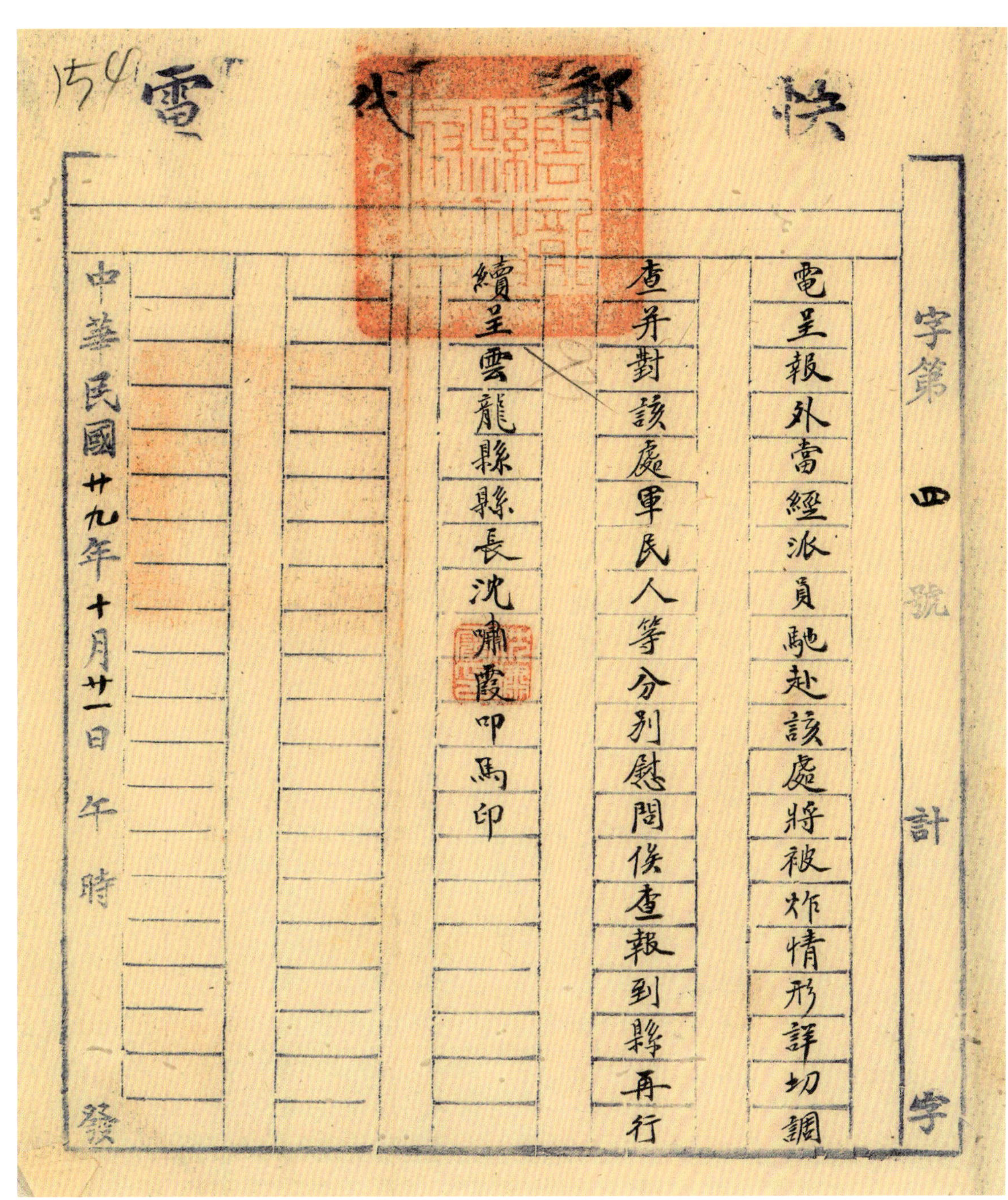

154

快郵代電

字第四號　計　字

電呈報外畜經派員馳赴該處將被炸情形詳切調查并對該處軍民人等分別慰問俟查報到縣再行續呈雲龍縣縣長沈嘯霞叩馬印

中華民國廿九年十月廿一日午時發

墨江县政府关于一九四〇年十月二十六日遭受敌机轰炸情形致云南省民政厅的代电（一九四〇年十月二十六日）

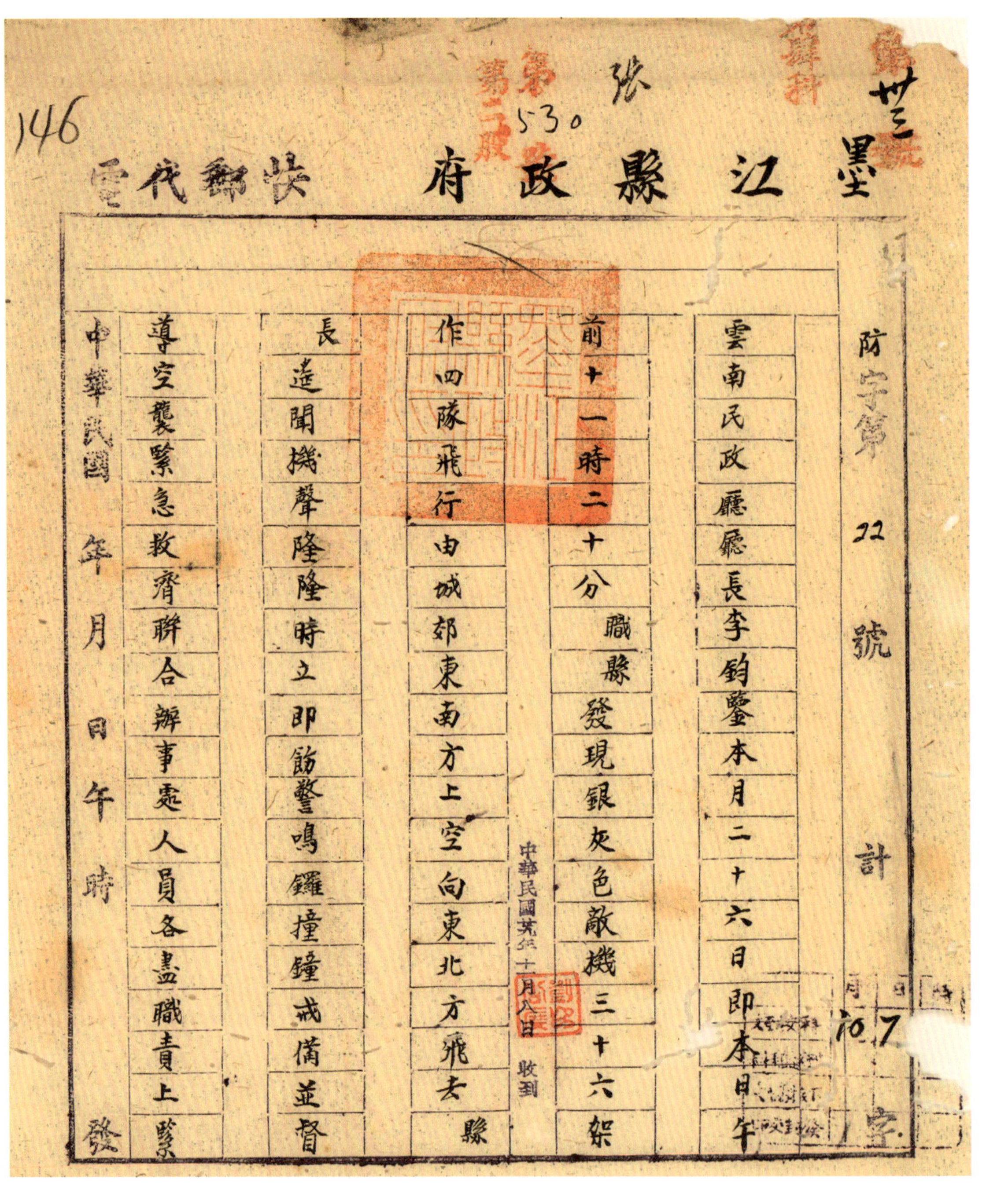
墨江縣政府快郵代電

防字第22號

雲南民政廳廳長李鈞鑒：本月二十六日即本日午前十一時二十分，職縣發現銀灰色敵機三十六架，作四隊飛行，由城郊東南方上空向東北方飛去。縣長遙聞機聲隆隆，時立即飭警鳴鑼撞鐘戒備，並督導空襲緊急救濟聯合辦事處人員各盡職責，上緊

中華民國　年　月　日　午　時發

中華民國廿九年十一月八日收到

147

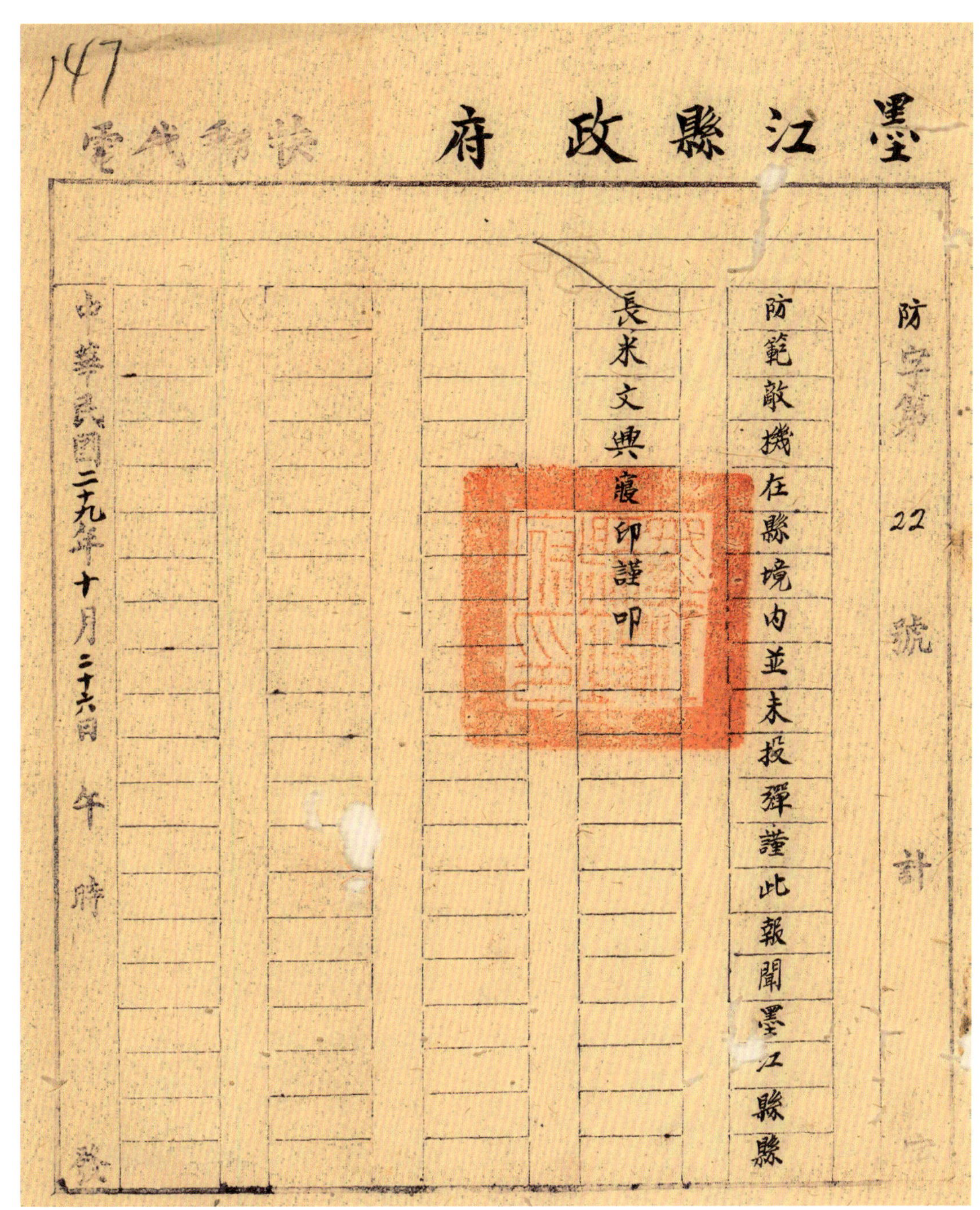

墨江縣政府 快郵代電

防字第22號 計

防範敵機在縣境内並未投彈謹此報聞墨江縣縣長米文興𡨋印謹叩

中華民國二十九年十月二十六日 午 時 發

缅宁县政府关于一九四〇年十月二十六日多架敌机过境情形致云南省民政厅的代电（一九四〇年十月二十七日）

728 張

快郵代電
雲南民政廳長李鈞鑒十月二十六日午前十一時半鐘發現銀灰
色單翼戰鬥機三十六架由東北飛入縣境即經雲縣屬飛來作
品字隊形由十二小隊四中隊連爲一大隊緩飛甚高經城郭之北
向西飛過耿馬當時日光較強遠望不及辨識圖徽究係國機抑
屬敵機殆難分曉所幸縣屬自奉令成立防空協會後關於防空
常識隱避處所疏散方法……曾迭次宣傳運動訓導民衆認識查
此次多數飛機飛過縣空原係第一次而人民尚屬安靜未到張徨
除分報各上級主管外特電呈乞鑒核署緬寧縣縣長莫俊周代行
拆秘書陳希榮叩感印

中華民國廿九年十一月貳拾五日收到

11 23 6

墨江县政府关于一九四〇年十月二十八日遭受敌机轰炸致云南省民政厅的代电（一九四〇年十月二十八日）

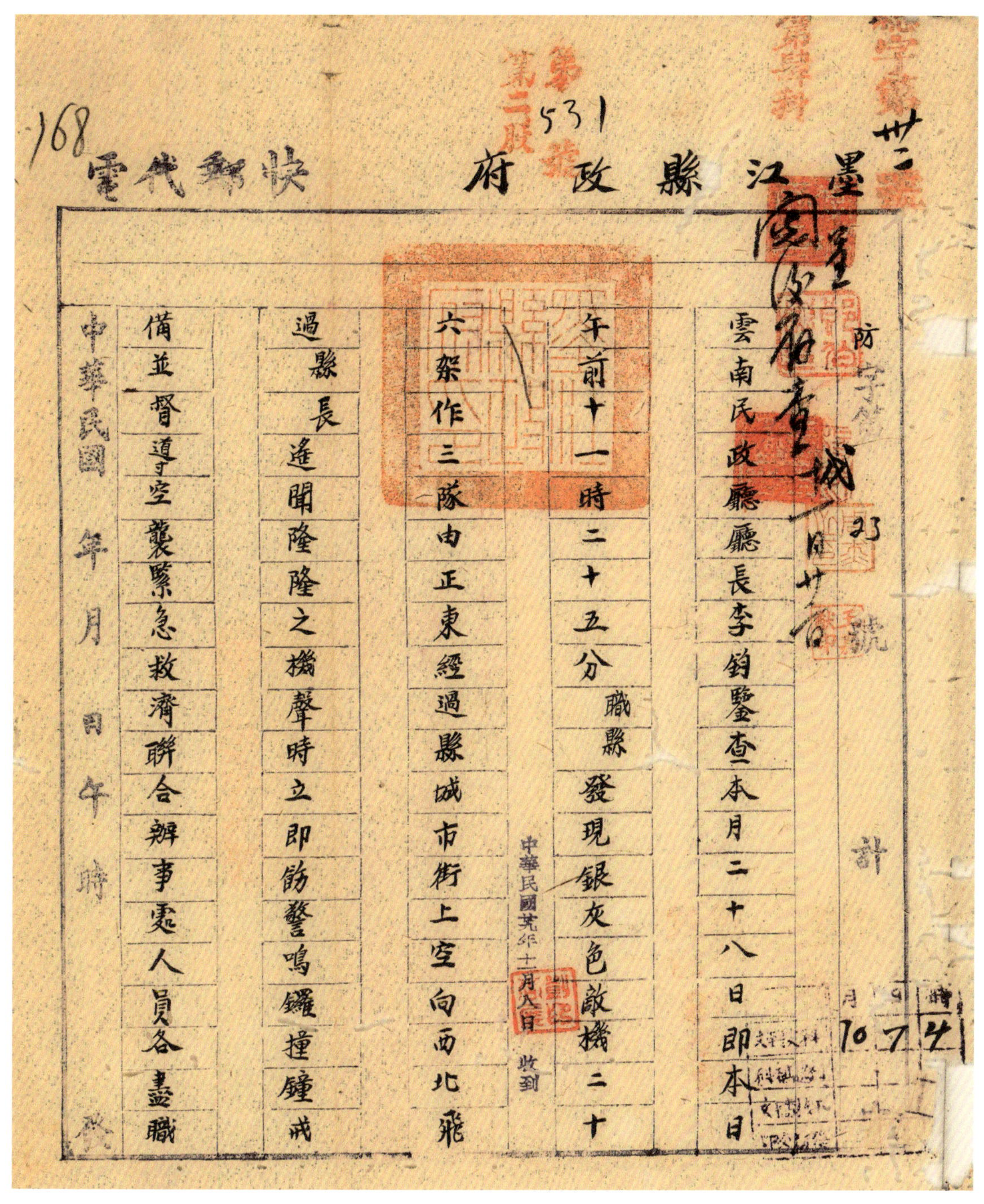

墨江縣政府快郵代電

防字第　　號

雲南民政廳廳長李鈞鑒：查本月二十八日即本日午前十一時二十五分，職縣發現銀灰色敵機二十六架，作三隊由正東經過縣城市街上空向西北飛過。縣長逢聞隆隆之機聲時，立即飭警鳴鑼撞鐘戒備，並督道守空襲緊急救濟聯合辦事處人員各盡職

中華民國　年　月　日　午　時發

中華民國廿九年十一月八日收到

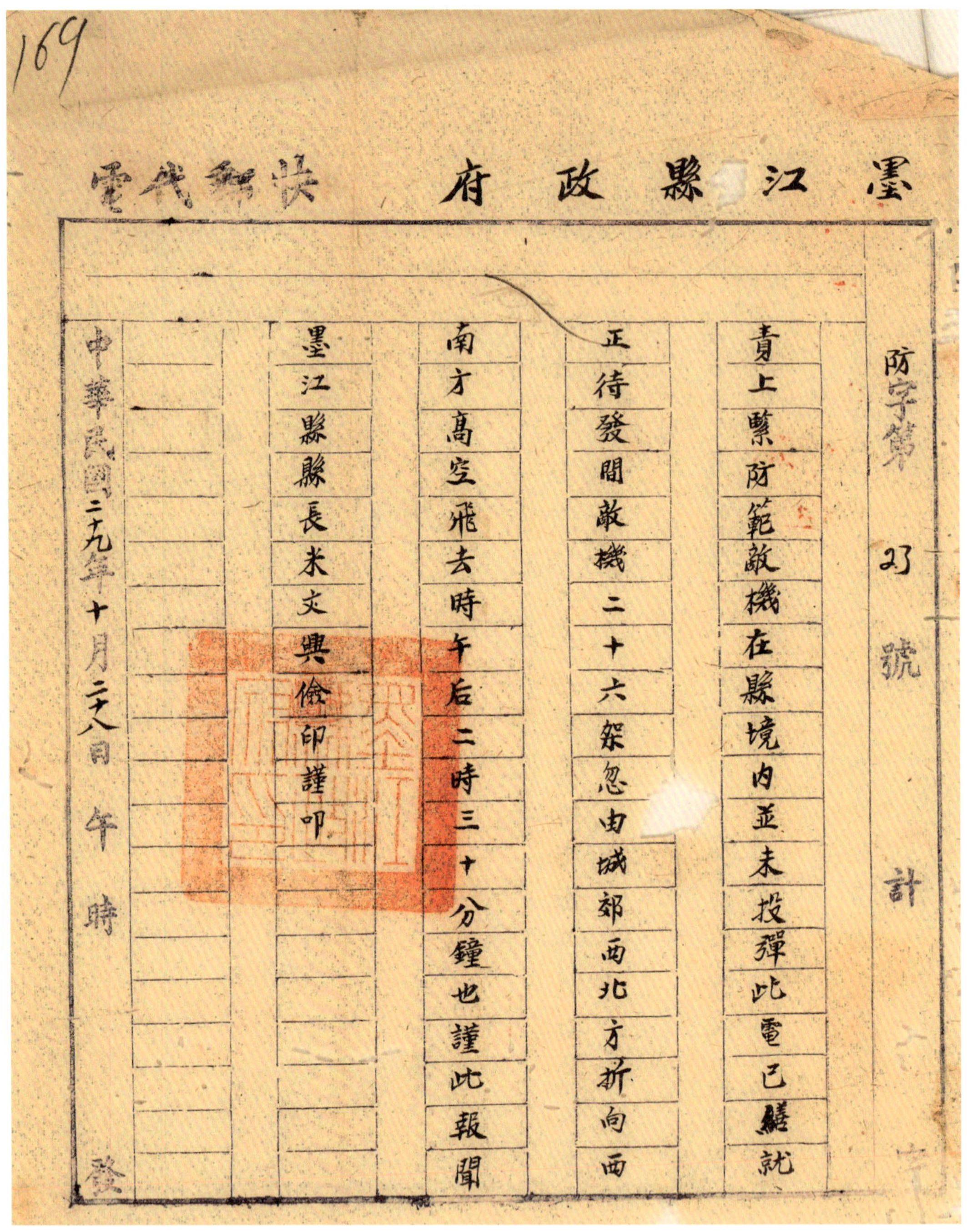
169

墨江县政府快邮代电

防字第23号　计

责上鉴防范敌机在县境内并未投弹此电已缮就正待发间敌机二十六架忽由城郊西北方折向西南方高空飞去时午后二时三十分钟也谨此报闻

墨江县县长米文兴俭印谨叩

中华民国二十九年十月二十八日　午　时　发

个旧县政府关于敌机轰炸老厂并坠落一架的报告（一九四〇年十二月二日）

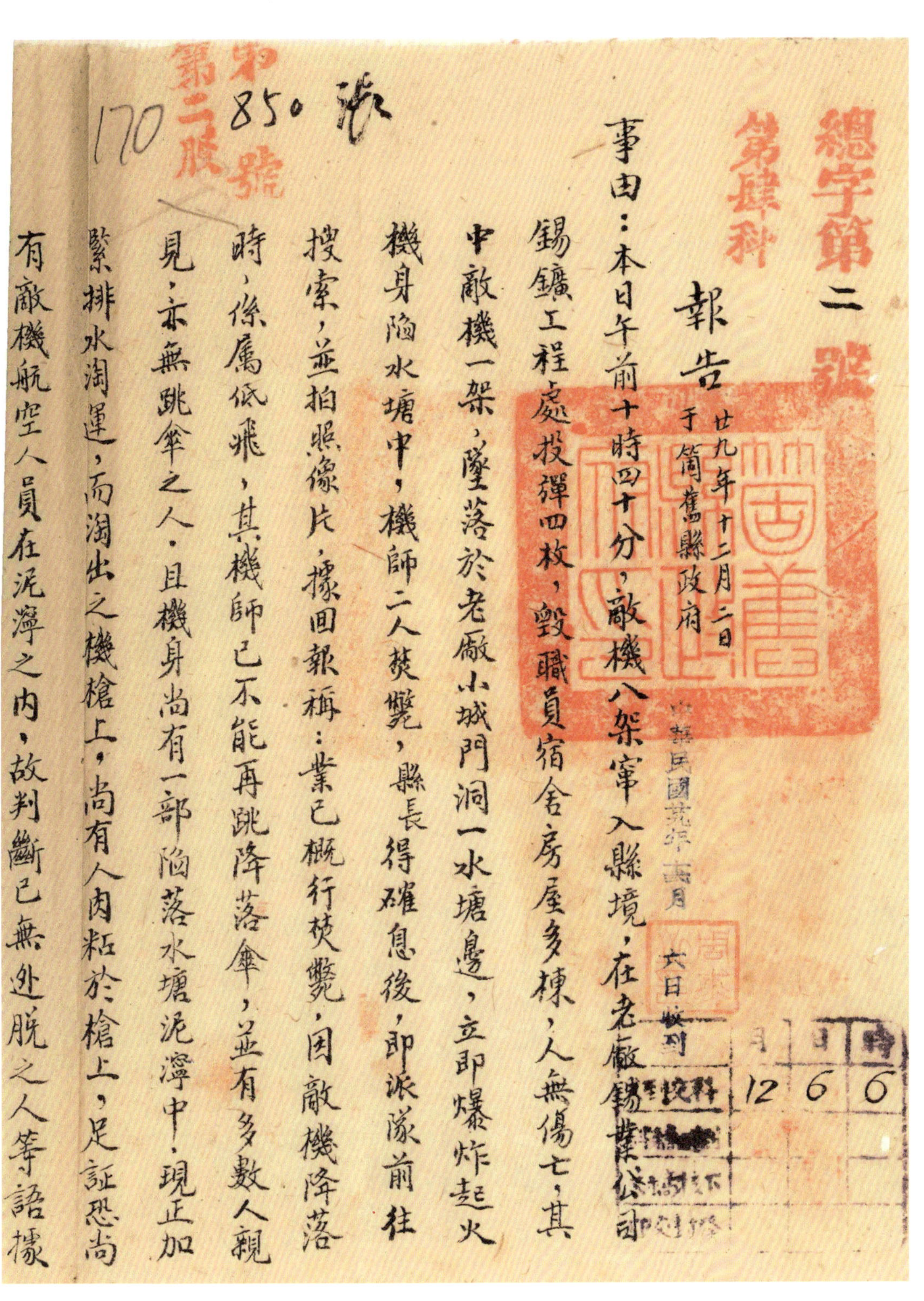

總字第二號
第肆科

報告

廿九年十二月二日
于箇舊縣政府

事由：本日午前十時四十分，敵機八架竄入縣境，在老廠錫業公司錫鑛工程處投彈四枚，毀職員宿舍房屋多棟，人無傷亡，其中敵機一架，墜落於老廠小城門洞一水塘邊，立即爆炸起火，機身陷水塘中，機師二人焚斃，縣長得確息後，即派隊前往搜索，並拍照像片，據回報稱：業已概行焚斃，因敵機降落時，係屬低飛，其機師已不能再跳降落傘，並有多數人親見，亦無跳傘之人，且機身尚有一部陷落水塘泥濘中，現正加緊排水淘運，而淘出之機槍上，尚有人肉粘於槍上，足証恐尚有敵機航空人員在泥濘之內，故判斷已無逃脱之人等語據

中華民國廿九年十二月六日收到

12	6	6

第二股
170 850 張

時，係屬低飛，其機師已不能再跳降落傘，並有多數人親見，亦無跳傘之人。且機身尚有一部陷落水塘泥濘中，現正加緊排水淘運，而淘出之機槍上，尚有人肉粘於槍上，足証恐尚有敵機航空人員在泥濘之内，故判斷已無逃脫之人等語。據此，縣長除往公司慰問，并派員會同天錫鎮速將敵機殘骸取出運縣，先行陳列，聽候呈請核示處置辦法，暨為謹慎計，仍各處派隊搜索，及電請附近駐軍與鄰縣，一體注意搜索，以策萬全外，其飛機餘骸及零件已交由錫鑛工程處妥為看守，理合將本日空襲情形，備文報請

鈞長鑒核備案、訓示祇遵，實為公便！

謹呈

雲南省民政廳廳長李

個舊縣縣長董廣布

保山县政府关于敌机轰炸保山受损情况致云南省政府等的电（一九四〇年十二月八日）

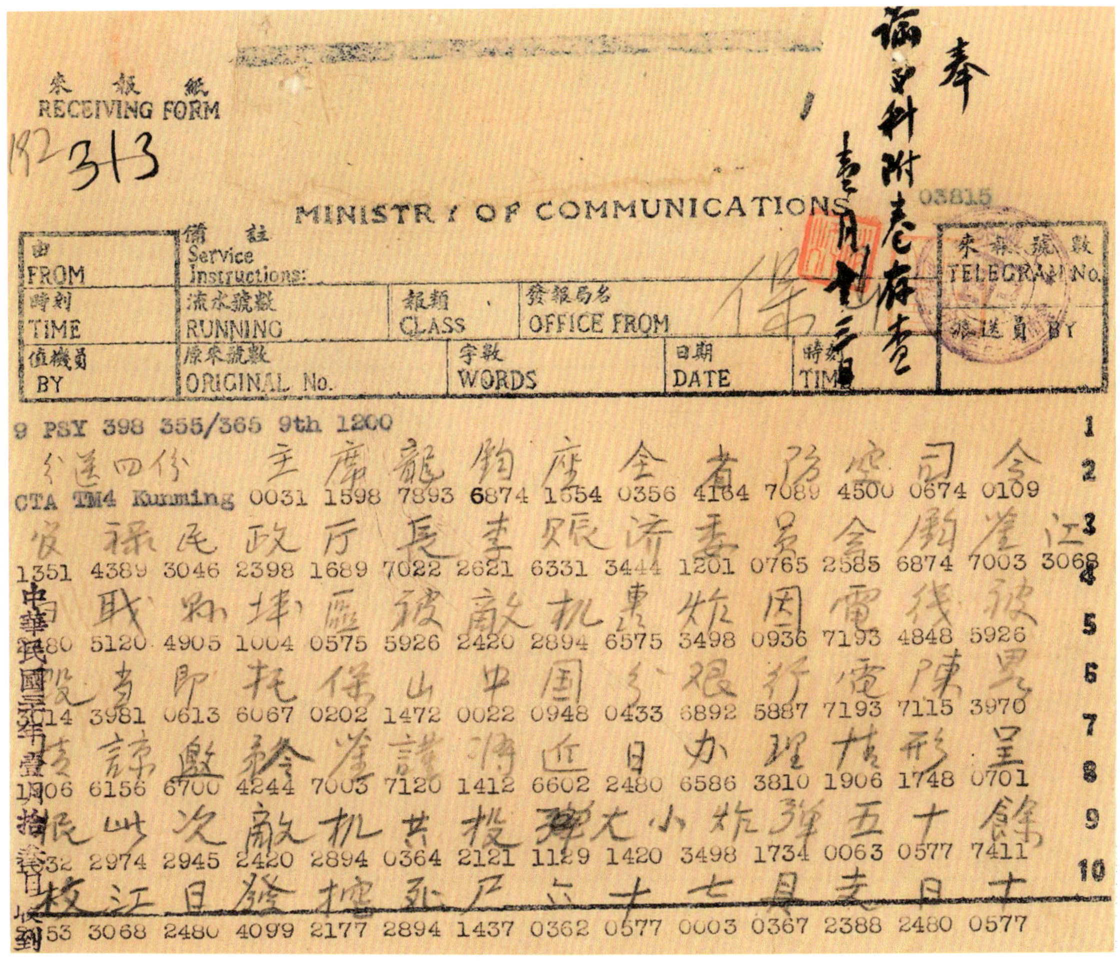

來報紙
RECEIVING FORM

182 313

MINISTRY OF COMMUNICATIONS

由 FROM	備註 Service Instructions:			來報號數 TELEGRAM No.
時刻 TIME	流水號數 RUNNING	報類 CLASS	發報局名 OFFICE FROM	排送員 BY
值機員 BY	原來號數 ORIGINAL No.	字數 WORDS	日期 DATE	時刻 TIME

9 PSY 398 355/365 9th 1200

分送四份 主席龍鈞座 全省防空司令

CTA TM4 Kunming 0031 1598 7893 6874 1654 0356 4164 7089 4500 0674 0109

1351 4389 3046 2398 1689 7022 2621 6331 3444 1201 0765 2585 6874 7003 3068

[illegible]80 5120 4905 1004 0575 5926 2420 2894 6575 3498 0936 7193 4848 5926

[illegible]14 3981 0613 6067 0202 1472 0022 0948 0433 6892 5887 7193 7115 3970

[illegible]06 6156 6700 4244 7003 7120 1412 6602 2480 6586 3810 1906 1748 0701

[illegible]32 2974 2945 2420 2894 0364 2121 1129 1420 3498 1734 0063 0577 7411

[illegible]53 3068 2480 4099 2177 2894 1437 0362 0577 0003 0367 2388 2480 0577

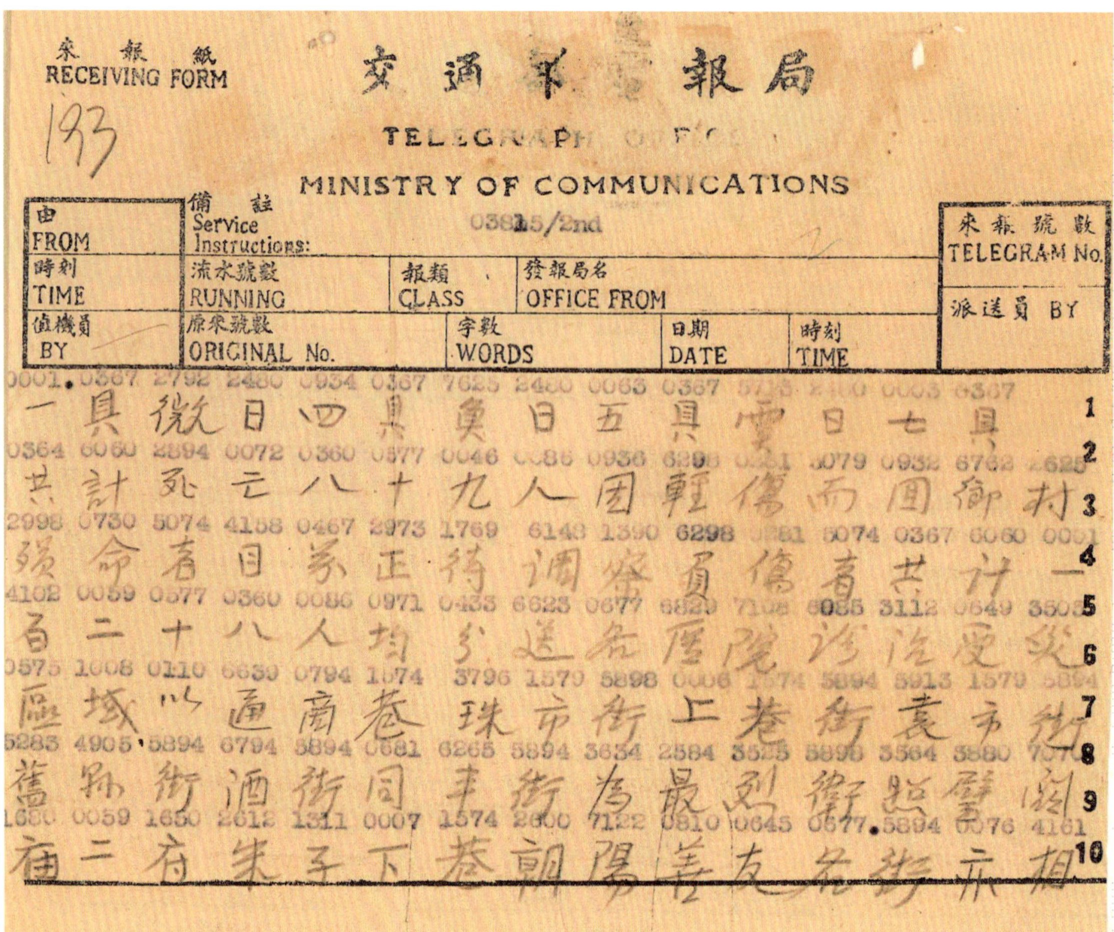
來報紙 RECEIVING FORM

133

交通部電報局
TELEGRAPH OFFICE
MINISTRY OF COMMUNICATIONS

由 FROM	備註 Service Instructions: 03815/2nd				來報號數 TELEGRAM No.
時刻 TIME	流水號數 RUNNING	報類 CLASS	發報局名 OFFICE FROM		派送員 BY
值機員 BY	原來號數 ORIGINAL No.	字數 WORDS	日期 DATE	時刻 TIME	

0001.0367 2792 2480 0934 0367 7625 2480 0063 0367 5705 2480 0003 0367
一具微日四具魚日五具虞日七具
0364 6060 2894 0072 0360 0577 0046 0086 0936 6298 0261 5079 0932 6762 2625
共計死亡八十九人因輕傷而困御村
2998 0730 5074 4158 0467 2973 1769 6148 1390 6298 0261 5074 0367 6060 0001
殞命者日來正待調查負傷者共計一
4102 0059 0577 0360 0086 0971 0433 6623 0677 6829 7108 6085 3112 0649 3505
百二十八人均分送各醫院診治受災
0575 1008 0110 6639 0794 1574 3796 1579 5898 0006 1574 5894 5913 1579 5894
區域以通商巷珠市街上巷街袁市街
5283 4905 5894 6794 5894 0681 6265 5894 3634 2584 3525 5898 3564 3880 7070
舊鄉街酒街同仁街為最烈衛照璧閣
1660 0059 1650 2612 1311 0007 1574 2600 7122 0810 0645 0677.5894 0076 4161
廟二府朱子下巷朝陽善友各街亦相

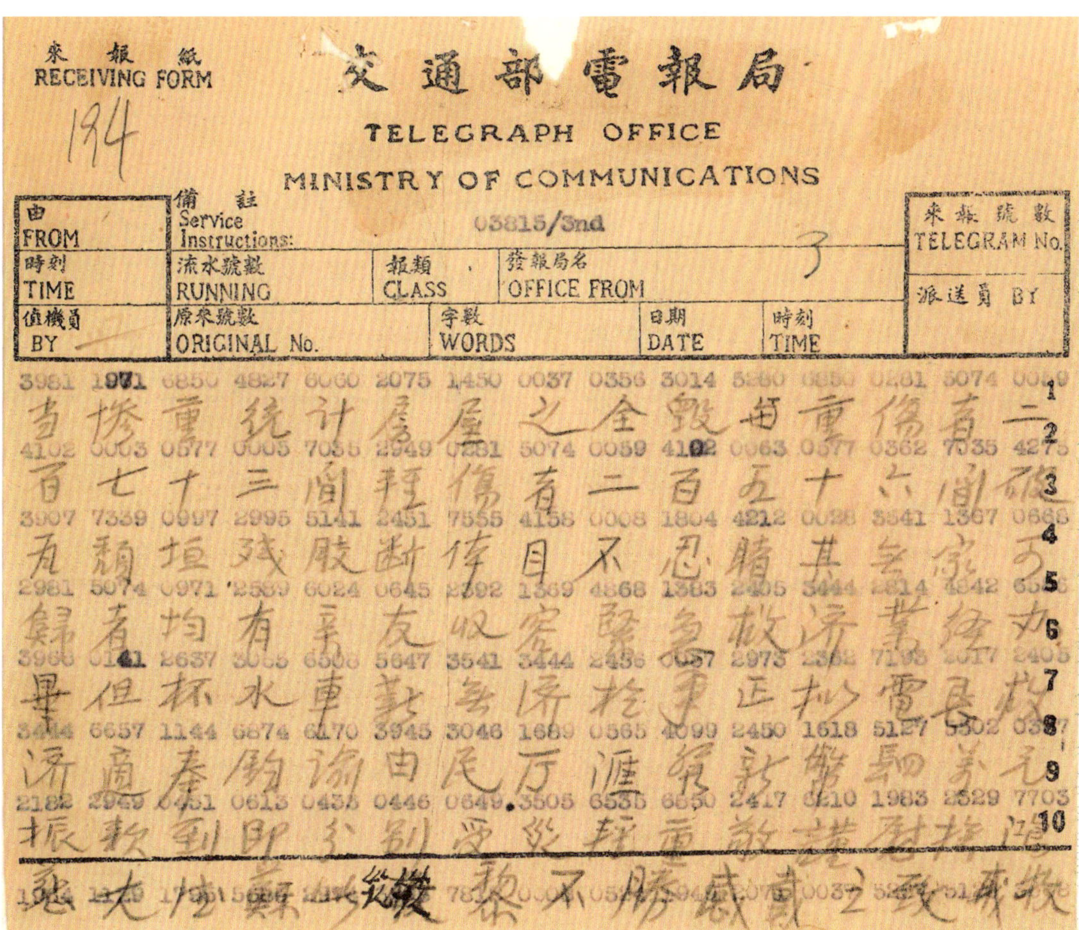

來報紙 RECEIVING FORM

194

交通部電報局

TELEGRAPH OFFICE

MINISTRY OF COMMUNICATIONS

由 FROM	備註 Service Instructions: 03815/3nd					來報號數 TELEGRAM No.
時刻 TIME	流水號數 RUNNING	報類 CLASS	發報局名 OFFICE FROM			派送員 BY
值機員 BY	原來號數 ORIGINAL No.	字數 WORDS		日期 DATE	時刻 TIME	

當場查統計房屋之全毀者重傷者二
百七十三間輕傷者二百五十六間破
瓦頹垣殘肢斷体目不忍睹其無家可
歸者均由親友收容醫急救濟業經办
畢但杯水車薪無濟於事正抄電呈收
濟適奉鈞諭由民厅匯發新幣貳萬元
振款到即分別受災輕重散發藉慰[illegible]
[illegible]大德無以爲報不勝感戴之致[illegible]

來報紙 RECEIVING FORM　　交通部電

185

TELEGRAPH OFFICE

MINISTRY OF COMMUNICATIONS

由 FROM	備註 Service Instructions: 03815/4nd　　4				來報號數 TELEGRAM No.
時刻 TIME	流水號數 RUNNING	報類 CLASS	發報局名 OFFICE FROM		派送員 BY
值機員 BY	原來號數 ORIGINAL No.	字數 WORDS	日期 DATE	時刻 TIME	

3046 2589 6307 6210 3981 0111 7555 6874 6170 4550 4147 1792 1820 1865 1800

民有责謹查仰体鈞諭竭尽微忱悉心

6586 3810 4412 1645 2455 7240 6902 1579 3663 2946 1853 1788 6153 6847 1608

办理秩序方面近已渐次恢復请释廑

3137 6216 2974 1144 6010 5130 0491 6056 2416 0661 1649 2050 ./.

注謹奉此奉覆戚刘言昌叩庚戌

个旧县警察局关于个旧县一九四〇年十二月两次遭受敌机轰炸情形致云南省民政厅的函

（一九四〇年十二月十七日至二十三日）

廳長李公鈞鑒敬陳者前日十二月十三日上午十一时许
有敵機八架侵入箇舊市空盤旋後至十一时卅
餘分由東侵入投彈暴炸燃燒均有計於雲廟
內及附近雲廟坡米店街縣政府左平房等處
房屋燒燬殆盡雲廟內幸救護得力不致蔓
延第二次十一时卅餘分鐘敵機入窜市空平行
投彈多枚計鎢錫公司救濟院大门車站大街

東站房屋除機〻外又黨部门首朝陽街郵政電
報局等處投彈鎢錦公司稍損救濟院大门全
毀黨部大门稍毀惟朝陽街及東站大街兩旁
舖面民房完全毀盡以現在調查所得計炸燬
舖面房屋四百餘間死亡八九人負傷者當在
調查中实情惨重敵寇之殘忍至於此極
查其投彈不分數目同時數十併下近於盲目以
此觀之足徵其精疲力竭最後之掙扎也敵人

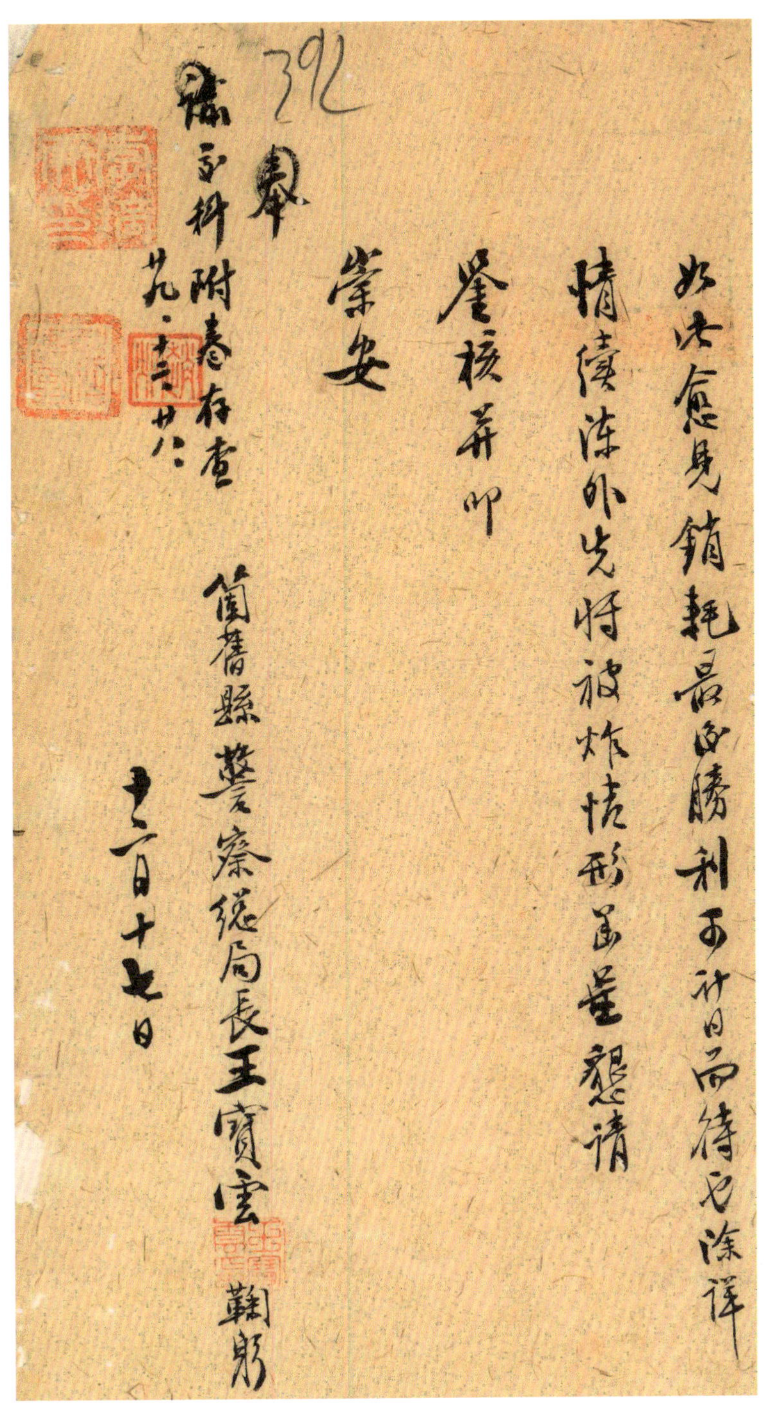

392

如此愈見銷耗，最後勝利可計日而待也。除詳

情續陳外，先將被炸情形呈報，懇請

鑒核，並叩

崇安

簡陽縣警察總局局長王寶雲鞠躬

十二月十七日

奉

總務科附卷存查

廿九.十二.廿八

388

106

廳長李公鈞鑒前日函稟箇市被炸情形計早登
鈞鑒也前日之災情未已而第二次之禍殃續臨於十一月
廿二日敵重轟炸機十二架於午后二時五十分鐘侵入市
空盤旋三次高空投彈轟炸縣府党部警察局警察
一分局郵政局電報局旂錫巷江川巷中正大街老衙門
南壹街吉安街榮祿街李氏宗祠大墳堤等處計投爆炸彈
及燒夷彈四十餘枚燒燬鋪房十餘間炸燬及震毀房屋
千餘間死亡民眾十餘人輕重傷廿餘人巡警重傷壹
名輕傷一名此次較災情較之前次甚重死傷人數比較
前次較少觀其盲目投彈意在摧毀市容不令生產

3811

昔日繁榮之區一旦變爲瓦礫坵墟一片荒凉目擊心
傷除詳情另行列表續呈外先將災情函呈懇祈
鑒核并叩
崇安

諭：奉
文科附卷存查 廿九、十二、廿六

簡舊縣警察局長王寶雲謹上
十二月二十三日

蒙自县政府关于一九四〇年十二月二十二日遭受敌机轰炸情形致云南省民政厅的代电

（一九四〇年十二月二十二日）

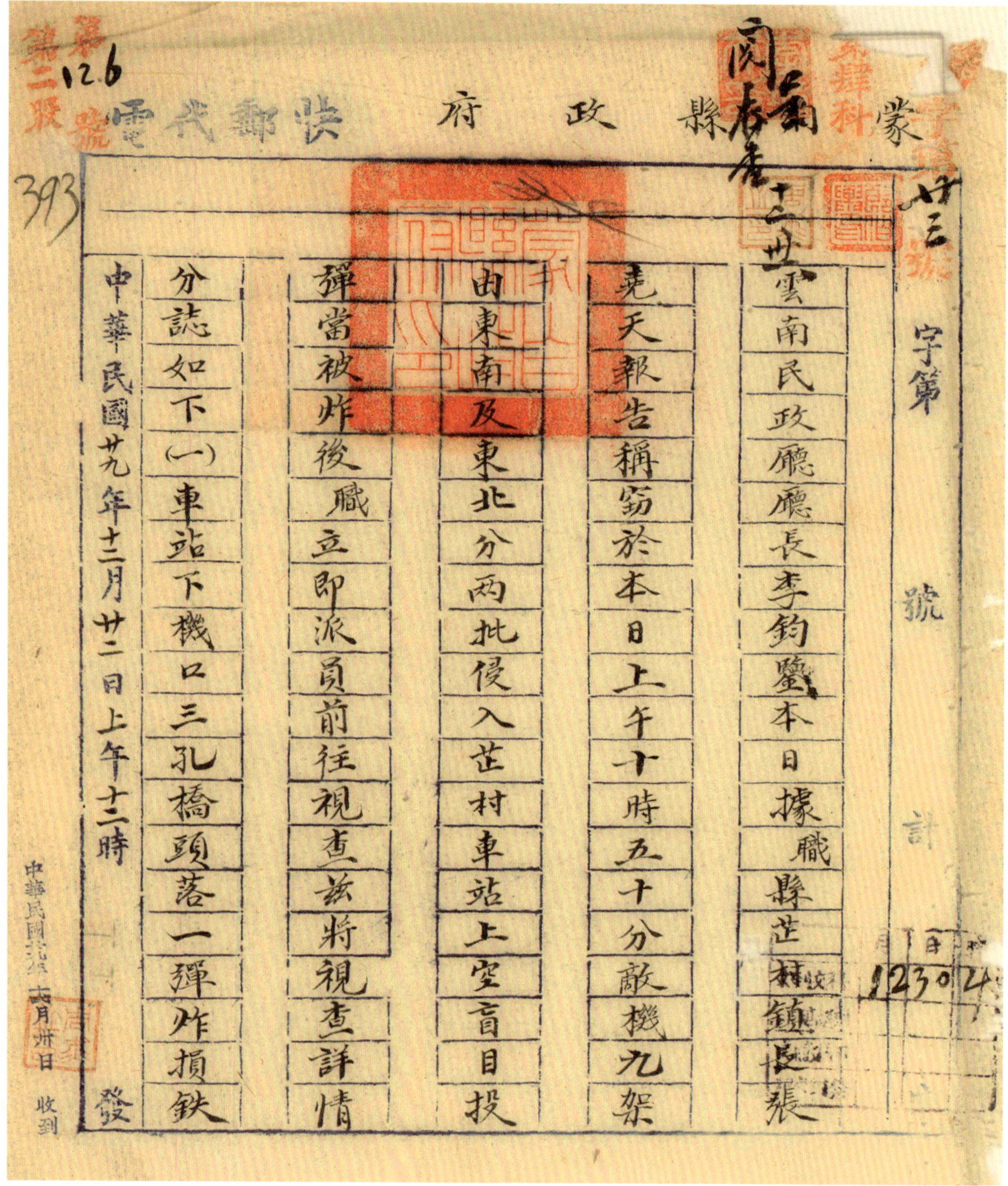

蒙自縣政府快郵代電

雲南民政廳廳長李鈞鑒：本日據職縣芷村鎮長張尭天報告稱：竊於本日上午十時五十分敵機九架由東南及東北分兩批侵入芷村車站上空盲目投彈，當被炸後職立即派員前往視查，茲將視查詳情分誌如下：（一）車站下機口三孔橋頭落一彈炸損鉄

中華民國廿九年十二月廿二日上午十二時 發

蒙自縣政府快郵代電

字第　號　計

路約二百咪達（二）鎢銻公司落二彈炸燬圍牆十餘丈（三）新營盤後邊約距半里落三彈（四）大營門下邊落一彈（五）營盤內落二彈炸燬房屋數間共計投彈九枚惟均無傷亡等情據此除分呈外理合據情呈報以鈞核備案蒙自縣縣長劉珍叩養印

中華民國廿九年十二月廿二日上午十二時　發

个旧县政府关于敌机轰炸受灾情形致云南省振济会的代电（一九四〇年十二月二十二日）

第903號

快郵代電

雲南省振濟委員會鈞鑒：本日午後二時五十分，敵重轟炸機十二架，竄入縣境，在市空盤旋三次，向市中心區投下炸彈及燃燒彈數十枚，縣府、黨部、郵局、電報局、電話局、警察一分局，簡市最繁榮之大街及榮祿街、木行街、單邊街、吉安街、拾錫巷、江川巷、宗祠巷、老衙門街等處均中彈，大街中部起火，縣長立即率同本府秘書及警察局長冒險趕往督率搶救，賴消防人員得力，火勢於半小時後撲滅，焚燬舖房十間，幸未蔓延，又以本縣屢遭轟炸，人民對於疏散尚屬認真，警報發出後，

270

多數人民即行疏散，故災區雖廣，而死者僅二十餘人，傷者三十餘人，惟房屋之炸毀震毀者，以目前調查所得，為數頗巨，總計不下千餘間，昔日中心區繁榮之市面，幾悉為瓦礫所阻，災民遍地，目擊心傷，敵人如此肆意，對於明年大錫生產，將大受影響，縣長除親赴各災區勘察慰問，並由醫院及各收容所趕速醫治負傷同胞，盡量收容受災難民，復於當晚召開緊急會議，商討各項善後辦法，查此次災情，異常慘重，景象至為悽涼，懇請從優撥發特賑，以濟災黎，除已即時先行急電分陳外，理合將詳細情形代電呈報，伏乞鑒核！箇舊縣縣長董廣布叩養印。（廿二）

云南省政府就敌机轰炸个旧县城致云南省振济会的训令（一九四〇年十二月三十一日）

由	擬辦	決定辦法	備考
	存候彙辦		

交 經辦員 辦 卅年一月七日午時交辦

收文 字第 號

254

雲南省政府訓令

秘虎字第 1593

令省振濟会

查本月十三日敵機轟炸個舊縣城一案。昨據該縣長董廣布電呈到府，當經分令該会暨民政廳照章振卹在案。茲據該縣續呈稱：

「呈為呈振事。竊本月十三日敵機轟炸縣屬城內受災各情，曾於即日先行電呈在案。查此次敵機竄襲，係第一批八架，於上午十一時卅分由縣境東南竄入市空，使用機群投彈，第二批八架，於十二時卅五分竄入，亦係一齊同投彈。當第一批敵機[illegible]時，職[illegible]三即率同本府秘書親赴災區視察，計全縣府中三彈，毀法院[illegible]住宅，炸死法警家屬十人，雲廟內中四彈，震毀中國銀行、勸業銀行房屋數間

255

其他如雲津廟坡大橋米店街、單邊街、黨部門口、郵政局、電報局[?]、朝陽街、草橋坡、車站大街、[?]公司、救濟院、鐵路局[?]、寶善門內等處均被炸，共投彈三十四枚，就中文廟內興文良行附近立即起火，經派團隊搶救，當即撲滅。草橋坡起火一處，焚燬房屋一院，即行撲滅。至雲津廟大橋之大吉祥所起之火，火勢洶湧，經縣長親身督率團警、消防隊壯丁搶救，於午後三時半撲滅，焚燬鋪面房屋五十間。此外炸燬鋪屋四百廿餘間，稍有損壞者二百餘間，死壯丁、貧民六十五人，又輕重傷團警、平民八十六人，滿目瘡痍，災情慘重。縣長除立即冒險親往督率救火外，并親往災區逐一撫慰，又以火災當前，救死扶傷，收容災民，清理街道，掩埋死亡，各項均屬刻不容緩，復於是日召開防空緊急會議，從事救災各項緊急措施。死亡者已給棺掩埋，帶傷者則送醫院免費診治，無家可歸者則分别集中建水石屏四川會館收容所，予以救濟給予伙食。惟查此次被炸災情慘重，情殊可憫，傾家蕩產者比比皆是，猶幸人民聞警振復疏散，較多故傷亡謹如上數。否則以縣屬人口密不知伊於胡底。除極積办理善後暨分呈外，理合具文呈請鈞府鑒核，從優特予撥款，以惠災黎，實為公便。

等情。據此。除指令并令外，合行令仰該会併案迅速振卹具報。

此令

主席龍

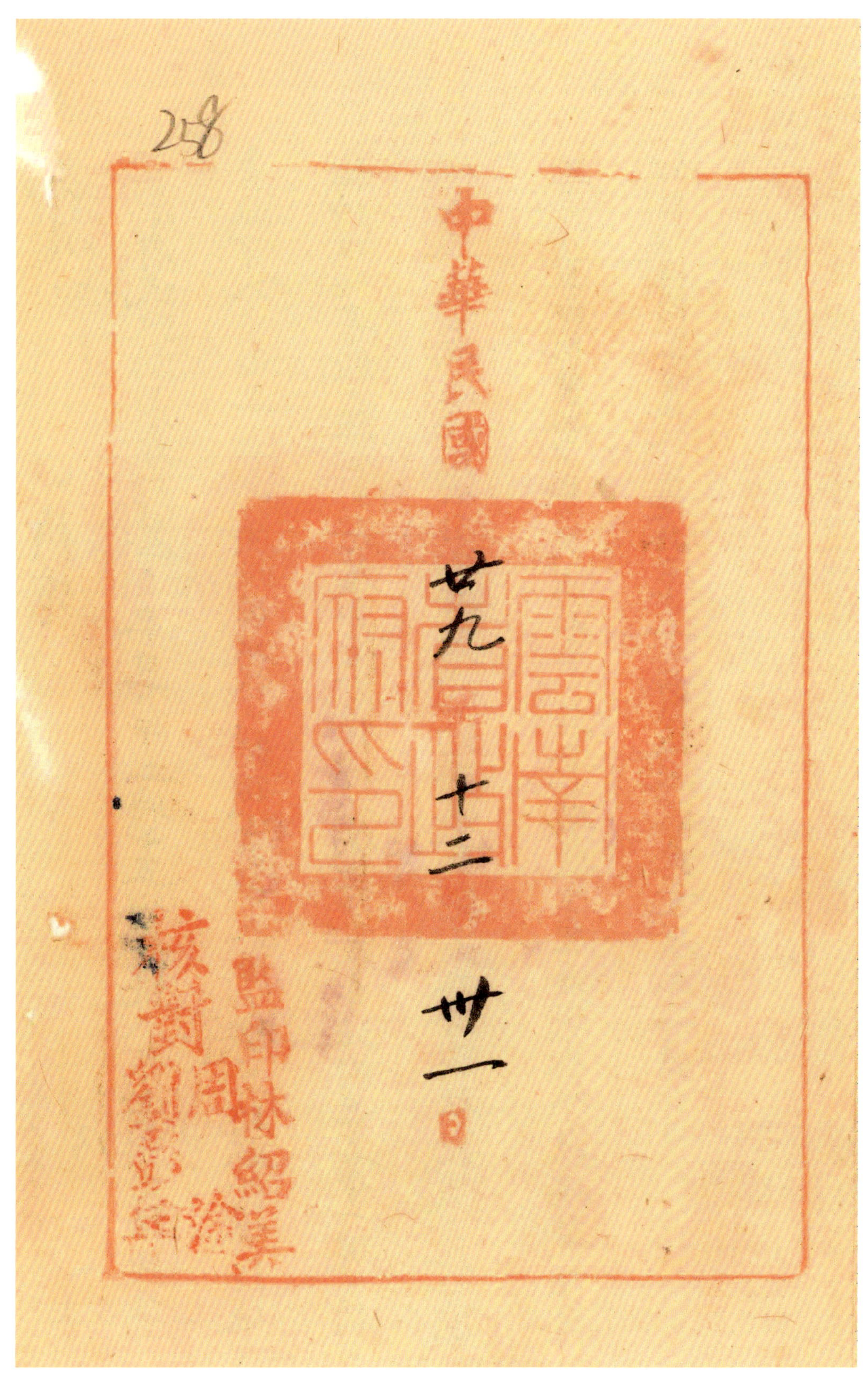
258

中華民國廿九十二卅一日

監印林紹美

校對周淦

个旧县政府关于敌机轰炸个旧市区情形致云南省民政厅的呈（一九四一年一月十九日）

個府建九　代電

雲南省民政廳長李鈞鑒：本日下午二時十五分敵機八架由蒙自經縣屬老廠竄入市區上空，俯衝投彈七枚，錫務公司中五彈，燬洗砂廠及煉錫廠機件損傷甚鉅，該公司房屋亦多有損傷，衛生院及車站附近各中一彈，損傷甚微，人口除傷鉄路公司衛兵一人外，均無傷亡，縣長立即親往勘災，並分別慰問，查敵機襲箇，已達八次之多，其安心破壞生產摧殘民衆，殊堪髮指，除加緊推進防空業務外，謹此電呈，箇舊縣縣長董廣布叩皓印

蒙自县政府关于一九四一年二月九日芷村被敌机轰炸情形致云南省民政厅的呈（一九四一年二月二十二日）

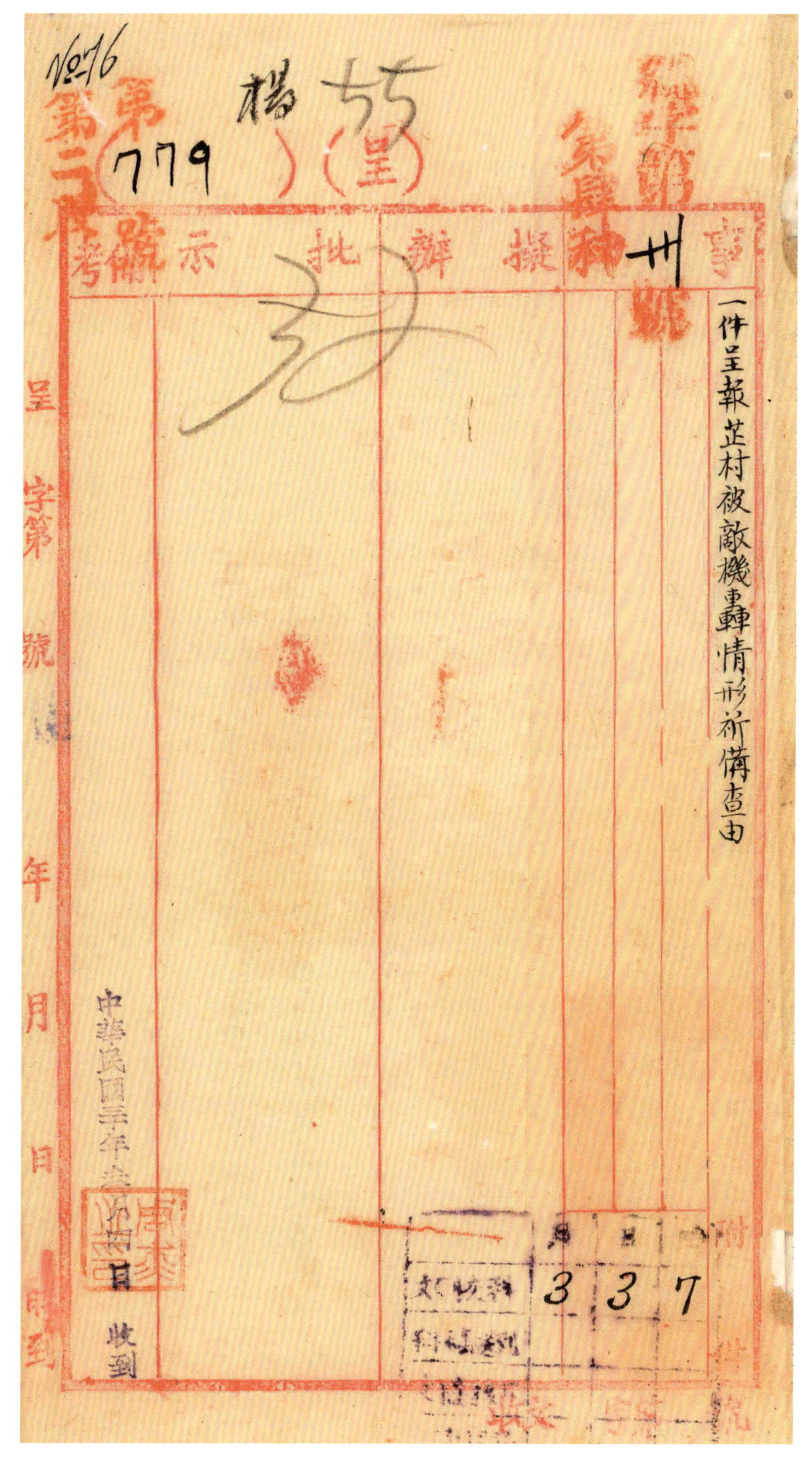
第（779）（呈）

一件呈報芷村被敵機轟炸情形祈備查由

56

案據職縣芷村鎮鎮長張堯天、蕭炳焜呈報稱：

「呈為呈報事：竊查本月九日十句半鐘有敵機一架到迷拉地投彈一枚，經鎮長前往查明，投於迷拉地路警局後面空地，計斃四人，負傷三人，尚有二人屍身被炸粉碎，無從辨認，詢問保長、住民，一時均不知姓名，查死者形像似鐵道工人，受傷者亦不知名，除飭迷拉地保長詳細調查具報外，理合備文呈報，伏乞鈞長俯賜鑒核備案。」

等情。據此，縣長查核無異，除分呈外，理合備文呈請鈞廳俯賜鑒核備案！二

謹呈

雲南省民政廳廳長李

蒙自縣縣長劉珍

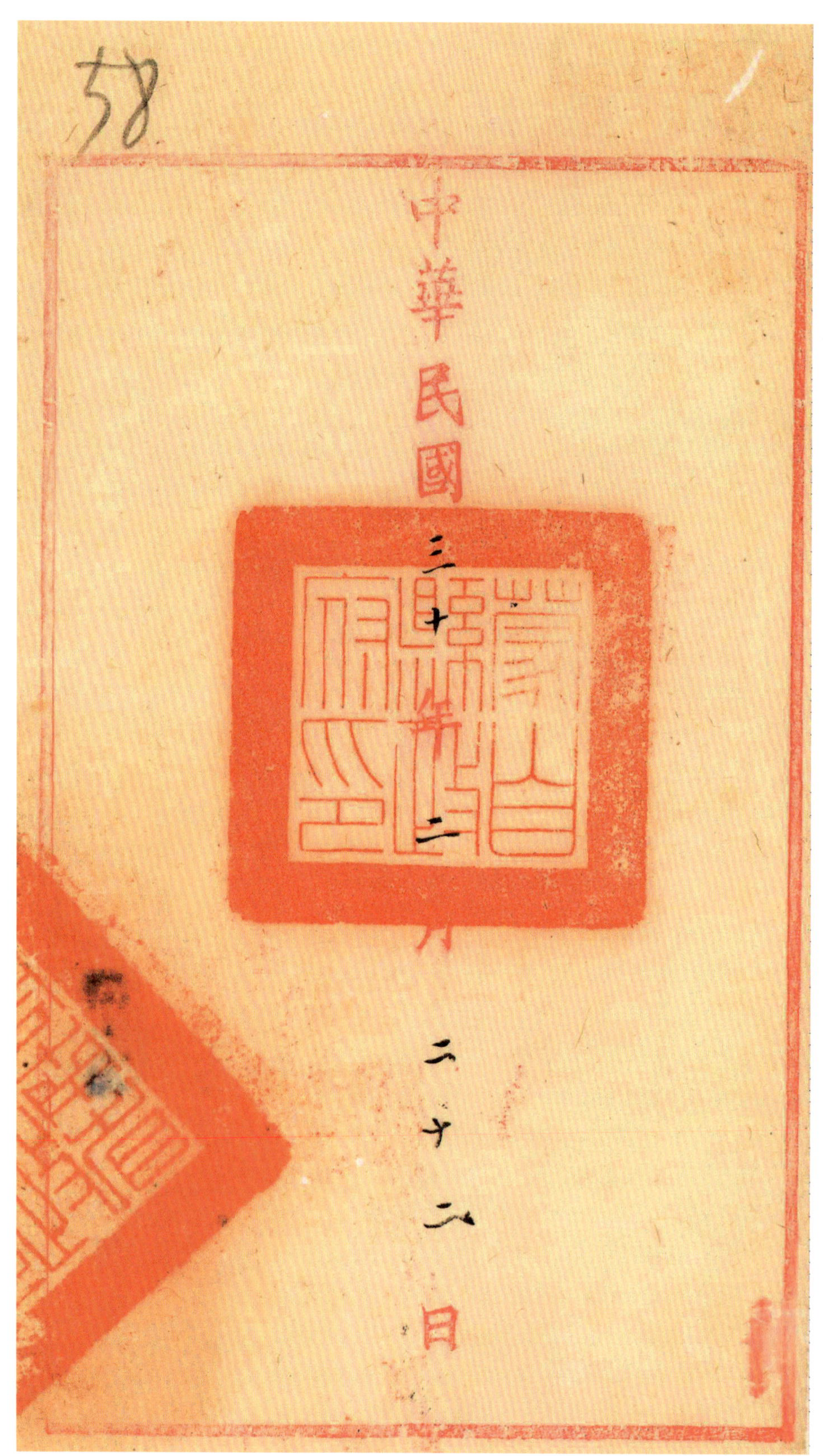
58
中華民國三十一年二月二十二日

个旧电话分局关于二月二十一日被敌机轰炸电话杆线损失情形致云南全省电话总局的呈（一九四一年二月二十三日）

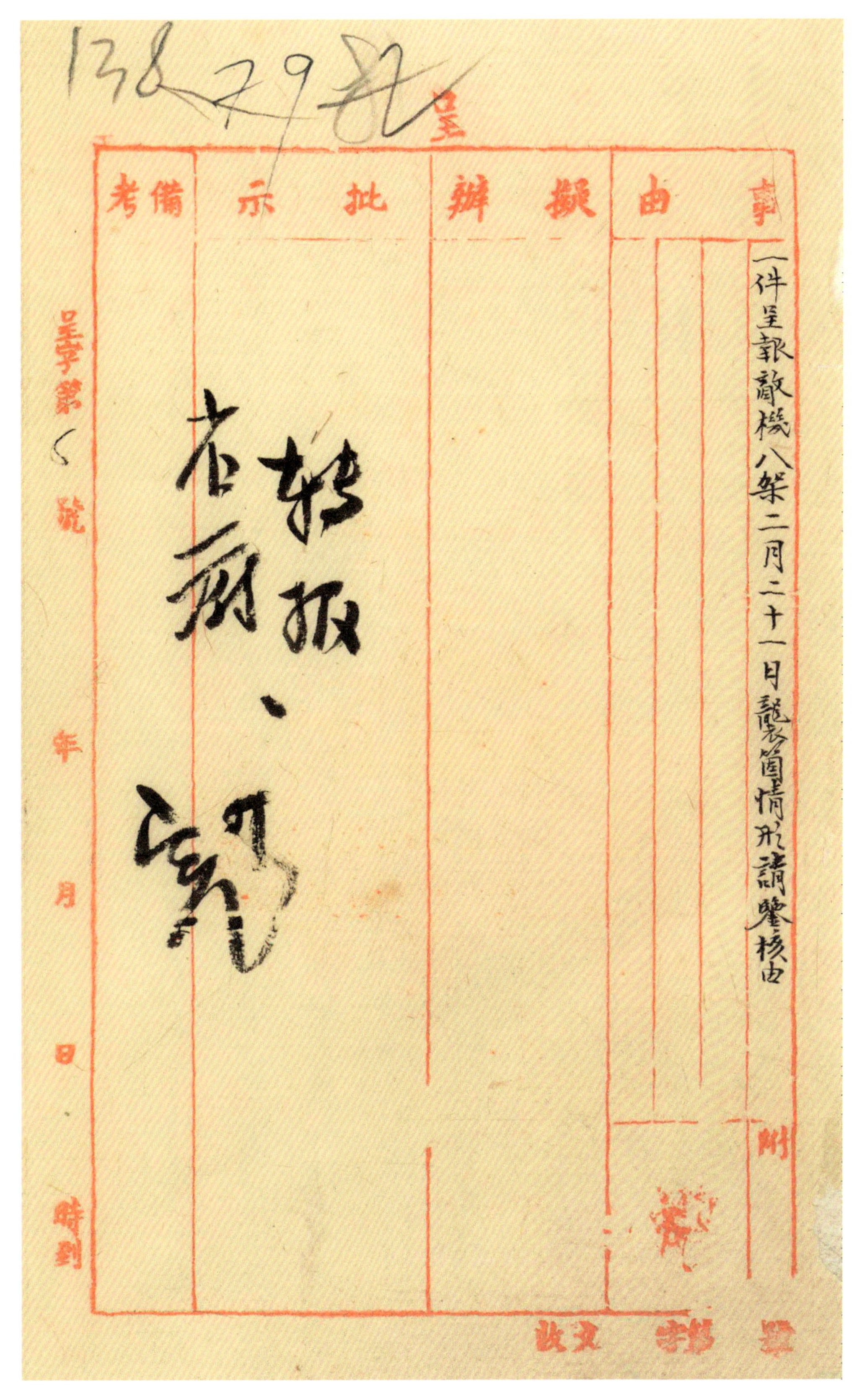

呈

事由	擬辦	批示	備考
（一件）呈報敵機八架二月二十一日襲箇情形請鑒核由		轉報	

呈字第5號　年　月　日　時到

139

查本月二十一日敌机八架于午后一点半钟许袭滇在市区俯冲投弹八枚计锡业公司内落三枚车站附近菜地内落二枚卫生院内落一枚缘春花一带落二枚民房两处起火旋即扑灭此外均无若何损失惟职局缘春花一带电话杆线曾被震倒杆子二棵铅线碍子亦有损失经于即日修复所有敌机袭滇情形理合呈请

钧局鉴核查考

谨　呈

云南全省电话总局长赵

滇旧电话分局长戴郁华

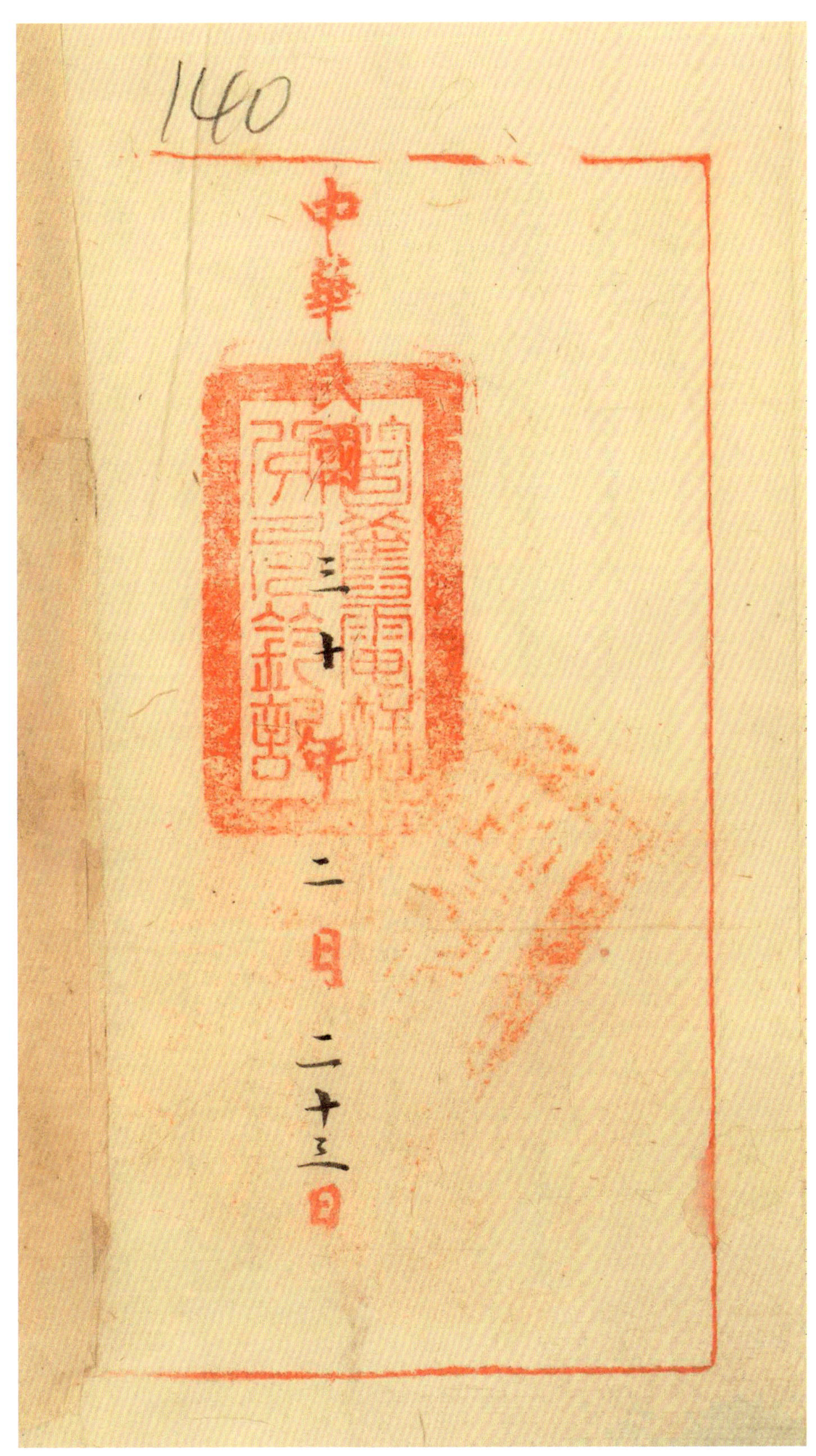

140

中華民國三十年二月二十三日

马关县政府关于被炸死伤情形致云南省民政厅的呈（一九四一年二月二十五日）

283

呈為呈報被炸災情仰祈鑒核撥發賑款以資救濟事竊查職縣於二月二十一日遭遇空
襲當將被災畧情電呈在案查是日敵機三架自東南方向竄入縣城市空投彈八枚縣
府左側亦中二枚當時興隆街板子街背後菜園子一帶先後起火火乘風勢多數
草房延燒甚速敵機去後警報尚未解除縣長即親率各機關人員及團警壯丁等
努力搶救撲滅始未繼續延燒嗣經查明共燒燬民房一百三十戶死五人傷八人當即
督飭將死者掩埋傷者予以救治收容難民籌發急賑無如杯水車薪終屬無濟
現各災黎扶老携幼引頸鵠立待賑甚切情實可憫伏乞
鈞廳俯念災黎無依准予撥款賑濟以安民心除分呈省政府主席暨賑濟委
員會外理合造具災戶名冊備文呈請
鑒核示遵謹呈

284

雲南省民政廳廳長李

附呈災戶名册一份

馬關縣縣長聶思培

285

中華民國三十年二月二十五日

馬關縣政府造具被炸災民姓名清册

謹將職縣城內外被炸受災人民姓名列請

鑒核

計開

火焚

張中祥　張中林　蔣文明　張啓榮　楊　氏

鄭一彬　陳彥炳　羅西華　姜王氏　查文周

鍾永祿　曹周氏　沈國宾　張炳洪　朱中朝

王貴雲　胡大漢　劉漢清　吳世中　黃盛中

黃盛其　周吉廷　彭吳氏　楊盛和　謝龍光

王德明　劉龍其　張永和　劉定恒　羅金洲

楊貴昌　陳有福　陳發玉　陳鍾氏　劉漢洲

287

殷恒芳　李德昌　蒋大媽　平青流　侯　氏

劉李氏　劉應祥　羅榮華　潘周氏　李應全

何雲山　蘇有才　何連成　劉發祥　陳見昌

傅開成　羅富良　陳傅氏　秦立先　劉小發

張榮貴　劉王氏　張貫氏　馮大媽　王鳳祥

王大嫂　楊明材　馬興富　黄周氏　伏永光

張潘氏　吴得春　潘玉清　潘榮福　荆老孃

周崇貴　黄周氏　王清華　唐李氏　左黄氏

吴大星　賀定章　王金柱　秦有才　魏金相

161

楊海清　姜文若　張劉氏　周三星　蔣雲河　張雲珍　劉樹安　雷寶清　柏永華　柏永林

李永富　陳起元　陳雙星　彭森雲　祝德祥　柏永清　王金成　鄭周武　江樹林　徐中元

馮江氏　蕭廷壽　曾六姐　姚朝中　閔德昌　吳秦氏　何正才　張開紹　解興和　劉興貴

康金全　王雲祥　唐雲龍　王友能　劉萬祿　夏世福　楊世澤　鄧朝剛　李中和　蕭福星

何自清　左正發　劉福廷　趙二　趙大姐　戴有光　苟正明　徐永林　周連和　王鳳紀

以上共計壹百叁拾户

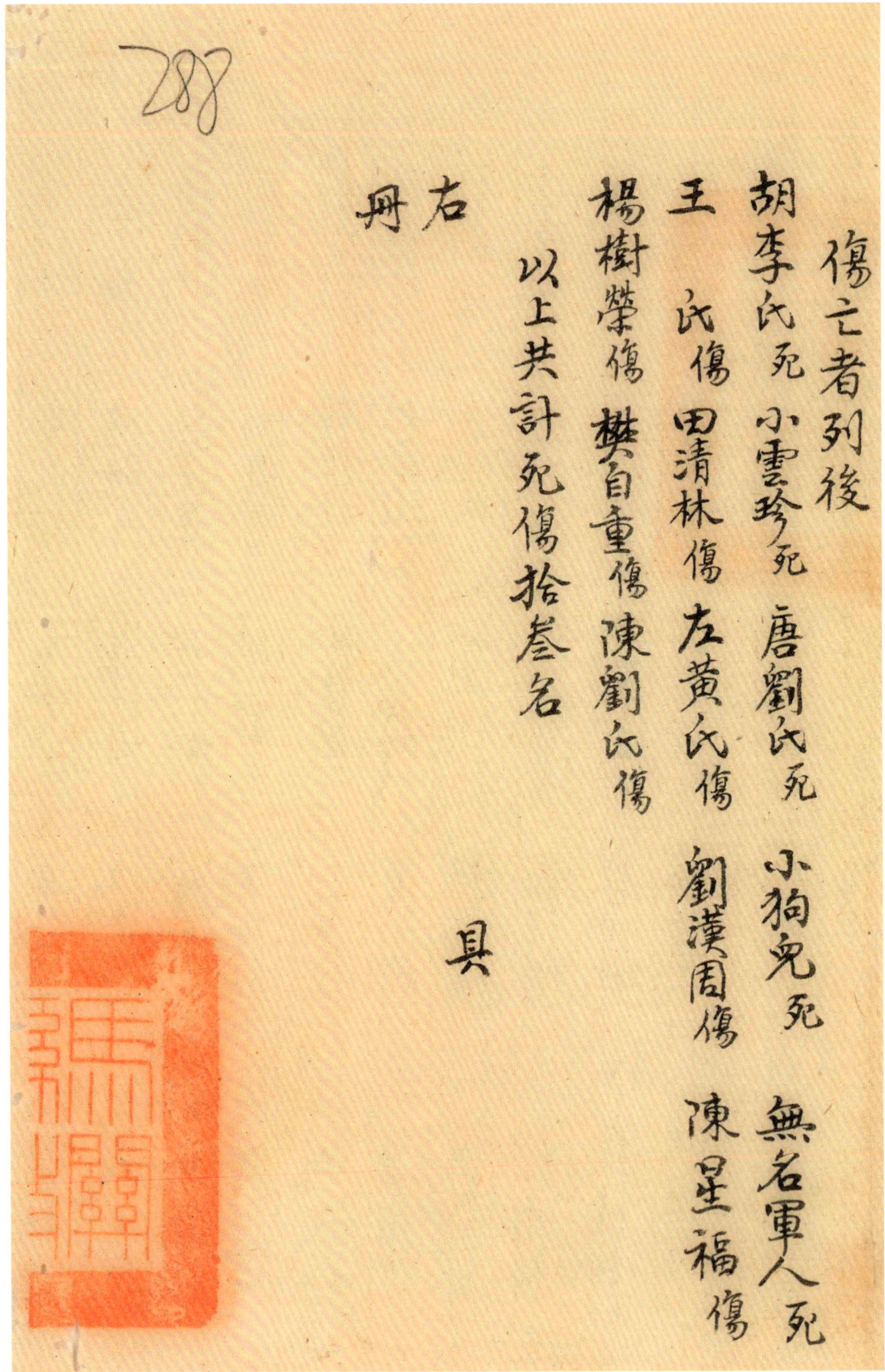

288

傷亡者列後

胡李氏死　小雲珍死　唐劉氏死　小狗兒死　無名軍人死

王　氏傷　田清林傷　左黄氏傷　劉漢周傷　陳星福傷

楊樹榮傷　樊自重傷　陳劉氏傷

以上共計死傷拾叁名

右

冊　　具

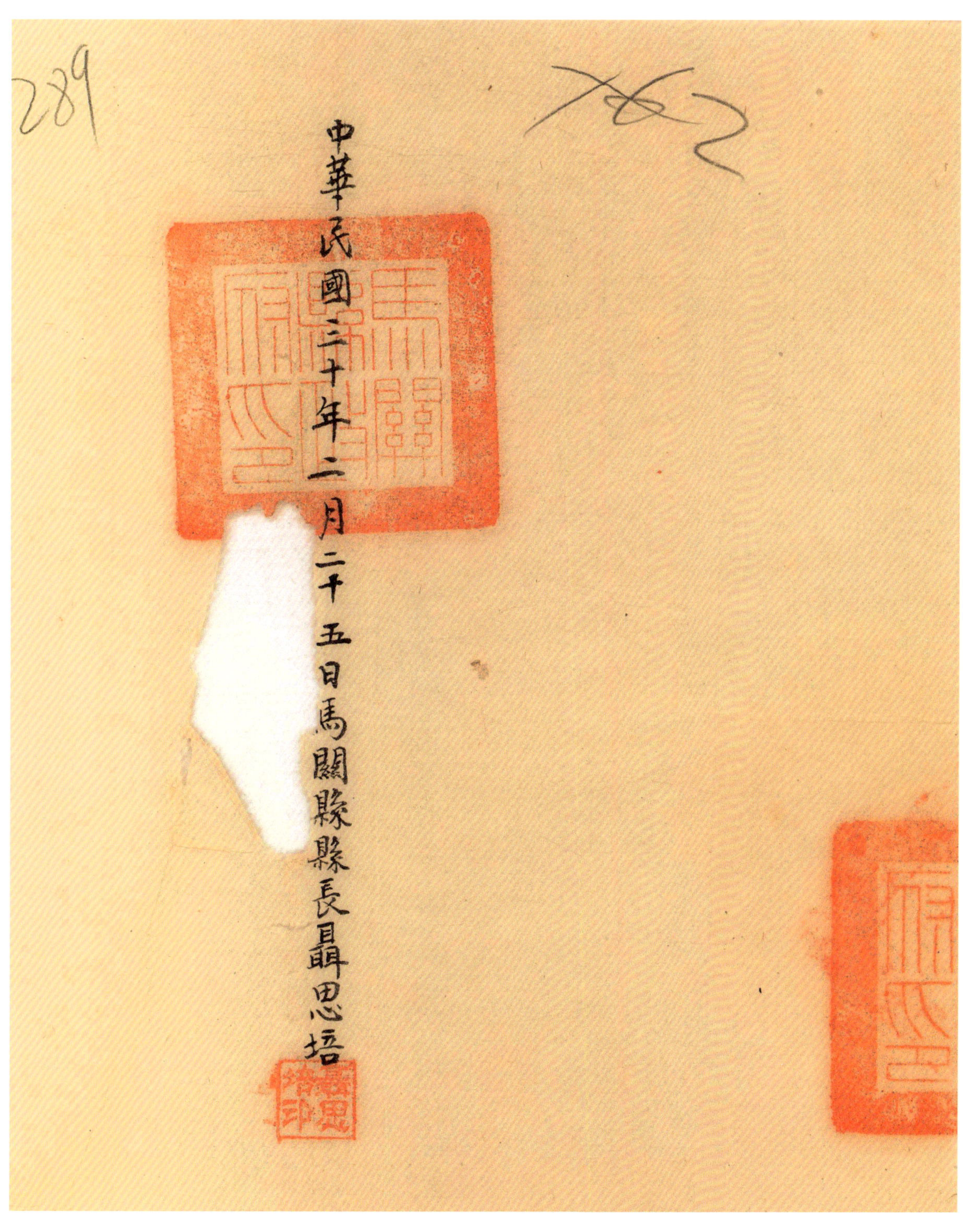

中華民國三十年二月二十五日馬關縣縣長聶思培

文山县政府关于一九四一年二月二十一日被敌机轰炸伤亡情形致云南省民政厅的呈（一九四一年三月一日）

268

呈为呈报事：窃查职县于二月二十一日，下午三时，有敌机三架，由东南方侵入市空，投弹六枚，並在城外低飞用机枪扫射后，复在空中盘旋，约三十分钟，始向马关方向逸去。职当即督同救护人员，竭力救护。计此次被燬民房十余间，均属门面销燬，又文庙大殿后厦破坏一部，死男女共五人，伤男女共十三人，除由县长薪俸项下捐廉，死者每人给恤新币贰拾元，伤者每人给与新币拾元外，理合将损失情形及伤亡人数，列表随文呈报。恳请

钧厅鉴核示遵！除分呈

省政府外，谨呈。

云南民政厅厅长李

附呈傷亡人數表一張
文山縣縣長楊紹曾

中華民國三十年三月一日

附：文山县一九四一年二月二十一日下午三时敌机轰炸伤亡男女人数一览表

文山縣民國三十年二月二十一日下午三時敵機轟炸傷亡男女人數一覽表

姓名	性別	年歲	死或傷	住址	備考
黃永福	男		傷	威遠鎮	係黃吉珍之子
黃永和	男		死	仝	
王鳳岐	男	十九歲	傷	仝	
曾瓊華	女	五歲	傷	仝	係曾興才之女
曾李氏	女	二十五歲	傷	仝	係曾興才之妻
曾興才使女	女	十八歲	死	仝	
戴保榮	男	十九歲		仝	
劉志貴	男	十八歲		仝	
劉小滿	男	八歲		仝	
小卜喜	男	十二歲	傷	仝	係楊秉忠之工人
萬開興	男	三十歲	傷	仝	仝
劉學華	男	十七歲	傷	仝	
張春和	男	六十八歲	死	仝	
黃自元	男		死	仝	
王鳳棋	男		傷	仝	
趙福喜	男		傷		
黃正元	男		傷		
趙陳氏	女		死	大井邊	係趙祖福之弟媳

附記

1、表列死亡男三人女二人共五人

2、表列受傷男十一人女二人共十三人

民國三十年二月二十六日文山縣縣長楊紹曾 呈

云南省民政厅关于保山县呈报江日被炸及办理善后事宜请审核备案致保山县政府的指令（一九四一年三月三日）

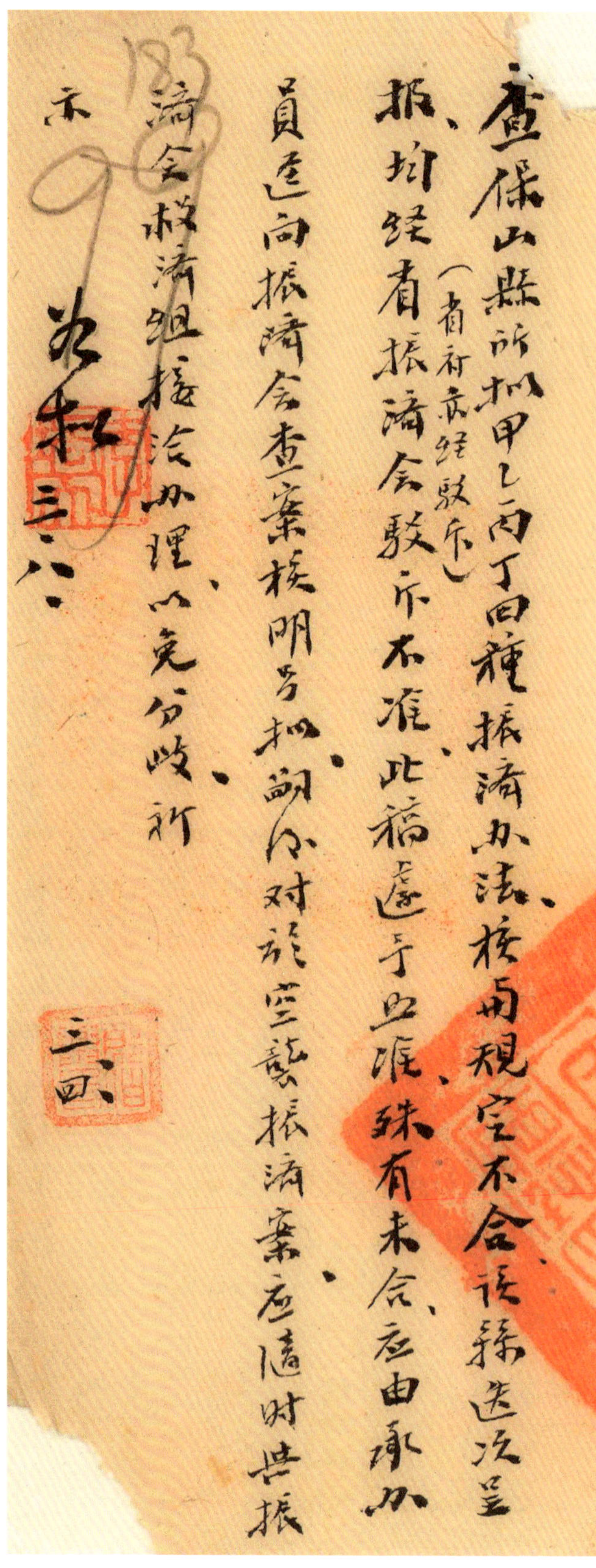

查保山县所拟甲乙丙丁四种振济办法，核与规定不合，该县迭次呈报，均经省振济会驳斥不准（省府亦经驳斥）。此稿遽予照准，殊有未合，应由承办员迳向振济会查案核明另拟。关于对该空袭振济案，应随时与振济会救济组接洽办理，以免分歧。祈

示

兆和 三、八

三、四

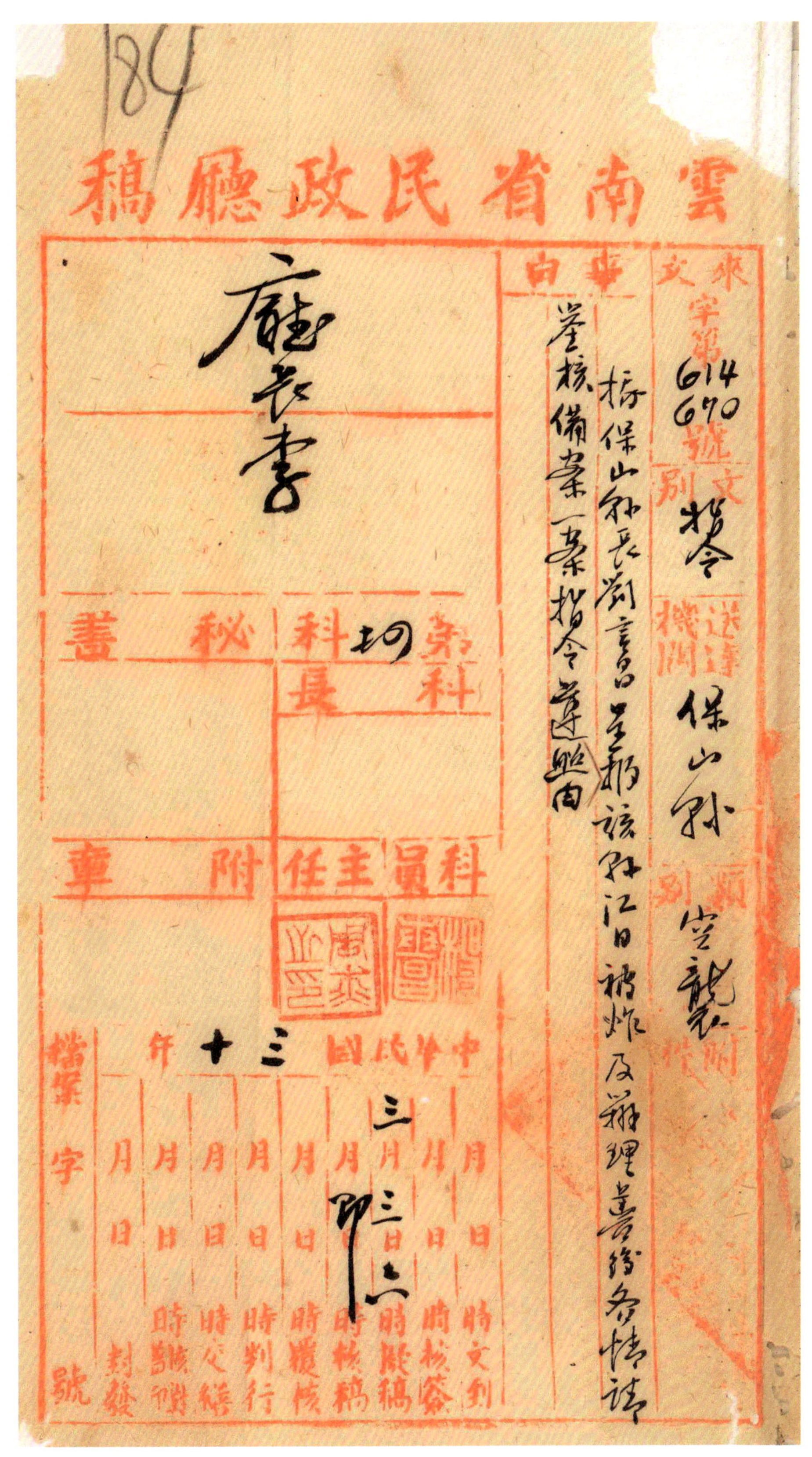

184

雲南省民政廳稿

來文字第614、670號
文別：指令
送達機關：保山縣
類別：
附件：

事由：據保山縣長劉言昌呈報該縣江日被炸及辦理善後各情請鑒核備案一案指令遵照由

廳長李

第一科科長 均
秘書
科員
主任
附

中華民國三十二年三月三日 印

185

列

衔指令物字第　號

令保山縣縣長劉言昌

一月廿七日、二月十二日呈二件，據覆該縣江日被炸當时呈报经過情形，并將江亥、庚戌兩電稿抄呈鑒事，前防護及善後辦法人民傷亡房屋損失各種詳细情形分别造具清册，祈鑒核備案由。

附件

兩呈及電稿清册均悉。查所報江日該縣被炸

呈粘

月　日　封發

共死人民壹百零陆人，重傷伍拾壹人，輕傷玖拾人，房屋毀壞計捌百玖拾捌間，傷亡奇重，聞之殊深惆惻。該縣長於被炸後尚能立即出動，派員施救，并籌商善後辦法，加緊防空設備，辦理尚無不合。惟查所呈關於災民緊急救濟，經會議議決，暨由縣府籌措五千元（國幣或新幣來呈未曾叙明）每名先發食米五十斤，新幣伍拾元；繼又稱受災人民已由該縣府設法每户先發食米伍拾斤，新幣伍拾元，究竟以名

187

為限，抑以每户為限，何以前後互異。又所呈清册二本，一俱係房屋毁壞各姓名数目清册，其人民傷亡清册，並未附呈，何以如此錯誤，殊屬疏忽，仰速更正，及造具人民傷亡清册，呈候核奪！至奉主席歌日電撥款新幣拾萬元，令飭有関機関并召集地方紳耆開会商討賑濟辦法，分為甲乙丙丁四種賑濟各情，并准備案。仰将被炸損失詳情，查照李鹿

188

前抄字第一〇八八五號令發各屬之抗戰損失調查須知及表式，詳為查填具報以憑核轉，除以前已屢頒禁，對於疏散問題，亟應切實開導民眾，避免無謂犧牲，以期減少損害，仰即遵照辦理！！切切！！

此令。附件存。

廳長李[illegible]

189

中華民國卅年三月　日

云南省卫生试验处关于个旧卫生院一九四〇年二月二十二日被炸请示修理致云南省民政厅的呈（一九四一年三月十九日）

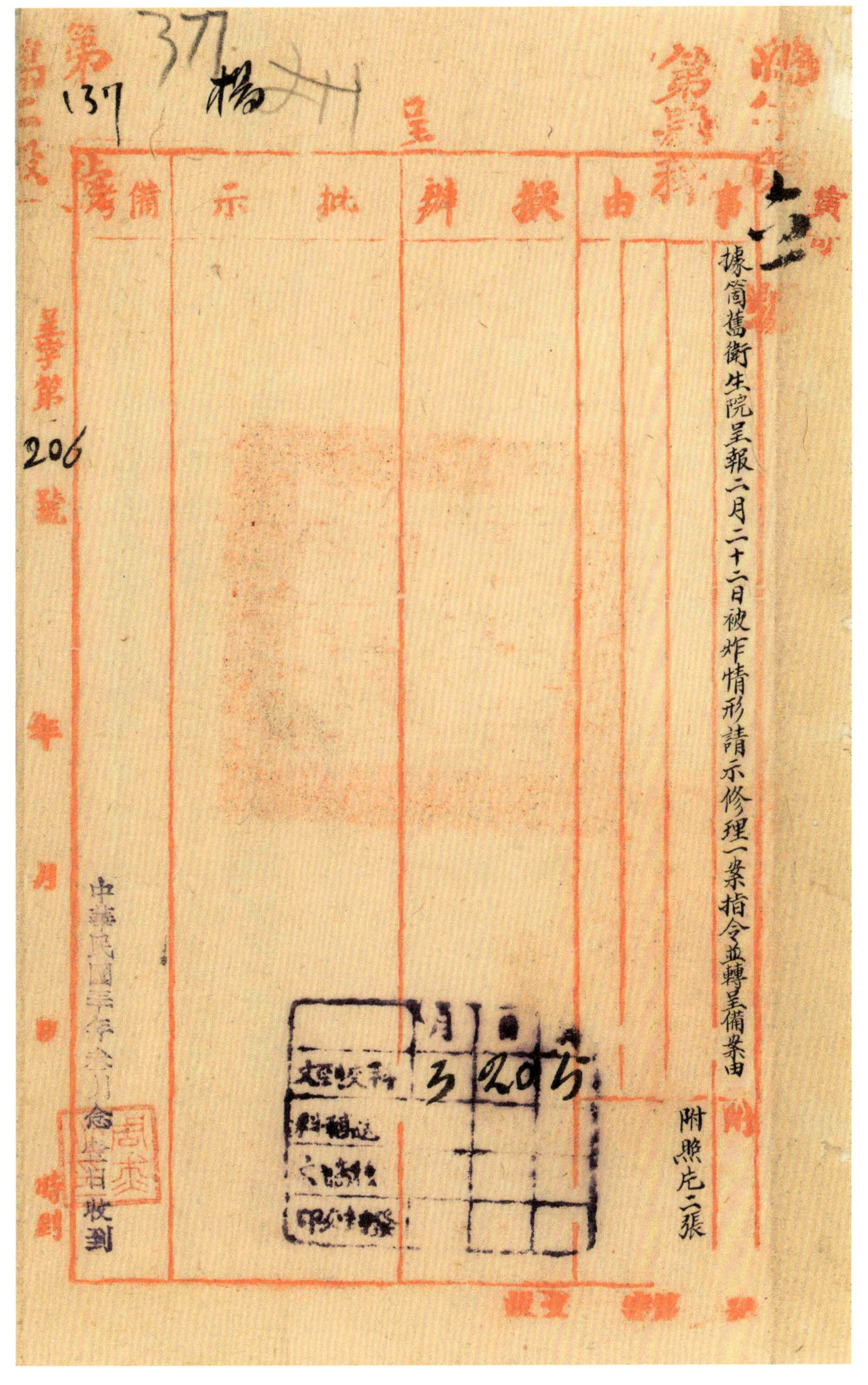

呈

事由	擬辦	批示	備考
據箇舊衛生院呈報二月二十二日被炸情形請示修理一案指令並轉呈備案由 附照片二張			

呈字第206號

年 月 日 時到

案據箇舊衛生院院長郝奕隆三十年二月二十八日呈稱；

「呈為呈報事竊查本市於本月二十二日被炸畧情當經於次日電呈嗣經職詳加調查計本院落彈一枚錫務公司落彈三枚上綠冲花鐵路公司一帶落彈四枚除本院職員宿舍被震毀外餘多落荒郊輕傷市民七人至本院震損房舍及被炸地點業經分別攝影合併附呈查本院職員宿舍門窓屋瓦及內部頂掤幾全被震損後面磚牆亦微形傾斜外突病院大樓損失較輕門窓屋瓦被震傷數處門窓上之玻璃大部被震碎設不趕加修葺雨季到來風雨侵蝕將愈感修復不易復查本院經費素感支絀值此空襲緊張期間市民率多疏散收入銳減但修復工程需款至鉅本院實難籌負究應如何辦理之處未便擅專理合具情報請

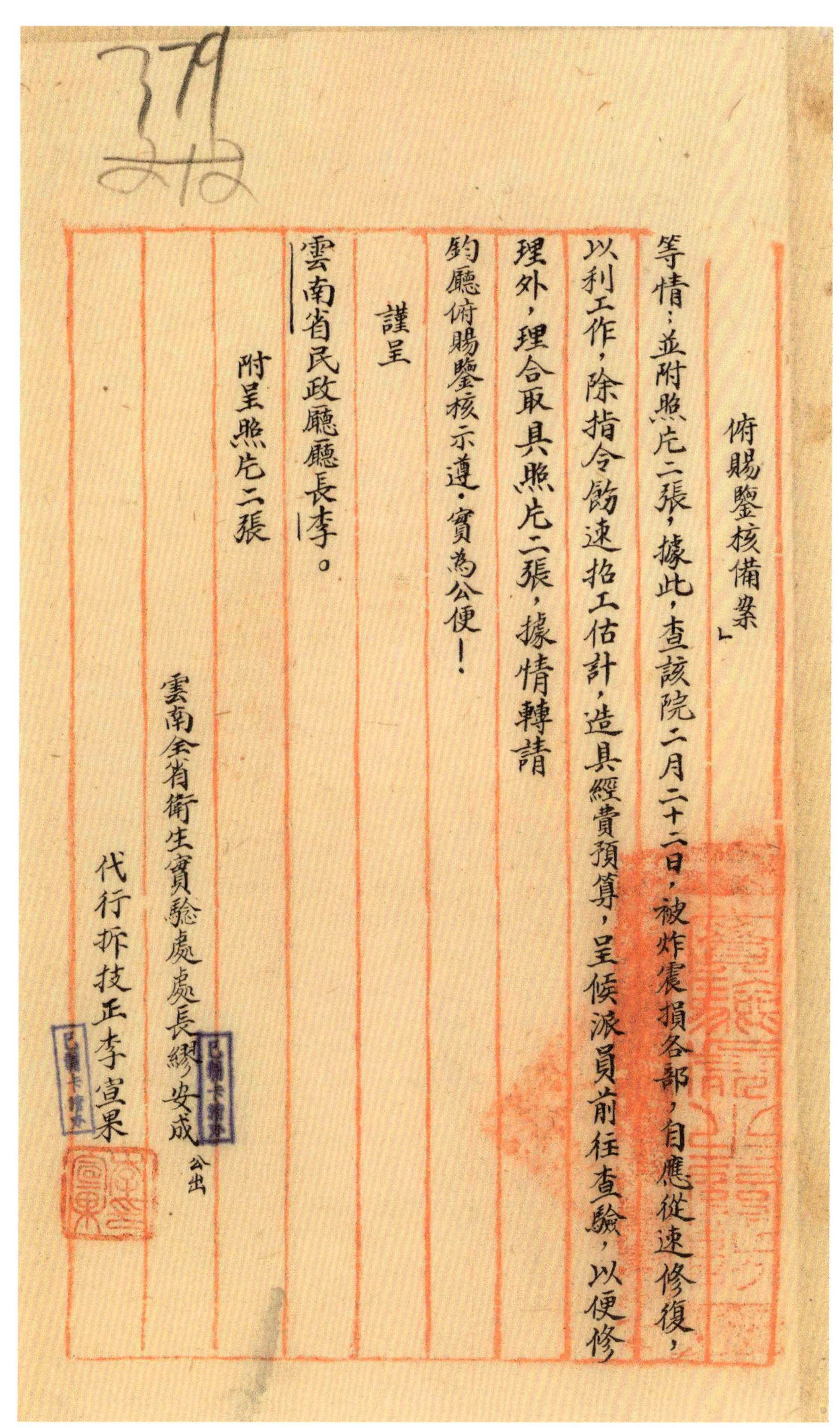

俯賜鑒核備案」

等情；並附照片二張，據此，查該院二月二十二日，被炸震損各部，自應從速修復，以利工作，除指令飭速招工估計，造具經費預算，呈候派員前往查驗，以便修理外，理合取具照片二張，據情轉請

鈞廳俯賜鑒核示遵，實為公便！

謹呈

雲南省民政廳廳長李。

附呈照片二張

雲南全省衛生實驗處處長繆安成

代行技正李宣果

380

中華民國三十年三月九日

西畴县政府关于一九四一年二月二十一日遭受空袭损失情形致云南省民政厅的呈（一九四一年四月八日）

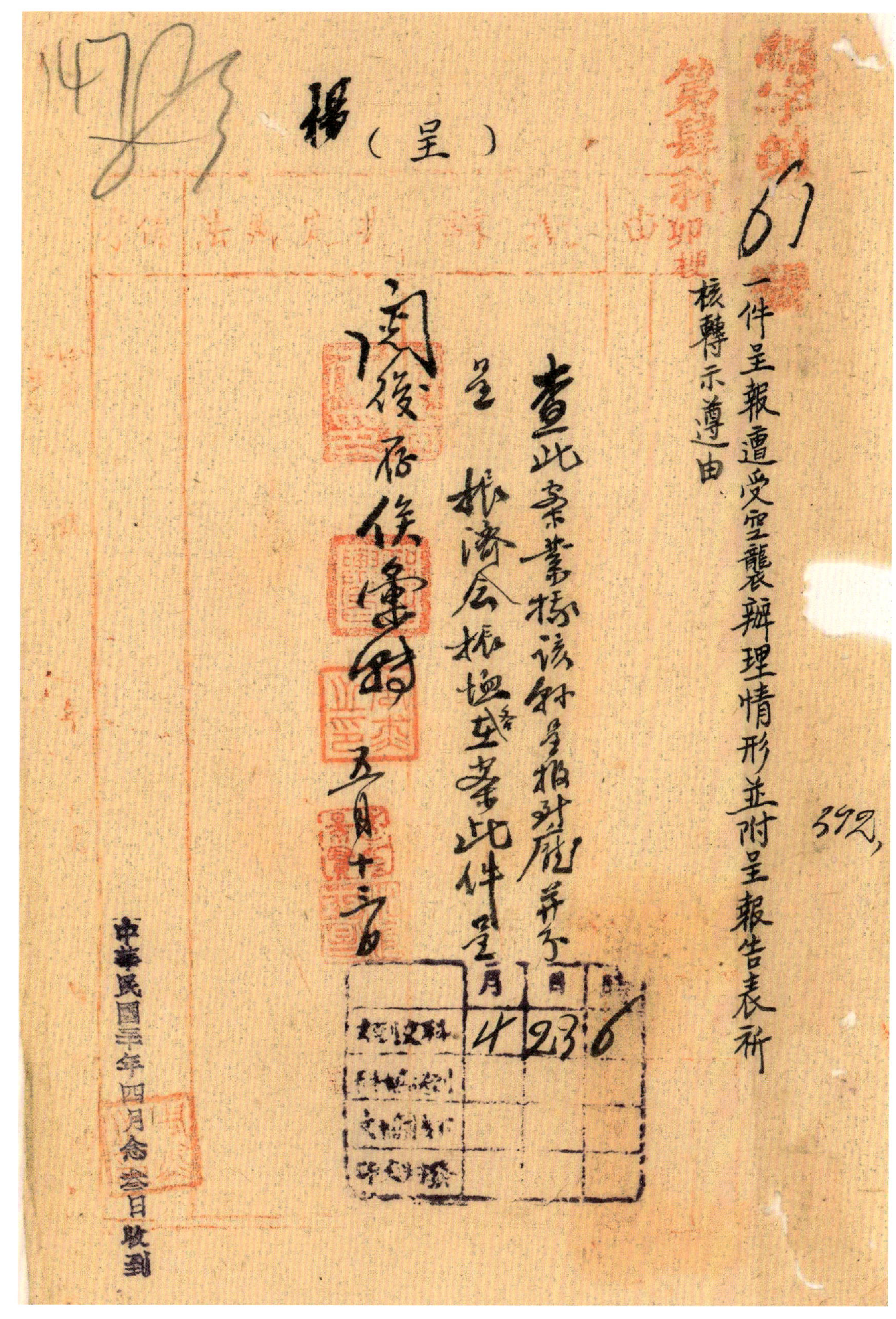

（呈）

一件呈报遭受空袭办理情形并附呈报告表祈核转示遵由

查此案业据该县呈据到厅，并予呈振济会振恤在案，此件呈阅后存。侯万钧 五月十六

中华民国三十年四月念三日收到

148

為呈報事：案奉
鈞廳肆二字第一八八零號訓令：關於二十八年以後各地受空襲之損失情形，應遵照規定，從速填報，飭即迅速併案辦理具復，以憑核轉，等因；一案。下縣查職縣地處偏僻，不當孔道，自抗戰以來，敵機由北海一帶起飛之時，常有經過，但均未受空襲，茲於本年二月二十一日，午后二時，忽由西方竄入敵機三架，到縣城市街，任意轟炸，投彈拾貳枚，燃燒彈二枚，燒燬震壞民房草屋玖拾戶，計壹百壹拾叁間，損失約合國幣肆萬玖千叁百壹拾柒元，輕傷六丁口，重傷壹拾丁口，死之男女壹拾丁口，情形慘重，殊堪憫惻，祇以地方公款支絀，除由振濟基金項下，提撥國幣伍百元，縣長私人捐廉貳百元，施行急賑外，並由殷商富戶，捐募賑濟，以救災黎，一俟省款領到，另再

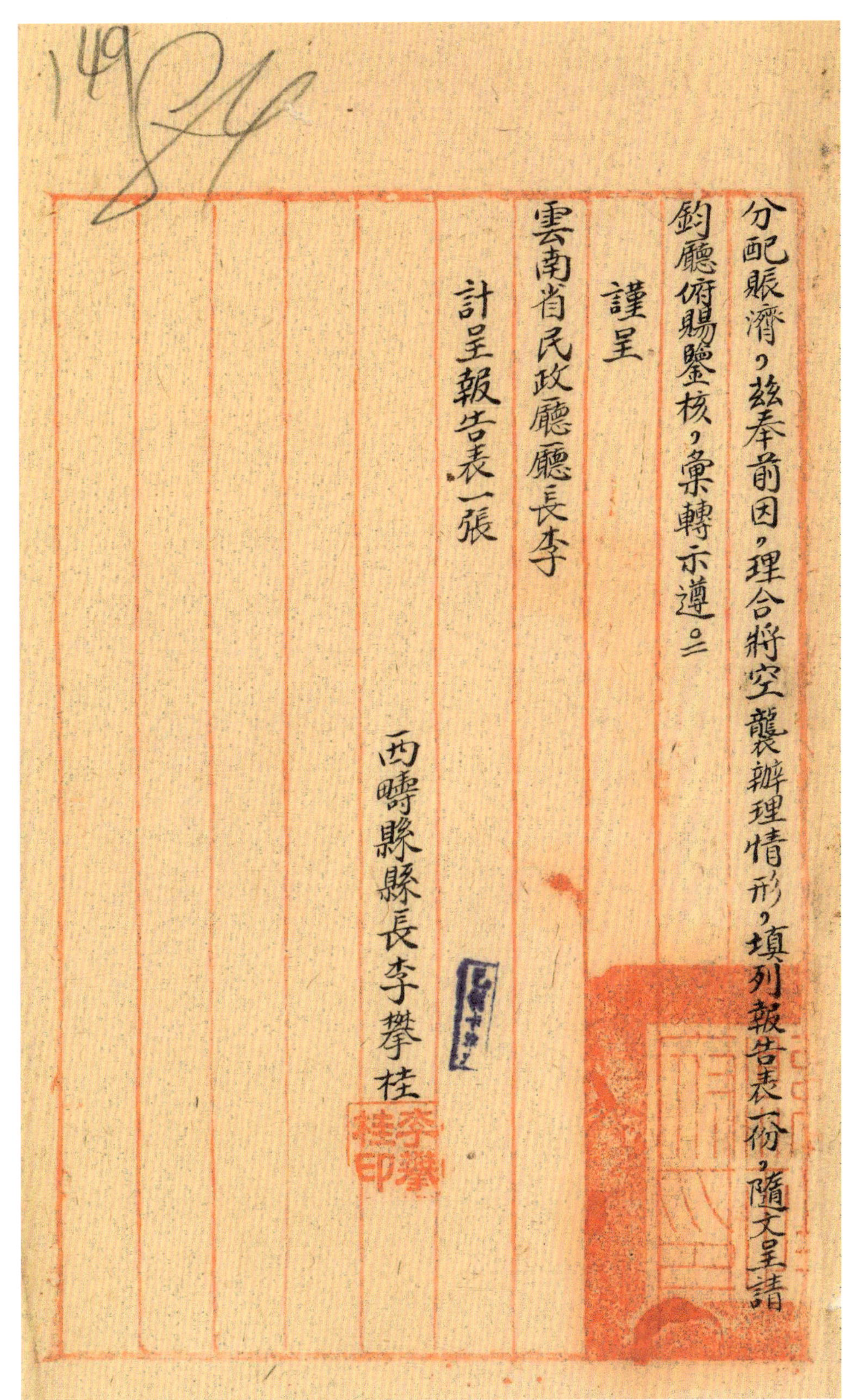
149

分配賑濟，茲奉前因，理合將空襲辦理情形，填列報告表一份，隨文呈請

鈞廳俯賜鑒核，彙轉示遵。

謹呈

雲南省民政廳廳長李

計呈報告表一張

西疇縣縣長李攀桂（印：李攀桂印）

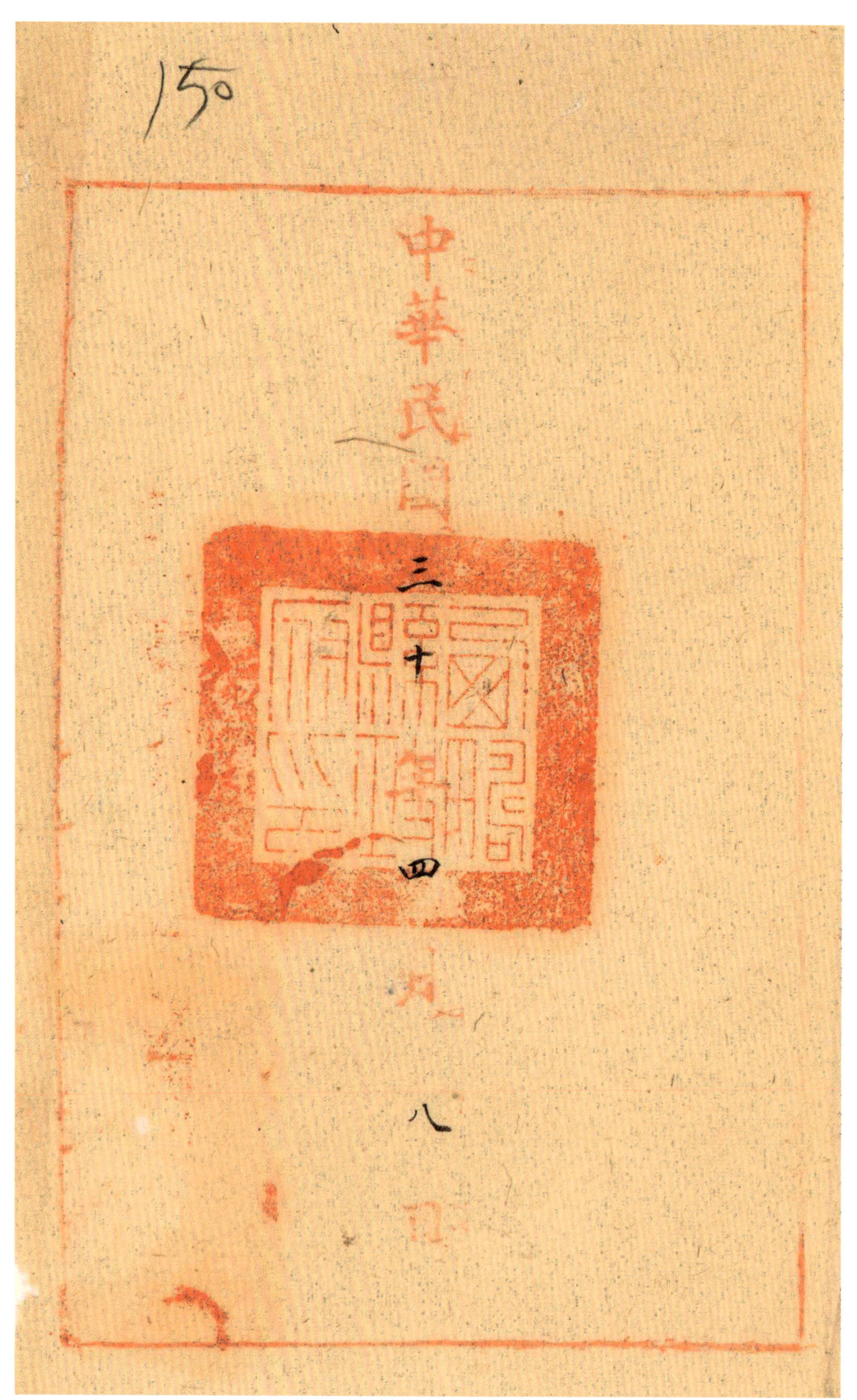

150

中華民國三十四年八月日

附：云南省西畴县市被敌民残炸伤亡损失报告表

雲南省西疇縣市被敵民殘炸傷亡損失報告表

報告機關　　　　民國三十年四月八日填報

被災區域		被炸日期			次數	傷亡人數			毀屋間數			振卹款數	振卹人數	撫卹動款數	損失估計	備考
		年	月	日		輕傷	重傷	死亡	炸毀	燃燒	全毀					
西疇縣城	東西南各街	中華民國三十年	二月	二十一日	一次	六丁口	十丁口	男女十丁口	五十間	六十三間	什物等件一併全燬	此次空襲被炸災情慘重地方公款支絀一時籌措困難暫由振濟基金項下提出國幣伍百元縣長私人捐廉國幣貳百元共為國幣柒百元施行急賑並由縣城殷商富户繼續募集畧為賑濟以救災黎	此次空襲被炸傷亡男女貳拾陸丁口	省款尚未領到	此次空襲損失約合國幣肆萬玖千叁百壹拾柒元係就當地價格估計、	

建水县政府关于该县被敌机轰炸损失情形致云南省民政厅的代电（一九四一年四月十九日）

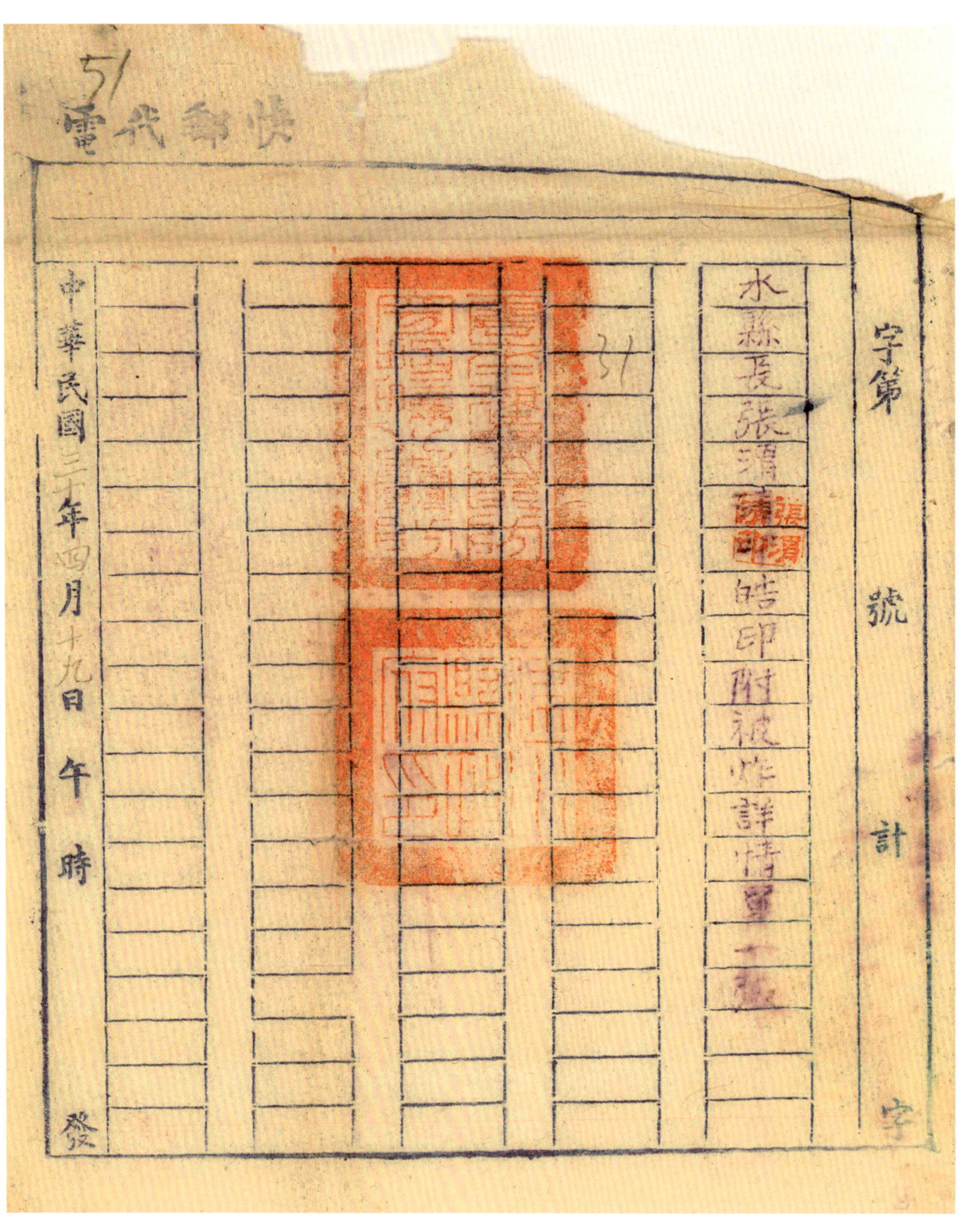

51

快郵代電

字第　號　計　字

水縣長張渭璜皓印附被炸詳情單一張

中華民國三十年四月十九日午時發

謹將十八日建水被炸詳情開呈

鑒核

計開

1，師管區司令部投四彈燬二轅門及東[illegible]道房屋傷三人

2，關帝廟街（黨部後邊）何姓江姓宅投重量彈一枚倒屋一院傷二人

3，關帝廟街張姓宅投一彈倒屋一院

4，永寧街李姓宅投一彈倒屋一院傷二人

5，双塘子街趙姓楊姓宅共投二彈倒屋四院傷三人

6，永寧街曾姓曹姓宅投一彈倒屋二院

7，双塘子楊金山住宅投一彈倒屋一院死二人傷三人

8，双𤓰子张得明及赵姓住宅被二弹倒屋三院伤三人
9，桂香巷江姓宅内李□□珍住宅中一弹房屋全毁
10，玉皇阁街李宗昌家中一弹倒屋一院伤二人
11，玉皇阁内被一弹倒屋一部份死一人伤一人
12，东岳庙门前中一弹伤屋二院
13，馀庆巷内周维贤黄福安宅中一弹倒屋三院伤二人
14，永安街子孙喜蔡蔼亮住宅中二弹倒屋三院伤三人
15，永安街武美堂住宅旁中一弹倒屋一院
16，李家巷姚瑞阁住宅中一弹房屋全毁
17，李家巷内陆姓杨姓吕姓宅中一弹倒屋三院伤二人
18，天王寺前中一弹倒土房半间死一人伤四人
19，龙神祠法华寺后中一弹倒毁寺前院

20.南门外城脚中一弹云損傷

21.纸房巷尾孫国中墙脚各中一弹云損傷

22.纸房巷邵元愷住宅中一弹屋全燬死五人傷七人

23.纸房巷顕吴光荣住宅中二弹倒屋一院傷一人

24.鸡市街王逸元舖面中三弹倒舖面十三間住房一院

25.澹江橋外刘姓家面中一弹死二人傷六人

26.二郎街（城内）元姓宅内中二弹倒屋弍院傷二人

27.羊市街蕭来順住宅中一弹死五人屋燬後院

28.沙泥塘街王石堂家中一弹倒屋二院傷二人

29.沙泥塘街丁文清家中一弹屋全燬傷二人

30.沙泥塘街邵姓宅内落一弹屋全燬傷五人死一人

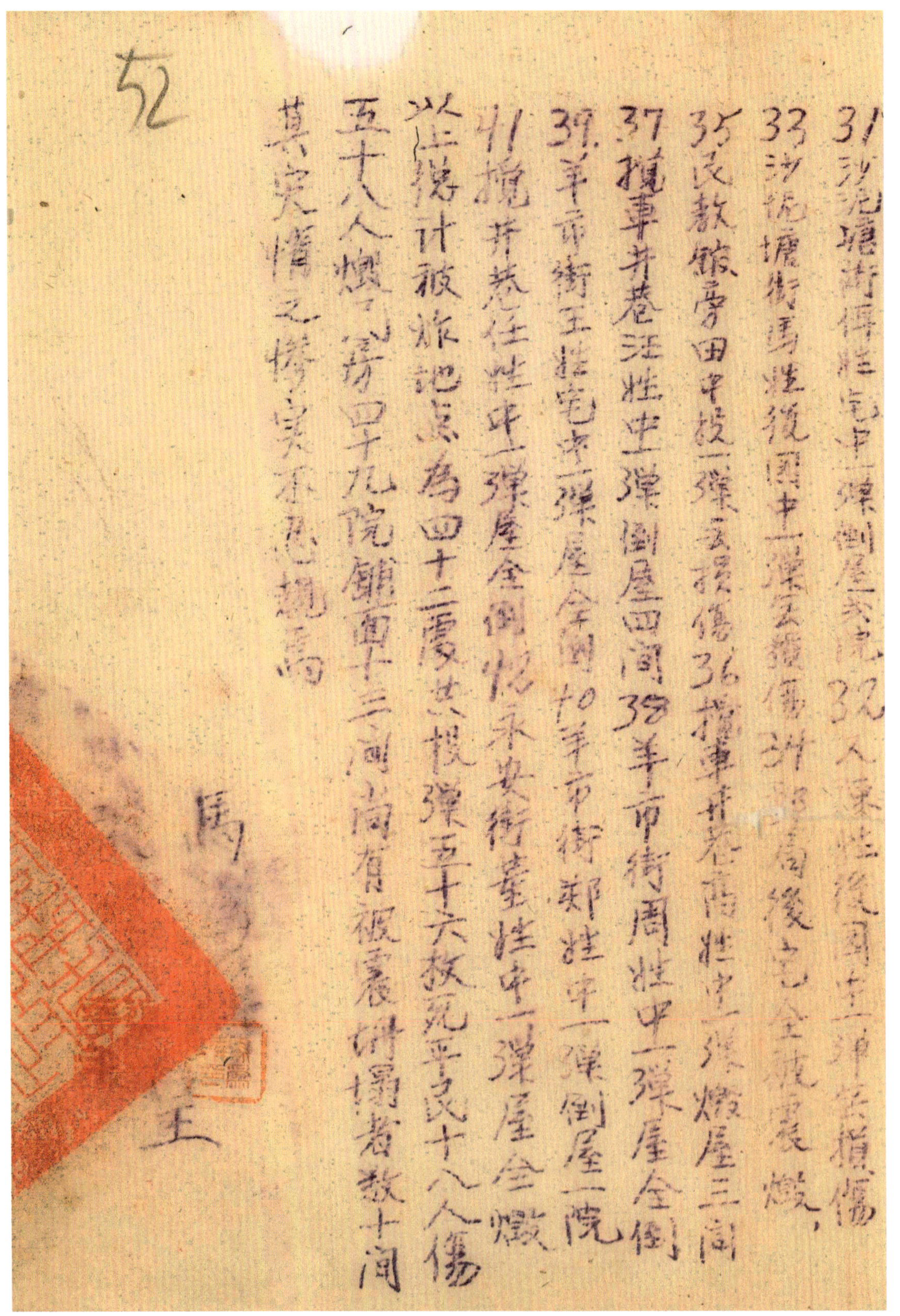

52

31沙泥塘街傅姓宅中一彈倒屋一院32人康姓後園中一彈無損傷
33沙泥塘街馮姓後園中一彈無損傷34沙泥塘後宅全院震燬，
35民教館旁田中投一彈無損傷36攬車井巷曹姓中一彈燬屋三間
37攬車井巷汪姓中一彈倒屋四間38羊市街周姓中一彈屋全倒
39羊市街王姓宅中一彈屋全倒40羊市街鄭姓中一彈倒屋一院
41攬井巷任姓中一彈屋全倒42永安街葉姓中一彈屋全燬
以上總計被炸地點為四十二處共投彈五十六枚死平民十八人傷
五十八人燬民房四十九院舖面十三間尚有被震損壞者數十間
其實情之慘實不忍觀睹

馬　王

保山县政府关于该县一九四一年四月二十一日敌机轰炸损坏情形致云南省民政厅的代电（一九四一年四月二十四日）

快郵代電

雲南民政廳長李鈞鑒查職縣四月馬日被敵機轟炸曾於馬日酉時將被炸大
概情形由保山富滇分行電台暨電報局拍電分呈在案是日十点三十分敵機入滇時據
情報台由電話通知雨薩聞機聲向西北飛當即飭值日人員注意十点五十五分又據
情報台通知屏邊發現三發動機敵機三架職縣發預行警報十一点十分據情報台通
知貴耗發現敵機多架向西北飛同時聞機聲向西北飛職縣即發空襲警報十
一点五十五分據情報台通知敵機九架在箇舊投彈職縣發緊急警
報發出後人民已疏散完畢交通業已管制行人往來斷絕各機關人員及駐軍部隊
亦已依照分配任務各司其事認真防護準備完善至十三点十分有敵機三架由東飛
來侵入市空高三千餘公尺盤旋三轉復降低向城內北方投彈十餘枚向西飛去當敵
機去後縣長會同駐軍江團長經民張特務營長親往受災地点督飭消防

中華民國卅年伍月壹日收到

隊救護隊撲滅餘火挖救傷民其中彈之處計倉巷一枚桑園內三枚醫學街四枚小北門街二枚太和街一枚金鷄街一枚共計炸死男女十七人炸傷男女十五人炸倒草屋十四格震壞瓦房及草房共三十二格震毀門窗一部份者四格查此次敵機在保投彈係尋覓倉庫之模樣故所投之彈較小且在城內北方房屋稀少森林較多之處故傷亡男女均係疏散在內意為安全不料竟遭慘炸至起火處當即撲滅受傷男女亦經抬入保山衛生醫院診治炸死男女當晚已由公家備棺裝殮無力安埋者仍由公家安葬惟查此次受災人民多屬貧寒若不從速救濟勢必餓死當即援照一三被炸之例每名暫發食米五十斤新幣伍拾元以資維持目前生活所需米款即以一三被炸人民樂捐所餘之米及款開支至於政府應發之恤金查一三被炸領發之賑款尚餘存肆千陸百元擬遵照規定數目發給俟分別發給清楚取據造冊報請核示除將死傷人數及房屋燬損數目造具清冊分呈外

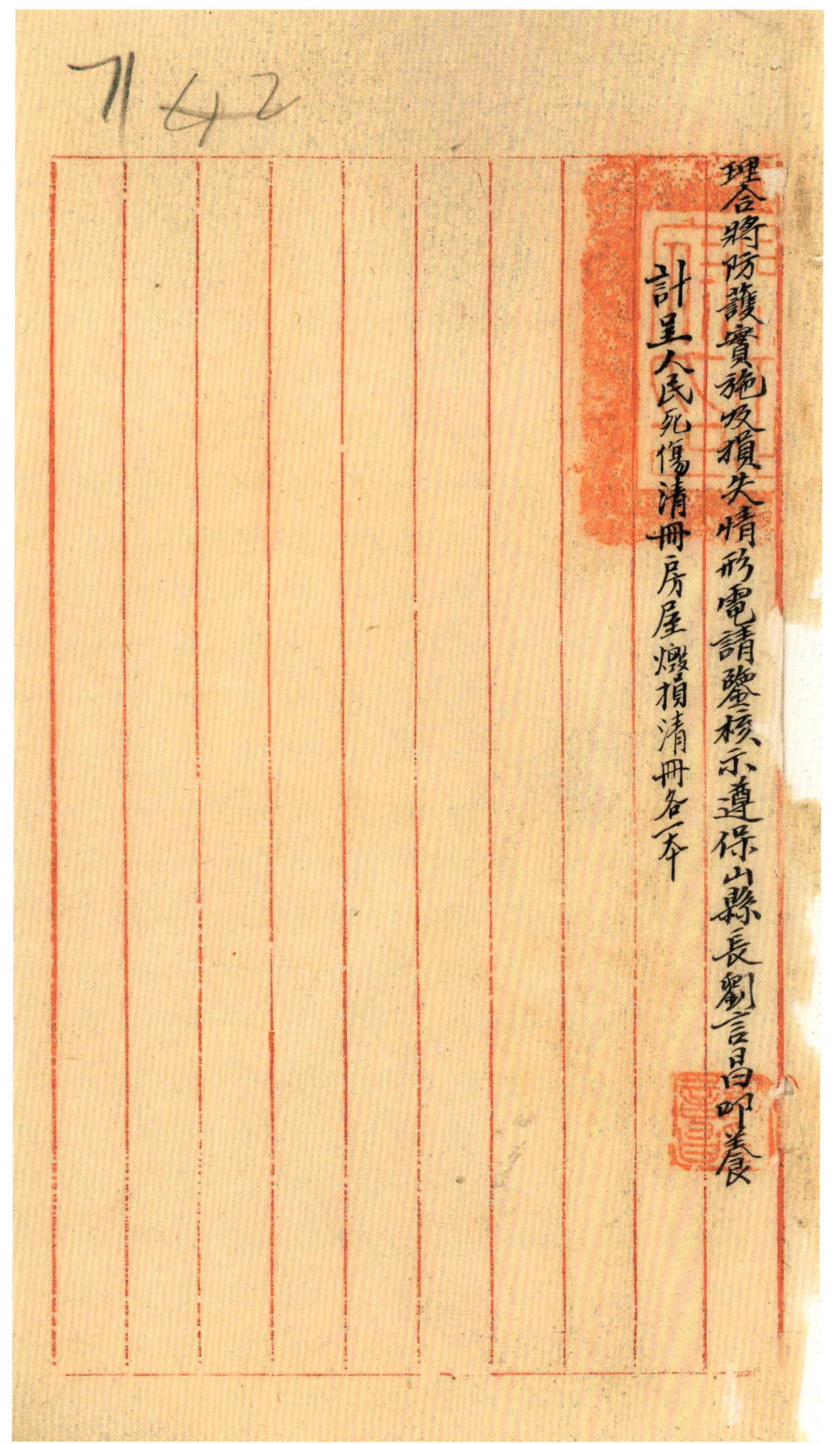

7142

理合將防護實施及損失情形電請鑒核示遵。保山縣長劉言昌叩。養

計呈人民死傷清册、房屋燬損清册各一本

附（一）保山县「四二一」被敌机轰炸房屋毁损清册

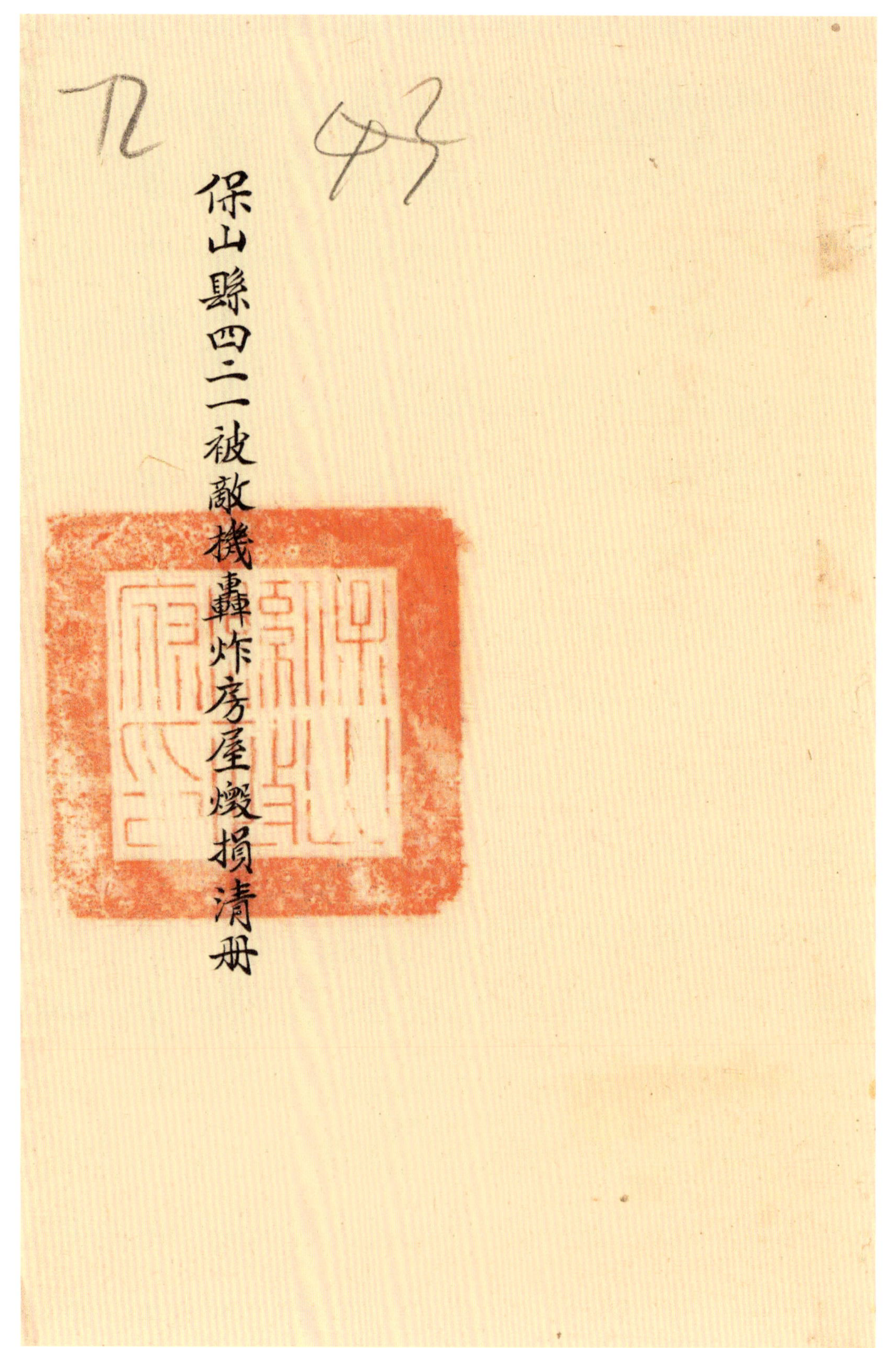
保山縣四二一被敵機轟炸房屋燬損清冊

謹將職縣四月二十一日被敵機轟炸燬損房屋姓名及燬損數目受災地點造具清册呈請
鑒核

計開

姓名	燬損數目	受災地點	中彈枚數
黃老官	炸倒三格	倉巷	中彈一枚
楊張氏	炸倒二格	仝上	仝上
趙喬順留	震壞三格	仝上	仝上
省立保師	大禮堂後面炸壞	黌學街	中彈四枚
趙占春	炸燬六格	小北門街	中彈一枚

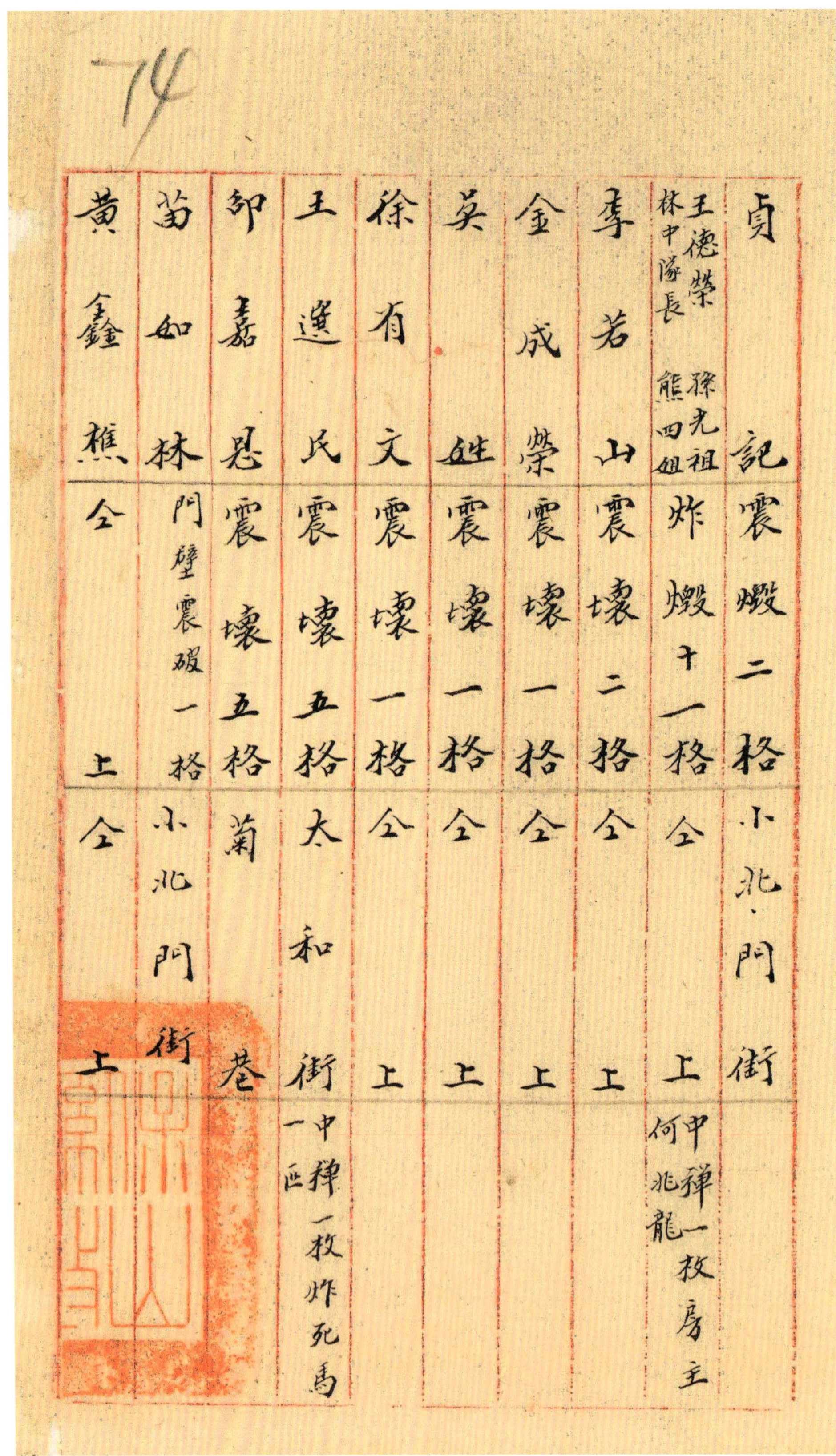

74

貞記	震燬二格	小北門街	
王德榮 孫光祖 林中隊長 熊四姐	炸燬十一格	仝上	中彈一枚 房主何兆龍
李若山	震壞二格	仝上	
金成榮	震壞一格	仝上	
英姓	震壞一格	仝上	
徐有文	震壞一格	仝上	
王進氏	震壞五格	太和街	中彈一枚炸死馬一匹
郎嘉恩	震壞五格	菊巷	
茍如林	門壁震破一格	小北門街	
黃鑫樵	仝上	仝上	

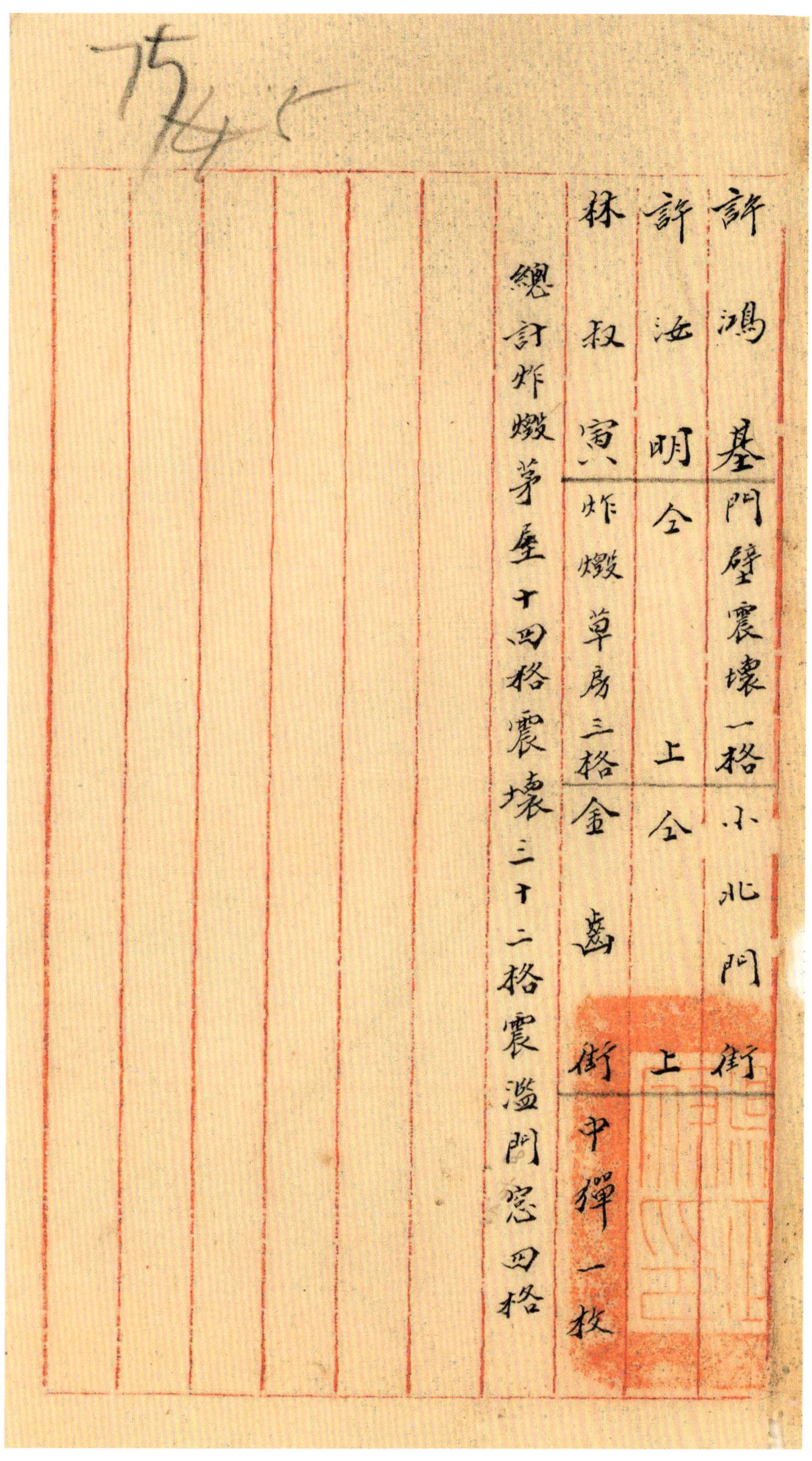

許鴻基　門壁震壞一格　小北門街
許海明　仝　上　仝　上
林叔寅　炸燬草房三格　金嶌街　中彈一枚
總計炸燬茅屋十四格震壞三十二格震溢門窗四格

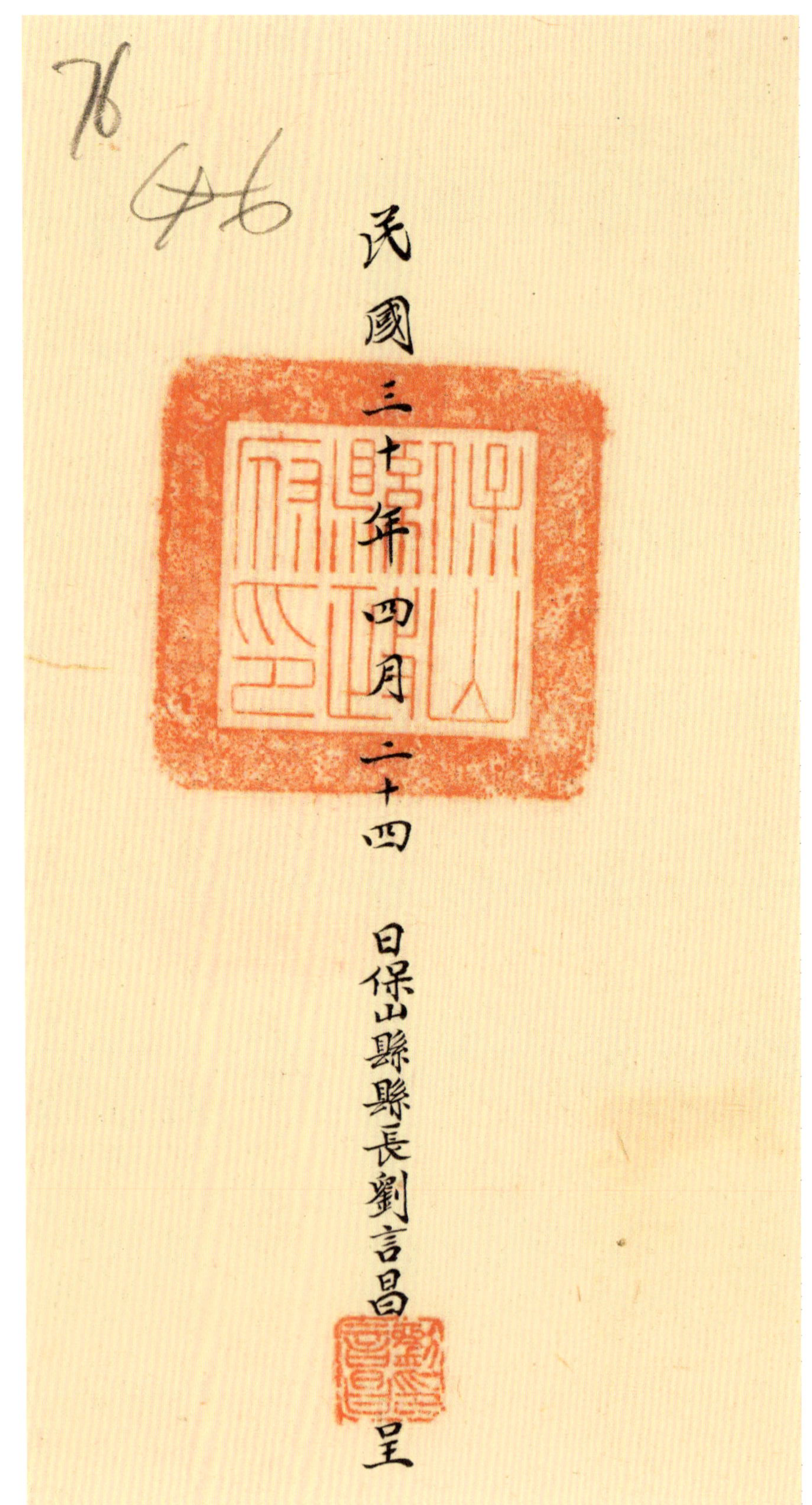

76
46

民國三十年四月二十四日保山縣縣長劉言昌呈

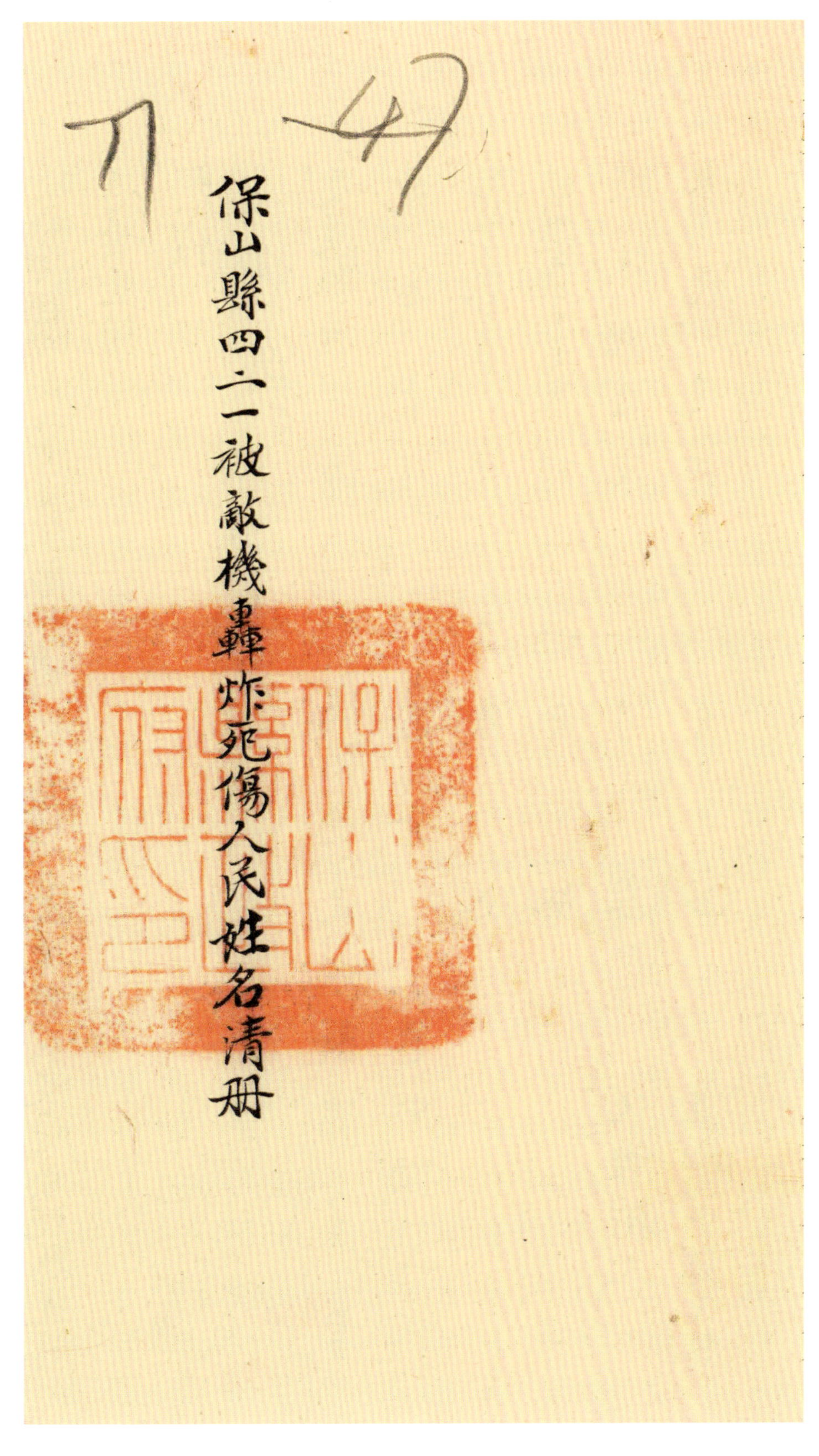

77
47

保山縣四二一被敵機轟炸死傷人民姓名清册

謹將職縣四月二十一日被敵機轟炸死傷人民姓名性別及受災地點造具

清册呈請

鑒核

計開

受災姓名	傷亡	性別	受災地點	備考
黃老官	死一	男	倉巷中彈一枚	
趙姓不知名	死二	男	仝	
楊學才之妻	死一	女	仝	
趙姓無名	死一	男	仝	沙灘街人
茶楊氏	死一	女	仝	桑園內中彈三枚

79

姓名		數	性別	地點	備考
周李氏	死	一	女	仝	周幹才之妻
段張氏	死	一	女	仝	
余　氏	死	一	女	仝	
雲集公失夫	死	一	男	仝	
余石元	死	一	男	仝	
楊張氏	死	一	女	仝	
李趙氏	死	一	女	仝	大理人司機之妻
陳萬甲	死	一	男	保師園圃	省立保師號目
張炳福	死	一	男	公園前面菜園	
水　孌	死	一	女	仝	張炳福之姐

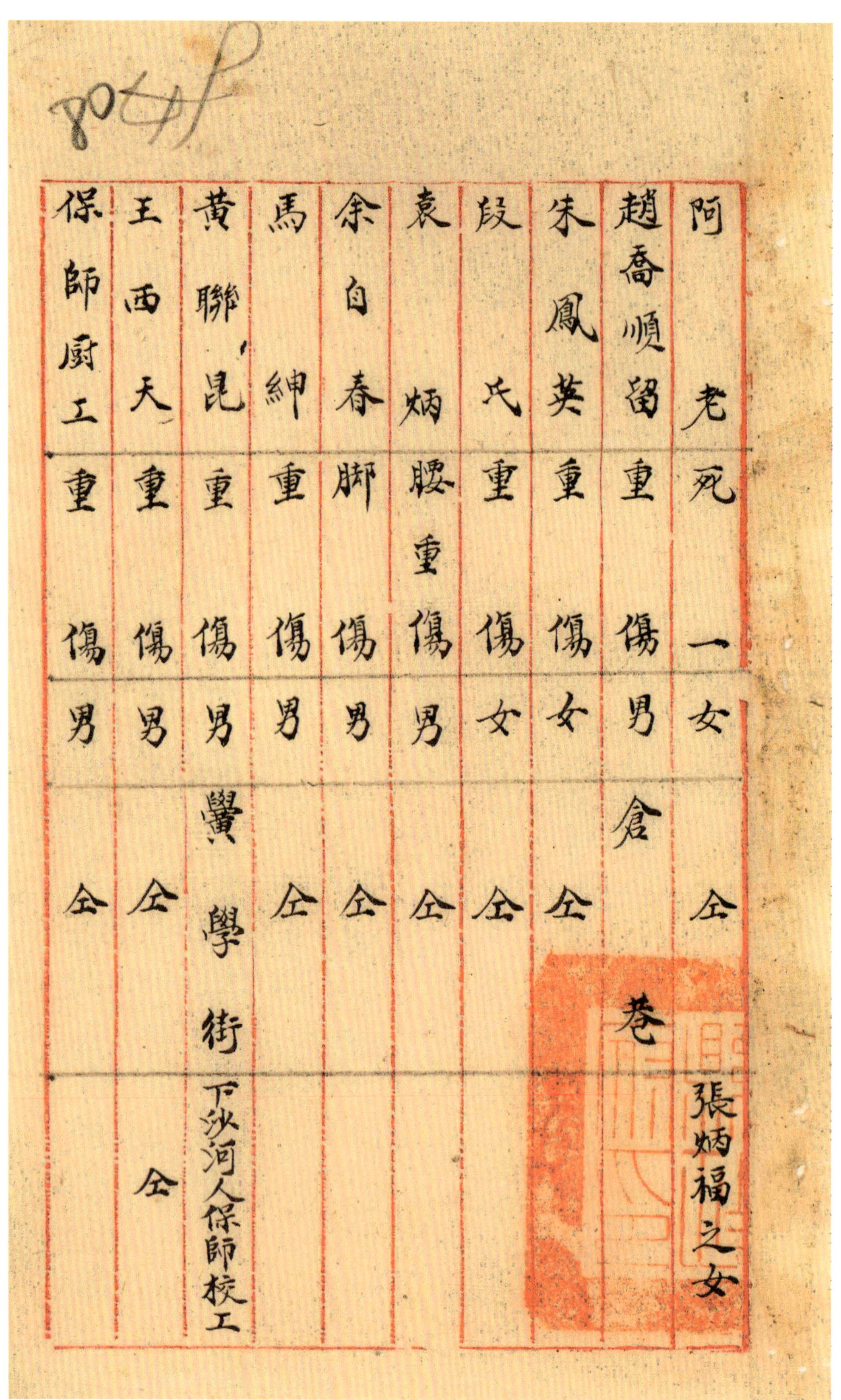

姓名	傷亡	性别	住址	備考
阿老	死　一	女	仝	張炳福之女
趙喬順留	重傷	男	倉巷	
朱鳳英	重傷	女	仝	
段氏	重傷	女	仝	
袁炳	腰重傷	男	仝	
余自春	脚傷	男	仝	
馬紳	重傷	男	仝	
黃聯昆	重傷	男	黌學街	下沙河人保師校工
王西天	重傷	男	仝	仝
保師厨工	重傷	男	仝	

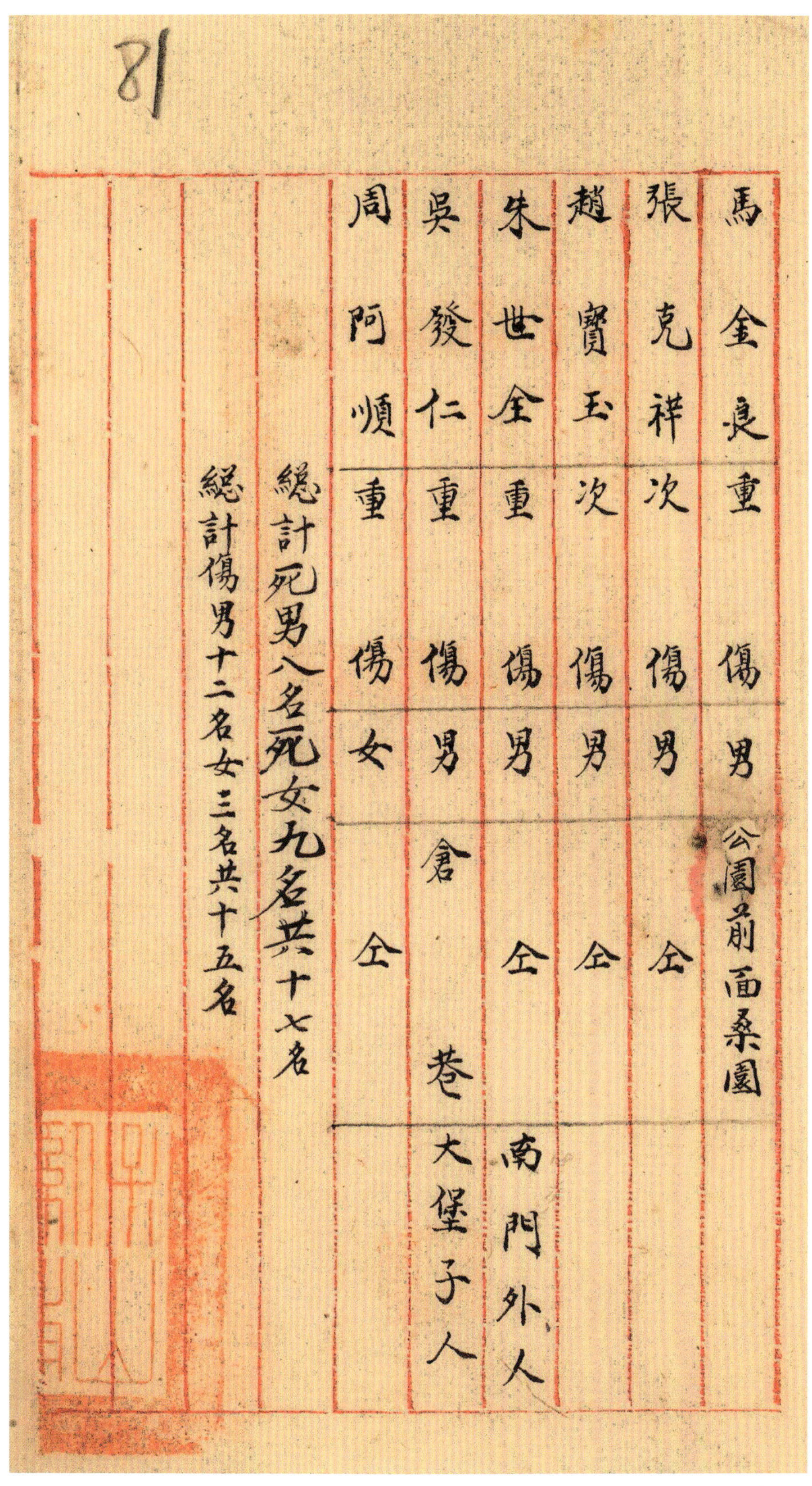

81

姓名	傷情	性別	地點	籍貫
馬金良	重傷	男	公園前面桑園	
張克祥	次傷	男	仝	
趙寶玉	次傷	男	仝	
朱世全	重傷	男	仝	南門外人
吳發仁	重傷	男	倉巷	大堡子人
周阿順	重傷	女	仝	

總計死男八名死女九名共十七名

總計傷男十二名女三名共十五名

82/10

民國三十年四月二十四日保山縣縣長劉言昌呈

一平浪官仓办事处关于被敌机轰炸情况致滇中区盐场公署的代电（一九四一年四月二十六日）

快邮代电　呈文第二八六号

滇中区盐场公署总场长张钧鉴：本日下午一时半有寇机三架至一平浪，投弹九枚，三枚落制盐场，炸毁发电机一架，并房屋数间，灶房盐仓等，均无恙。一枚落职处第三仓内，仅有存盐一百余担，多数震滥无大损失。五枚落空，死伤平民二十余人，职处仓库及员役等，均甚安全。惟本日寇机往复迴旋已经三次，似有侦查之意，对于井方，请预为设防以备不虞。

谨此电呈，敬祈

鉴核。一平浪官仓办事处驻仓员杨钧叩寝印

阅

呈报请

管理局备案

西畴县政府关于被敌机轰炸灾情致云南省民政厅的呈（一九四一年四月至五月）

（呈）

由事	擬辦	决定辦法	備考
一件呈報西疇縣城被炸災情祈鑒核備案由			

清册一本

中華民國三十年六月六日收到

2

為呈請鑒核備案事：查職縣於二月二十一日下午二時，被敵機三架，竄入市空，大肆轟炸，幸平時常行防空宣傳，指揮疏散，已經養成習慣，故傷亡方面，比較當屬不重，其受傷死亡者，多屬老年患病，及一部份婦孺，而婦人之傷亡，則泰半為兒女牽掛，聞警報後，疏散不及，致有二十餘人之傷亡，敵機竄去後，縣長立即督率平時組訓之防空人員，馳赴被炸地區施救，一面滅火，一面救護受傷之人，火勢始免於蔓延，僅燒燬玖拾叁戶，同時清查被炸情形，共計投彈十二枚，縣政府前後，投燒夷彈二枚，其餘正街，丁字街，東門北門共投炸彈十枚，炸燬民房壹百一十七間，傷亡男婦老幼共二十六人，惟縣城缺乏寺廟，難民無法收容，除有親戚者，其臨時倚附外，其餘寄居無靠者，暫將維新小學校，作為收容處所，並責今未被炸之殷實富户，煮飯分送難民充饑，而啼饑號寒，尋親覓子，呼兄叫妹之聲，不絕於耳，悲慘之狀，目不忍睹，耳不忍聞，因一時呈請賑濟不及，縣長遂於二十二日，由本縣賑濟會基金項下，提出國幣伍百元，詳細調查災情，別以輕重，衡其緩急，酌予施行急賑，俾一般難民，得以暫維生活，稍安其心，得免流離之苦。現正積極籌劃難民居所及職業，使其安居謀生，以增強抗戰實力，用副政府軫念邊民之德意。本擬早日具報，因警報頻發，日間疏散，夜間辦公，加以災情零奇，自應詳為查報，以故稽延，迄今始調查完竣。除將難民損失暨傷亡人數，分別詳晰造具清册，隨文呈報外，理合將被炸經過，備文呈請

鈞廳鑒核備案，指令祗遵！

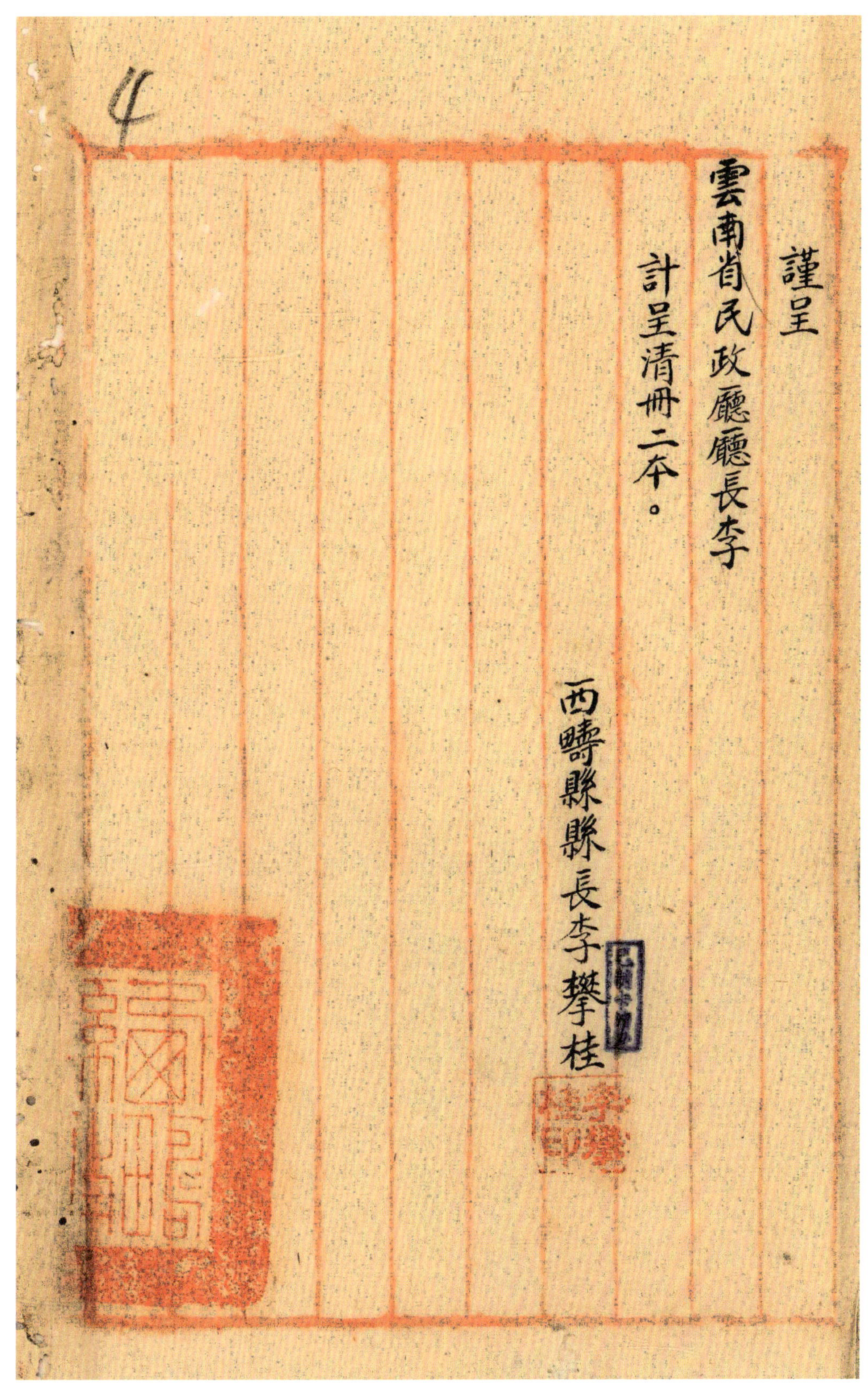

謹呈
雲南省民政廳廳長李
計呈清册二本。
西疇縣縣長李攀桂

中華民國三十四　月　日

西疇縣政府為敵機轟炸被燃燒房屋災民領款清册

8

5

西疇縣政府為三一敵機轟炸辦理急賑損失財產部份領款清册

被災人姓名	損失財產價值合計	賑款分配數	領款人簽押或盖章	備考
黎歸卅	六五〇、	一〇、		
向世林	一五〇、	一〇、		
曹明志	一三〇、	一〇、		
李順發	一八〇、	一〇、		
張秦恩	一三〇、	一〇、		

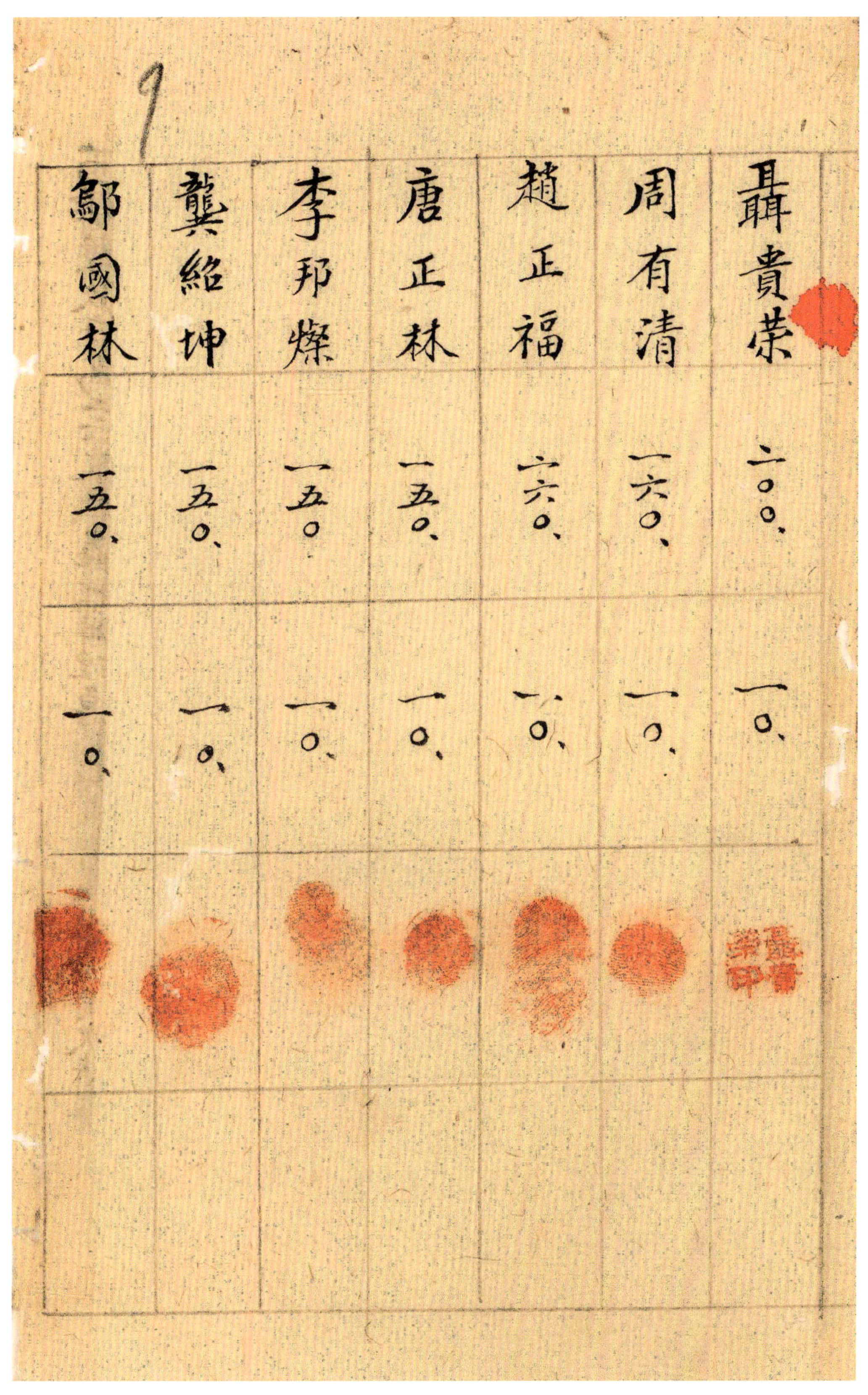

9

聶貴榮	二〇〇、	一〇、	聶貴榮印
周有清	一六〇、	一〇、	
趙正福	一六〇、	一〇、	
唐正林	一五〇、	一〇、	
李邦燦	一五〇、	一〇、	
龔紹坤	一五〇、	一〇、	
鄔國林	一五〇、	一〇、	

10 6

吳廷爍	九〇〇、	一〇、	
白廷芳	二五〇、	一〇、	
楊洪金	五五〇、	一〇、	
侯永富	一八〇、	一〇、	
陳德禮	一四〇、	一〇、	
鄧德謙	三四〇、	一〇、	
黃天才	八〇、	一〇、	

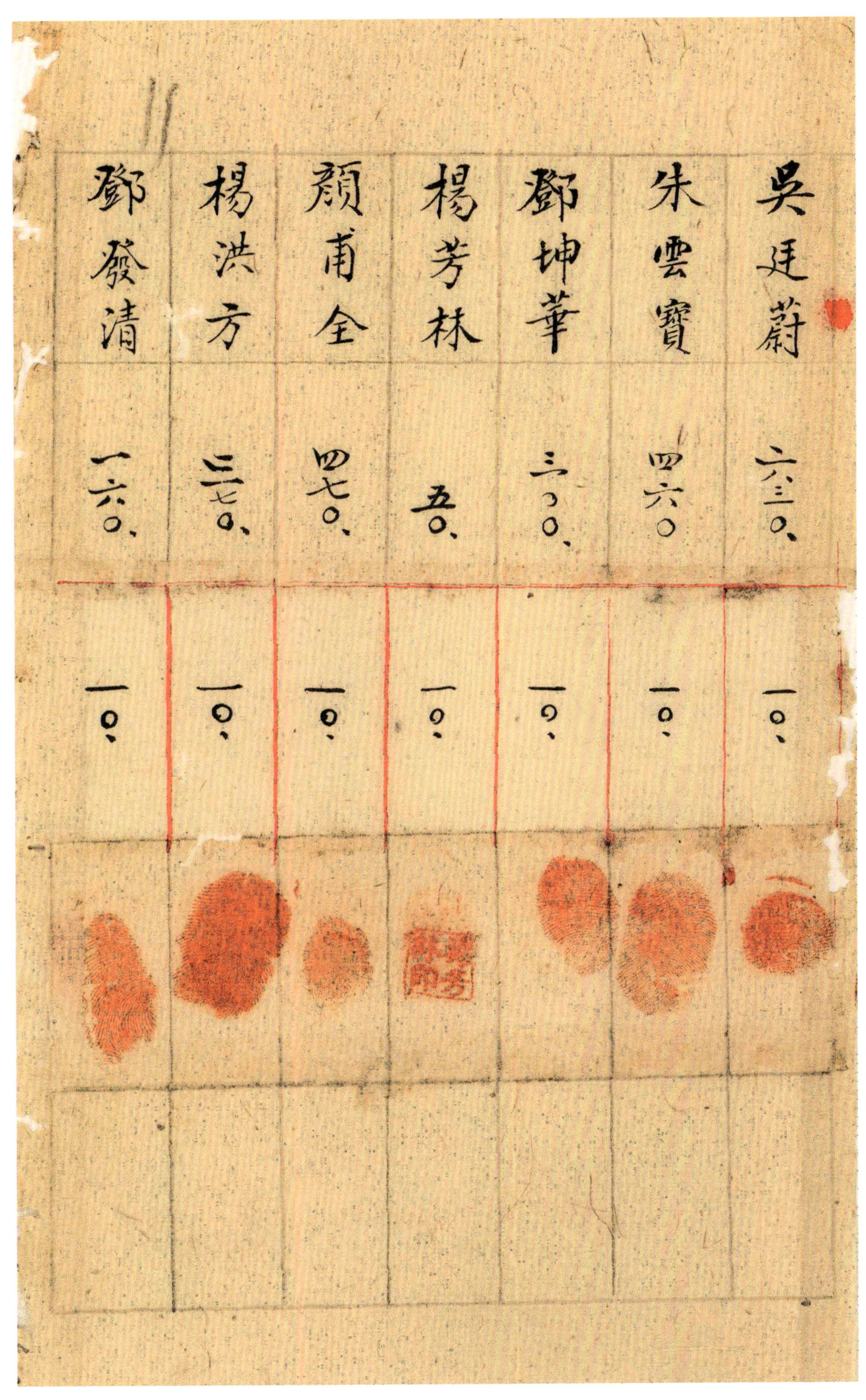

吳廷蔚	朱雲寶	鄧坤華	楊芳林	顏甫全	楊洪方	鄧發清
六三〇、	四六〇	三〇〇、	五〇、	四七〇、	二七〇、	一六〇、
一〇、	一〇、	一〇、	一〇、	一〇、	一〇、	一〇、

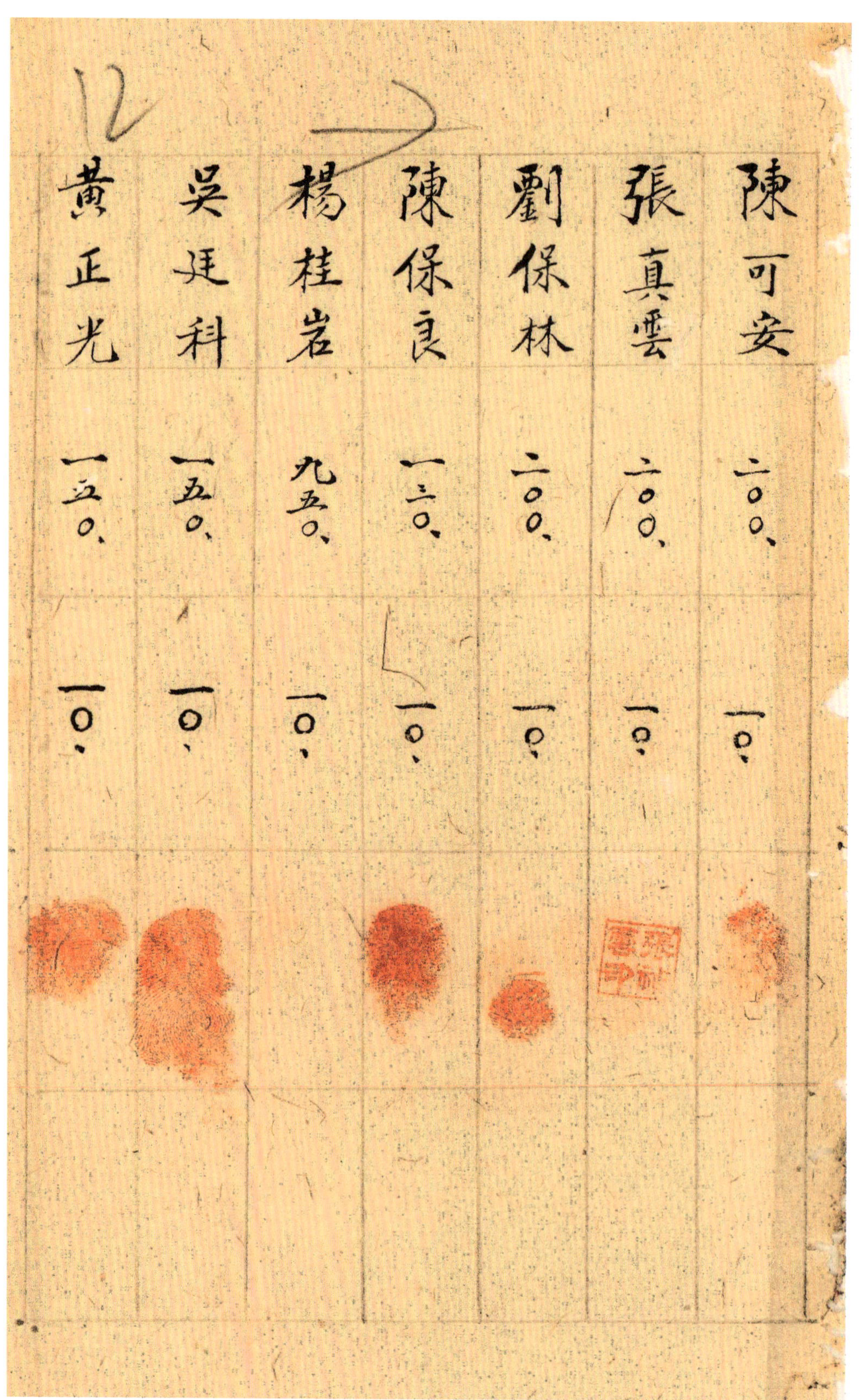

陳可安	二〇〇、	一〇〇、	
張真雲	二〇〇、	一〇〇、	
劉保林	二〇〇、	一〇〇、	
陳保良	一二〇、	一〇〇、	
楊桂岩	九五〇、	一〇〇、	
吳廷科	一五〇、	一〇〇、	
黃正光	一五〇、	一〇〇、	

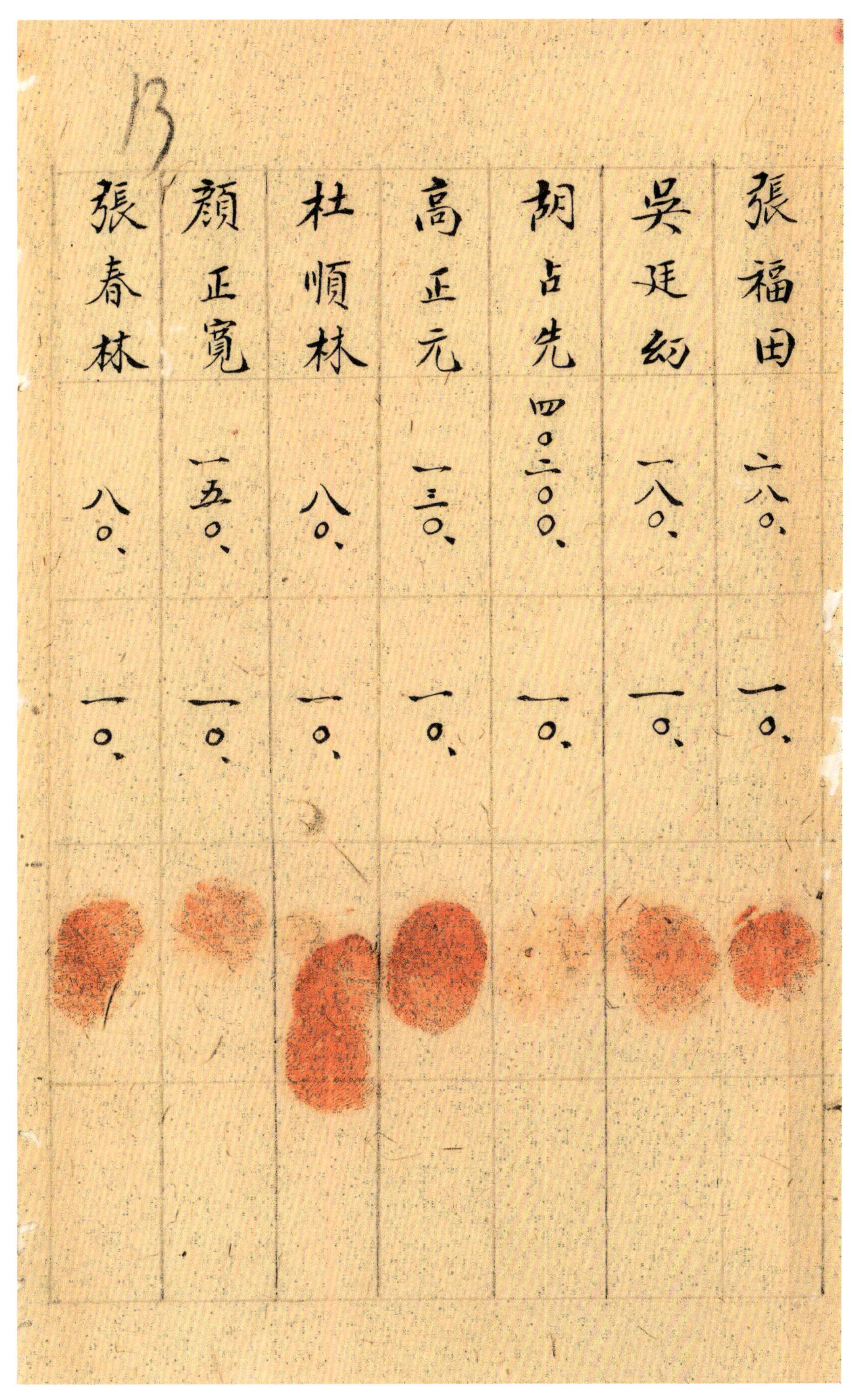
13
張福田　二八〇　一〇
吴廷約　一八〇　一〇
胡占先　四〇二〇〇　一〇
高正元　一三〇　一〇
杜順林　八〇　一〇
顔正寛　一五〇　一〇
張春林　八〇　一〇

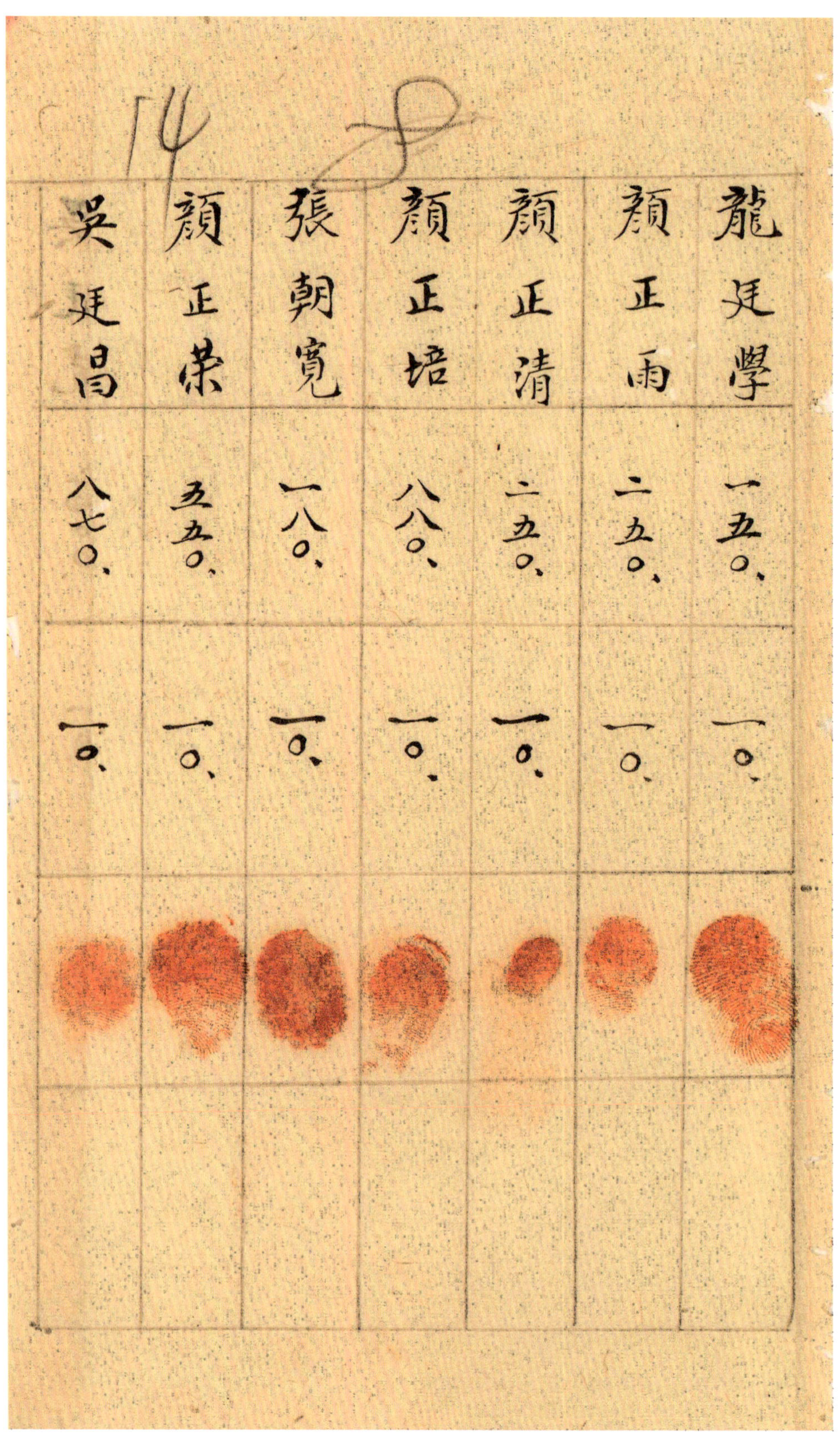

14 38

龍廷學	顏正雨	顏正清	顏正培	張朔寬	顏正榮	吳廷昌
一五〇、	二五〇、	二五〇、	八八〇、	一八〇、	五五〇、	八七〇、
一〇、	一〇、	一〇、	一〇、	一〇、	一〇、	一〇、

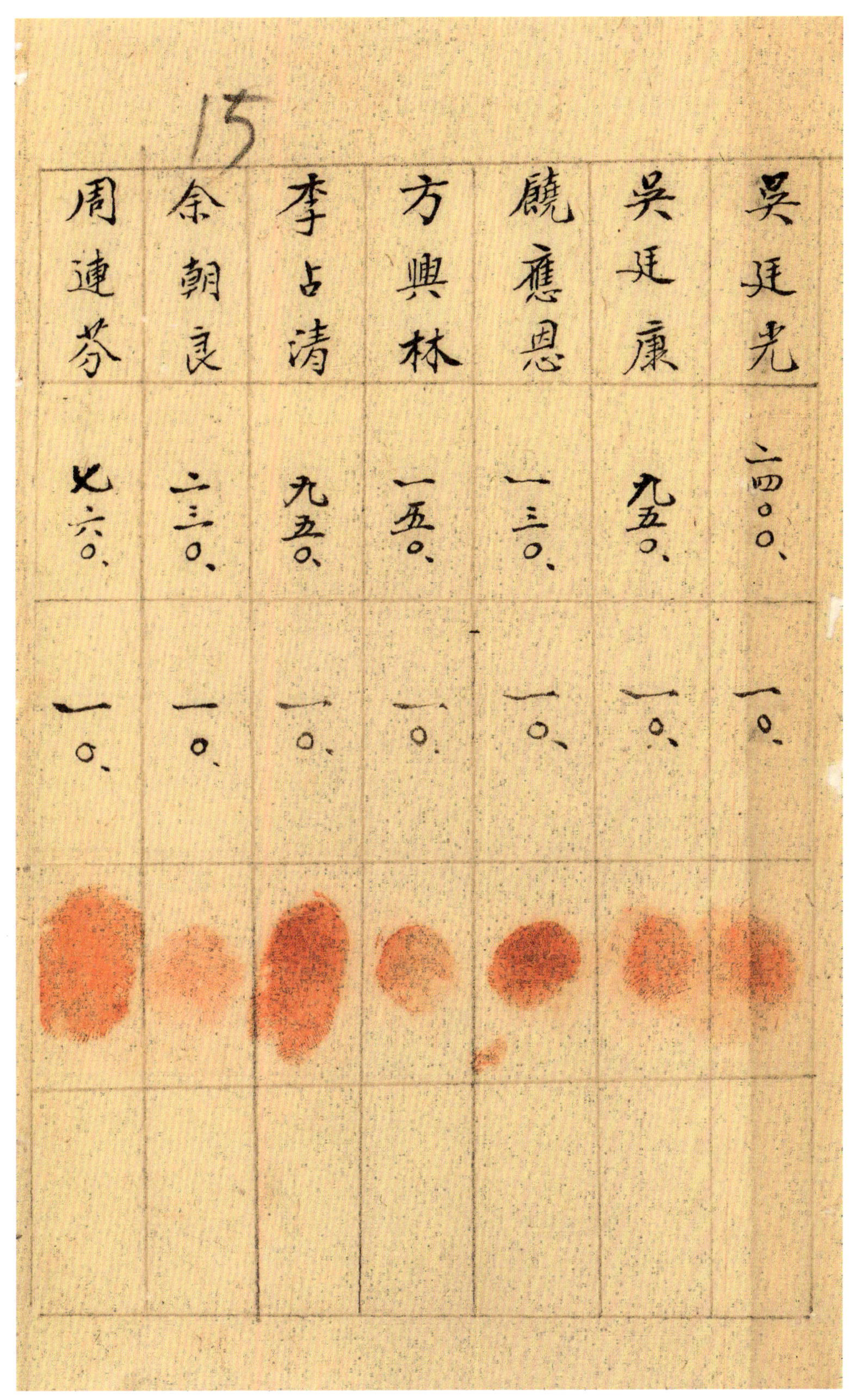
15

姓名			
吴廷光	二四〇〇、	一〇、	
吴廷康	九五〇、	一〇、	
饒應恩	一三〇、	一〇、	
方興林	一五〇、	一〇、	
李占清	九五〇、	一〇、	
余朝良	二三〇、	一〇、	
周連芬	七六〇、	一〇、	

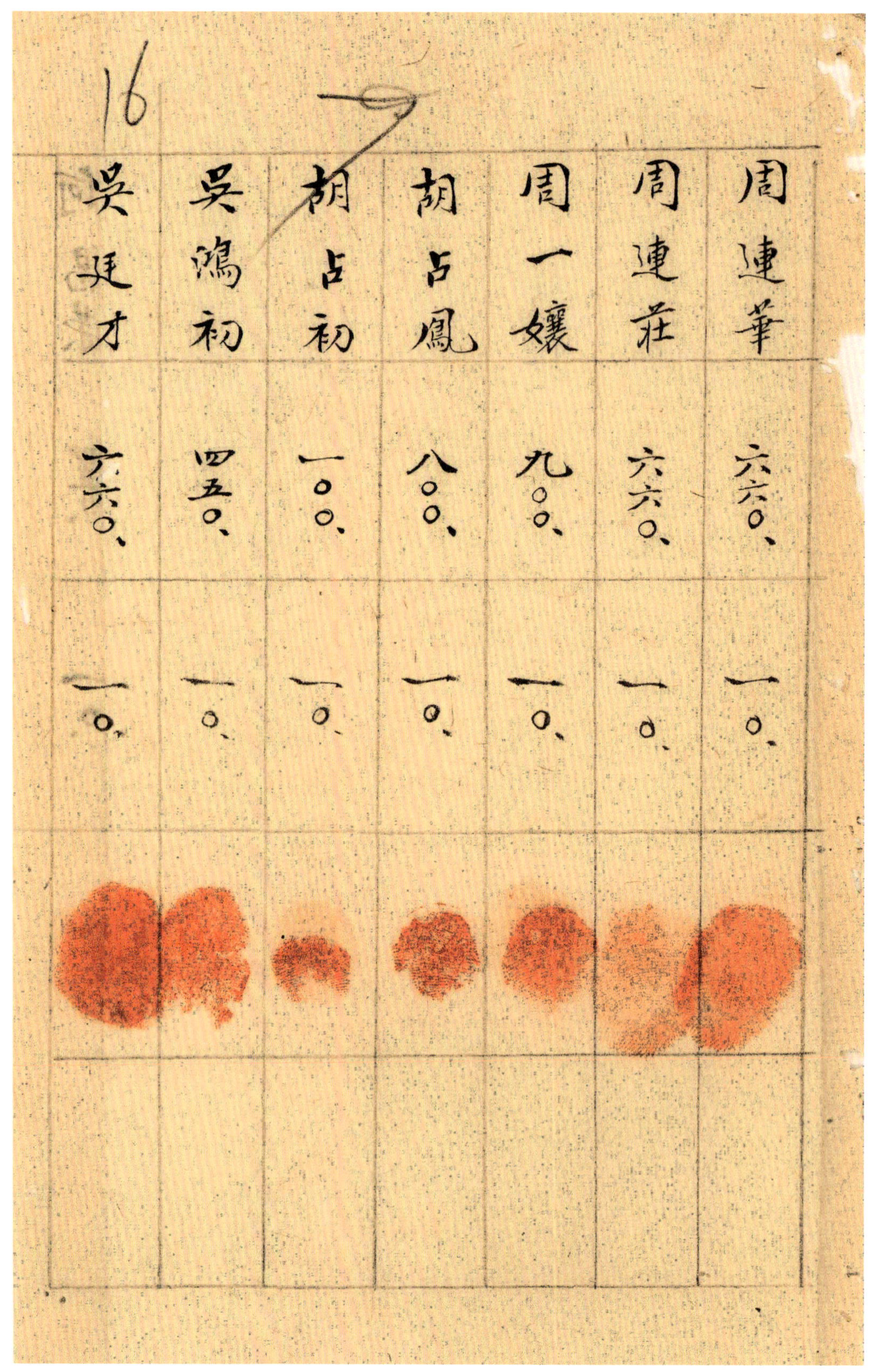

16

周連華	六六〇、	一〇、	
周連莊	六六〇、	一〇、	
周一孃	九〇〇、	一〇、	
胡占鳳	八〇〇、	一〇、	
胡占初	一〇〇、	一〇、	
吳鴻初	四五〇、	一〇、	
吳廷才	六六〇、	一〇、	

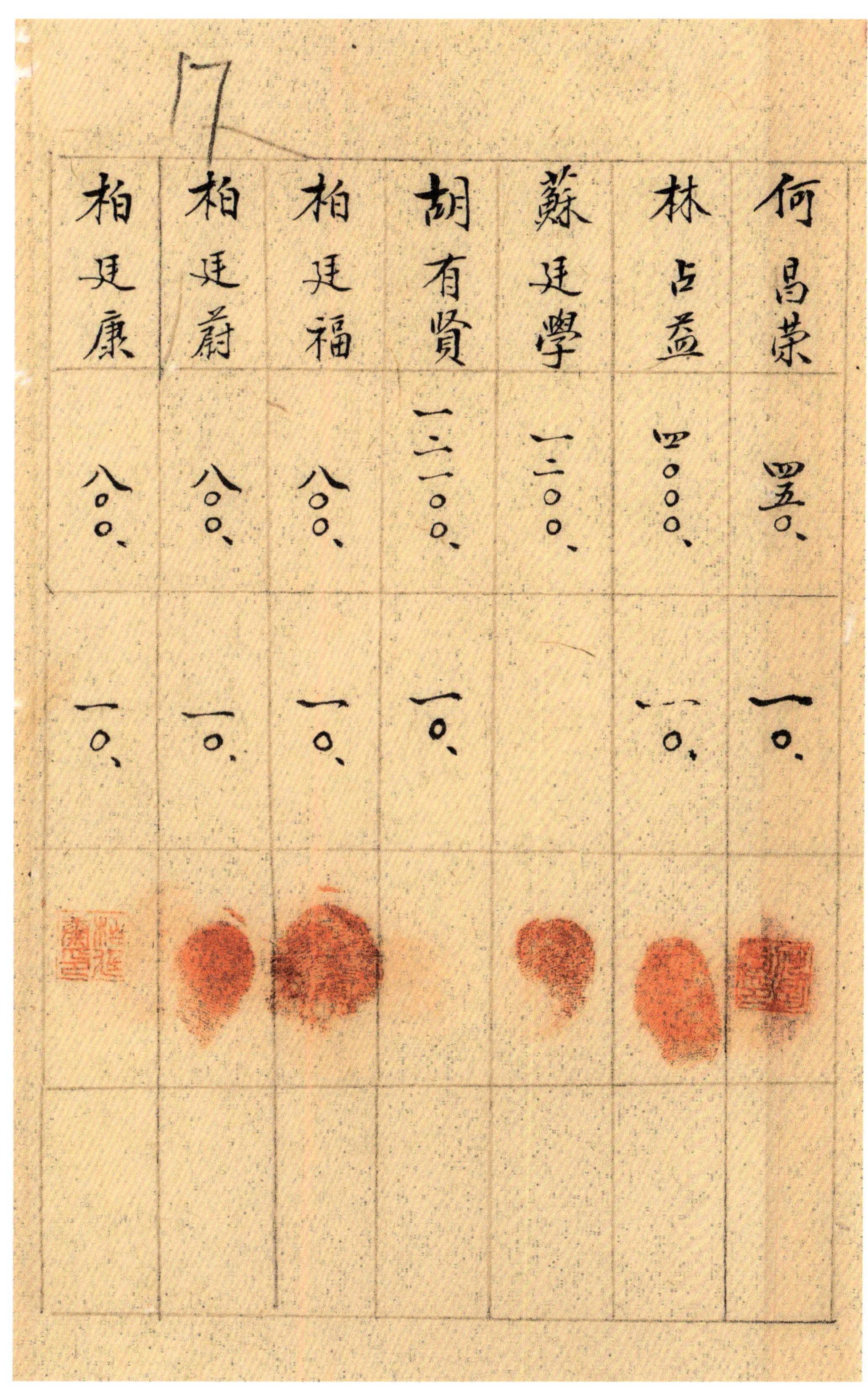

17

姓名	數目	數目	押
何昌荣	四五〇、	一〇、	
林占益	四〇〇〇、	一〇、	
蘇廷學	一二〇〇、		
胡有賢	一二一〇〇、	一〇、	
柏廷福	八〇〇、	一〇、	
柏廷蔚	八〇〇、	一〇、	
柏廷康	八〇〇、	一〇、	

18

10

吳王氏	一〇〇〇、	一〇、	
楊開鼎	六〇〇、	一〇、	
楊正林	六〇〇、	一〇、	
李光漢	三〇〇、	一〇、	
李光臣	四〇〇、	一〇、	
游孝連	九〇〇、	一〇、	
顏忠堂	五〇〇	一〇、	

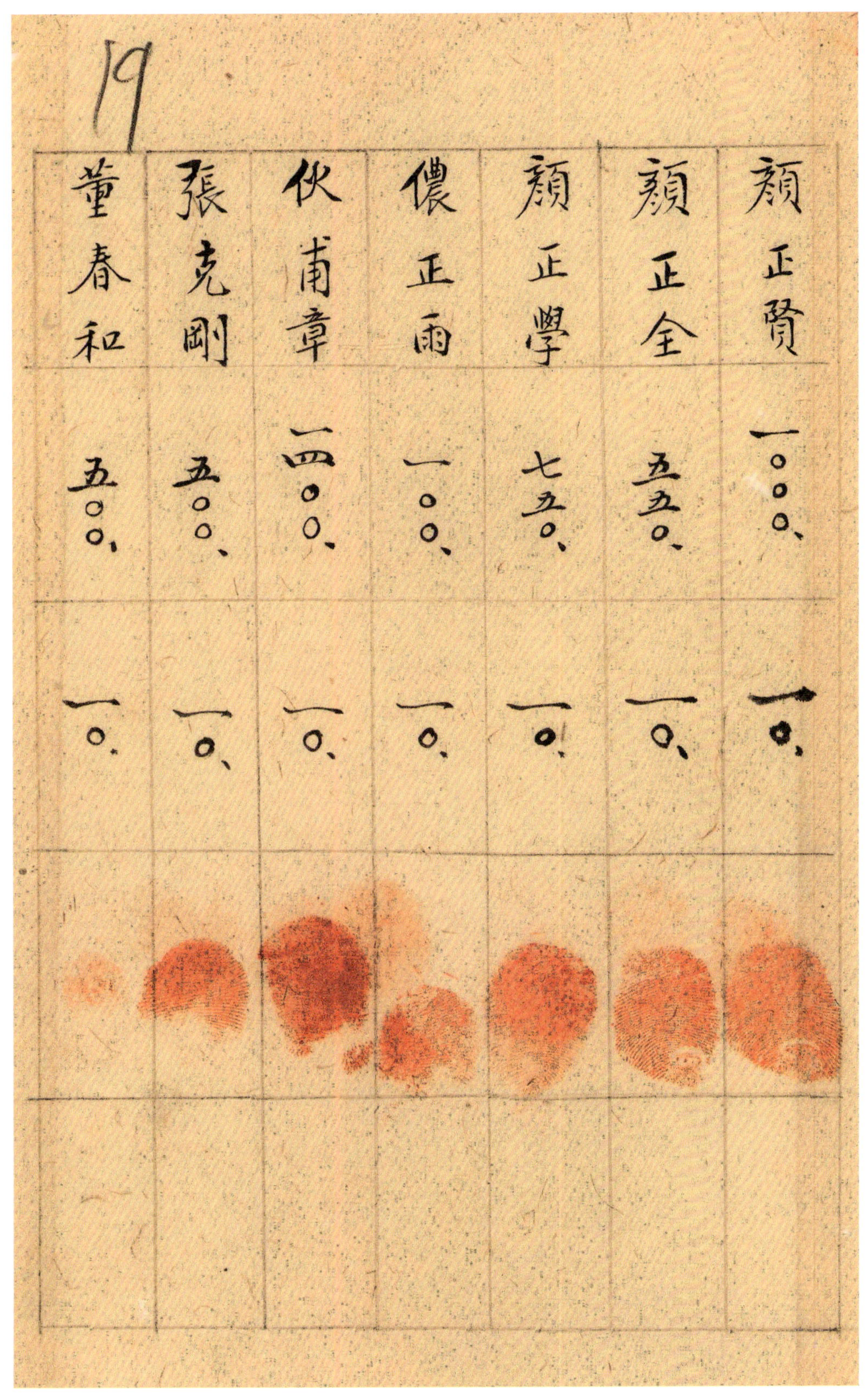

19

姓名			押
顏正賢	一〇〇〇、	一〇、	
顏正全	五五〇、	一〇、	
顏正學	七五〇、	一〇、	
儂正雨	一〇〇、	一〇、	
伙甫章	一四〇〇、	一〇、	
張克剛	五〇〇、	一〇、	
董春和	五〇〇、	一〇、	

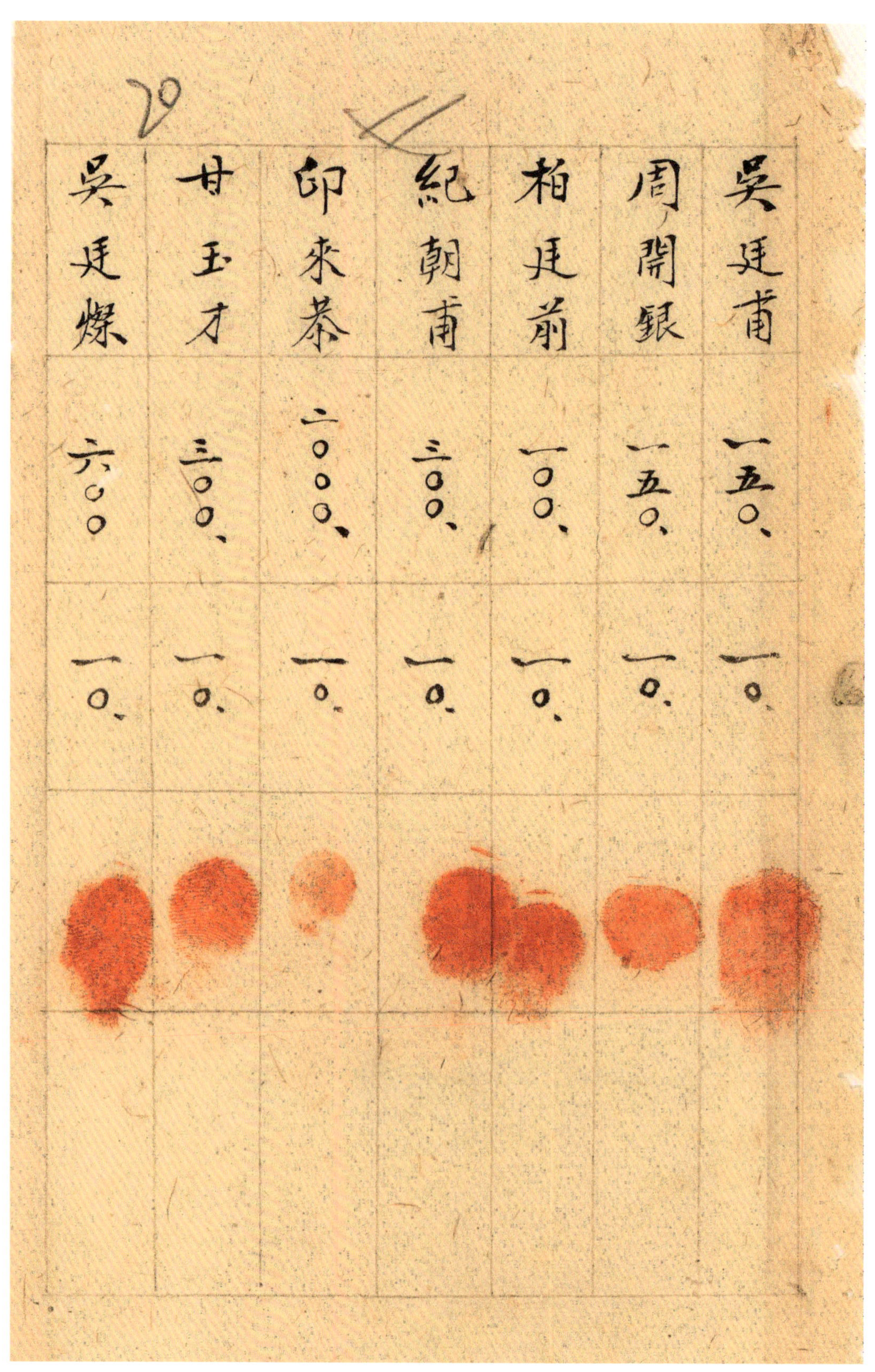

吴廷甫	一五〇、	一〇、	
周開銀	一五〇、	一〇、	
柏廷前	一〇〇、	一〇、	
紀朝甫	三〇〇、	一〇、	
印來恭	二〇〇〇、	一〇、	
甘玉才	三〇〇、	一〇、	
吴廷燦	六〇〇	一〇、	

21

姓名			
段家和	一〇〇、	一〇、	
吴廷瑞	一五〇、	一〇、	
許桂芳	二〇〇、	一〇、	
陳德先	三〇〇、	一〇、	

以上玖拾叁户内有叁户係殷實未領外計發玖拾户共發新

幣玖佰元

中華民國三十年五月　日西疇縣縣長李攀桂造報

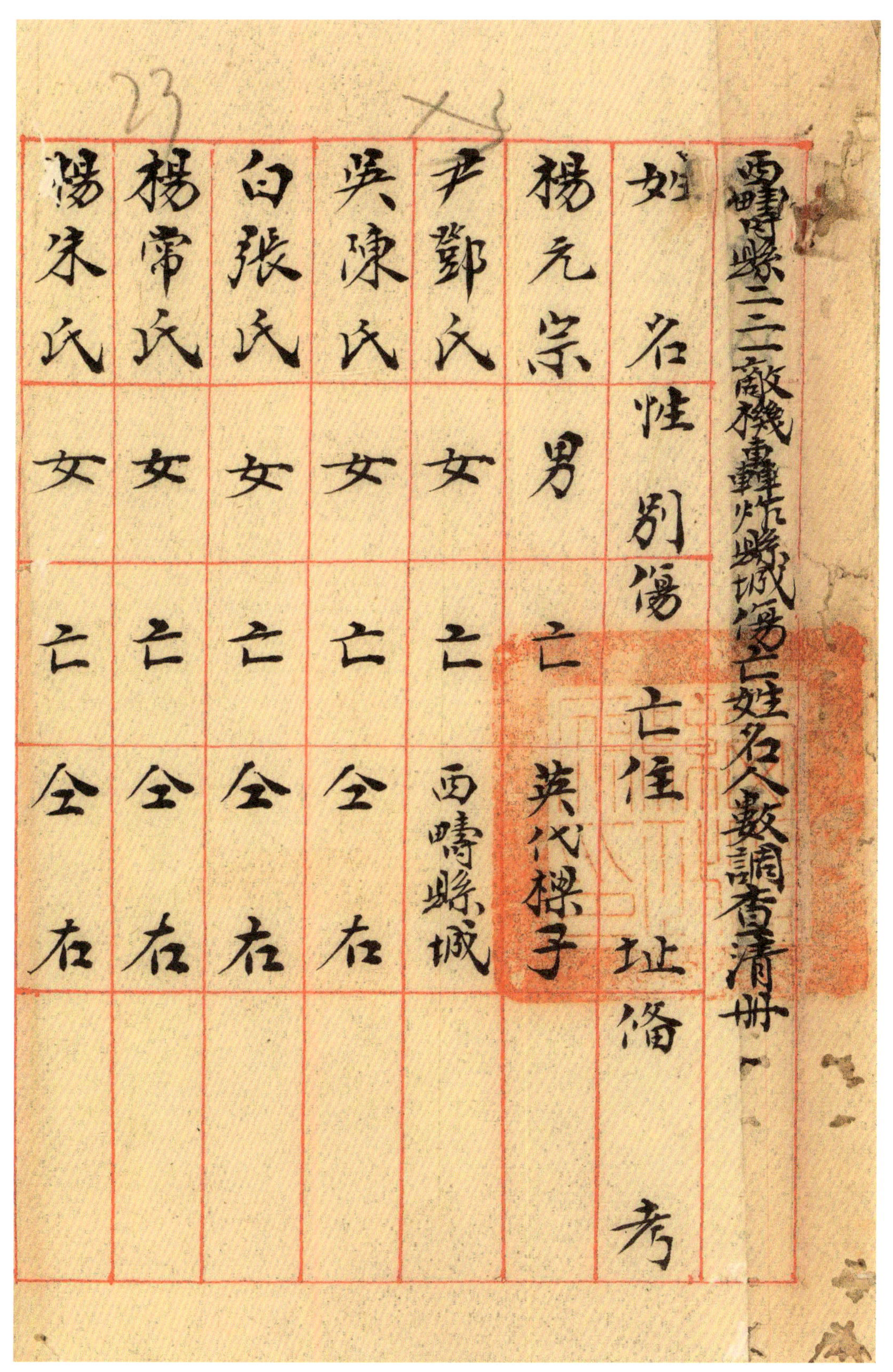

西疇縣二三一敵機轟炸縣城傷亡姓名人數調查清冊

姓名	性別	傷亡	住址	備考
楊元宗	男	亡	吳代樑子	
尹鄭氏	女	亡	西疇縣城	
吳陳氏	女	亡	仝右	
白張氏	女	亡	仝右	
楊常氏	女	亡	仝右	
楊宋氏	女	亡	仝右	

24

楊咩彩	女	亡	仝右
楊三媄	女	亡	仝右
張二	男	亡	仝右
顏二媄	女	亡	仝右
顏尹氏	女	傷	仝右
黃維匡	男	傷	仝右
胡楊氏	女	傷	仝右
張黃氏	女	傷	仝右

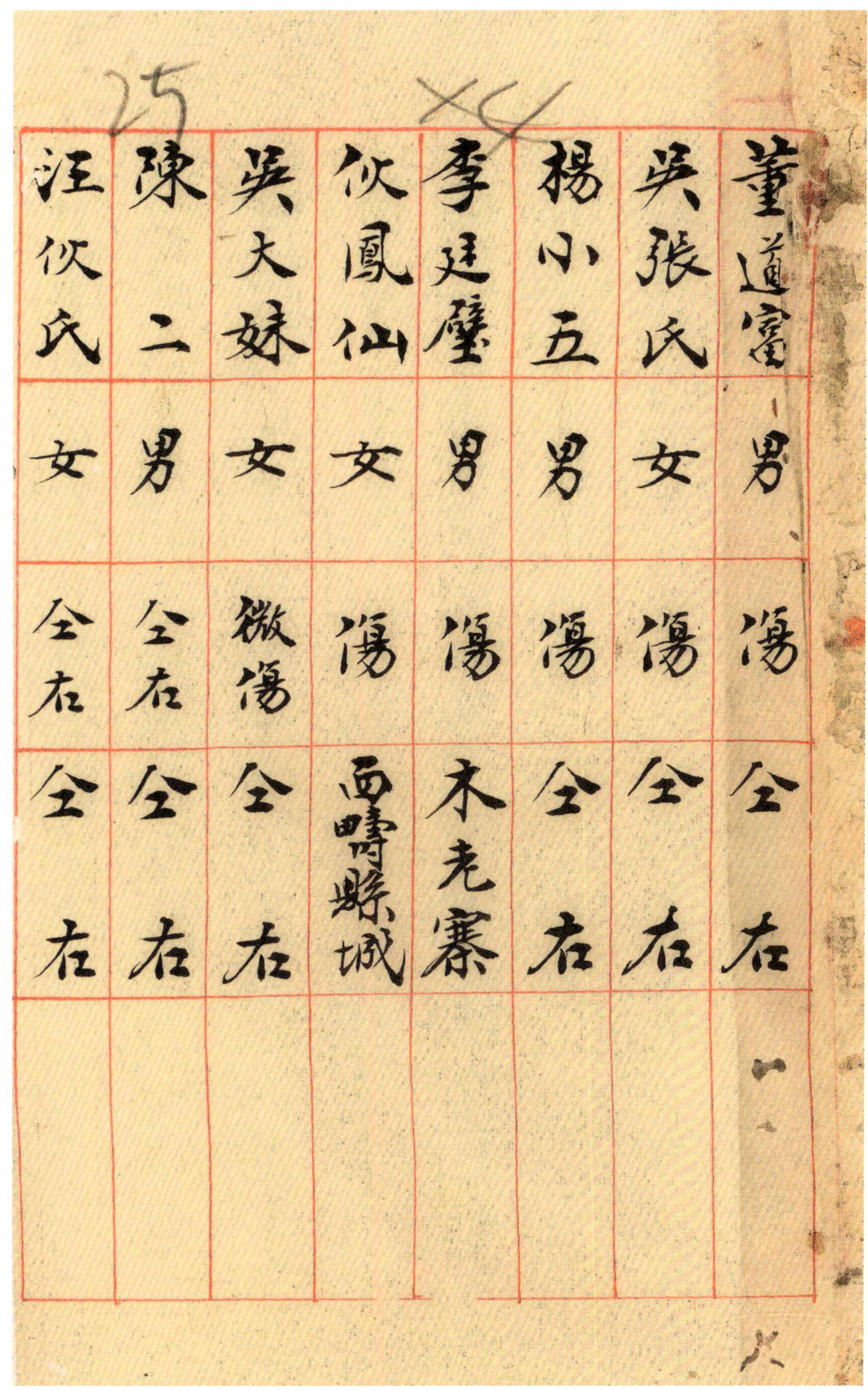

25　　　　44

董道富	男	湯	仝右
吴張氏	女	湯	仝右
楊小五	男	湯	仝右
李廷璧	男	湯	木老寨
伙鳳仙	女	湯	西疇縣城
吴大妹	女	微湯	仝右
陳二	男	仝右	仝右
汪伙氏	女	仝右	仝右

26

吴興才	男	仝右	仝右
吴李氏	女	仝右	仝右
陳德盛	男	仝右	仝右
錢芝山	男	仝右	硯山縣

住伙家居内

以上計死亡男二女八重傷三人輕傷六人微傷七人總共傷亡男女計貳拾陸人

沾益县政府关于一九四〇年十月二十九日遭受空袭受损情形致云南省民政厅的呈（一九四一年五月五日）

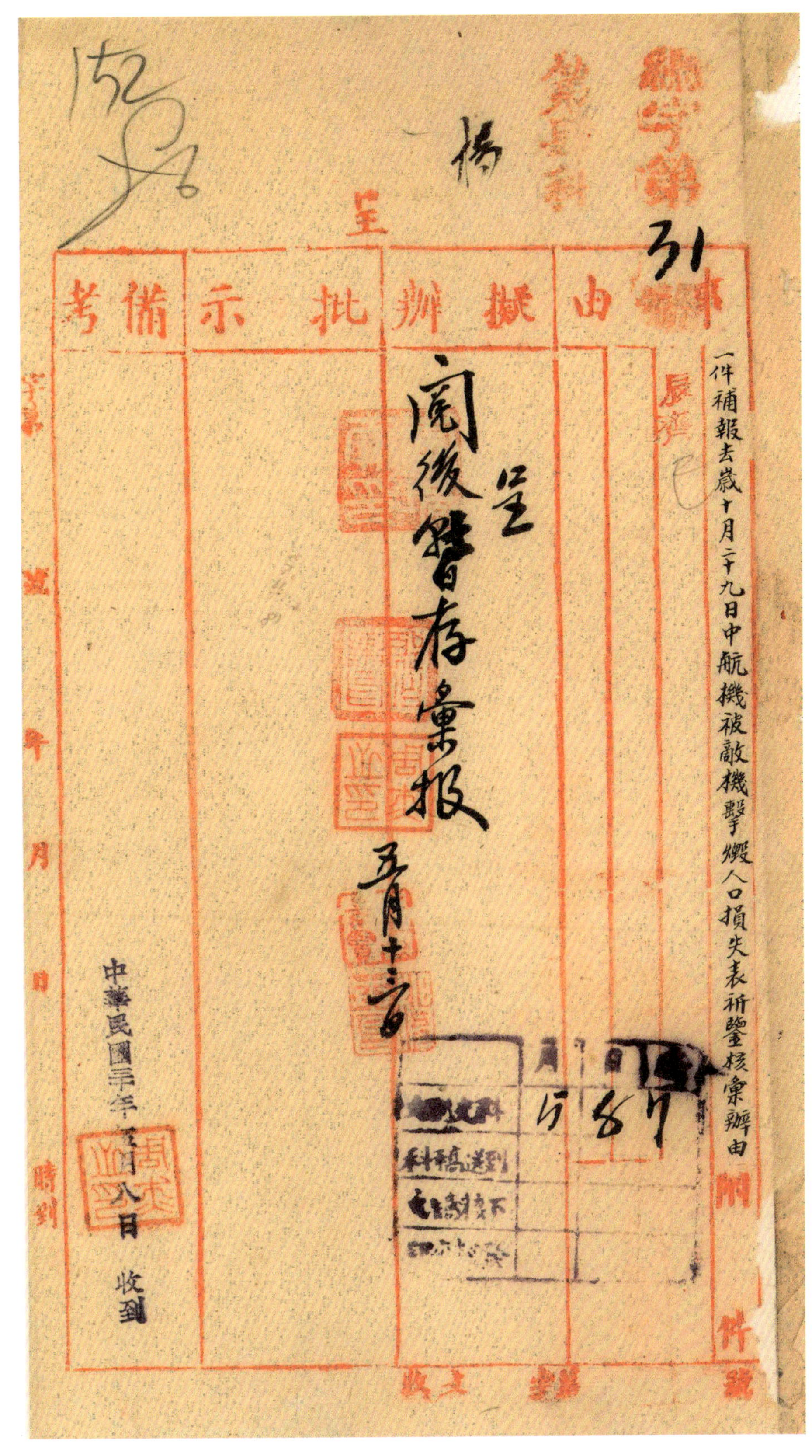

呈

事由：一件補報去歲十月二十九日中航機被敵機擊燬人口損失表祈鑒核彙辦由

擬辦：閱後暫存彙報

批示

備考

中華民國三十年五月八日收到

153

爲呈報事四月二十二日案奉
鈞廳指令肆二字第四一三一號開呈悉查該縣於去歲十月二十九日中航機一架(廿九號)曾被敵機擊燬人員俱有損害業據該縣長呈報在案茲據呈報迄今均未遭受抗戰及空襲任何損害各節核與事實不符所請備案之處未便照准應飭迅速查明據實填報以憑核辦仰即遵照此令等因奉此遵查去歲十月二十九日中航機(39)號一架由渝赴昆飛至霑益時與敵機五架遭遇被其擊落焚燬重傷二人死亡男女九人財物損失若干無從查悉當經填具人口傷亡表及彙報表各一份具文呈報在案此外職縣迄未蒙受任何損失故未列表具報茲復奉令前因理合將中航機被擊焚燬傷亡人口數目姓名分別填具人口傷亡調查表及彙報表各一份備文呈報請祈
鈞長鑒核彙辦謹呈
雲南省民政廳廳長李

計呈人口傷亡調查表一份彙報表一份

霑益縣縣長王慶宸

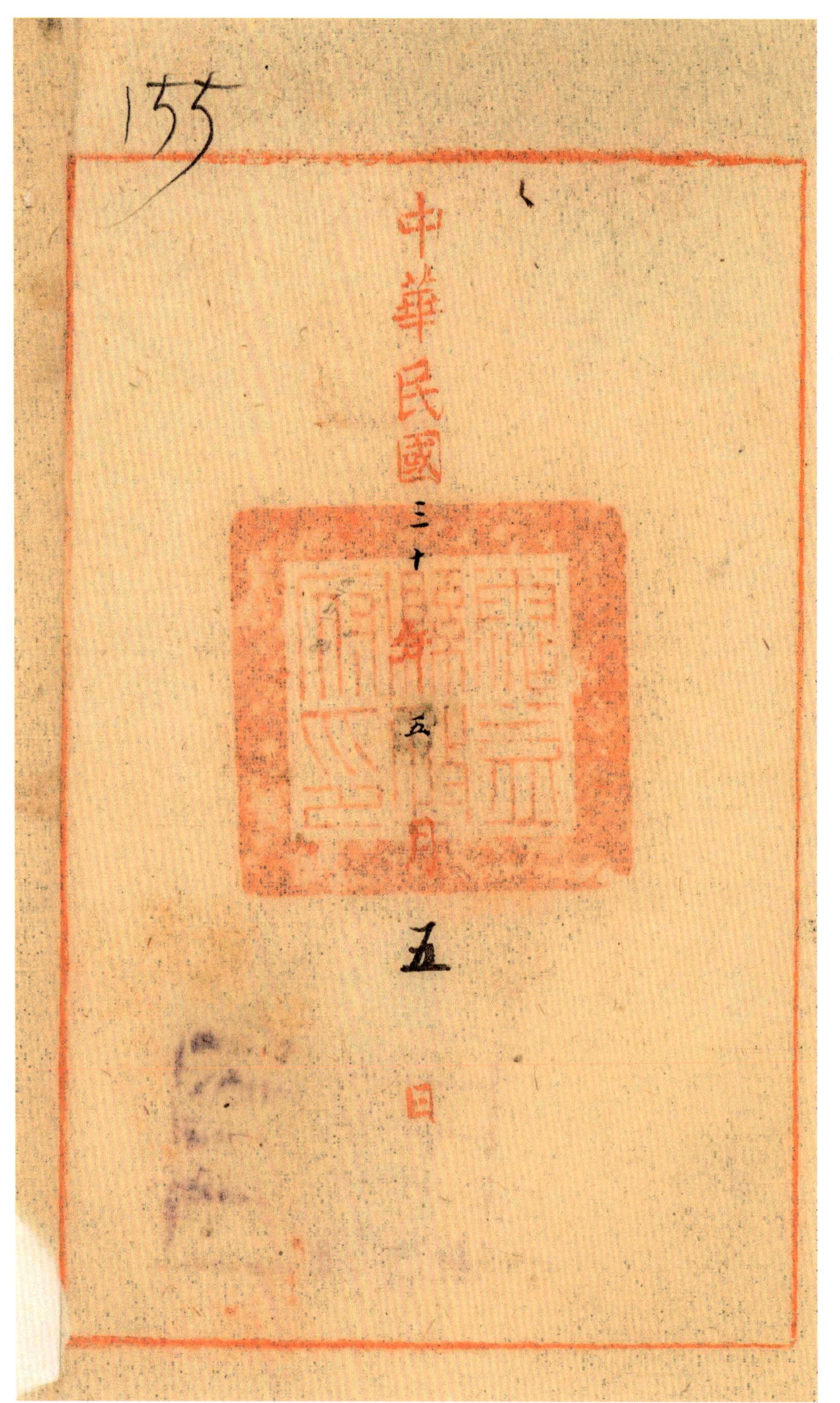

155

中華民國三十年五月五日

156

霑益縣人口傷亡調查表

事件：敵機轟炸

日期：民國二十九年十月二十九日

地點：霑益飛機場

填送日期三十年五月　日

姓名	性別	職業	年齡	最高學歷	傷或亡	費用	
						醫葯	塟埋
美籍肯特	男	中航機正司機			亡		由中航公司運回安埋
錢昌淦	男	交通部橋樑設計處長			亡		仝上
黄琦	男	中航渝公司會計員			亡		仝上
孫毓駟	男	歐亞貿易公司職員			亡		仝上
郎鍾諆	男	中農銀行蒙自辦事處主任			傷	由中航公司運省醫治	
張辰	男	乘客			亡		仝上
劉玉書	女	郎郎鍾諆之夫人			亡		仝上
郎鍾諆之子	男				亡		仝上
周成康	男	乘客			亡		仝上
盧美英	女	招待員			亡		仝上
孫世昌	男	交通部駝運所分段長			傷	由中航公司運省醫治	

調查者霑益縣縣長王慶宸

附（二）沾益县人口伤亡汇报表

157

霑益縣人口傷亡彙報表

事件：敵機轟炸
日期：民國二十九年十月二十九日
地点：霑益飛機場

填送日期三十年五月　日

傷亡人數／性別	重傷	輕傷	死亡
男	2人		6人
女			2人
童			1人
不明			

附人口傷亡調查表一張

報告者霑益縣縣長王慶宸

顺宁县政府关于一九四一年五月十日遭受空袭人员伤亡及赈恤情形致云南省政府呈（一九四一年六月十一日）

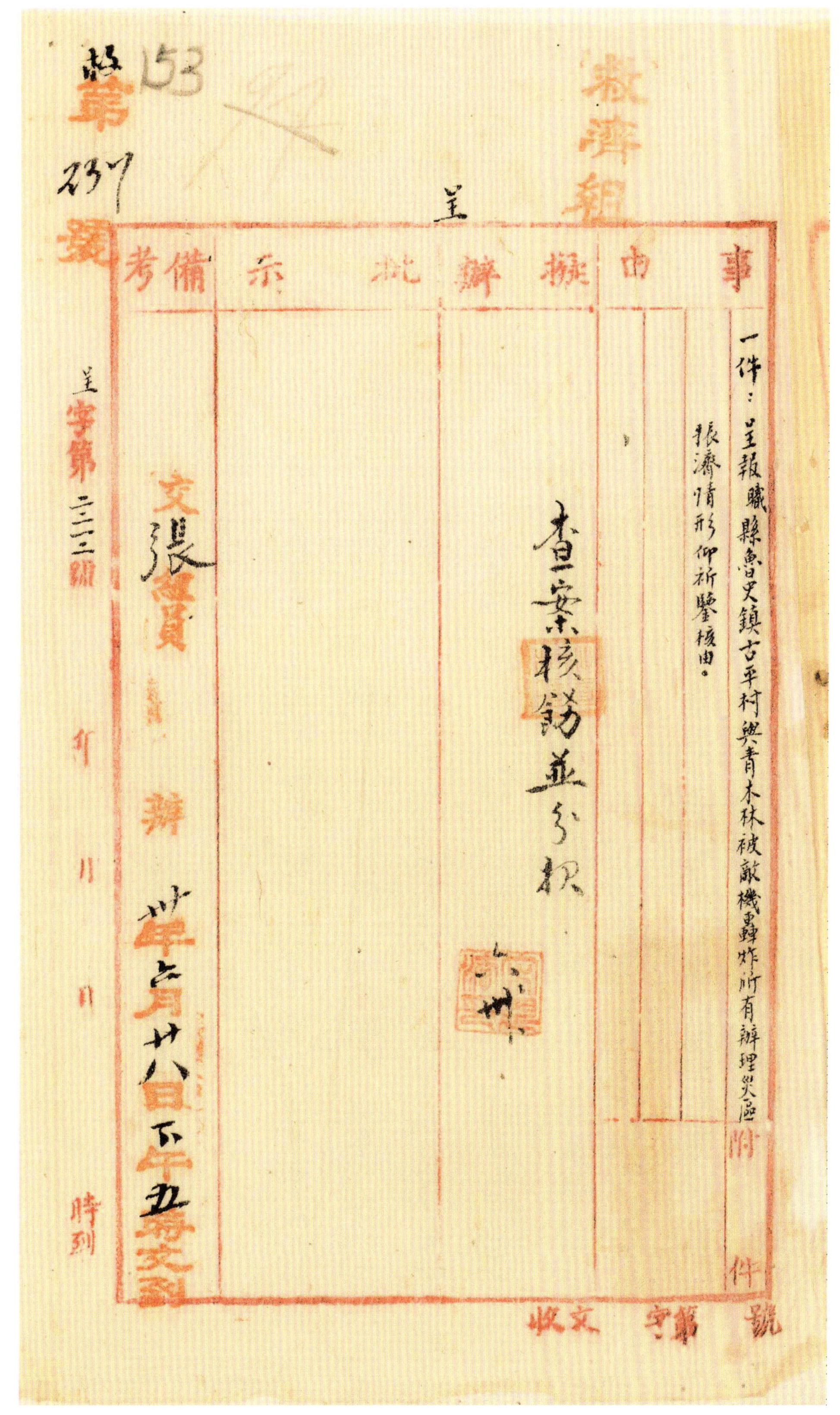

救濟組

收第2317號

呈

事由	擬辦	批示	備考
一件：呈報職縣魯史鎮古平村與青木林被敵機轟炸所有辦理災區賑濟情形仰祈鑒核由。	查案核飭並分行 六.卅		文 張經員 辦

呈字第二三三號

卅年六月廿八日下午五時文到

附件

號 第 字 收文

案據職縣空襲緊急救濟聯合辦事處主任委員鄭崇賢，副委員禹莫華、周效虞、段品剛呈稱：

「竊查縣屬魯史鎮古平村與青木林間，於三十年五月十日被敵機三架投彈轟炸一案，所有傷亡大概情形，業經鈞府呈報雲南省政府振濟會及防空司令部各在案。委員聞警後，當經偕同職處總幹事劉世奇親往災區，會同當地鎮保甲長等辦理救護、醫療及收容掩埋各救濟事宜，並將被炸死亡及受輕重傷災民人數，分類詳查，遵照振卹標準規定，於五月二十日就魯史鎮公所由地方公款，先行墊支國幣肆百貳拾伍元，眼同該鎮鎮保甲長發放災民或其家屬收訖。理合將振濟情形，繕具傷亡人數清冊，振卹登記表，財產損失調查表，並填具領款書，備文呈請鈞府鑒核，俯賜轉呈 省振濟會核發振款，俾資歸墊。謹呈。

等情，計呈傷亡人數表四份，振卹登記表二份，財產損失調查表二份，領款書一份。據此。查此案前據魯史鎮鎮長何紹孔呈報被炸情形前來，業經 縣長以呈字第二〇八五號，轉報

鈞會鑒核在案。隨即偕同順寧空襲緊急救濟聯合辦事處委員段品剛，總幹事劉世奇，親往災區，會同當地首人等，辦理救濟事宜，當將被炸死亡及受傷災民，確切查明遵照賑卹標準，先行由地方公款墊發國幣肆百貳拾伍元，眼同首人放振完畢。茲據

呈報前情，縣長 復查屬實，正核辦間，復奉

鈞府鎌日代電略開：「茲由新文銀行滙撥急振國幣肆百肆拾元，着向該縣稅務局洽取……」等因，遵經飭處向稅局接洽，因稅局尚未准銀行通知，須俟滙撥到局，方能兑付，再查被炸傷亡及受輕重傷災民人數，經縣長親詣災區，依照救濟辦法第三條規定施振，實配發國幣肆百貳拾伍元，核與前報傷亡情形，稍有出入，係因前報時調查不甚精確之故，茲奉撥國幣肆百肆拾元，計超過振額國幣壹拾伍元，一俟收到後，自當歸還墊款，下餘之數，仍行滙還，所有辦理振濟情形，理合繕具傷亡人數清册，振卹登記表，財産損失登記表，并填具領款書，

備文呈請

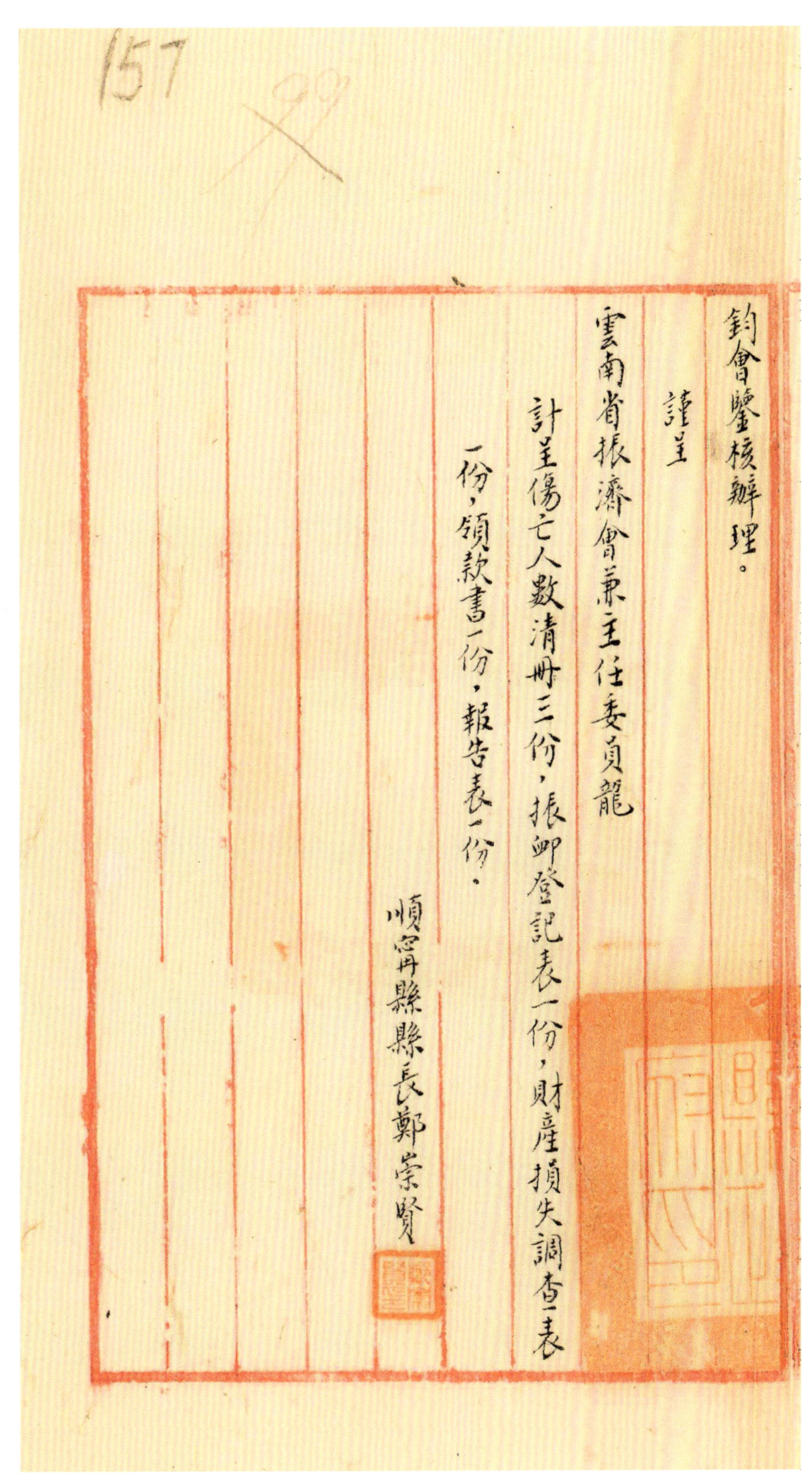

157

鈞會鑒核辦理。

謹呈

雲南省振濟會兼主任委員龍

計呈傷亡人數清册三份，振卹登記表一份，財産損失調查表一份，領款書一份，報告表一份。

順寧縣縣長鄭崇賢

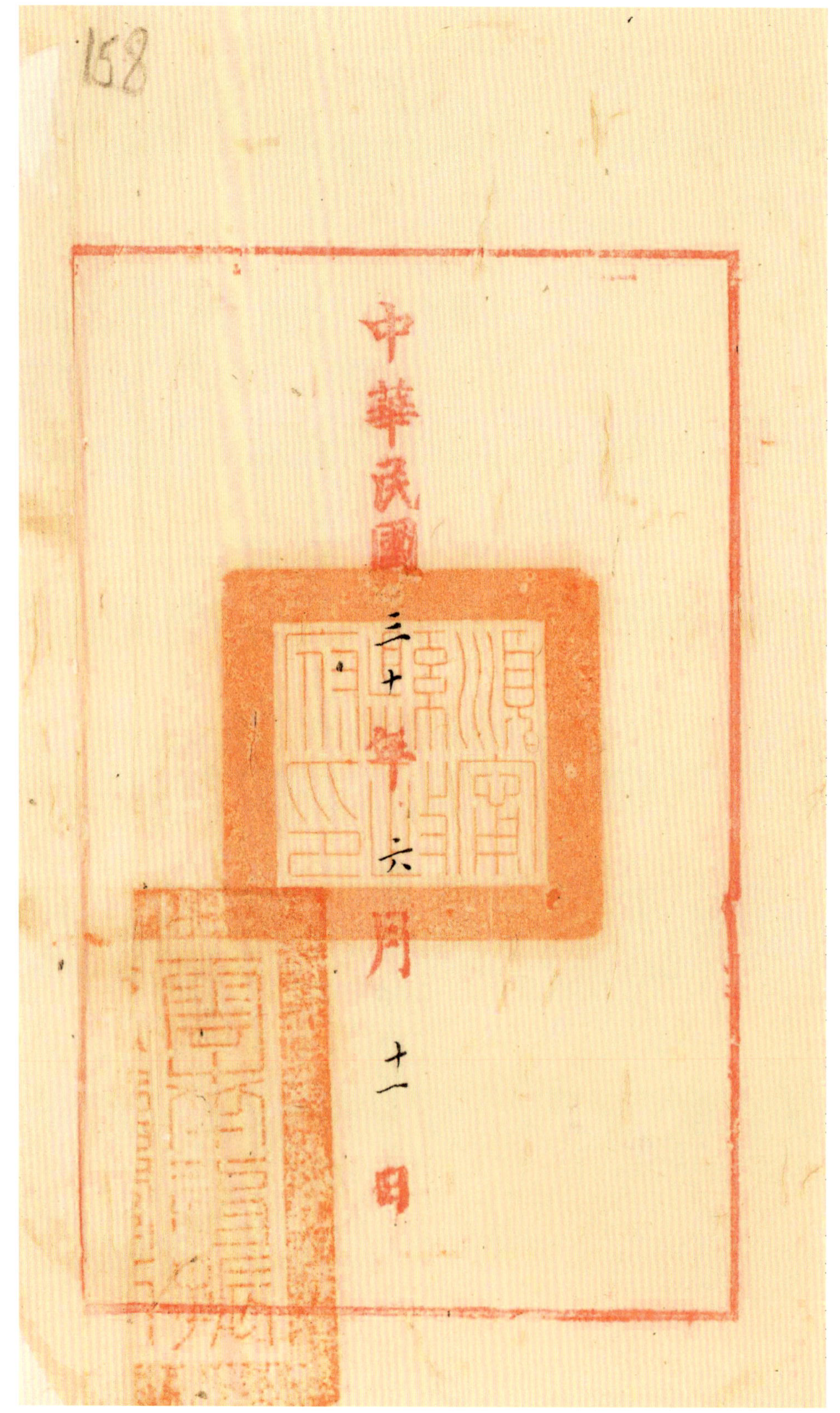
158

中華民國三十年六月十一日

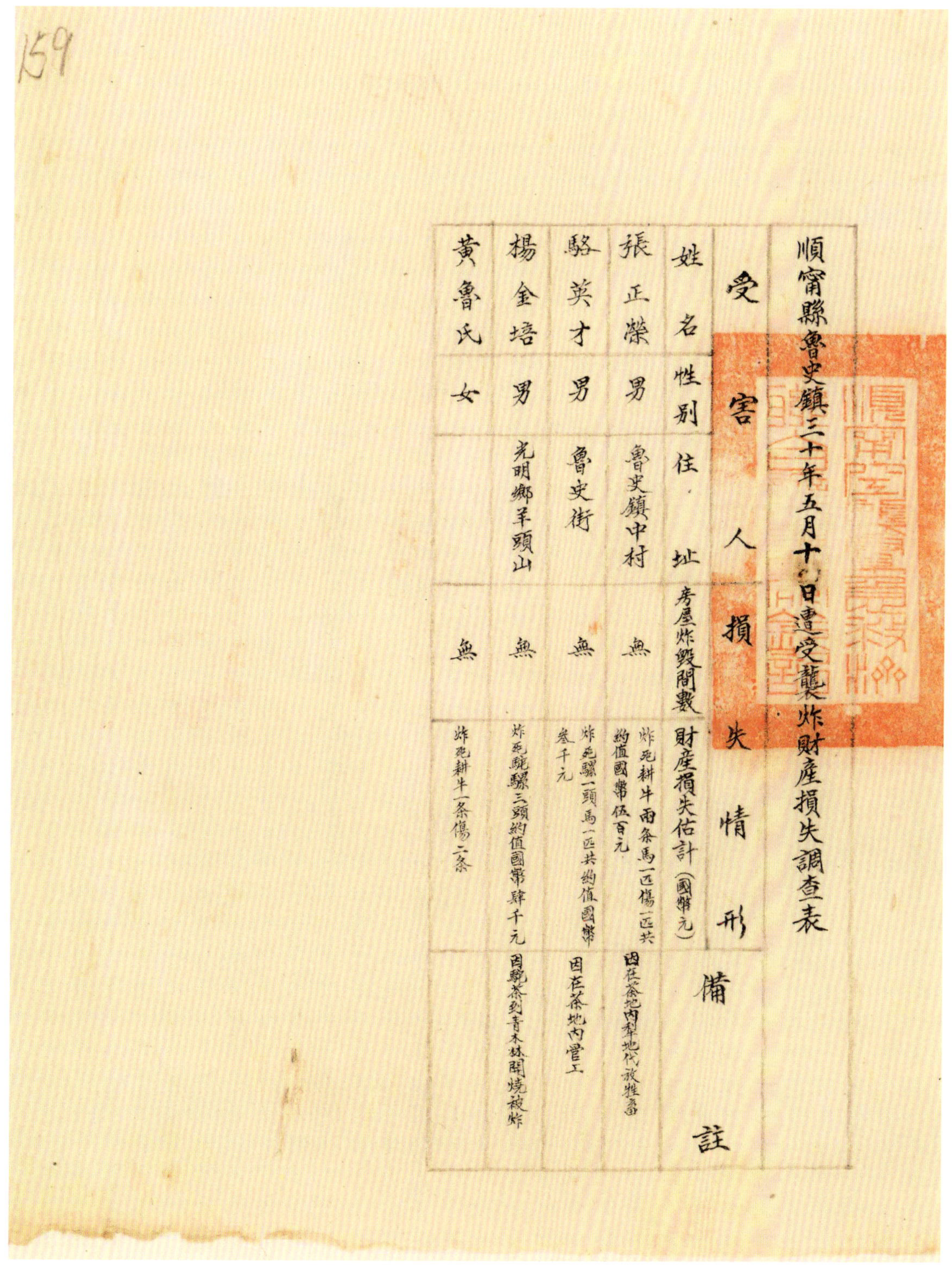

159

順甯縣魯史鎮三十年五月十日遭受襲炸財產損失調查表

受害人損失情形					備註
姓名	性別	住址	房屋炸毁間數	財產損失佑計（國幣元）	
張正榮	男	魯史鎮中村	無	炸死耕牛兩条馬一匹傷一匹共約值國幣伍百元	因在茶地内犁地代放牲畜
駱英才	男	魯史街	無	炸死騾一頭馬一匹共約值國幣叁千元	因在茶地内當工
楊金培	男	光明鄉羊頭山	無	炸死騍騾三頭約值國幣肆千元	因馱茶到青木林閙燒被炸
黄魯氏	女		無	炸死耕牛一条傷二条	

附（二）云南省顺宁县一九四一年度遭受空袭伤亡人数报告表

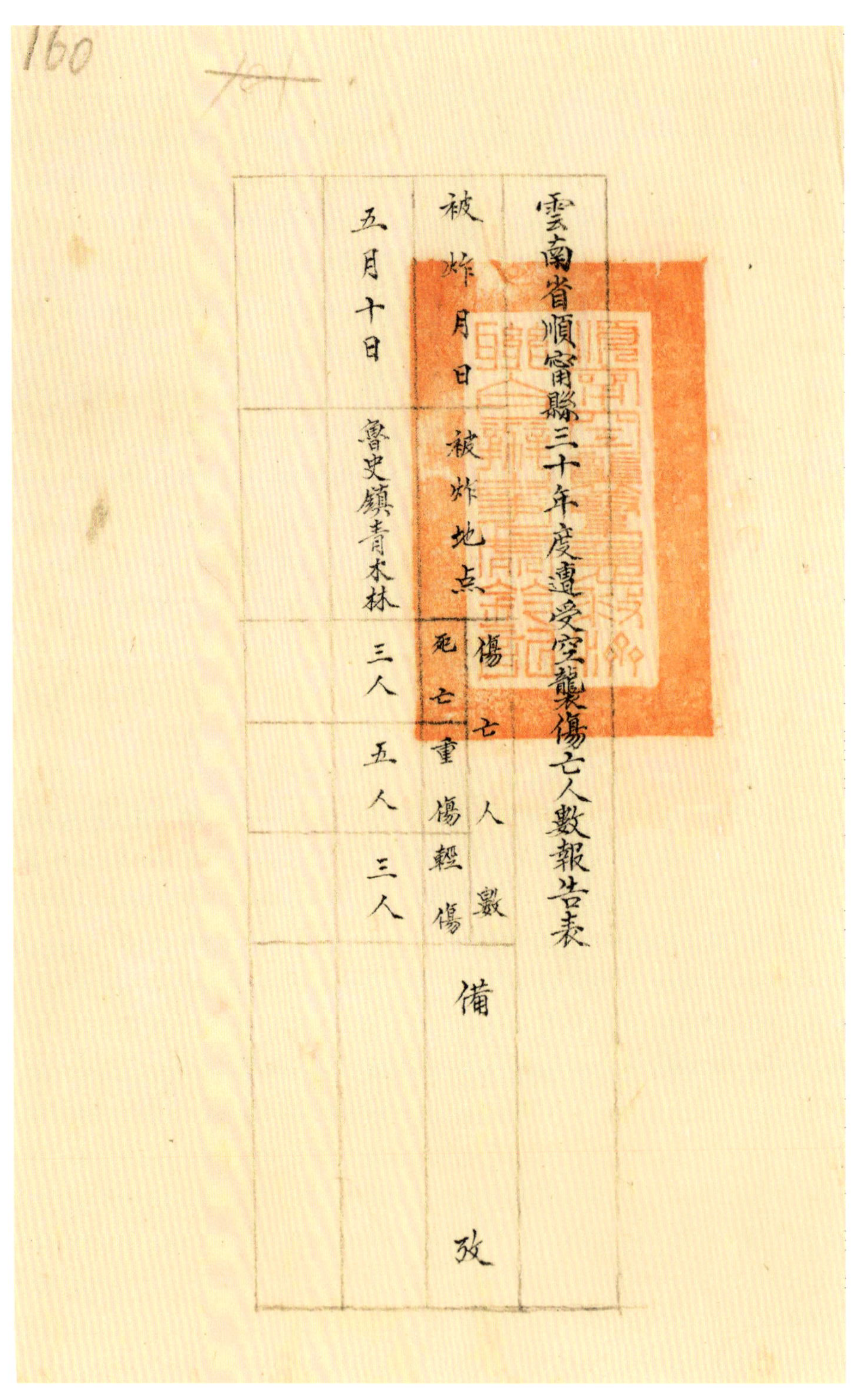

雲南省順寧縣三十年度遭受空襲傷亡人數報告表

被炸月日	被炸地点	傷亡人數			備攷
		死亡	重傷	輕傷	
五月十日	魯史鎮青木林	三人	五人	三人	

附（三）顺宁县一九四一年五月十日遭受空袭伤亡人数清册

161

順寧縣民國三十年五月十日遭受空襲傷亡人數清冊

受害人姓名	性別	年齡	住址或受害地點	傷情 死	重	傷	振卹表号數	備註
黃字氏	女	二十七歲	魯史鎮二保青木林	死				因代駱英才在茶地內工作被敵機炸傷胸腹部致死家貧
羅楊氏	女	十五歲	魯史鎮二保中村	死				背洞穿兩腳炸傷代駱英才家種菽
李文選	男	仝右	魯史鎮三保古平村	死				因與黃武章同種菽地被敵機炸傷胸部而死家境貧寒
李李氏	女	二十七歲	魯史鎮八保舊路山		重			因代駱英才在茶地工作炸傷頸部受傷甚重
趙士蘭	男	五十一歲	魯史鎮二保中村		重			因代駱英才犁茶地炸傷頭部
字老鰥	男	五十三歲	魯史鎮一保魯史街		重			因代駱英才鋤挖茶地炸傷臀部甚重
黃武章	男	二十九歲	魯史鎮一保西平村			輕		因在茶地內工作炸傷臂部
李龔氏	女	五十三歲	魯史鎮三保古平村		重			左手肘骨折斷
張正榮	男	四十一歲	魯史鎮二保中村			輕		因在茶地內工作炸傷手部
李順興	男	三十二歲	魯史鎮三保古平村			輕		右腳一傷
李正義	男	三十九歲	仝右		重			左腳右手共十傷

附（四）一九四一年五月十日遭受空袭损害伤亡赈恤登记表

民國三十年五月十日遭受空襲損害傷亡振卹登記表

受害人姓名	性別	年齡	住所或受災地	受害情形：死亡	受害情形：重傷	受害情形：輕傷	振卹款數（元）	領款人姓名	領款人住址	與受害人關係	領款人簽章或指印	證明人簽章或指印	備註
羅楊氏	女	五十歲	青木林	死亡			陸拾元	羅羅氏	二保中村	死者之姑		鎮長 保長	
李文選	男	十五歲	青木林	死亡			陸拾元	李龔氏	三保古平村	死者之母		鎮長 保長	
黃字氏	女	二十七歲	青木林	死亡			陸拾元	黃魯氏	二保中村	死者之姑		鎮長 保長	
趙士蘭	男	五十一歲	青木林		重傷		肆拾元	趙士蘭	二保中村	本人		鎮長 保長	
字老鰥	男	五十三歲	青木林		重傷		肆拾元	字老鰥	一保西平街	本人		鎮長 保長	

163

黃武章	李龔氏	張正榮	李順興	李正義	李楊氏
男	女	男	男	男	女
二十九歲	五十三歲	四十一歲	三十二歲	三十九歲	三十二歲
青木林	青木林	青木林	青木林	青木林	青木林
	重傷			重傷	重傷
輕傷		輕傷	輕傷		
拾伍元	肆拾元	拾伍元	拾伍元	肆拾元	肆拾元
黃武章	李龔氏	張正榮	李順興	李文偉	李安泰
一保西平街	三保古平村	二保中村	三保古平村	三保古平村	八保舊路村
本人	本人	本人	本人	傷者之弟	傷者之夫
鎮長 保長	鎮長 保長	鎮長 保長	鎮長 保長	鎮長 保長	鎮長 保長

附（五）顺宁县一九四一年五月十日遭受空袭轻伤人数报告表

順寧縣民國三十年五月十日遭受空襲輕傷人數報告表

受傷人姓名	性別	年齡	住址或受害地点	受傷情形	備註
黃武章	男	二十九歲	魯史鎮一保西平村	炸傷臂部	
張正榮	男	四十一歲	魯史鎮二保中村	炸傷手部	
李順興	男	三十二歲	魯史鎮三保古平村	炸傷右腳	

順寧縣民國三十年五月十日遭受空襲重傷人數報告表

受害人姓名	性別	年齡	住址或受害地点	受傷情形	備註
李李氏	女	二十七歲	魯史鎮八保舊路山	炸傷頭部甚重	
趙士蘭	男	五十一歲	魯史鎮二保中村	炸傷額部甚深	
字老鰊	男	五十三歲	魯史鎮一保魯史街	炸傷臀部甚重	
李龔氏	女	五十三歲	魯史鎮三保古平村	左手肘骨折斷	
李正義	男	三十九歲	仝　右	炸傷左脚右手	

开远县政府关于四月十八日遭受敌机轰炸情形致云南省民政厅的呈（一九四一年六月十九日）

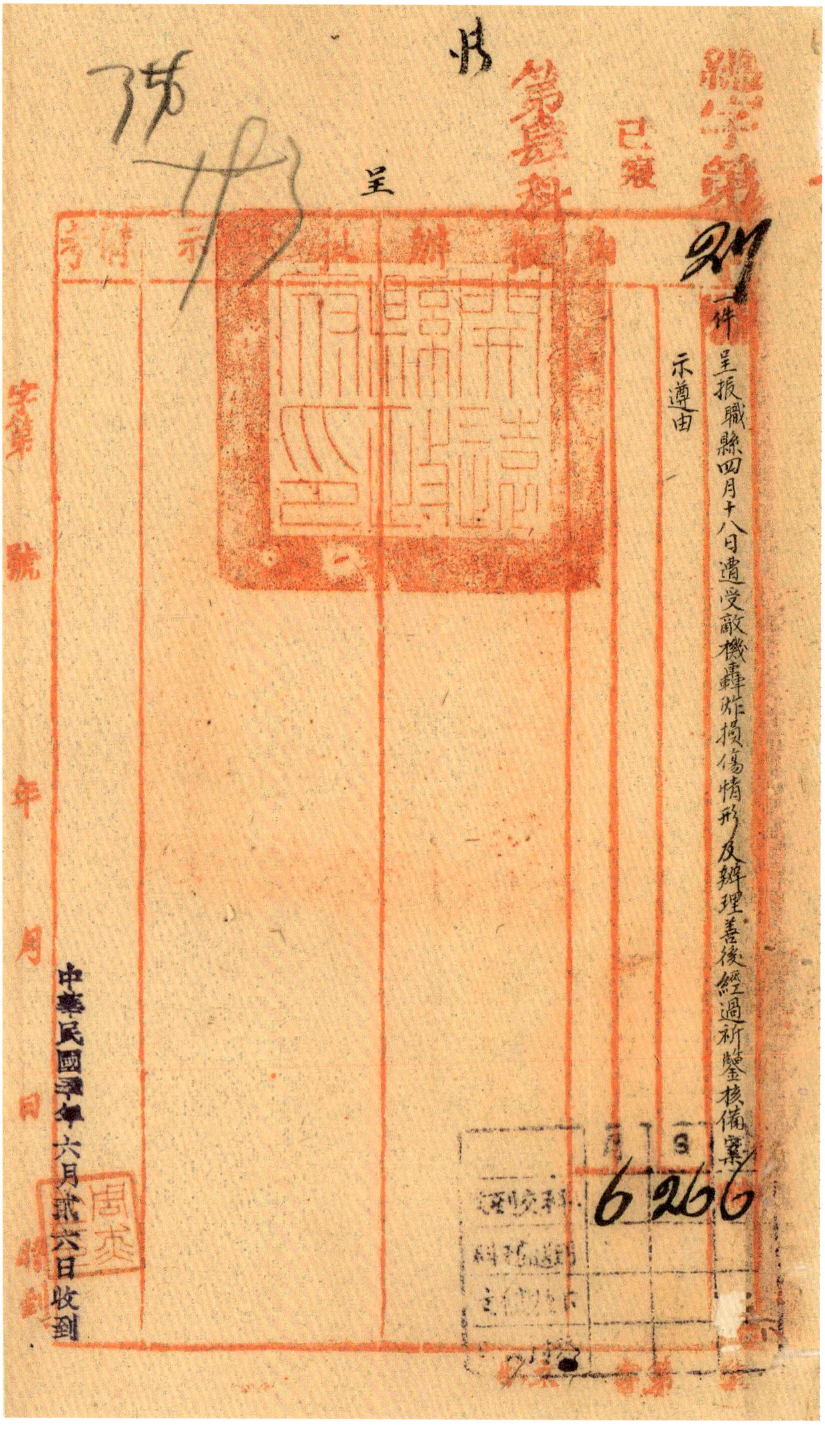

呈

事由：呈振職縣四月十八日遭受敵機轟炸損傷情形及辦理善後經過祈鑒核備案

中華民國卅年六月貳六日收到

呈為呈報事：竊於四月十八日午前十一時四十分敵機九架由越境竄入職縣縣城市空投彈濫肆轟炸當經將損傷情形以巧電呈報在案是日當敵機投彈後尚未遠颺之際縣長發現東門街之賣姜巷口中燃燒彈越大登即督率保甲長及消防救護人員馳往施救幸灌救得力立刻撲滅繼又巡視城內外災區所投炸彈則悉落城中及南門外一帶計城中賣姜巷口東門街興仁巷西門街文廟街等處及縣政府均遭轟炸房屋計倒壹百九拾四間燒燬三十四間縣府房屋正中彈八枚毀去縣長寢室辦公室及會客室儲藏室軍械室衛兵室第一科等處全部計有二十七間其他各科室均遭炸倒公私損失異常奇重死傷人數計炸死平民二十一人傷十四人職縣府死警役五人傷警衛二人共計死二十六人傷十六人當將傷者分別輕重立時送入法國醫院并延醫治療死者立即着手發掘備棺裝殮並即召開空襲救濟緊急會議商討善後事宜當經議決凡死者每人給卹金國幣五拾元以為裝殮之用并由地方備棺掩埋難民每人發給救濟金國幣二十元輕重傷者概由地方負責醫治并指定城外旅店三處及城內外原定收容所二處作臨時難民收容所

之地等語紀錄在案隨即動員全體團隊保甲長遵查議案漏夜趕辦即於是夜將死傷人民處置完妥翌日並按
照發放振欵旋蒙
鈞座軫念災黎由振濟會發下振欵國幣壹萬肆千元經杜組長式桓持欵到縣遵章撫卹並宣示
政府德意計死者每人發給三十元重傷二十元輕傷十元共計應發振欵壹千零叁拾元餘存壹萬貳千玖百
柒拾元經如數發交空襲緊急救濟聯合辦事處保管業將散放情形專案呈報並報請將餘欵准作救濟
準備金造具各項清冊表連同單據呈報在案至於 職縣 此次受災後對於救死卹傷各項原日地方緊急會議
議決死者每人給装殮費五拾元棺木由慈善團體籌施合計死亡二十六人已支用國幣壹千叁百元按照規定每
人以叁拾元計不敷五百二十元又輕重傷十六人重傷係送院治療輕傷則由地方醫生治療現已痊愈惟葯費及
火食已耗費國幣叁千元左右因無的欵尚未徒付按照振章受傷人民每人給振二十元或十元之規定業已散
發完畢現在此項葯費火食尚屬無欵徒付擬懇俯念地方迭受空襲災情慘重准於餘欵内提支二千

五百元作爲特振以五百二十元歸還死亡壯衣殮之費以二千元歸徒受傷人葯費火食如有不敷再由地方設法彌補
至被難災民每人所發之振濟費二十元已由各慈善團體臨時籌給支發清楚即不再動支振款是否有當伏候
衡核示遵又是日敵機轟炸集中縣府所中炸彈多係重量炸彈受災最重一切公物文件卷宗圖表書報損失
亦多現已分頭清理就緒當分別性質另案呈振所有 職縣被炸實況以及辦理善後情形理合備文呈請
鈞廳鑒核備案指令示遵謹呈
雲南省民政廳廳長李

開遠縣縣長魏嘉惠

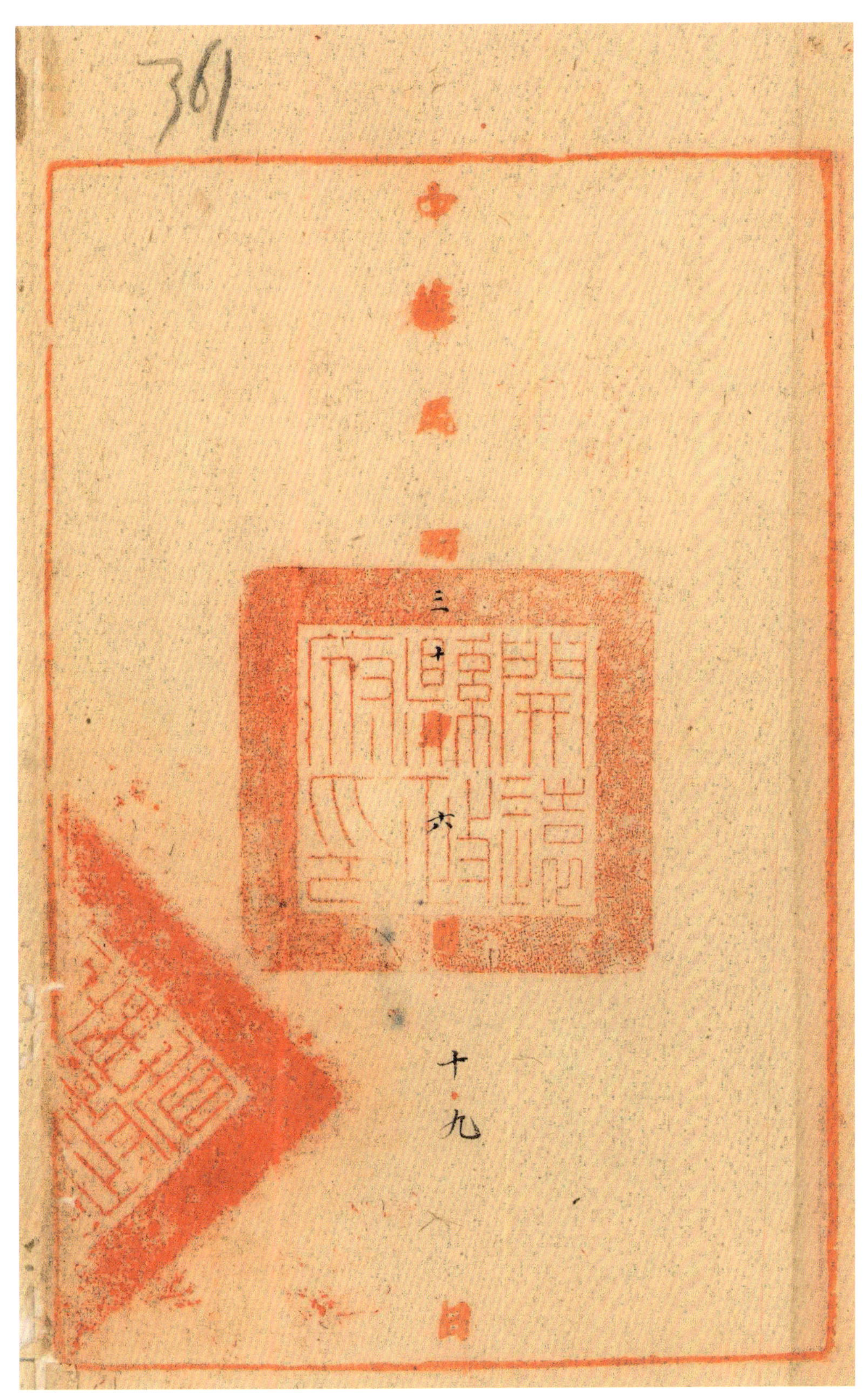

中華民國三十六　十九　日

云南省政府关于昭通县呈报被敌机轰炸情形致云南省民政厅的训令（一九四一年七月四日）

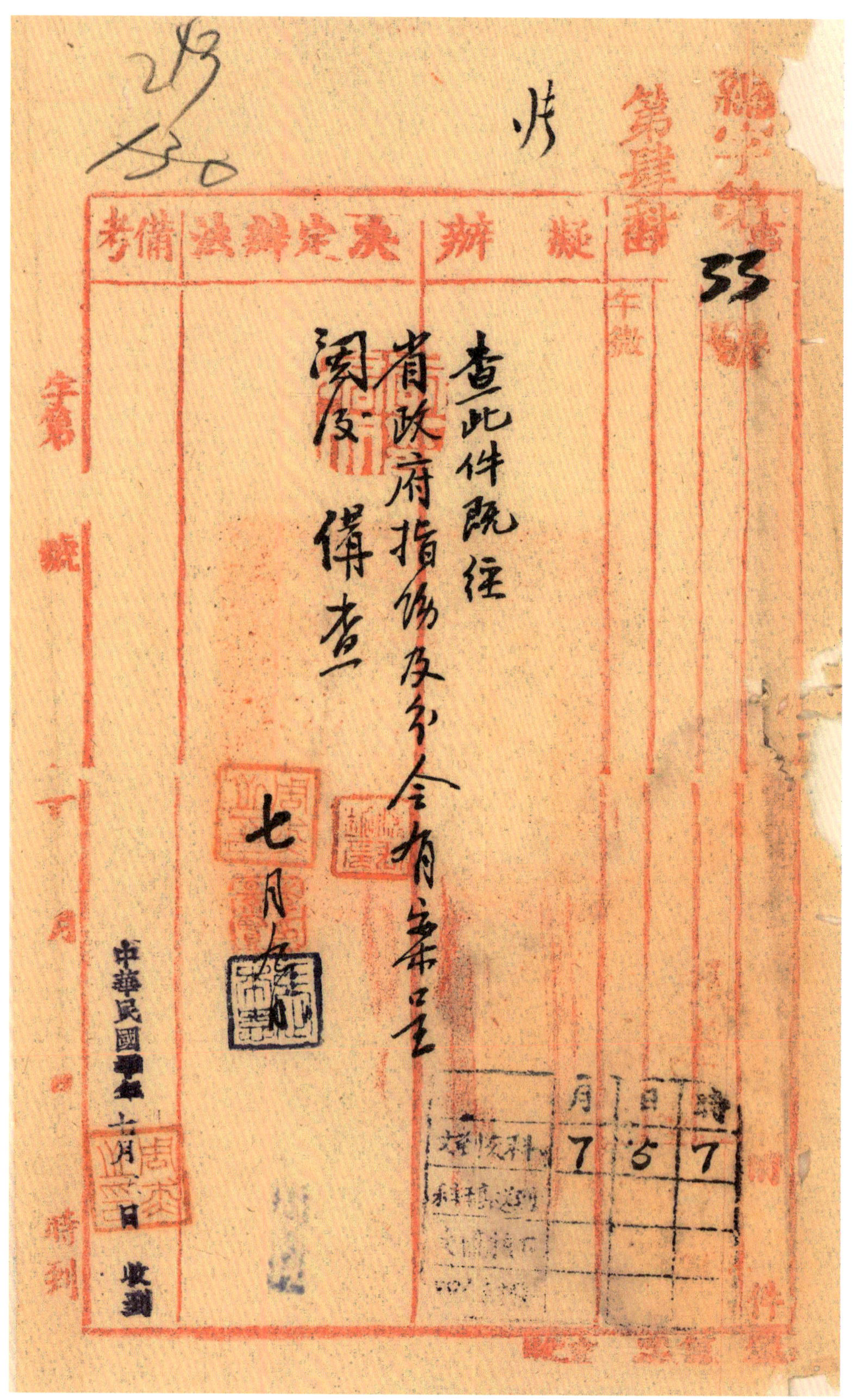

253
150

第肆科

53

拟	办	决定办法	备考
	查此件既经 省政府指饬各分令有案呈 阅后 备查		

七月七日

中华民国三十年七月四日时收到

	月	日	时
	7	6	7

244

雲南省政府訓令

秘書字第2135號

令民政廳

案據昭通縣縣長兼昭通警備分區指揮王鳳瑞卅年六月六日麻代電呈報稱：「（1）本日敵機襲昭先到機場投彈後至市空用機槍掃射（餘無損失）計死平民二人傷五人已由縣先行撥款分別撫卹（2）本日雲站益聞大批機聲係七時五十分敵機到達昭通後（此時係電機到達）時卅分於距四十公里沿途電話報轉僅至縣縣當於八時發出預行警報自雲霑沾益後威寧

宣威会泽均无线报通知防部分会负责人吴迟为
局势严重乃於八时十五分发空袭警报继续发
紧急警报间施放未终敌机已至(3)支日七时廿
分屏边发现敌机九架昭通收报时刻为九时十分
於距两小时同日十三时廿一分安宁发现敌机
三架昆明放紧急警报昭通收到无线报为十四
时十五分相距四十四分此种传达迟滞情形各
次皆然有电局及哨所无线报日记可稽此次敌
机飞临昭东声报社不查予实与时间肆意诬
毁无线报人员并谓照规定应放之警报为欢

迎是不但防虑机密尽情泄露抑且鼓動人心破
坏秩序莫所不用其極現電局揚收情报則提请
由該社派員監督实業公司之放汽笛則提请
派员揚报均不敢继续负责致受莫渭之攻擊
降幸頒情报股人员向該社接理後判并呈请
东路警备部指揮龍就近查照受理及分别
電呈外謹電呈以龍嘯令電大鈞鑒核备查至紉公毛
係於上月廿一日赴復興鄉請理積谷次日敵
机襲昭通適在該鄉開会未及在城指揮祗答实
难辞并請议處。

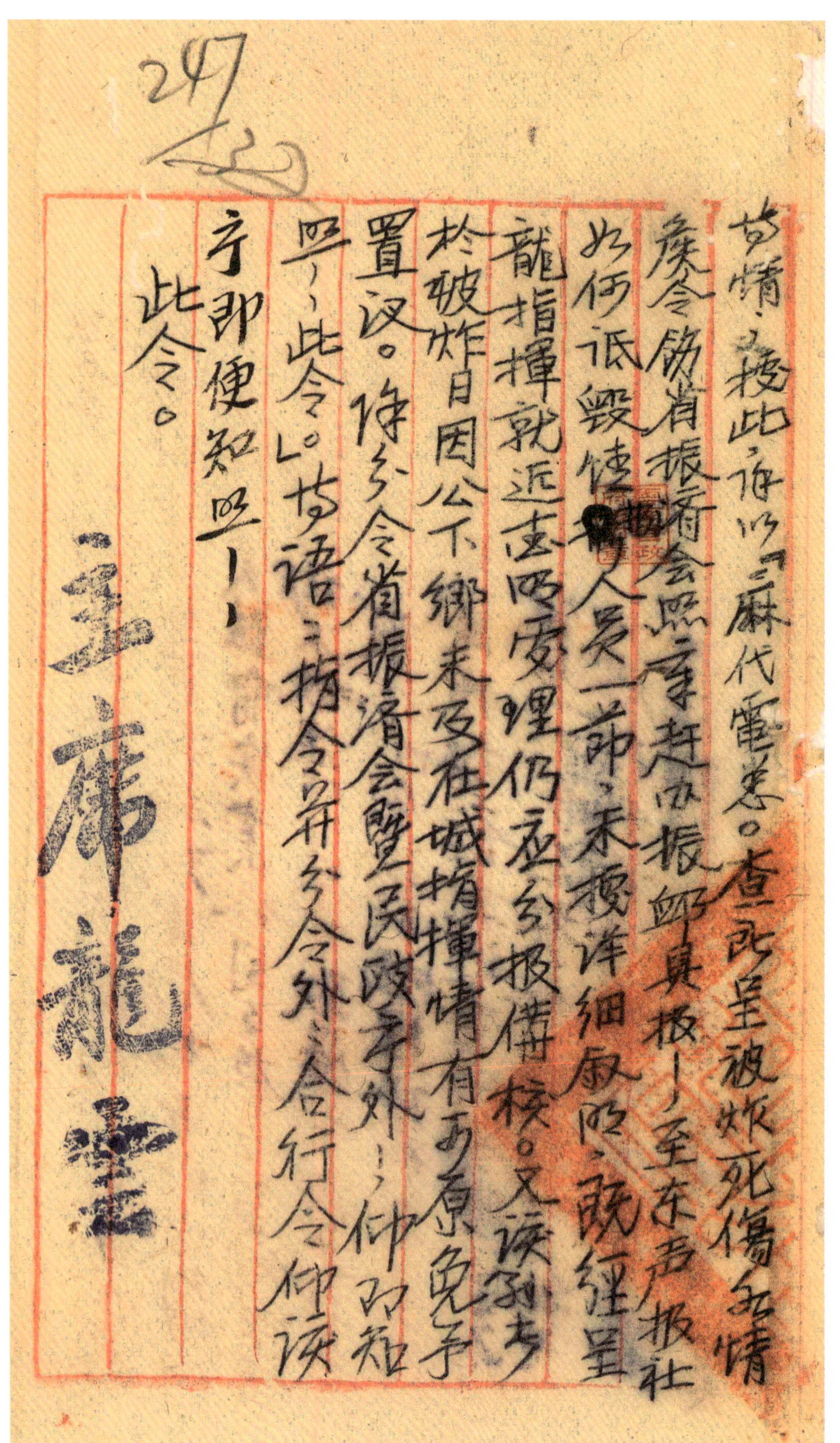

247

等情。据此，除以"麻代电"悉。查所呈被炸死伤各情，除令饬省振济会照章赶办振恤具报外，至东寺报社如何被毁情形人员一节，未据详细叙明，既经呈龙指挥就近迅速照案办理，仍应分报备核。又该刘专於被炸日因公下乡，未及在城指挥，情有可原，免予置议。除分令省振济会暨民政厅外，仰即知照。此令。"等语。除指令并分令外，合行令仰该专即便知照！此令。

主席 龙云

248

中華民國廿七年七月四日

監印林[illegible]章

核對劉光堯 李雁毅

广南县政府关于一九四一年六月十六日遭受空袭损失情形致云南省民政厅的呈（一九四一年七月八日）

419

呈為呈報事竊查職縣六月十六日遭敵機轟炸當於是日分電呈報災情在案昨奉
雲南賑濟會兼主任龍銑電垂詢職縣銑日遭敵機轟炸詳情並飭將被災實況詳查具報以憑發款振濟等因一案
旋經職於有日先將大概災情電覆在案茲查本月十六日敵機未來轟炸之先上午七時職接前方情
報當即發出警報八時發出緊急警報并督飭城內居民迅速疏散出城迨至上午十時三十分敵機
九架侵入縣城市空轟炸計於原有教育局及其左側民房共中二彈燬屋一共三十餘間幸而教育科
全體職員早經令飭疏散城外辦公各皆安全僅炸斃左邊居民二人傷十八人縣城中心小學中二彈全部校
舍與附近民房共四十餘間均被炸燬該校員生亦早疏散出城僅被房屋震倒打傷校役及普通人
各一人北門水巷子居民蕭姓等屋中一彈壓傷老婦二人共燬房屋五十餘間縣政府對面何姓藥舖
中一彈燬屋二十餘間人民幸未死傷南門四倚巷及陸姓花園各中一彈燬屋三十餘間死男婦老幼
二十四人傷二十六人此處係前在廣東任司令陸勛臣公館後花園內隱避多人不幸此處正中一彈故死

傷均較他處爲多龍井巷王農等姓之屋中二彈死十三人傷五人房屋被燬三十餘間縣政府後園
牆外坡頂高居民馬姓等之房屋中二彈燬屋三十餘間外并死傷十六人總計中彈七處投彈十二枚炸斃平
民男女共四十八名重傷三十六名輕傷四十名被炸全燬房屋一百一十四間半燬房屋一百六十一間總共燬房
二百七十五間此外被震動波及或被破片打擊門窗倒塌者亦復不少縣政府內亦被破片飛入擊損什
物震倒窗壁觸目皆是斯時縣長因督飭各團隊維持治安未及出城疏散於緊急時隱避於縣府後側
操場牆角危險萬狀幸轟炸時間不長經二十分鐘後敵機即行逸去縣長立即出府親率各團隊逐
一往中彈處災區視察救護一面令飭各團隊分頭將被壓人民掘出一面會同一六六收容所將受傷人民
抬往所內醫治對於死者若有家屬認領即補助安葬無家屬認領者即由縣備棺飭屬掩埋直至
午后六時許始辦理完竣次日即召集地方各機關人員及紳耆開緊急會議商討籌款賑濟災民當
由縣長捐出新幣捌百元連同各界捐助共捐獲新幣柒仟伍百餘元趕辦急賑然災情慘重杯水車薪

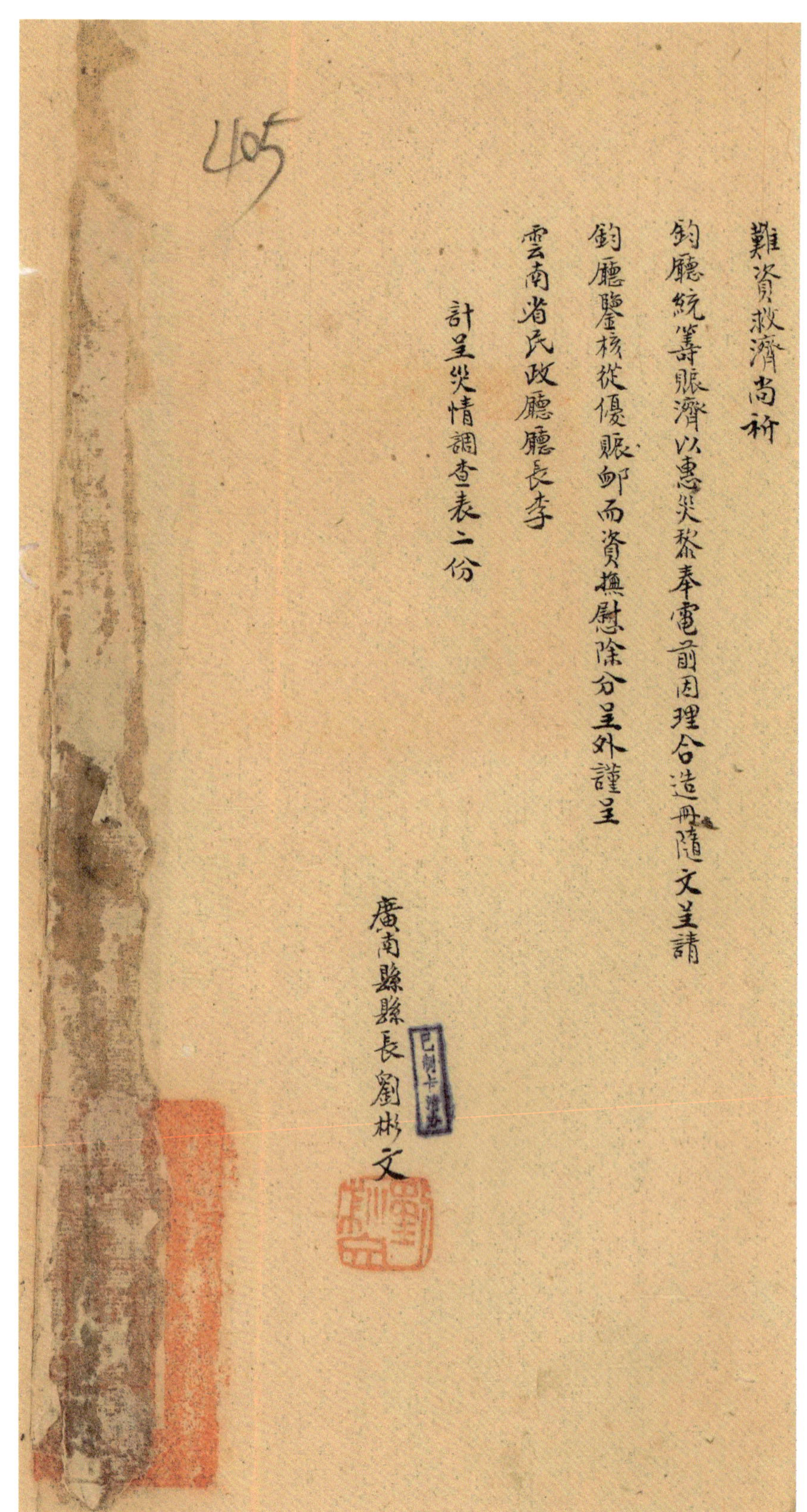

405

難資救濟，尚祈
鈞廳統籌賑濟，以惠災黎。奉電前因，理合造冊，隨文呈請
鈞廳鑒核，從優賑卹，而資撫慰。除分呈外，謹呈
雲南省民政廳廳長李
計呈災情調查表二份
廣南縣縣長劉彬文

附：广南县一九四一年遭受空袭伤亡人数及被炸房屋报告表

廣南縣民國三十年度遭受空襲傷亡人數報告表

附記

1. 表列傷亡人數係經實際調查登記造報
2. 總計被炸死亡男女共四十八名重傷三十六名輕傷[illegible]名

民國三十年七月八日

廣南縣民國三十年度遭受空襲被炸燬房屋報告表

被炸月日	被炸地點	炸燬房屋數·全燬	炸燬房屋數·半燬	備考
六月十六日	教育局	教育局六、郭家賢一、陸怕玉三、郭大奇一、陳老奶一、萬志仁三間	教育局六、周星耀五、郭家賢二、聶運洪三、陸從三、郭崇高三間	計該處中二彈全燬房屋十五間半燬房屋二十二間
六月十六日	啟明中心小學	啟明中心小學二十五間、陸景修一、張美之二間	陸景修三、陸景芬一、殷芝戲五、李悟真四、施朝柱三、宋浩州一間	計該處中二彈全燬二十八間半燬房屋十七間
六月十六日	北門水巷子	蕭華楊三、唐聲剛二、左張氏二、陸保和二、陸永達三、陸景星三、陸文才三、陸華一間	楊先珉三、何保華三、左張氏一、李聲明四、楊治國六、唐啟祥三、陸鼎臣五、景道平二、錢可榮一、楊蓮金一、劉像乾三間	計該處中一彈全燬十九間半燬三十二間
六月十六日	大南門	何潤之三、左正平一、康爾祿二、馬湖會館四間	何潤之一、左正平一、李俊德一、常子猷一、陳策一、晏全道一、王龔和一、陸佐卿三、吳大昌三、周明一、王佩珩二、陸揚修一、黃在三、精忠廟四間	計該處中一彈全燬房屋十間半燬房屋二十八間
六月十六日	南門四街巷	陸光宗三、縣黨部二、王正先二、陸全貴二、趙義金一、李志德二、陸玉清二、陳小腳三、陳家德一間	陳海廷二、縣黨部八、劉黃氏一、李武二、劉肇西三、老縣衙門一、陸光中一、農老楚一間	計該處中二彈全燬房屋十八間半燬房屋十九間
六月十六日	龍井巷	農新九二、資明倫一、陸道富三、陸元光一、資明正一間	王慶明三、王慶寶三、羅大福一、殷素娥一、陳世榮二、馮榮之一、周禮先一、楊鉄匠一、張樹芬一、陳明仙一、陸安文三、黃老五二、施朝柱三、陸景芬一、宋海川一間	計該處中二彈全燬房屋九間半燬房屋二十五間
六月十六日	坡頂高	郭興邦二、朱淮洄二、戴文正一、翁慶星三、向希賢一、王保安三、馬世昌三間	賴五生一、陸應松二、王正先三、胡浙達二、劉國昌一、楊老媽一、楊延壽一、李芬榮一、周濟彬三、陸金邦三間	計該處中彈三枚全燬房屋十五間半燬房屋十八間
總計	七處	一百一十四間	一百六十一間	

附記

一、表計中彈七處投彈十二枚全燬房屋一百一十四間半燬房屋一百六十一間共計二百七十五間

民國三十年七月八日

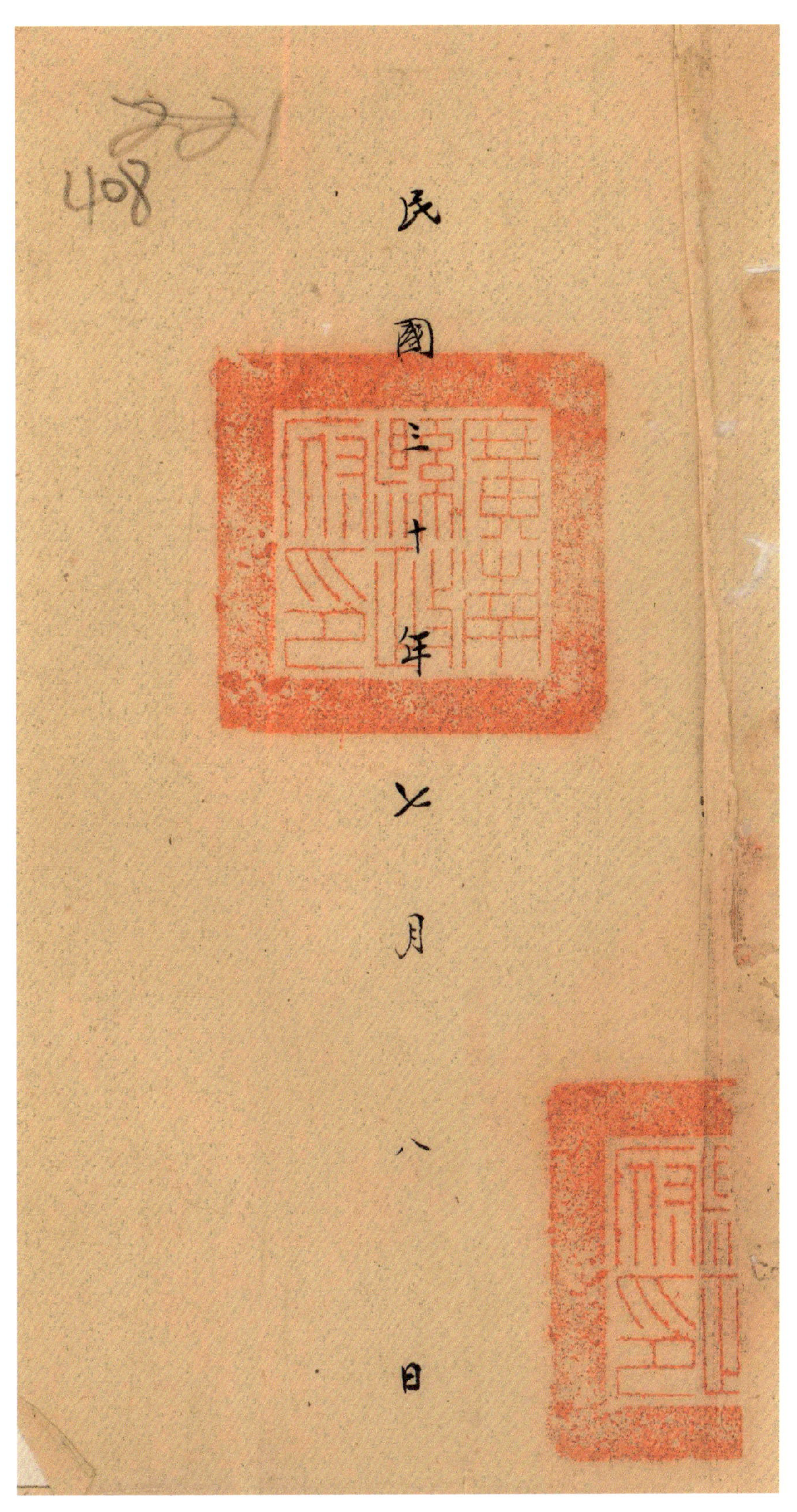

民國三十年七月八日

昭通县政府关于一九四一年六月一日被炸伤亡情形致振济委员会运配难民昆明总站的代电（一九四一年八月三十日）

130

快郵代電

字數　　頭號

時　小　　月　　局名

中振會運配難民昆明總站主任何勲鑒案准以貴站第398號江代電開查六月一日敵機襲炸貴縣當經本站呈報中央振濟委員會在案茲奉本年六月第一五四一二號馬渝乙代電內開已東電悉昭通東日被炸如有傷亡應轉知縣府照章辦理振卹並

中華民國　年　月　日　時　來電

字第　號　第　頁　譯送

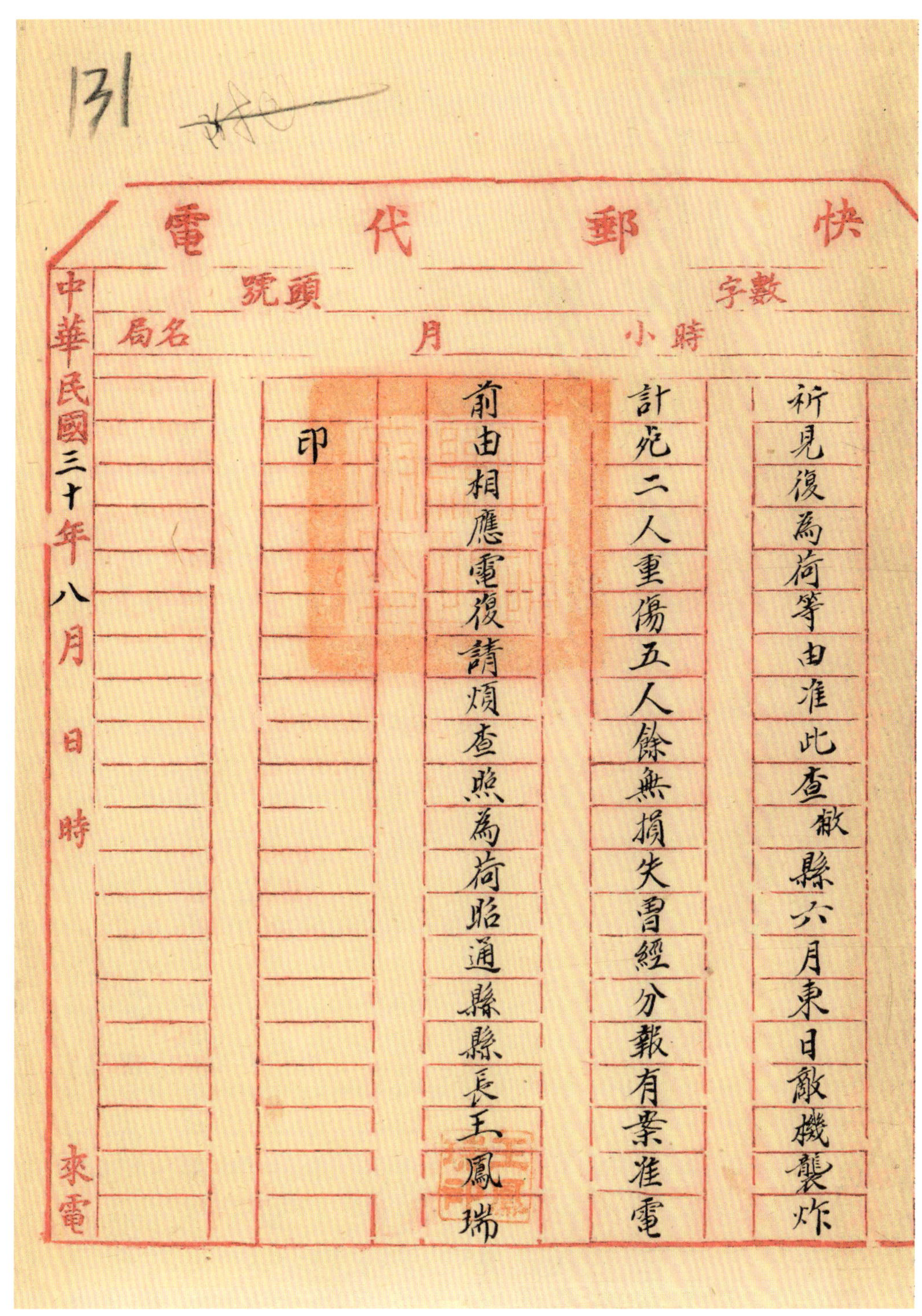

131

快郵代電

字數　　頭號

時　小　　月　　局名

祈見復為荷等由准此查敝縣六月東日敵機襲炸計死二人重傷五人餘無損失曾經分載有案准電前由相應電復請煩查照為荷貽通縣縣長王鳳瑞 印

中華民國三十年八月　日　時來電

广南县政府关于该县属被敌机轰炸情形致云南省民政厅的呈（一九四一年九月四日）

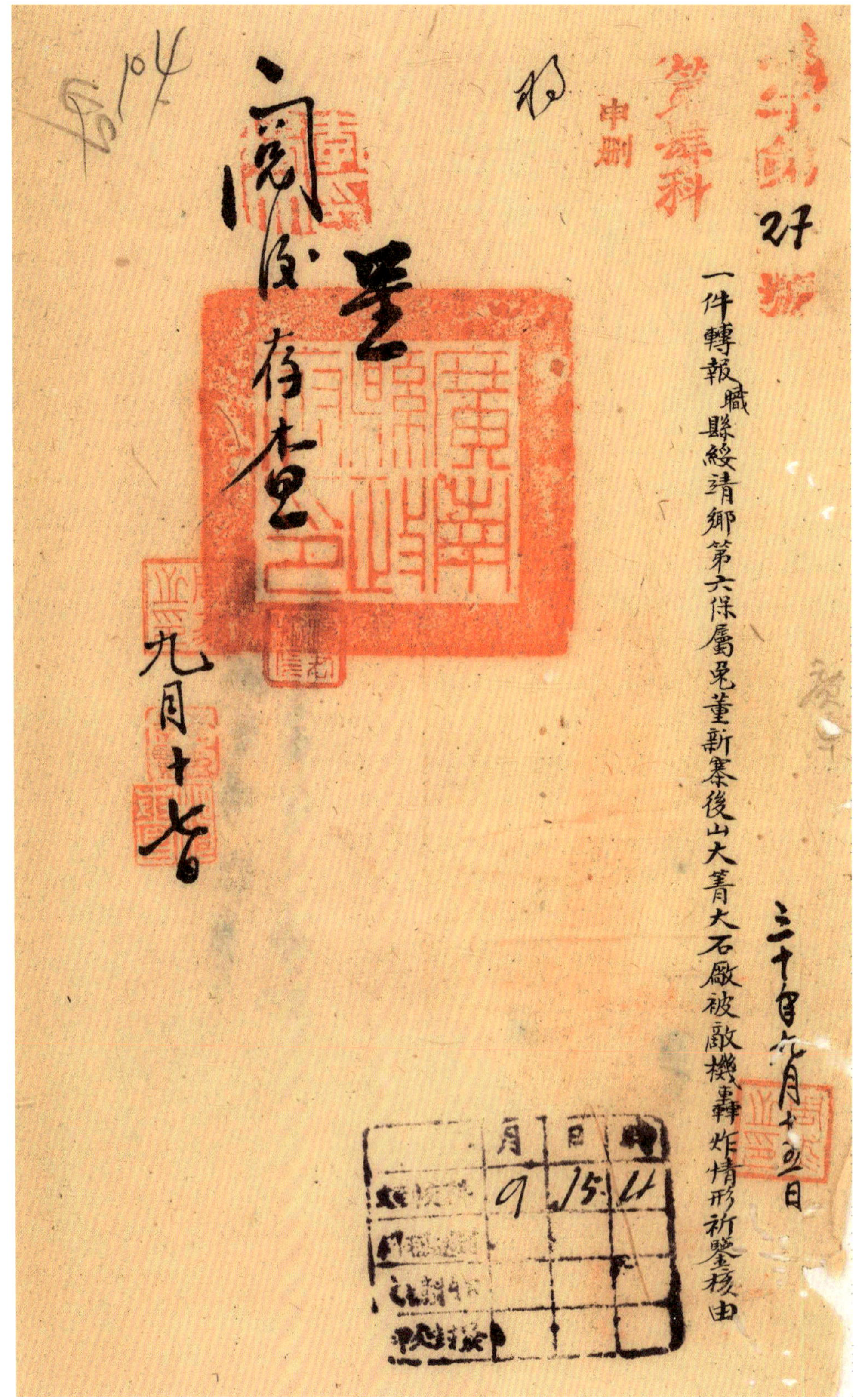
一件转报职县绥靖乡第六保属冕董新寨后山大箐大石厂被敌机轰炸情形祈鉴核由

65

呈爲轉報事案據職　縣綏靖鄉鄉長魏榮華呈稱爲呈報事項據職屬第六保保
長周定魁報告稱於昨(十)日正午十二點鐘有飛機二十七架經過職保突然楚轉壹
架至職保第七甲兔董新寨後山大箐大石廠煞山頭投下炸彈伍個山頭炸如焦
土附近人民受其驚惶但民房幸無損失除飭人民遇有敵機過時疎散外理合
具文呈請鈞府鑒核轉呈備案等情前來查職　縣對於防空迭經令飭鄉鎮每
遇趕街不准密集一聞機声即行疏散避免無謂犧牲該鄉距縣城一百二十里
常發現敵機經過此次投彈幸無損失除分呈外理合具文呈請
鈞廳鑒核備案謹呈
雲南省民政廳廳長李

廣南縣縣長劉彬文

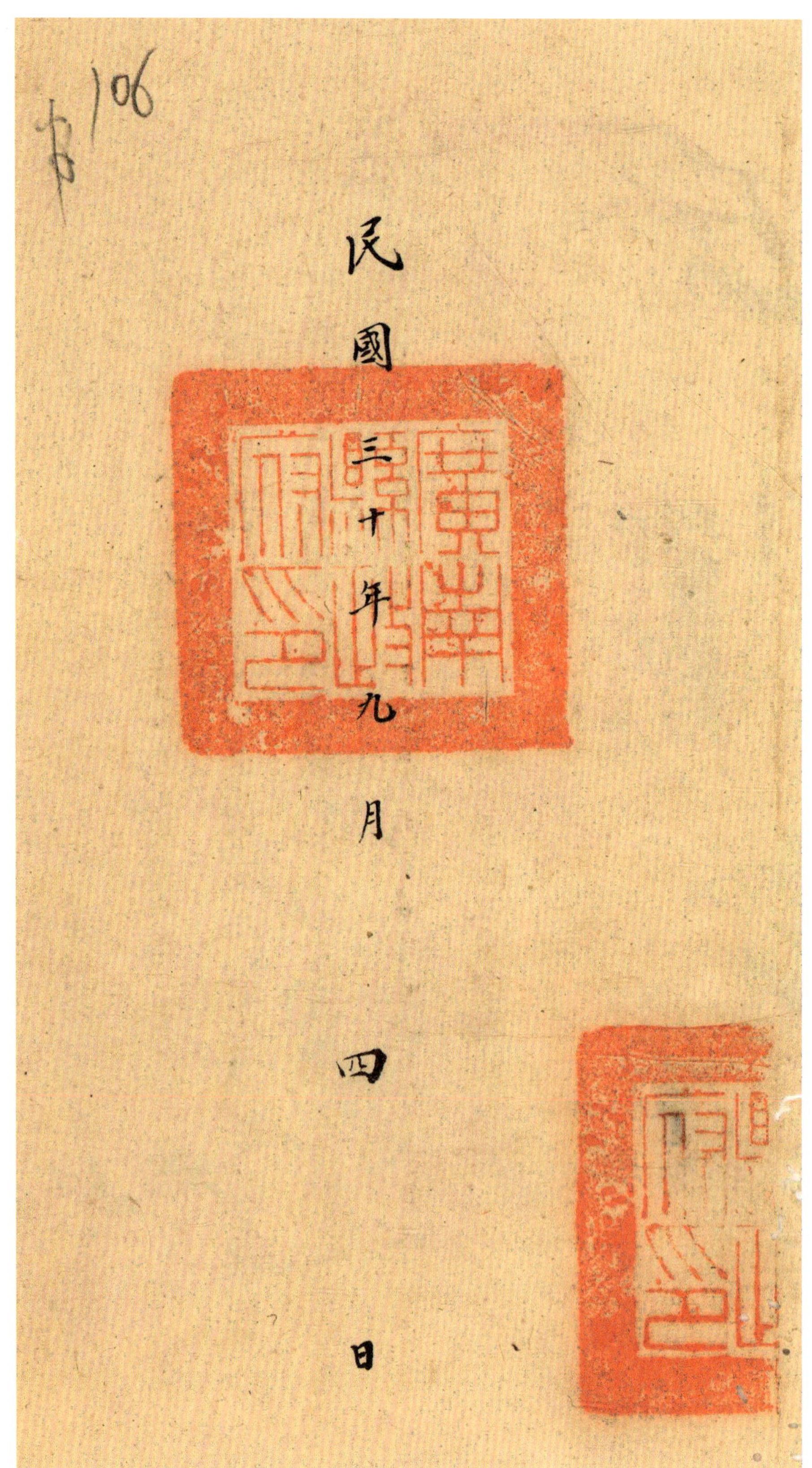
106
民國三十年九月 四 日

凤仪县政府关于敌机侦察、轰炸情形致云南省民政厅的代电（一九四一年九月十六日）

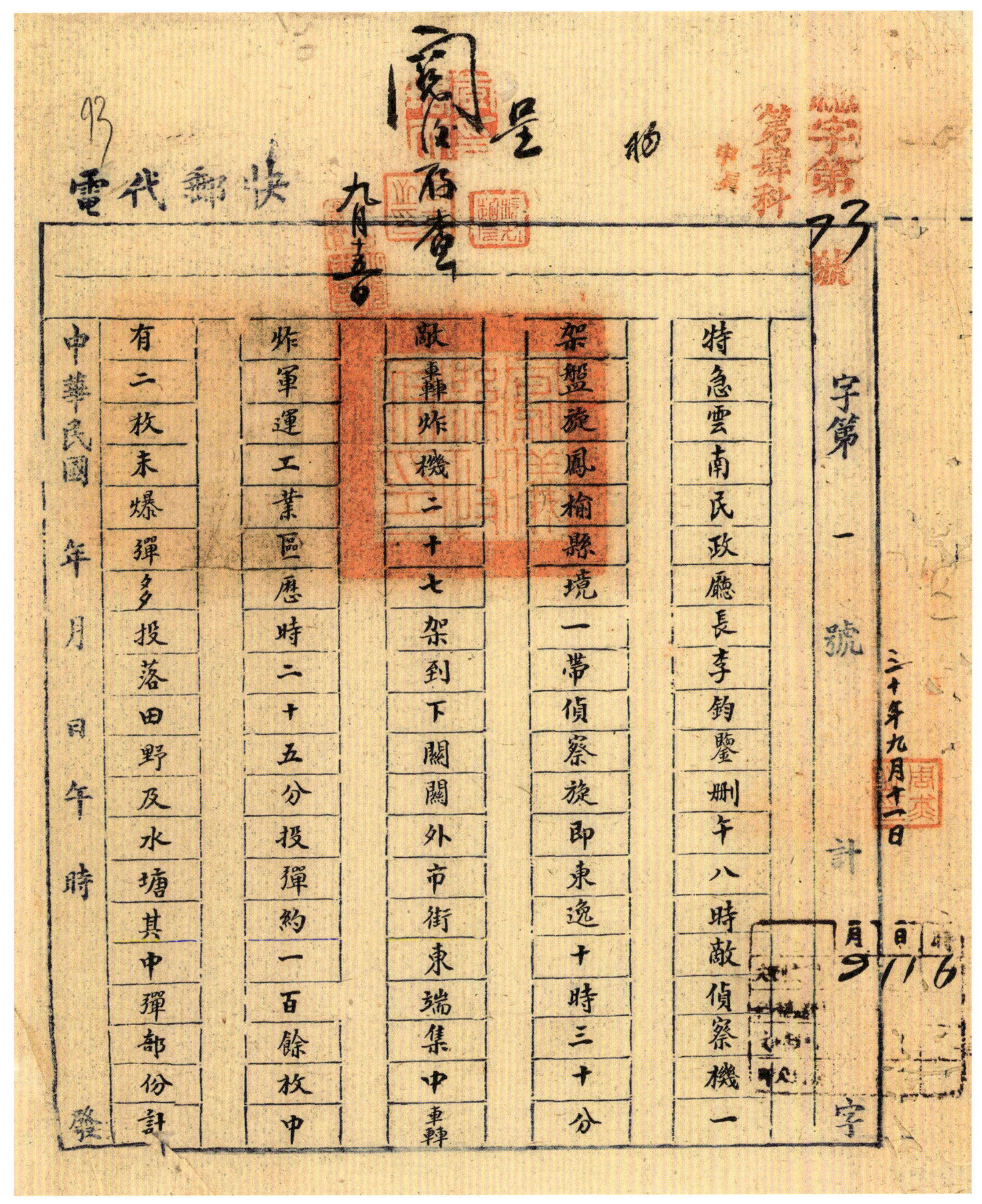

快郵代電

字第一號

特急雲南民政廳長李鈞鑒删午八時敵偵察機一架盤旋鳳榆縣境一帶偵察旋即東逸十時三十分敵轟炸機二十七架到下關關外市街東端集中轟炸軍運工業區歷時二十五分投彈約一百餘枚中有二枚未爆彈多投落田野及水塘其中彈部份計

中華民國　年　月　日　午　時　發

94

快郵代電

字第二號 計 字

西南運輸下關分處及其修車廠雲南汽車公司車站炸毀較重並毀待修汽車六輛附近民房炸毀及震壞六十三家西運處側民房中彈起火經嚴督消防隊趕救燒燬三間即行撲滅傷亡人數計死西運處憲兵警戒兵運輸兵共三名田野農婦二名疏散

中華民國　年　月　日　午　時　發

95

快郵代電

字第三號　計　字

附近郊野之婦孺捐佚等共玖名統計死亡壹拾肆
名輕重傷男女及鎮長警戒壯丁等柒名死傷總額
詳查結果統凡二十一名敵機東逸職立即乘車赴
閩督辦善後事宜秩序尚屬良好並於當晚召開緊
急會議督導市民徹底疏散嚴密防空機構消防方

中華民國　年　月　日　午　時　發

96

快郵代電

字第四號 計 字

面為應付事機計除正常編組外經並籌收攤租組
設常備消防隊四十名以策安全刻西運處人員已
疏散下鄉市民亦已督導疏散就緒除遵令嚴密組
防及分呈外謹電呈祈双鈞座鑒核備案再敵機炸
畢東逸到達定西嶺西距城二十五里公路旁因有

中華民國　年　月　日　午　時發

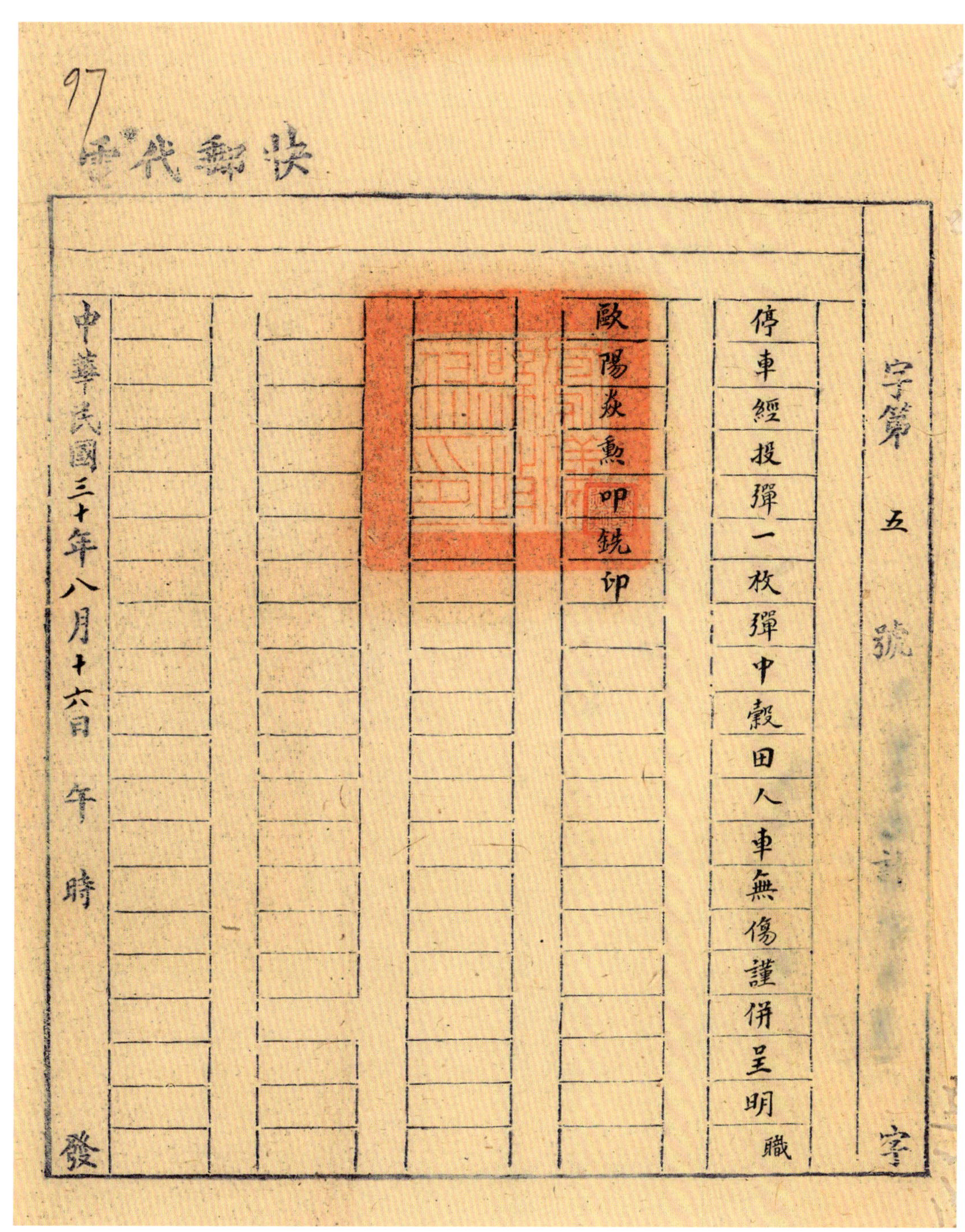
97

快郵代電

字第　五　號

停車經投彈一枚彈中穀田人車無傷謹併呈明

職歐陽焱勳叩銑印

中華民國三十年八月十六日午時發

昭通县一九四一年六月一日遭受空袭伤亡人数报告表、清册、赈恤登记表（一九四一年九月十八日）

雲南省昭通縣三十年度六月份遭受空襲傷亡人數報告表

被炸日期	被炸地點	傷亡人數			備考
		死亡	重傷	輕傷	
六月一日	飛機場 治城市空	二人	五人		餘無損失在機場用機槍掃射損傷我機二架

昭通縣三十年六月一日遭受空襲傷亡人數清冊

受害人姓名	性別	年齡	住址或受害地點	傷情 死	傷情 重	傷情 輕	振濟表號數	備註
李老五	男	三四	八仙鄉李家灣村	死			第一號	
顧少和	男	三二	八仙鄉大院子村	死			第二號	
陸子成	男	六二	濟川鎮西門外		重		第三號	
唐明昌	男	三十	啟文鎮南豆街		重		第四號	
向松柏	男	四六	濟川鎮西門外			輕	第五號	
朱雷氏	女	六七	尚武鎮廣東廟		重		第六號	
訾周氏	女	五六	八仙鄉白坭井		重		第七號	
李忠臣	男	二四	濟川鎮西門外			輕	第八號	

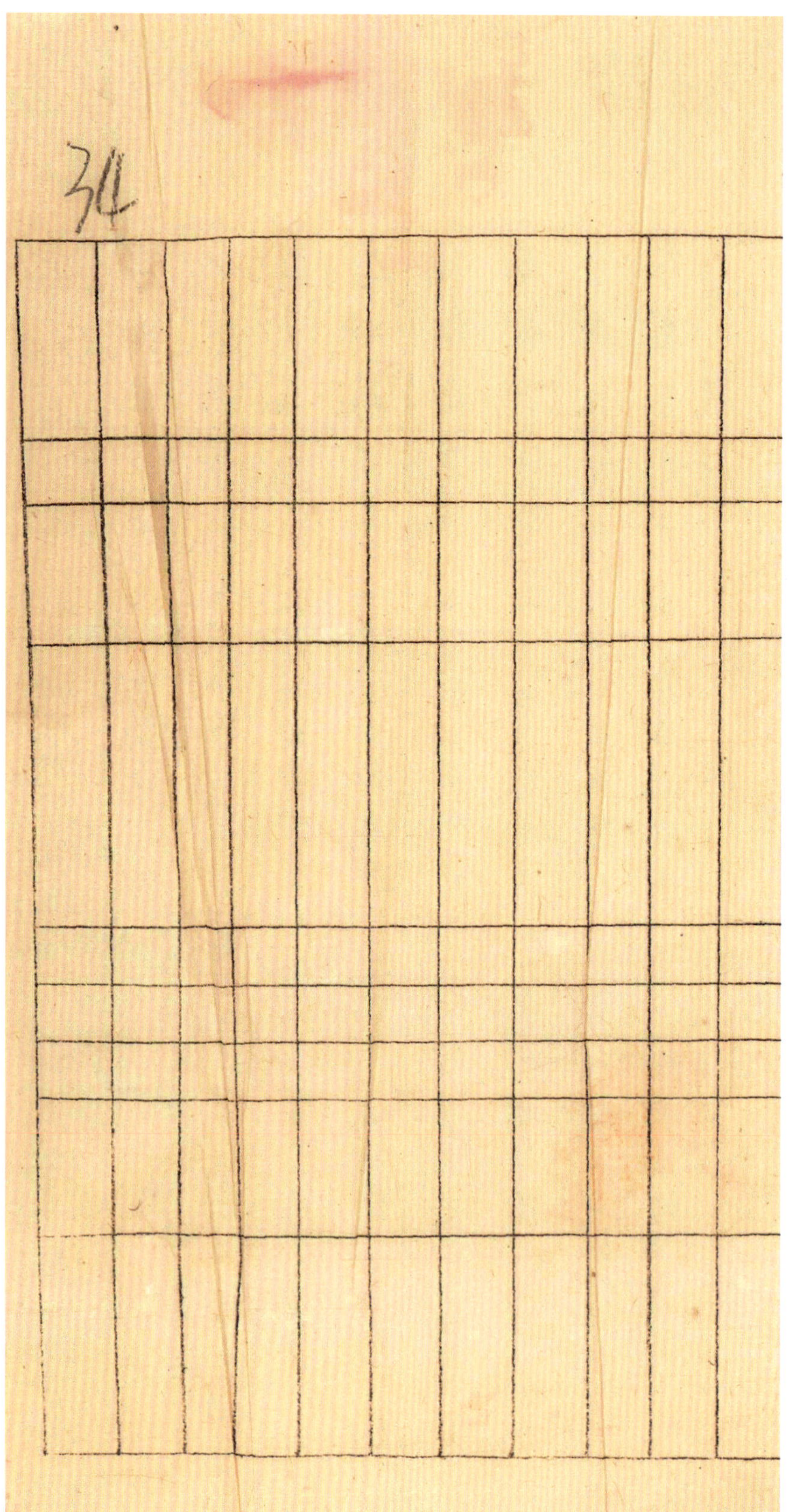
34

（№ 6）

民國三十年六月　一　日遭受空襲損害死傷振卹登記表

受害人	姓名	宋雷氏
	性別	女
	年齡	六十七歲
	住所或受災地	廣東廟
受害情形	死亡	
	重傷	重傷
	輕傷	
振	賑卹款數（元）	四十元
領款人	姓名	宋雷氏
	住址	
	與受害人關係	本己
領款	人簽章或指印	
証明	人簽章或指印	甲長　李朝陽章
備註		

35

(No 7)	(No 6)	(No)	(No)
訾周氏	李忠臣		
女	男		
五十五歲	二十四歲		
白坭井	西門外		
重傷			
	輕傷		
四十元	十五元		
訾周氏	李忠臣		
本己	本己		
保長	保長		

民國三十年六月一日遭受空襲損害死傷振卹登記表

	受害人姓名	性別	年齡	住所或受災地	受害情形：死亡	重傷	輕傷	振卹款數（元）	領款人姓名	住址	與受害人關係	領款人簽章或指印	證明人簽章或指印	備註
(No 1)	李老五	男	三十四歲	廻龍鄉第三保於元寶山後被槍彈斃	死			六十元	李張氏	李家灣	係死者之母		保長	
(No 2)	顧少和	男	三十二歲	仝右	死			六十元	顧聶氏	大院子	係死者之妻		該管甲長	

36

（No 3）	（No 4）	（No 5）
陸子成	唐明昌	向松柏
男	男	男
六十二歲	三十歲	四十六歲
西門外	南豆街	西門外
重傷	重傷	
		輕傷
四十元	四十元	十五元
陸子成	唐明昌	向松柏
本已	本已	本已
已制卡清办	已制卡清办	已制卡清办
保長	保長	保長

昭通县一九四一年八月三十一日遭受空袭伤亡人数清册及赈恤登记表（一九四一年九月二十六日）

昭通縣三十年八月三十一日遭受空襲傷亡人數清冊

受害人姓名	性別	年齡	住址或受害地點	傷情			振濟表號數	備註
				死	重	輕		
楊貴貴	男	十一歲	住八仙鄉訾家灣 在飛機場側被炸	死			第一號	
訾有元	男	三十歲	仝右		重		第二號	

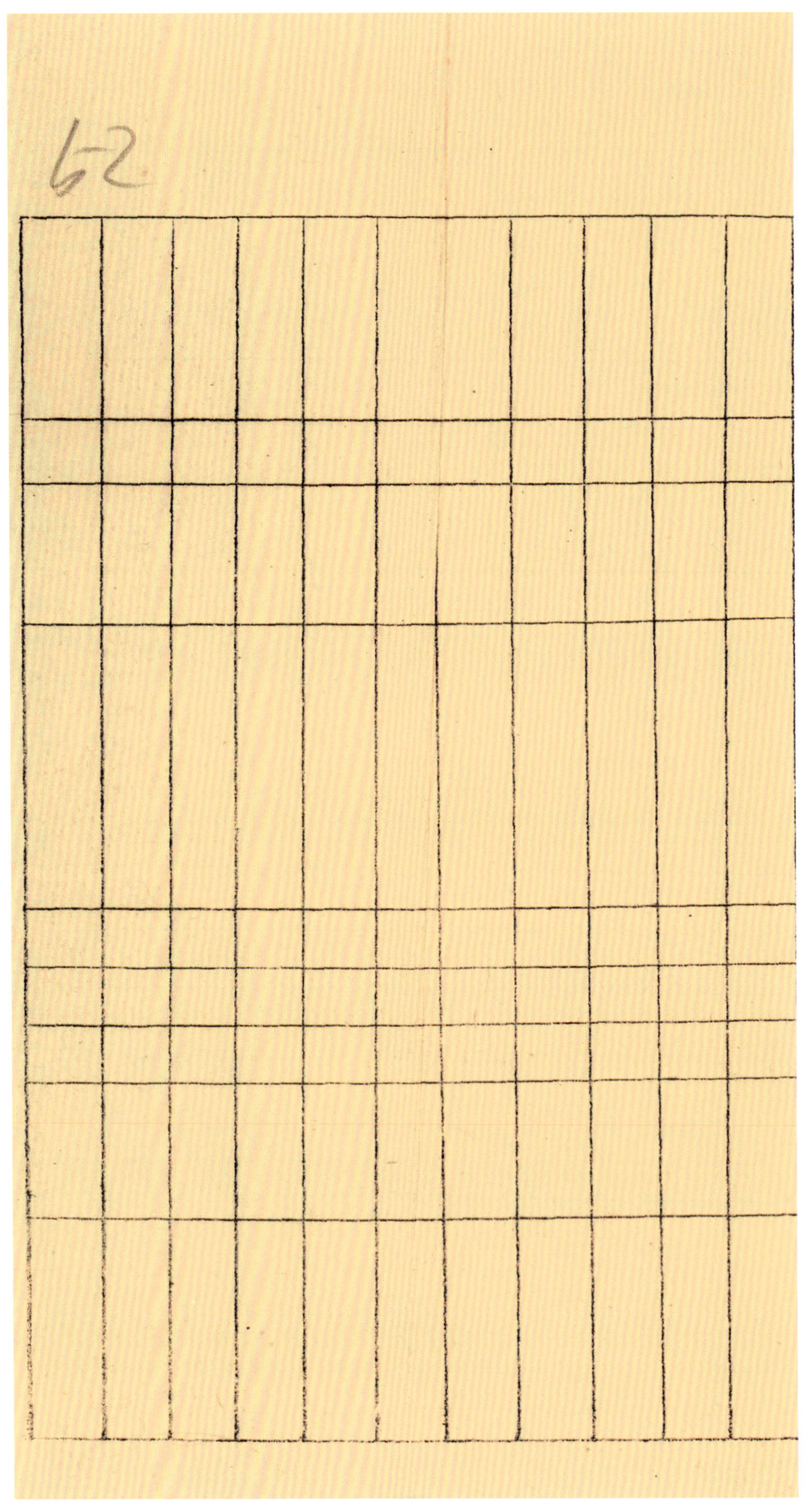

民國三十年八月三十一日遭受空襲損害傷亡振卹登記表

(No 2)(No 1)

		(No 1)	(No 2)
受害人	姓名	楊貴貴	呰有元
	性別	男	男
	年齡	十一歲	三十歲
	住所或受災地	八仙鄉呰家灣住人於水塘塅飛機場側田邊被炸	八仙鄉呰家灣住人於水塘塅機場側田内被炸
受害情形	死亡	死	
	重傷		足部重傷
	輕傷		
振卹款數（元）		六十元	四十元
領款人	姓名	楊劉氏趙楊氏	本人已
	住址	八仙鄉呰家灣住坐	仝右
	與受害人關係	係死者之母與胞姐	
領款人簽章或指印			
證明人簽章或指印		保長 馬登文印	保長 馬登文印
備註			又名呰永泰

53
（№ ）（№ ）（№ ）

思茅县政府为报告敌机空袭情况致云南省振济会等的电（一九四二年五月二十四日）

空軍軍官學校防空情報總台來電紙

來電處：思茅

電別：迴

摘由：

擬辦：擬電（代電）飭該縣迅查回呈，並轉呈省振濟會振濟，災黎事宜具報。五.廿六

批示：奉諭交振濟會速辦。五.廿五

31年5月25日時收到

急。昆明分電主任龍司令官、祿振濟委員會、民政廳長李：職縣迴日09.30敵機偵察機一架入境，10.06侵襲市區，投彈八顆，又以機槍掃射，死甲長二名，住民四名，毀住宅七十餘間，正在調查詳情，另報。謹電。思茅縣長周彭年叩。迴印。

收文第　號

沈組長 國龍

保山县五城镇「五四」「五五」被敌机轰炸伤亡清册（一九四二年八月二十八日）

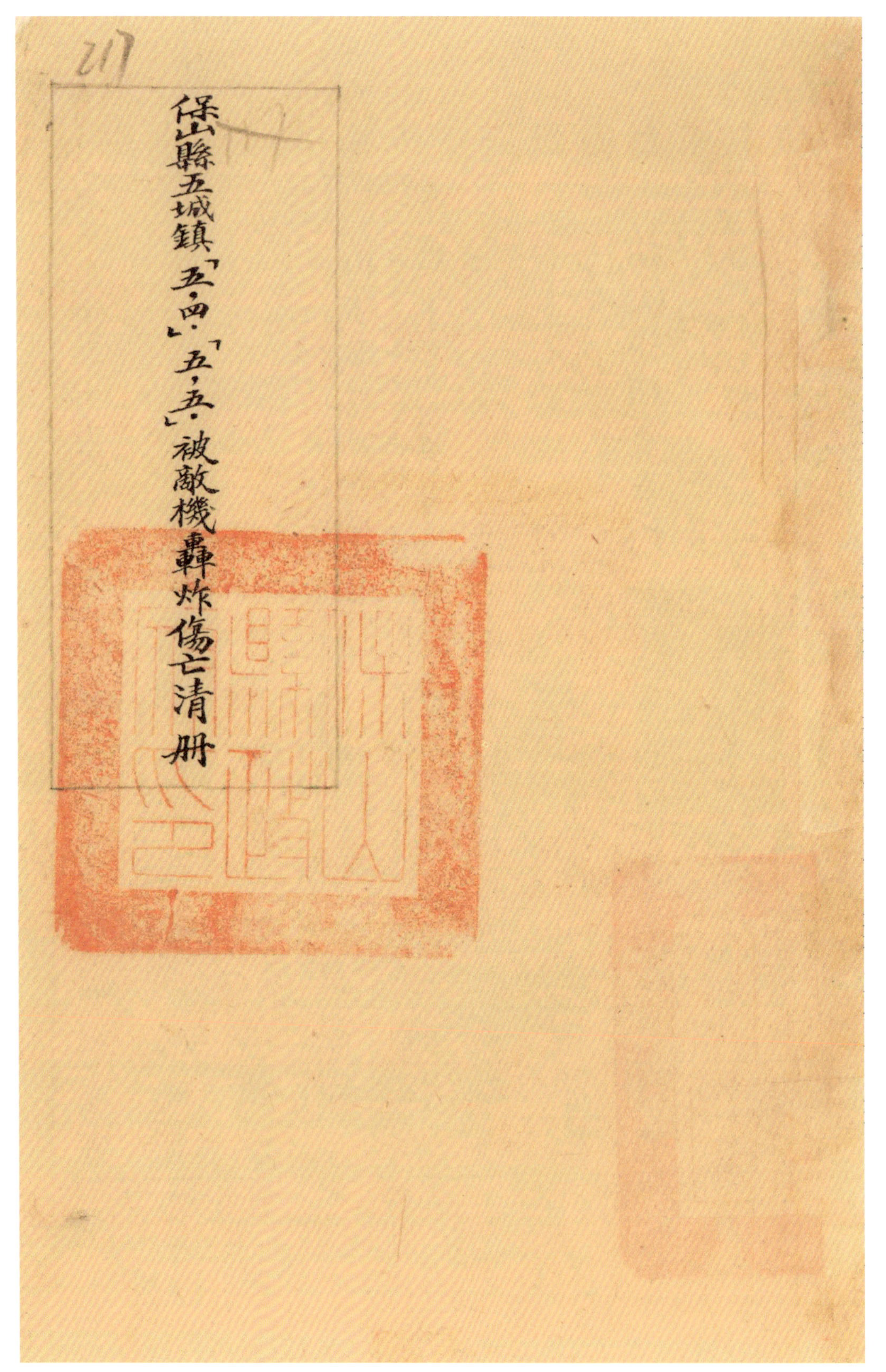

217

保山縣五城鎮「五·四」「五·五」被敵機轟炸傷亡清册

保山縣五城鎮"五、四"、"五、五"被敵機轟炸受災傷亡清册呈請

鑒核

計開

受災姓名	性别	籍貫	受災情形	受災地點	傷亡數	受災者之親屬	備查
李劉氏	女	保山	死男三女十	鐵櫃街	13	李尚武	李尚氏係本鎮六保保長其祖母母妻嫂弟妹子侄等
李菊林	女	仝	死一重傷一	仝	2	仝	其姐同被災該女次日因傷死
王嫂	女	仝	死	仝	1		
葉發美	男	仝	死	仝	1		
夏氏	女	仝	死	仝	1	子阿榮	
郭趙氏	女	仝	死	仝	1	子郭文周	

219

郭文周	男	保山	頭部腿重傷	鐵樓街	1	
趙董氏	女	仝	死	仝	1	
蘇聯芳	男	仝	死二	南門街	2	該氏係下馬村人其子八柱同死
趙尚全	男	仝	死	仝	1	該民係紅花村人
顧發春	男	仝	死	舊縣街	1	該民係小屯人
王策三	男	四川	死一重傷一	關廟街	2	子王立春
郭體全	男	仝	死	仝	1	
余尚禮	男	保山	死	舊縣街	1	
王劉氏	女	仝	死男一女四重傷一	仝	6	父王炳恒 該氏之子一女三同死弟重傷
杜良材	男	大理	死	下巷街	1	

220

姓名	性別	籍貫	傷亡	住址	人數	備註
杜兆唐	男	保山	頭部重傷	下巷街	1	
王廷佑	男	仝	臂輕傷	馬里街	1	
李有貴	男	仝	死男一女三	文忠街	4	該民係姚關人及妻同女二死
杜秀金	女	仝	臂腿輕傷	下巷街	1	夫張永光
王李氏	女	仝	死女二	文忠街	2	夫王介藩 該氏同女死
潘險	男	仝	死	仝	2	父潘雲堦 該民弟兄同死
徐永金	男	仝	死	馬里街	1	
雷祖蔭	男	仝	死	縣中校	1	伯父楊勛臣 該員係縣中教員
李張氏	女	仝	死	袁市街	1	楊勛臣之甥女
楊國棟	男	大理	死男一女一	南門街	2	子楊秉鈞 該民夫妻同死

221

楊永清	男	保山	死	同風街	1		
孔慶國	男	仝	死男四女六	上巷街	10	父孔述臣	該員係本鎮×保保長其母妻弟妹子及叔母等
朱志民	男	仝	死	縣中校	1	父朱少和	
冶禹	男	仝	死	仝	1	父冶純之	
楊白章	男	仝	死男一女四	鐵樓街	5		該民之母兄弟媳及其二侄女
王友松	男	仝	死男四女五	下巷街	9	父王體三	該民之母妻弟妹子女等
王建如	男	仝	死	仝	1		
沙明	男	仝	死二	舊縣街	2		該民父子二人死
蘇眉山	男	仝	死	吳家牌坊	1	子蘇兆祥	
蔡明光	男	仝	死二	仝	2		該民弟兄同死

222

張寶山　男　仝　死　舊縣街　1

郜良材　男　仝　死　同風街　1

王段氏　女　仝　死　隍祠街　1　夫王宣

陳煦　男　仝　腿重傷　袁市街　2　及其妹

何天福　男　仝　腿重傷　仝　2

王步堂　男　仝　死　仝　1

鑑源堂　男　昆明　死　仝　1

李馬氏　女　保山　死　上卷街　1

李正昌　男　仝　頭腹背腿重傷　仝　1

馬壽長　男　仝　頭足輕傷　關廟街　3

223

馬丫頭 女 保山 死 關廟街 1 父馬慎修

李國選 男 仝 死 上巷街 1

寸策之 男 仝 死 鼓樓坡 1

李子明 男 仝 死男一女三 袁市街 4 弟李子臣 該家之次子夫婦及子女

沈夏氏 女 仝 重傷 下巷街 1 子沈家興

李偉峯 男 仝 死 上巷街 3 該民之二子同死

李俊林 男 仝 死 仝 1

孫水仙 女 仝 死男一女一 仝 2 父香九林

莫之榮 男 仝 死男三女一 下水河 4 該民之女及帮工二人同死

馬子光 男 仝 死 南門外 1

道[illegible]

224

趙文華	男	仝	死男三女一	仝	4	該民之妻同二子
黃炳堂家	男	仝	死男五女三	同風街	8	該民之妻子女及傭工
寸德坤	男	仝	死男三重傷一	仝	4	該民之子水流同傭工小楊
王德培	男	仝	死男一女一	仝	2	父王嗣良 該民同其妹
韋德興	男	騰衝	死男二女一	舊縣街	3	該民同其妻子
何銳廷	男	仝	死男三重傷一	南門街	4	該民同其二子死傭工李紹震重傷
王承緒	男	祥雲	死	仝	1	
陳佩明	男	保山	死	下水河	1	該員係與華鎮機塲民工隊隊長
余尚品	男	仝	死	舊縣街	1	妻余張氏
余尚榮	男	仝	死	吴家牌坊	1	

225

余萬選	男	保山	死	吴家牌坊	4	妻余顧氏 該民宋家搬人四人進城收會被炸
余自洪	男	仝	死	仝	1	妻余艾氏
余阿黑	男	仝	死	仝	1	
李志	男	仝	死	警局	1	
杜何氏	女	仝	死	二府街	2	子杜沛明 該民同其女
老楊	男	仝	死	仝	1	杜沛明之傭工
王老蠻	男	仝	死	倉巷	1	
趙榮	男	仝	死	仝	1	子趙興楊
張姓小孩	男	仝	死	仝	2	朝陽街張王氏之子
張阿順	女	仝	死 男一 女一	仝	2	父張祿

226

姓名	性別	籍貫	死傷	住址	人數	備考
余保生	女	仝	死	南門外	1	父余水全
宋學瑞	男	仝	死	仝	1	兄宋學珍
彭老四	男	仝	死	南門街	3	子彭憨狗 該民同其弟侄
趙熙廷之妻	女	仝	死一 重傷一	舊縣街	2	女趙樹蘭
趙尚志	男	仝	死	仝	1	兄趙尚美
段錫祿	男	仝	重傷一 死男一女一	朝陽街	3	該民同其女及侄女重傷
楊治安	男	仝	死二 重傷三	舊縣街	5	弟兄死妹二及傭工重傷
譚聯宋家		仝	死男一女四	濫牌坊	5	該民之母妻子及二侄女
王春堂之子	男	仝	死	仝	1	該民係上江鄉人
余占卅	男	保山	死	下水河	1	子余萬仁

227

陳文楊 男 仝 死 龍泉河 1

王洪章 男 仝 死男一女一 隍祠街 2 該氏同其妻

段黑蛮 男 仝 死 舊縣街 1

梁氏 女 仝 死 鼓樓坡 1 梁齋太之孫女

楊富春 男 仝 死 龍泉河 1 父楊玉林

任子明家 騰衝 死 隍祠街 4 該舖傭工學徒

李安英 男 保山 死 濫牌坊 1 兄李安仁

李應富 男 仝 死 仝 3 母、妹同

閔達儒 男 仝 足輕傷 南門街 1

宋余氏 女 仝 死 下水河 1 子宋學有

228

6

黃月秋		女	死	南門街	8		該氏及女先生之女及妻傭工本人女重傷
鄭德美	男	仝	死	仝	1	兄鄭德全	
姜蔣氏	女	仝	死一 重傷一	仝	2	子姜兆熊	
鄭保元	男	仝	死男二 女二	仝	4		該氏之母妻子女及妹
宋學金	男	仝	死男一 女一	下水河	2		該氏同其妻鄧氏
宋阿蕉	女	仝	頭部腿 重傷	仝	1		
宋國安	男	仝	足手腹 重傷	仝	1		
趙阿榮	男	仝	死一 重傷一	仝	2		
唐貴廷	男	保山	死男二 女一	仝	3	子唐德明	該氏之女同孫男
徐阿煥	女	仝	死	仝	1	兄劉學楊	

劉學明	男	保山	死	仝	2		同其妻
葉文貴	男	仝	死	仝	1	子葉水發	
段慶元	男	仝	死	仝	1	父段炳祿	
萬氏	女	仝	死	仝	2		該氏同其女菊英
楊阿唐	男	仝	死	仝	1	父楊森	
楊阿元	男	仝	死	仝	1	楊森之內弟	
閔如芳	男	仝	死	仝	2	父閔自榮	該氏同其弟八柱
楊有清	男	仝	死	仝	1	子楊春芳	
余自達	男	仝	死	吳家牌坊	1	子余正倫	
趙劉氏	女	仝	死男二女一	木龍街	3	夫趙美五	該氏同其二子
宋[illegible]	男	[illegible]	[illegible]				

230

224

姓名	性別	籍貫	傷亡	住址	人數	備註
宋揚	男	仝	死	龍泉河	1	父趙體育
張宣	男	仝	死 男一 女二	仝	3	該民同其妻及兒媳
董科	男	仝	死 男一 女一	仝	3	子董國治 該民同其孫女
宋氏	女	仝	死	仝	1	趙文炳之雇房主
江徐氏	女	仝	臂重傷	下水河	1	
劉楊氏	女	仝	死	中軍街	1	劉柱之母
趙仕華	男	仝	死	隍祠街	1	
朱氏	女	仝	死	袁市街	1	子朱光暢
杜蘇氏	女	保山	腿斷重傷	二府街	1	孫杜沛明
劉阿蠻	男	仝	死	龍泉河	1	劉石灰匠之子

231

董占寬	男	保山	頭部腿重傷一死一	鐵樓街	3	其女重傷子死
張老五	男	仝	頭胸部重傷	戈家巷	1	
李楊氏	女	仝	死	下巷街	1	父李廷献
王正春	男	仝	死男一女一	仝	2	該民同其母
段興銀	男	仝	死男二女一	仝	3	該民同其妻及子
王跛手	男	仝	死	吴家牌坊	1	
侯用之家	女	騰衝	死女二	下巷街	2	該民之妻及使女
姚氏	女	保山	頭部腿重傷	仝	1	
葉金海	男	仝	死	仝	1	
張老蛮	男	仝	死	南門街	1	兄張聯榮

232

王名楊　男　仝　死　南門外　1　妻王周氏

莫如芳　男　仝　重傷　下所房　1

段氏　女　仝　死　南門街　1　子段聯榮

趙老大　男　仝　死　倉巷　1

宋文壽　男　仝　死男二女二　仝　4

余老官　男　仝　死　同風街　1

聶林氏　女　仝　死　仝　1

宋阿四　男　仝　死　仝　1

張興林　男　仝　死　仝　1　張段氏

朱殿才　男　仝　死　仝　1

233

殷連趙	男	保山	死	南門外	1	
施光華	男	四川	死	仝	1	
張羅氏	女	保山	死	吳家牌坊	1	夫張自禮
宋矮子	男	女	死男一女一	下水河	2	
宋余氏	女	仝	死一重傷一	仝	2	夫宋老三
殷瞎子	男	仝	死男三女二	下巷街	5	妻顧氏 該民同其母弟子女其妻乃顧發松之妹
夏朝臣	男	仝	死	舊縣街	1	黃土坡人
趙木順	女	仝	死女二	仝	2	母趙林氏 該女同其妹桂英
李水蓮	女	仝	死	箭道街	1	夫李福祿
張煥琴	女	仝	臂斷重傷	仝	1	父張國明

234

劉氏	女	仝	死	仝	1	子劉家長	
左嫂	女	仝	死	仝	1	女左阿煥	
左阿煥	女	仝	筋骨重傷	仝	1		
王張氏	女	仝	死	袁市街	1	子王阿長	
楊貴之女	女	仝	死	南門外	1		下馬村人
張楊氏	女	仝	死	仝	1		下馬村人
張張氏	女	仝	死男一女一	仝	2	夫張朝	下馬村人同其子
賀嫂	女	鶴慶	死	舊縣街	1		
李雙慶	女	保山	臀部腿重傷	晏公巷	1	父李如錦	
余二蛋	男	仝	死	南門街	1	兄余中桂	

235

木從志	男	保山	死	仝	1	兄從禮
江氏	女	仝	死	仝	1	子江少榮
朱光英	男	仝	死	仝	1	
余阿四	男	仝	死	仝	1	兄余中文
劉傅氏	女	仝	死	仝	1	夫劉四蛮
唐秀英	女	仝	重傷	下水河	1	
朱一廷	男	仝	重傷	朱氏街	1	
霍劉氏	女	仝	重傷	舊縣街	1	
愛友麵店	男	北平	死	仝	4	該店主及傭工
鄒氏女	女	保山	死	仝	1	鄒以能之孫女

236

10

蘇正科	男	仝	死	吴家牌坊	1	
楊樹寬	男	仝	死	南門外	1	
魯丫頭	女	仝	死	沙灘街	1	
王氏	女	仝	死	馬里街	2	王恭子之母
黄春華	男	騰衝	死	隍祠街	1	許紹挹之内弟
湯八六	男	保山	死	舊縣街	1	湯鼎魁之孫
老楊	男	大理	死	同風街	1	寸德坤之傭工
霍李氏	女	保山	死一	舊縣街	1	
劉任秀	女	仝	重傷	袁家巷	1	
張林氏	女	仝	死	下巷街	1	張永光之妻

237

夏小孩　男　保山　死　倉巷　1　夏發樸之子　夏家之奶媽

王大嫂　女　仝　死　仝　1

鄭炳生　男　仝　死　仝　3　其弟妹同死

楊氏　女　仝　死　菜市　2　楊澍山姑母　大灣人其妹同死

董元流　男　仝　死　下所房　1　董槐之子

楊長生　女　仝　死　公所　1　楊沛林之女

劉樹德　男　鶴慶　死　南門街　1　鼎新和之掌櫃

張潤生　男　保山　死　仝　1　張國珠之女

姬氏　女　仝　死　舊縣街　1　楊紹珠之叔母

林氏　女　仝　死　馬里街　3　林鶴祥之嫂　該氏之女子

姓名	性別		傷亡	地點	人數
馬張氏	女	仝	死	南門外	1
范姓子	男	仝	重傷	明強街	1
李老四	男	仝	死	南門外	1
傅老官	男	仝	死	仝	1
金阿雙	女	仝	死	鉄樓街	1
劉老蠻	男	仝	死	龍泉河	1
冶禹	男	仝	死	縣中校	1
施文學	男	仝	死男二女一	中軍街	3
施氏	女	仝	重傷	仝	1
吴氏	女	仝	死	吴家牌坊	1

窰灣乾海子人

該民同其妻子

廖子雲 男 仝 死 舊縣街 1

項文林 男 仝 重傷二 吳家牌坊 乙

項氏 女 仝 死 仝 1

張科員 男 仝 死 縣政府 1

蒲文林 男 仝 死 關廟街 1

楊長生 女 仝 死 下水河 1

黃阿先 男 仝 死 仝 1

張氏 女 仝 死 吳家牌坊 1

李湯氏 女 仝 重傷一 南門外 1

周趙氏 女 仝 死 仝 1

縣府軍事科科員

240

保山大戲院	男	北平	死	馬里街	5	藝員
張春炳	男	保山	死	吳家牌坊	1	灣子人
張連城	男	仝	重傷	舊縣街	1	
周大經之子	男	保山	死	水進城	1	
毛濟順	男	仝	死	五桂橋	1	
蘭應富	男	仝	死	下所房	1	
徐應祖	男	仝	死	月牙街	4	該民同妻及兒媳二孫
鄧連玉	男	仝	死	仝	2	該民之妻及子死
吳朝華	男	仝	死男二女二 重傷一	仝	5	該民之妻及子女傭工李師死 妹重傷
余紹有	男	仝	死	舊縣街	1	

241

李萬美	男	保山	死	馬里街	1	該民之女死
陳月樓	男	仝	死	仝	1	該民之侄死
賀黑蠻	男	仝	死	下水河	1	賀文明之侄
王阿八	女	仝	死	關廟街	1	
戈崇文	男	仝	死	仝	1	福元齋
謝春甫	男	仝	死	下水河	1	毛濟美之妹夫
段老三	男	迤南	死	仝	1	在周正其家住
蘭文開	男	保山	死	仝	2	青秧村人同其子
劉董氏	女	仝	死	仝	1	劉兆文之妻
劉大用	男	女	死	仝	2	同其妻

242

姓名	性別	籍貫	傷亡	住址	人數	備考
趙炳富	男	下關	死	南門外	4	同其妻曹氏及姐侄女
杜師	男	昆明	死	舊縣街	1	
閔席珍		保山	死	同風街	8	三合園之工人 該民之妻及弟婦子女侄女等
趙尚全	男	仝	死	南門外	1	趙國順之子
文壽	男	仝	死	倉巷	1	
余季有	男	仝	死	舊縣街	1	楊樹之甥
楊黑蠻	男	仝	輕傷	仝	1	
李流光	男	仝	死	小北門	1	
宋楊	男	仝	死	下所房	1	
樂氏	女	仝	死	水進城	1	

243

李姓子 男 保山 死 仝 1 賣糕老李之子

趙老官 男 仝 重傷 下叠街 1 楊科長家看家者

馬氏 女 仝 死 水進城 1 阿所之母

郭静安 男 仝 死 上水河 1

陳李氏 女 仝 死 鐵樓街 2 其子女死

王董氏 女 仝 死 下水河 1 王焕棠之妻

陳崇文 男 仝 死 保岫公園 1

施孝忠 男 大理 死 袁市街 1

李廷煦 男 保山 死 上叠街 1 李行五之子

雷永昌 男 仝 死 二府街 1 雷光燦之子

244

李范氏	女	保山	死	朱子街	1	李友仁之兒媳
馬良能	男	仝	死	南門外	3	其妻及子
張氏	女	仝	死	上水河	1	張書明之母
蔡阿轉	女	仝	死	南門外	1	蔡文周之女
何天祥	男	仝	死	守府街	3	其妻女同死
王氏	女	仝	死	鼓樓坡	3	同其二子
安建德	男	仝	死	縣中校	1	安玉廷之子
劉學齋	男	仝	死	保岫公園	1	
田家福	男	仝	死	隍祠街	1	其子死
瞿轉定	女	仝	死二	下巷街	2	瞿光煥女

245

姓名	性別	籍貫	死傷	地點	人數	備註
吳氏女	女	北平保定	死	上水河	1	吳耀仙之女
段阿英	女	保山	死	舊縣街	2	段勤之女 其母同死
董李氏	女	仝	死	下水河	1	
魏蘭英	女	仝	死	仝	1	
魏石金	男	仝	死	仝	1	
水擺夷	男	仝	死	下水河	1	
聶宋氏	女	仝	死	仝	2	同其女
張老官	男	仝	死	仝	1	張吉材之岳父 蘇家屯人
夏氏	女	仝	死一 重傷二	拐角樓	3	夏崇之妻
楊玉	男	仝	死	縣中校	1	楊芳之弟 呂布戛人

246

劉學盈	男	仝	死	土地廟	乙	夫妻同死
楊富傳	男	仝	死	龍泉門	1	楊紹孔之弟
孔氏	女	仝	死	菊巷	1	
孫楊氏	女	仝	死	上水河	4	孫紹華之母 其嫂及其子紹楊進保死
彭司	男	開化	死	同風街	1	
楊希雲	男	鳳儀鎮	死	同風街	1	
陸仁起	男	保山	死	吳家牌坊	1	周裡鄉機場民工
陸家和	男	仝	死	仝	1	周裡鄉機場民工隊長
張回蠻	男	仝	死	大戲院	1	
李趙氏	女	仝	死	舊縣街	1	李犬蠻之妻 金鷄村人

247

王水流　男　保山　重傷　舊縣街　1　金雞村人

吳阿留　男　仝　死　倉巷　1　吳長保之子

張韻堂　男　仝　死　香住巷　2　其弟死其侄死

張阿福　男　仝　重傷一　上巷街　1

劉氏　女　仝　死　下所房　1　劉玉常之妻

王趙李　男　仝　死　袁市街　1

趙木生　男　仝　死　南門街　2　其二子死

饒老倭　男　仝　死　南門外　1

孫兆勛　男　仝　死　仝　1

李本昌　男　仝　死　仝　2　其母同死

248

姓名	性別		傷亡		人數	備註
董雲	男	仝	死	仝	2	其子同死
段培山	男	仝	死	仝	1	段湘之父
王趙堂	男	仝	死	仝	1	
張余氏	女	仝	死	仝	4	該氏同其媳及二孫女
刁董氏	女	仝	死	仝	3	董允和之妻 同其子女
楊祖留	男	仝	重傷	水進城	1	
劉轉流	男	仝	死	仝	2	其子金寶死
趙阿珍	女	仝	死	上水河	1	
宋王名	男	仝	死	仝	1	妻宋氏
李澍槐	男	仝	死	仝	1	

249

姓名	性别	籍贯	伤亡	地点	数	备注
王仁	男	保山	死	上水河	1	
樂大媽	女	仝	死	仝	1	
郭老大	男	仝	死	仝	1	
李成至	男	仝	死	仝	2	其妹及子死
羅阿德	男	仝	死	仝	1	
金玉	男	仝	死	仝	1	
沙氏	女	仝	死	月牙街	3	沙少華之母　該氏之媳及孫死
常劉	男	仝	死	鼓樓坡	1	其子死
廖氏	女	仝	死	鐵樓街	1	廖登科之女
李青華	男	仝	死	上水河	1	其侄死

250

老金　女　仝　死　鐵樓街　1　其女死

龎兆祥　男　仝　重傷　文忠街　1

李崇惠　男　仝　死一 重傷一　新牌坊　2

李文新　女　仝　重傷　鐵樓街　1

楊何氏　女　仝　仝　上巷街　3　楊萬華之妻　該氏之子及女同受重傷

王連福　男　仝　死　南門街　2　羊邑大寨人

楊成華　男　仝　死　仝　1　仝

楊應舉　男　仝　死　仝　1　仝

楊應和　男　仝　死　仝　1　仝

鄧學仁　男　仝　死　磨房溝　1　鄧梁氏

151

徐田氏 女 保山 死 磨房溝 / 夫徐加文
高延禮 男 仝 死 黄紙房 /
王一貴 男 仝 死 仝 /
陳益謙 男 仝 重傷 仝 /
余魯氏 女 仝 死 沙灘街 / 夫余發富
范榮華 男 仝 死 明强街 /
周竹君 男 仝 重傷 仝 /
劉吉安 男 仝 死 仝 /
夏戈氏 女 仝 死 南門外 /
白李氏 女 仝 重傷 中軍街 / 李光玉之母

姓名	性別			住址		備考
王正春	男	仝	死	下巷街	2	同其母
佊瞎子	男	仝	死	朱家巷	2	同其妻
普正節	男	仝	死	滄蓮鄉扁塞	1	該民於十日到扁塞山中適遇敵機投彈山中
朱永珍	男	仝	死	南門外	1	其父死 朱官屯人
王史氏	女	仝	死	馬里街	2	王學宗之母 其孫女同死
蹇余氏	女	仝	死	下巷街	4	該氏之媳及女孫男
范滇生	女	仝	死	袁家巷	1	
周陶氏	女	仝	死	香住巷	3	其子同死其妹重傷
陳雷氏	女	仝	死	仝	1	
趙仲	男	仝	死	隍祠街	1	趙完璧之父

253

吴踧子　男　保山　死　隍祠街　1

張文鑑　男　仝　重傷　仝　1

張炳秀　女　仝　重傷　馬里街　2　其女同受重傷

張阿雙　男　仝　死　保岫公園　1

段阿太　男　仝　死　香桂巷　4　桃官屯人是日同妻張氏及二幼子進城看其長子被難

尹惠德　男　仝　死　仝　1

鄭崑　男　仝　死　關廟街　1

董占麟　男　仝　死　南門外　1

范連寶　男　仝　死　仝　1　妻范趙氏

項興林　男　仝　重傷一 死一　仝　2

754

朱邰氏	男	保山	死	南門外	1	
朱老應	男	仝	死二	仝	2	其妻及女死
徐尹氏	男	仝	死	仝	2	
顧王氏	女	仝	死	仝	1	其女死
張阿元	男	仝	死	龍泉河	2	其二子死
陳紹宗	男	仝	死	仝	1	其子死
張德茂	男	仝	死	仝	1	其子死
寸吉昌	男	仝	死	仝	1	其弟死
孫老五	男	仝	死	下水河	2	其子及女死
雷張氏	女	仝	死	仝	2	其子女死

姓名	性别	籍贯	伤亡	住址	人数	备注
甫長發	男	保山	死	仝	3	該民同其二子
杜發禮	男	仝	死	仝	2	同其妻
董傳	男	仝	重傷一 死三	順城街	4	該民妻子孫死媳重傷
刁鳳翥	男	仝	死	仝	2	其孫男孫女死
張忠	男	仝	重傷	仝	1	其弟受傷
李春茂	男	仝	死一 重傷一	仝	2	
童寶成	男	仝	死	仝	1	其孫女死
張桂華	男	仝	死	仝	1	張訓之之父
王定國	男	仝	死	仝	1	其弟死
江朝進	男	仝	死	仝	1	其子死

256 137

王法齊 男 仝 死 南門街 3 其母

張建春 男 仝 死 順城街 1 其弟死

雙發富 男 仝 死 南關街 3 該民同其二女

楊阿琹 女 仝 死 仝 1

蔡文忠 男 仝 死 仝 1 其女死

李正芳 男 仝 死 仝 1 其弟劉育才死係甲長

聶 治 男 仝 輕傷一 重傷一 死一 仝 3 其兒媳死

馬良能 男 仝 死 仝 3 其二子一女死

馬金華 男 仝 死一 重傷一 龍泉河 2 其二孫

王 桂 男 仝 死 仝 1

姓名	性别	籍贯	伤亡	住址	人数	备注
范光玉	男	保山	死	龍泉河	3	其父及妻子死
李銀芳	男	仝	死	南關街	1	其父死
杜榮昌	男	仝	死	仝	1	其妹死
劉毓才	男	仝	死	仝	1	其妻死
段金聰	男	仝	死	仝	1	
聶阿林	男	仝	死	仝	1	
蘇竣	男	仝	死	仝	1	其子死
李錫林	男	仝	死	仝	1	其子死
宋朝禮	男	仝	死	仝	1	其子死
張扶仁	男	仝	重傷	龍泉河	1	

姓名	性別			住址	人數	備註
田子春	男	仝	死	郤家莊	2	其子女死
常玉品	男	仝	死一 輕傷一	南關街	3	
董金華	男	仝	死	仝	2	其妻女死
劉才	男	仝	死	黌學街	1	
楊懷忠	男	仝	死	關廟街	1	
張選	男	仝	死	南門街	1	子張海金 大馬官屯人
楊林全	男	仝	死	仝	1	楊有才之子
段景林	男	仝	死	仝	1	
趙國良	男	仝	死	舊縣街	1	
趙榮	男	仝	死	仝	1	

258 ~~150~~

259

孫協吉	男	保山	死	上巷街	2	該民之妻女被炸
曹太太	女	浙江	死	馬里街	1	中航廠曹秘書之妻
李太太	女	仝	死	仝	1	中航廠李銳之妻
黎太太	女	廣東	死	仝	2	黎性初之妻 其母同死
陳茂昌	男	保山	死	仝	1	楊麗川之父
施李氏	女	仝	死	中軍街	5	子施學賢 其媳杜氏女阿琴孫印堂小二同死
李老三	男	仝	死	濫牌坊	3	其母及長兄二兄死
李延齡	女	仝	重傷	仝	1	
馬小孩	男	永平	死	鐵樓街	1	馬連長之子
石廣華	男	四川	死	南門外	1	

260

姓名	性別	籍貫	情況	地點		備註
楊玉清春	男	昆明	死	朝陽街	乙	楊建德之子
李石全	男	保山	死	下水河	1	李占春之子
聶氏	女	仝	死	仝	乙	聶祥之妻 其女同
劉氏	女	仝	死	下所房	1	劉傅之三嫂
萬徐氏	女	仝	死	仝	乙	萬老蛮之妻 其女菊英同
楊金泉	男	仝	死	仝	1	
雷兆春之岳母	女	仝	死	箭道街	1	
白自李	男	仝	死	舊縣街	1	
宋占春	男	仝	重傷	仝	1	
趙光榮	男	仝	死	鐵樓街	1	

201

李永生 男 保山 重傷 孟官營 1

李云景 女 仝 重傷 仝 1

顧楊氏 女 仝 重傷 南門外 1 顧發云

劉字氏 女 仝 死 黌學街 2

張祺 男 仝 死 南門外 1 尚美號之子

張學鑑 男 仝 死 保岫公園 1 姊夫尤寬 弟張阿培 住龍泉河

趙芹 男 仝 重傷 南門街 1

王進升 男 仝 死一 重傷二 鼓樓坡 3

張老蛮 男 仝 死 仝 2 同其孫

王永全 男 仝 死 男一 女一 2 父王朝金 同其妹

262—240

姓名	性別		傷亡	住址		備註
邵永弟	女	仝	死	瀊牌坊	/	邵家恩之女　小北門人
余老二	男	仝	死	舊縣街	/	
韋連山	男	仝	重傷	仝	/	
趙老官	男	仝	死	南門外	/	趙金福之父
楊何氏	女	仝	輕傷	上巷街	/	
楊阿連	女	仝	輕傷	仝	/	
楊水全	女	仝	輕傷	仝	/	
潘文德	男	仝	死	南門外	/	十三保保長
夏有傳	男	仝	死	仝	/	子夏朝堯
聶汪氏	女	仝	死	仝	/	聶有中之妻

263

宋洪鑾 男 保山 死 黃紙房 〡

李劉興 男 仝 死 仁壽門 〡 李洪文之子

郭楊氏 女 仝 死 月牙街 〢 郭其昌之妻 同其女

林陳氏 女 仝 死二 重傷二 皇殿街 〤 林岳生之妻 同其三子死長次子重傷

段學德 男 仝 死 同豐街 〡 段有之子

葉趙氏 女 仝 死 袁市街 〡 葉宗武之叔母

葉老三 女 仝 死 仝 〡 葉宗武之孃

蘇連璧 男 仝 重傷 黃衙街 〡

丁濟舟 男 仝 死 板橋鎮 〡

王文鏃 男 仝 死 仝 〡

264
十四一

姓名	性別		傷亡		人數
萬為仁	男	仝	死	仝	1
李光祖	男	仝	死	仝	1
周德彰	男	仝	死	仝	1
萬氏	女	仝	死	仝	1
馮氏	女	仝	死	仝	1
阿英	女	仝	死	仝	2
楊子成	男	仝	死	仝	1
楊存德	男	仝	死	仝	1
王蕃	男	仝	重傷二 死一	袁市街	3
曹趙有	女	仝	死	下水河	1

九歲一人十一歲一人

265

姓名	性別	籍貫	傷亡	住址	人數	備註
董劉氏	女	保山	死	下所房	1	該氏之子
楊濟川	男	仝	重傷	下巷街	1	
張李氏	女	仝	輕傷	戈家巷	1	
林蘭仙	女	仝	死	朱市街	1	
高鴻泰	男	仝	輕傷	菖蒲街	1	
宋金	男	仝	重傷	黃紙房	1	
褚段氏	女	仝	死	沈家屯	1	
馬氏	女	仝	死一 重傷一	皇殿街	2	
楊祖坤	女	仝	死一 重傷一	新牌坊	2	
孫戴氏	女	仝	死	鐵樓街	1	

266

楊董氏 女 仝 重傷 下所房 1

孫楊氏 男 仝 死男一女三 月牙街 4

蘭彭氏 女 仝 重傷三輕傷二 皇殿街 5

王二蛮 男 仝 重傷 下所房 1

李尚富 男 仝 重傷 馬官屯 1

張文 男 仝 重傷 永保鎮 1

杜桂珍 女 仝 死 水進城 1

龔刁氏 女 仝 死 龔家巷 1

王鳳州 男 仝 死 袁市街 1

喬魯氏 女 仝 死一重傷二 月牙街 3

孫少華之母妻弟女

267

楊兆李 男 保山 死男一女一 南門街 2 本人及女

李金 男 仝 死 戈家巷 1

雷鶴春 男 仝 重傷 窰灣 1

王田氏 女 仝 死一重傷一 下所房 2 孫死子重傷

宋成順 男 仝 輕傷 仝 1

張洪金 男 仝 死 龍泉河 2

張金華 男 仝 輕傷 南門外 1

趙子源 男 仝 死 太平鄉 1

楊鍾文 男 仝 死 仝 1

趙成瑞 男 仝 死 仝 1

268

趙成璞男……

羅老六　男　仝　死　上巷街　2　母羅氏

羅義　男　仝　死　殺牛街　1　母羅氏

王法江　男　仝　死一重傷二　南門外　3　母死本人及子傷

蕭金山　男　四川　死　袁家巷　1

李復仁　男　保山　輕傷　上巷街　1

張忠　男　仝　死一重傷一　南門外　2

顧李氏　女　仝　死一重傷一　上水河　2

蘇聯芳　男　仝　死　下馬村　2

林王氏　女　仝　死　袁家巷　2

張朝　男　仝　死　下馬村　2

269

楊占義	男	保山	死	下馬村	1
楊貴	男	仝	死	仝	1
魏澤	男	仝	重傷	四牌坊	1
李華芬	男	仝	死亡	上城埂	2
趙銀方	男	仝	死	高橋	1
聶蘇氏	女	仝	死	南門外	1
宋國安	男	仝	重傷一 輕傷一	下水河	2
熊相廷	男	仝	重傷	上巷街	1
朱維紀	男	仝	重傷	鐵樓街	1
郭尚全	男	仝	重傷	仝	1

270

李阿元	男	保山	重傷	莊河	1
夏文選	男	仝	仝	仝	1
夏文國	男	仝	仝	仝	1
段文舉	男	仝	死	上水河	1
夏毓華	男	仝	重傷	莊河	1
馬馬氏	女	仝	重傷	隍祠街	1
張禮	男	仝	死	鼓樓坡	1
張李氏	女	仝	死	仝	1
李文才	男	仝	死	南門外	1
趙轉樹	女	仝	死	上水河	1

李霍氏子

271

李成旺	男	保山	重傷	仁壽門	/
趙金品	男	仝	死	大河	/
李言清	男	仝	重傷	南門	/
王瑞珍	女	仝	重傷	仝	/
何清	男	仝	死	南門外	/
王丫頭	女	仝	重傷	仝	/
吳阿水	男	仝	死二	朝陽街	乙
李盈	男	仝	死	下水河	乙
李竹臣	男	仝	重傷	新牌坊	/
顧發春	男	仝	死	龍泉河	/

272

徐連洪　男　仝　死　龍泉河　一

陳張氏　女　仝　重傷　順城街　一

汪　祺　男　仝　死　湾子　一

小　張　男　仝　死　湾子　一

周瑞祥　男　仝　死　同仁寺　一

劉老蠻　男　仝　死　鐵路街　一

夏　連　男　仝　重傷　上莊河　一

王允昌　男　仝　重傷　上水河　一

宋　楊　男　仝　死　下所房　一

胡應富　男　仝　死　城墉脚　一

273

杜張氏	女	保山	死	官村	1
徐發榮	男	仝	重傷男一女一	龍泉河	2
袁仝	男	仝	重傷	仝	2
董捷生	男	仝	死	羔羊街	1
白祖林	男	仝	死	下村	1
董福祥	男	仝	死	仝	2
阿發	男	仝	死二輕傷一	仝	3
王春和	男	仝	死一重傷二	郜家莊	3
郜彭氏	女	仝	死一重傷一	拐棍巷	2
劉萬氏	女	仝	死	縣政府	1

劉

274

楊接才	男	仝	死二重傷一	南門外	3
王興發	男	四川	重傷	南門街	1
杜周	男	保山	死	沙灘	1
崔阿保	仝	仝	死	永和鎮	1
崔樹正	男	仝	重傷	仝	1
陳木科	男	仝	重傷	仝	1
趙氏	女	仝	死	仝	1
朱阿貴	男	仝	死	朱官屯	1
徐阿榮	男	仝	死	仝	1
張學義	男	仝	重傷	張家庄	1

275

陳永興 男 保山 輕傷 陳官屯 1
陳狗蠻 男 仝 輕傷 仝 1
張發昌 男 仝 死 袁家坟 2
楊轉林 女 仝 死二 輕傷二 順城街 4
趙 健 男 仝 死 海棠村 1
李 榮 男 仝 死 下村 3
趙從仁 男 仝 重傷 南門街 1
楊如春 男 下關 重傷 拐角樓 1
趙元青 男 保山 死 朱紫街 1
夏紹臣 男 仝 死 黃土坡 1

276

29

王國才 男 仝 死 順寧 2
蘇長春 男 仝 重傷 海棠村 1
蔣阿金 男 仝 重傷 陶官屯 1
余董氏 女 仝 死 仝 1
段張氏 女 仝 死男二女二重傷一 仝 5
徐楊氏 女 仝 死 上沙河 1
董鳳立 男 仝 死 下村 1
范榮華 女 仝 死 通商巷 1
施雙才 男 仝 死 草樓房 1
張發美 男 仝 死 八區 1

277

宋小品 男 保山 死 宋家塡 1

郭秀貞 女 仝 重傷 酒街 1

胡見 男 仝 死 梨子園 1

王鳳英 女 仝 重傷 南門外 1

趙舜英 女 仝 重傷 朝陽街 1

常興 男 仝 死 下巷街 1

段炳坤 男 仝 死 上水河 1

李阿英 女 仝 死一 重傷一 月牙街 2

彭盛余 男 仝 死 舊縣街 2

趙左氏 女 仝 母死 子重傷 仁壽門 2

278

施老官	男	仝	死	仁壽門	1
趙德生	男	仝	死	磨房溝	1
張興	男	仝	重傷	順城街	1
邵玉清	女	仝	重傷	隍祠街	1
徐洪先	男	仝	死一 重傷一	代官屯	2
董李氏	女	仝	死	南街	1
葉文貴	男	仝	死	下水河	1
張杜氏	女	仝	死	沙灘	1
寸趙氏	女	仝	死男一女一 重傷一	舊縣街	3
馬玉堂	男	仝	死	袁市街	1

279

楊明	男	鶴慶	死男二 重傷女一	仁壽門	3
李奎	男	保山	死男二 重傷男二	文忠街	4
林李氏	女	仝	重傷	保岫公園	2
盛琨	男	仝	重傷	袁氏街	1
陸之漢	男	法水	死	縣中校	1
蘭玉珠	女	保山	重傷	文忠街	1
倪朱氏	男	昆明	死	倉巷	1
李春和	男	保山	重傷	南門外	1
張氏	女	仝	死	打漁村	2
張任永	女	仝	死	仝	2

保甘羅鎮人

280

李順才	男	蒙化	重傷	萊市街	1
趙洪順	男	四川	死	仝	2
趙徐氏	女	保山	死二 輕傷一	馬里街	2
朱明珍	女	仝	重傷	萊市街	1
楊秀芳	女	施甸	重傷	萊市街	1
宋連英	女	保山	死一 輕傷一	鶴雲寺	2
盛張氏	女	仝	重傷	袁市街	1
盛賽氏	女	仝	重傷	仝	1
盛復新	男	仝	重傷	仝	1
盛榮慶	女	仝	重傷	仝	1

281

盛華慶	女	保山	重傷	袁氏街	1
盛富慶	女	仝	仝	仝	1
龍興才	男	仝	死	代官屯	1
蘭生榮	男	仝	死一 輕傷一	田埧	1
李正興	男	仝	死女一 重傷男一	城埂脚	2
董金榮	男	仝	死	下營村	1
董國榮	男	仝	死	仝	1
陳耀光	男	昆明	死	袁氏街	1
張貴秋	男	仝	死	袁氏街	1
段尚志	男	保山	重傷	三牌坊	1

282

崔王氏　女　仝　重傷　楊官屯　/

朱阿三　女　仝　死　中軍街　/

朱應奎　男　仝　重傷　仝　/

胡自述　男　仝　死　武家屯　/

李元秀　男　仝　死　仝　/

楊鳳彩　男　仝　死　仝　/

汪應堂　男　仝　死　灣子　/

汪正祥　男　仝　死　仝　/

汪之祥　男　仝　重傷　仝　/

汪老蛮　男　仝　死　仝　/

283

姓名	性别	籍贯	伤亡	住址	
汪海洋	男	保山	死	湾子	丨
汪興周	男	仝	死	仝	丨
王金	男	仝	死	黌學街	丨
蕭永富	男	仝	死	關廟街	丨
鄭紹培	男	仝	死	上沙河	丨
李流發	男	仝	死	倉巷	丨
蘇林氏	女	仝	重傷一 輕傷一	新牌坊	乙
趙國顯	男	仝	死	湾子	丨
孔楊氏	女	仝	死	龍泉河	丨
潘王氏	女	仝	重傷	南門街	丨

在南門大橋被炸

284

潘雙元　男　仝　死　南門街　1

陳氏　女　仝　重傷　濜牌坊　2

黃李氏　女　仝　死二 重傷三　南門街　5

陳希賢　男　仝　重傷　順城街　1

張春秉　男　仝　死　灣子　1

王學湯　男　仝　死　板橋　1

鍾維　男　仝　重傷　仝　1

鍾許氏　女　仝　輕傷　仝　1

鍾阿煥　女　仝　重傷　仝　1

鍾姚氏　女　仝　重傷　仝　1

285

鍾李氏 女 保山 死 板橋 1
鍾車氏 女 仝 重傷 仝 1
鍾海中 男 仝 輕傷 仝 1
廖陶氏 女 仝 重傷 仝 1
寸王氏 女 仝 重傷 仝 1
楊楊氏 女 仝 死 仝 1
王戚氏 女 仝 死 仝 1
王永生 男 仝 死 仝 1
寸覺 男 仝 死 仝 1
寸蘭氏 女 仝 死 仝 1

286

王家玉	男	仝	死	仝	1
陳王氏	女	仝	死	仝	1
陳楊氏	女	仝	死	仝	1
鍾貴	男	仝	輕傷	仝	1
鍾紹禮	男	仝	輕傷	仝	1
張永慶	男	仝	死	仝	1
董應陞	男	仝	死	鳳儀鎮	1
李如梅	男	仝	死	仝	1
李犬蛮	男	仝	死	仝	1
鄒欽樹	男	廣東	死	仝	1

287

杜阿玉	男	保山	死二	下巷	1	
霍李氏	女	仝	重傷三	縣衙門	3	
李魯氏	女	仝	重傷	南門外	1	
李金蘭	女	仝	死		1	縣中女生
李淑媛	女	仝	死		1	縣中女生
石中軒	男	麗江	死	文忠街	1	係李有貴之傳事兵
段有信	男	仝	死	仝	1	係李有貴之傳事兵
潘貴生	男	北平	死	仝	1	係潘大隊長之子
潘寶生	男	仝	死	仝	1	仝
徐成才	男	仝	死	仝	1	係潘大隊長之傳事

288

楊少衡　男　酒房　輕傷　文忠街　1　係李有貴之傳事
楊貴林　男　仝　仝　仝　1　仝
王杜氏　女　上巷　重傷一 輕傷一　仝　2
段永　男　仝　死　菖蒲街　1
段才寶　女　仝　死　朱氏街　1
王國富　男　仝　死　漢庄　1
邱松山　男　仝　重傷　江西　1
徐姚氏　女　仝　死　衛照壁　2　該氏同其母
劉永安　男　仝　重傷後因傷斃命　同仁寺　1
楊木金　男　仝　重傷　鐵樓街　2

289

范金順　男　保山　死　戴官屯　1

劉永安　男　仝　死　同仁寺　1

釗楊氏　女　仝　死（男一 女二）　龍泉河　3　女子及本人死

楊誠　男　仝　死　戴官屯　1

孫張氏　女　仝　死　南門外　2　該氏及女死

黃阿榮　男　仝　重傷　下巷　1

楊朱氏　女　仝　重傷　舊縣街　1

呂松喬　男　仝　重傷　守府街　1

張德文　男　仝　死　府門口　1

楊榮錦　男　仝　死　上營村　1

290

姓名	性别		状况	村庄	数	备注
楊春珊	男	仝	死	上營村	1	該民之妻子死
聶祥	男	仝	死	仝	2	該民之妻死
董奎	男	仝	死	仝	1	該民之子死
張信	男	仝	死	仝	1	
李志	男	仝	死	下太平村	1	
李三蛋	男	仝	死	小村子	1	
董福祥	男	仝	死	下村	1	
董文	男	仝	死	仝	1	該民之弟
董國興	男	仝	死	仝	1	
林美	男	仝	死	唐官屯	1	

291

李正寬 男 保山 死 唐官屯 1 在息烽從軍
趙學全 男 仝 死 石庄村 1 在縣中肄業
楊迎龍 男 仝 死 仝 1 在縣中肄業
周崇祐 男 仝 死 賈官屯 1 在縣中肄業
鄭朝陽 男 仝 死 馬家庄 1 在縣中肄業
胡春興 男 仝 死 胡家坡 1 仝
馮德姚 男 仝 死 漢庄街 1 在省中肄業
郁金祥 男 仝 死 南哨屯 1
趙登雲 男 仝 死 張家庄 1
張氏 女 仝 死 楊官屯 1

292

楊成　男　仝　死　戴宗屯　丿

龍才蛮　男　仝　死　仝　丿

樊金水　男　仝　死　仝　丿

徐閔氏　男　仝　死　仝　丿

徐老紅　男　仝　死　仝　丿

夏毓羅　男　仝　死　莊科　丿

賀黑蛮　男　仝　死　沈家屯　丿

褚段氏　男　仝　死　仝　丿

毛紀順　男　仝　死　灣子　丿

董元睿　男　仝　死　方官屯　丿

293

姓名	性别	籍贯	伤亡	住址	人数	备注
王奇	男	保山	死	湾子	1	
毛節文	男	仝	死	仝	1	
刁阿全	男	仝	死	仝	1	
汪銀堂	男	仝	死	仝	1	
王沼	男	仝	死	永鑄街	1	在縣中肄業
王正寶	男	仝	死	仝	1	
王從勤	男	仝	死	仝	1	
李鈞	男	仝	死	仝	1	
徐楊氏	女	仝	死	張家庄	1	
顧三蛮	男	仝	死	白塔村	1	

[illegible]三[illegible] 男 仝 死 [illegible] ／

孫泰春 男 仝 死 仝 ／ 其子死

趙老五 男 仝 死 仝 ／ 仝

孫木流 男 仝 死 仝 ／ 仝

孫發興 男 仝 重傷 孟官營 ／ 已成廢人

陳金發 男 仝 重傷 仝 ／ 仝

高正學 男 仝 重傷 烏雞村 ／

張朝 男 仝 死 杏梅村 乙 其妻及女

蘇連芳 男 仝 死 仝 乙 同其子

楊張氏 女 仝 死 仝 ／

楊貴 女 仝 死 仝 ／ 其女死

295

陳合娘 男 福建 死 保山師範學校 1

李良波 男 仝 死 仝 1

李必堅 男 仝 死 仝 1

那葦氏 女 保山 死 新牌坊 1

吴炳開 男 仝 死 保安隊 1

張金銀 男 仝 死 仝 1

張國然 男 仝 死 仝 1

朱子富 男 仝 死 仝 1

朱文華 男 仝 死 仝 1

楊德信 男 仝 重傷 仝 1

296

楊文祥　男　仝　重傷　仝　/

李忠福　男　仝　重傷　仝　/

蘇瑞麟　男　仝　仝　吳家牌坊　/

張翊堯　男　仝　死男一 重傷女二　馬里街　之

蘭氏　女　仝　死　皇殿街　/

梁六鳳　女　仝　重傷　仝　/

楊桂香　女　仝　仝　仝　/

蘇榮　男　仝　死　倉巷　/

楊子周　男　仝　死　蒲縹　/　縣中學生

楊湞　男　仝　死　蒲縹 里上鄉　/　縣中學生

297

蔣國賢 男 保山 死女一 重傷男二 南門外 3 又名李成宗

楊維新 男 仝 輕傷男二 隍祠街 2 本人及弟

蕭文煥 男 仝 輕傷男一 重傷女一 舊縣街 2 本人輕傷女重傷

賽啟雄 男 仝 死 縣中學生 1 漁塘人

楊阿蠻 男 仝 死 水進城 1 係甘羅鎮漁塘人

王高氏 女 仝 重傷 馬里街 1

吳秀春 男 仝 死 南門街 1

查樹林 男 仝 死 丁官庄 1 炸于中國銀行

戴洪恩 男 仝 死 舊縣街 1 板橋人

董楊氏 男 仝 死 下水河 1、 方官屯人

楊正珍

298

董樹臣	男	仝				
楊正修	女	仝	重傷	鼓樓坡	1	
張左氏	女	仝	死一 輕傷一	雙龍村	2	
楊鳳才	女	仝	死女一	舊縣街	1	大宛人 其母來城被炸死
張崇	女	仝	死女一	仝	1	大宛人 其母來城被炸死
馮希三	女	鶴慶	死女一	仝	1	
郜劉氏	女	保山	死男一	同豐街	1	其夫死
何榮長	男	仝	死男二	協台街	2	其子死 趙官屯人
李陳氏	女	仝	重傷	南門外	1	
張美才	男	仝	死五	舊縣街	5	

一.本籍死傷調查登記者男女共玖百叁拾名

299

二、本籍轻重伤调查登记者男女共贰百肆拾捌名

三、华侨难民死亡者约计柒百余名

四、侨中男女学生约计贰拾壹名

五、省立保山师范学校男女学生伍拾叁名

六、县立中学男女学生伍拾贰名

七、各县协修铁路民工死亡约叁百余名

八、警察及政法警保卫队保安队死亡伍拾伍名

九、外省外县商人等约叁百余名

十、飞机制造厂技工家属约死亡壹百余名

以上之数系根据息烽司令部及各乡镇民工所掩埋者男女共贰

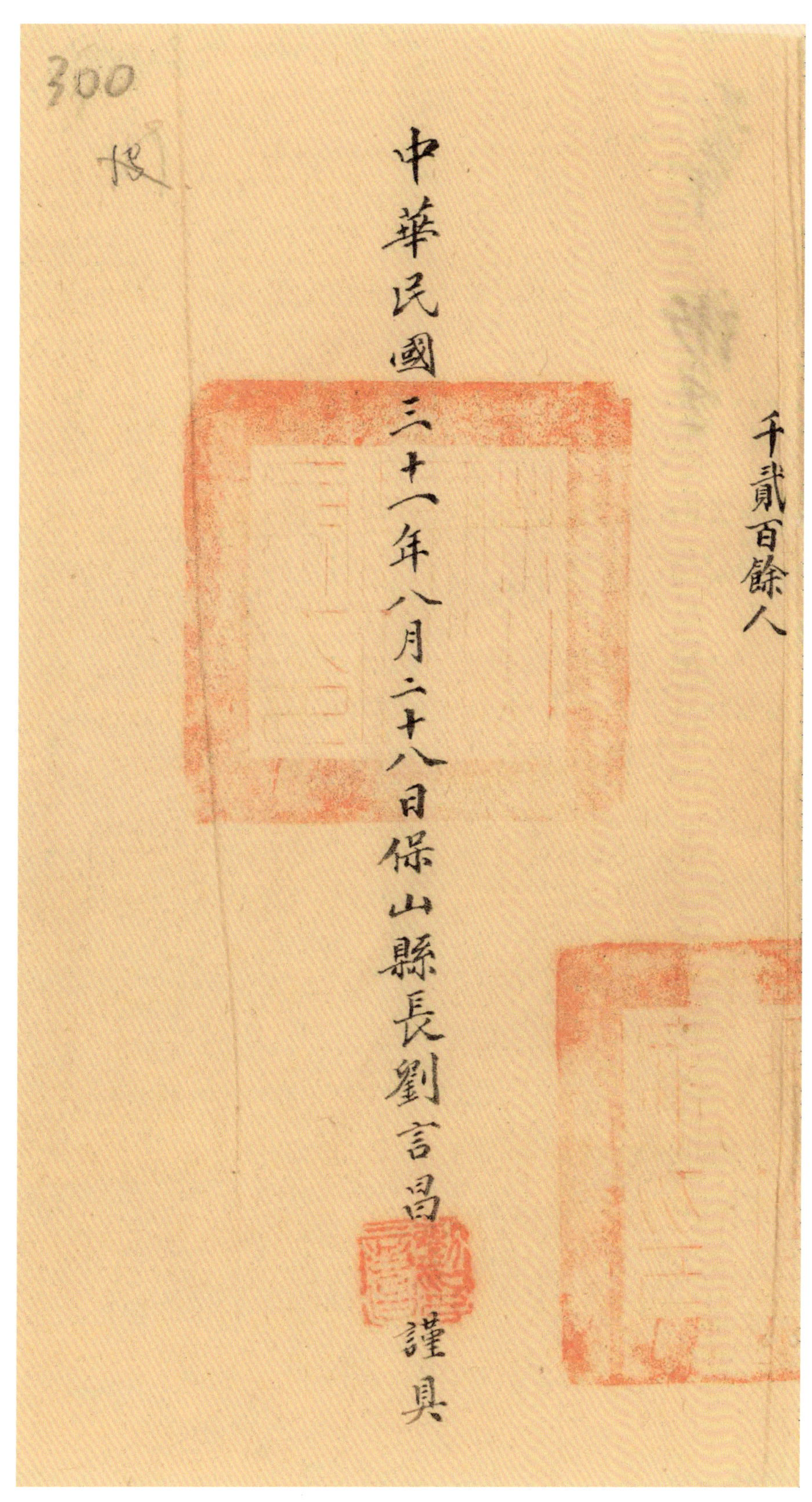

千貳百餘人

中華民國三十一年八月二十八日保山縣長劉言昌謹具

保山县「五四」「五五」城区房屋被敌机轰炸毁损清册（一九四二年八月二十九日）

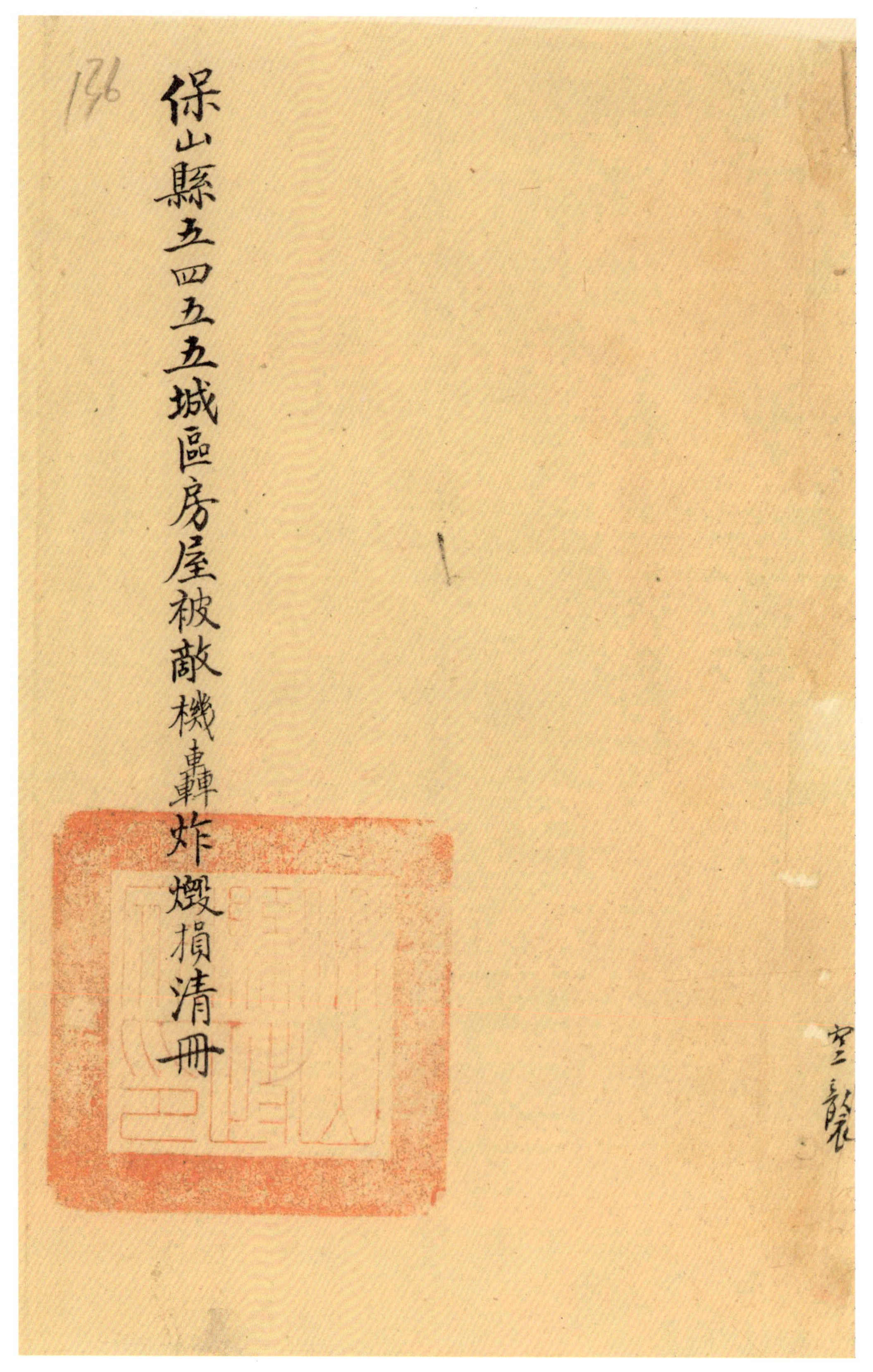

136

保山縣五四五五城區房屋被敵機轟炸燬損清册

空襲

137

謹將「五城鎮」「五，四」「五，五」被敵機轟炸房屋造具清册

呈請

鑒核

計開

姓名	住址	炸燬間數	被災情形
鄧榮	十保磨房溝	五	全燬
鄧耀	仝	四	仝
周次修	仝	九	仝
李文	仝	五	仝
李清泉	仝	三	仝

姓名	住址	人口	損失
王朝張	十保磨房溝	五	全燬
唐致祥	仝	七	仝
劉元興	仝	四	仝
王朝珍珠	仝	五	仝
化天喜	仝	一	仝
顧發鮮	仝	三	仝
高發	十保黃紙房	四	仝
朱覓	仝	五	仝
高延金	仝	四	仝
高連	仝	三	仝

高延全　十全保　三　全

高李氏　全　三　全

高延禮　全　二　全

高聶氏　全　二　全

李崇孝　全　五　全

高延枝　全　五　全

高延秀張　全　六　全

高楫　全　六　全

高三鑾　全　二　全

宋元　全　一　全

140

王貴	十保黄紙房	二	仝燬
王枝	仝	三	仝
王奎	仝	三	仝
王朝陽	仝	一	仝
王朝欽	仝	一	仝
王美	仝	五	仝
王孫	仝	六	仝
王正	仝	三	仝
陳益謙	仝	二	仝
倪文郁	十保沙灘街	三	仝

江朝進　十一保順城街　二　仝
張建春　仝　三　仝
王　桂　仝　一　仝
宋體張　仝　五　仝
范光玉　仝　一　仝
楊　富　仝　三　仝
汪金義　仝　二　仝
李文才　仝　二　仝
李文寶　仝　二　仝
趙錦源　仝　三　仝

142

姓名	住址	人数	损失
趙小培	十一保順城街	二	全燬
張煥成	仝	三	仝
王小滿	仝	二	仝
張文榮	仝	三	仝
張金榮	仝	五	仝
張煥榮	仝	三	仝
董傳	仝	三	仝
刁鳳翥	仝	六	仝
張壽	仝	六	仝
童寶成	仝	四	仝

163

張訓之	仝	七	仝
李春茂	仝	三	仝
王定國	仝	七	仝
趙連城	仝	九	仝
趙尚品	仝	八	仝
楊倫	仝	五	仝
張興	仝	二	仝
張明	仝	二	仝
陶連趙	仝	三	仝
李清	仝	二	仝

4

姓名	住址	口数	损失
李春榮	十一保順城街	四	全燬
江倫	仝	三	仝
田宗氏	仝	二	仝
王澤榮	仝	五	仝
段雨廷	仝	四	仝
高發	仝	三	仝
趙登魁	仝	一	仝
王秉武	仝	一	仝
田子春	十二保邰家庄	三	仝
田遇春	仝	四	仝

115

姓名	住址	數	
郜雲龍	仝	五	仝
趙文華	十二保龍泉河	三	仝
張洪義	仝	三	仝
宋朝禮	仝	三	仝
華連	十二保南關街	一	仝
樊氏	仝	一	仝
董金連	仝	二	仝
王秉雲	仝	一	仝
李榮先	一保東門街	二	仝
張岳如	仝	八	仝

5

166

印國珠	一保東門街	十	全燬
李如柏	八保東門街	二	震坯
劉忠秀	仝	二	仝
吴棟祥	仝	二	全燬
宋金海	仝	二	仝
華尚寬	仝	四	仝
新生活飯店	仝	二	仝
陶文林	仝	二	仝
徐明禮	八保四牌坊	三	半燬
富滇銀行	仝	厨房三 大廈	厨房三炸倒 大廈震壞

147

交通銀行	仝	十	震壞
吳秉義	仝	九	全燬
朱一廷	仝	十六	炸倒
花殿選	朱市街	一	震壞
魏子和	仝	二	全燬
吳順記	仝	二	仝
羅明環	仝	二	仝
延仁堂	仝	二	仝
培元盛	仝	二	仝
胡潤芳	仝	二	仝

6

148

楊文華	朱市街	二	全燬
四寶軒	仝	二	仝
鎮元記	仝	一	仝
王正興	仝	一	仝
刁選甲	仝	一	震壞
楊國華	仝	一	仝
李壽春	仝	一	炸壞
張　柱	仝	一	仝
趙青雲	仝	一	仝
楊維春	仝	一	仝

149

茂生和藥店	仝	二	炸倒
林叔寅	仝	二	震壞
張維和	仝	二	全燬
王選民	仝	二	仝
仁濟醫院	仝	二	仝
王春芬	仝	一	仝
恒益公	仝	一	仝
廣成昌	仝	二	仝
成華書莊	仝	一	仝
振　昌	仝	一	仝

7

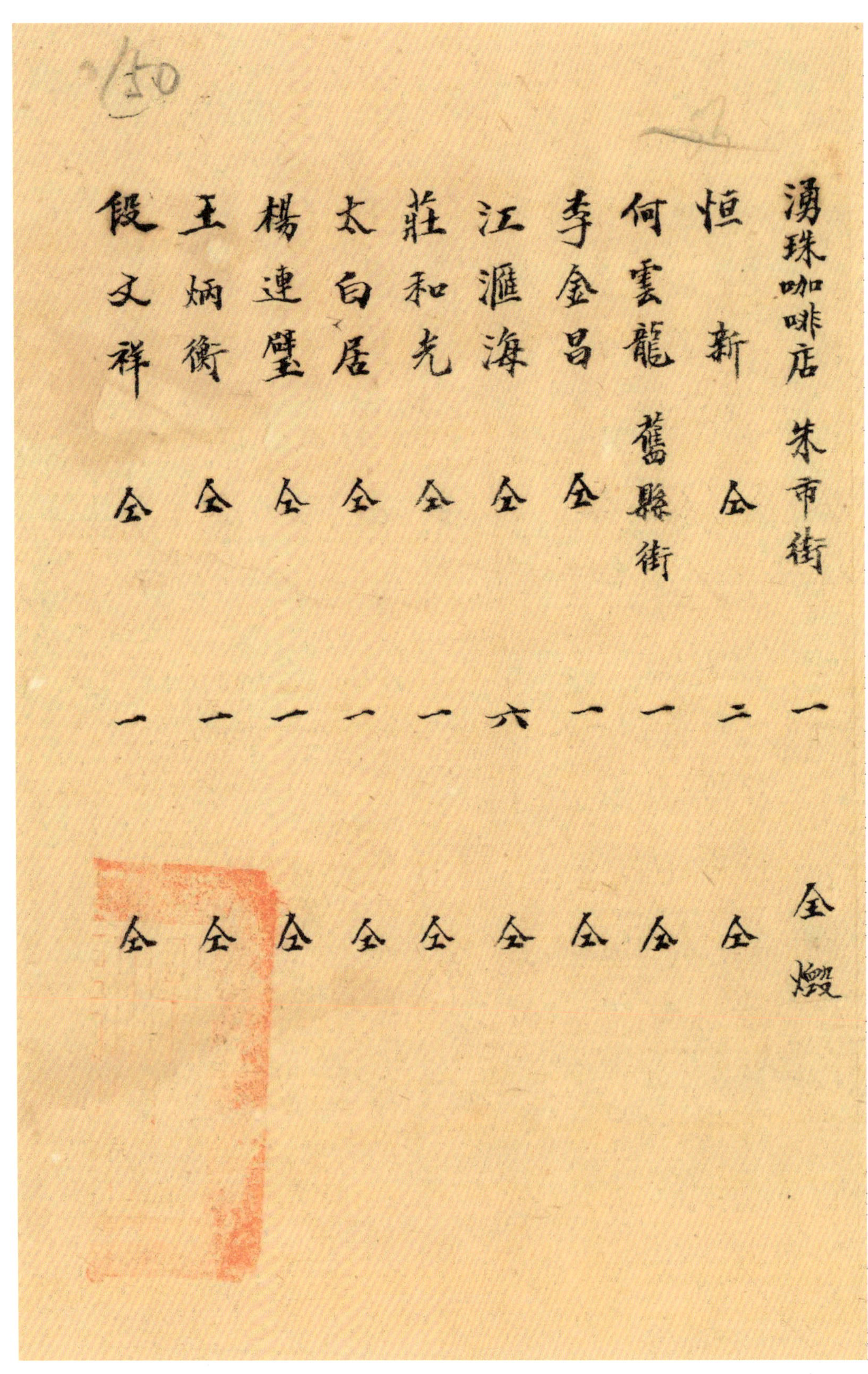

湧珠咖啡店 朱市街 一 全燬
恒新 仝 二 仝
何雲龍 舊縣街 一 仝
李金呂 仝 一 仝
江滙海 仝 六 仝
莊和光 仝 一 仝
太白居 仝 一 仝
楊連璧 仝 一 仝
王炳衡 仝 一 仝
段文祥 仝 一 仝

151

朱應祥	仝	十	仝
陳聯級	仝	一	仝
三泰號	仝	一	仝
楊炳乾	仝	三	仝
楊紹珠	仝	一	仝
三合園	仝	一	仝
董元剛	仝	一	仝
趙國寶	仝	一	未繳
趙國珍	仝	一	仝
同興醬園	仝	一	仝

8

152

姓名	住址	数	损毁
蕭雲光	舊縣街	一	半燬
楊朝賢	仝	二	震壞
張順	仝	一	仝
楊國蕃	仝	一	仝
向苐田	仝	七	仝
向朗山	仝	九	仝
水湖源	仝	一	仝
馬陞	仝	一	仝
一洞天	仝	一	仝
曾鏡高	仝	一	全燬

153

應時木器廠　仝　二　仝

陳德軒　仝　一　仝

陶弼臣　仝　十一　仝

戴學禮　仝　四　仝

趙李氏　仝　二　仝

郭氏　仝　二　仝

彭吉祥　仝　四　仝

段慶　仝　五　仝

趙和　仝　二　仝

萬雲龍　仝　二　半燬

9

154

寸李榮	舊縣街	七	全燬三 半燬四
劉楊氏	仝	六	全燬
王發秦	仝	三	仝
李加義	仝	一	仝
楊湖興	仝	四	仝
袁佑	仝	三	仝
何仲蕃	仝	一	仝
黃炳堂	仝	一	仝
趙文舉	仝	一	仝
董益三	仝	一	仝

135

王定理　仝　一　仝

郜子佑　仝　一　仝

徐　義　仝　一　仝

楊文傑　仝　二　仝

徐三鑾　仝　一　仝

趙興廷　仝　十二　仝

王秉恒　仝　四　仝

彭盛余　仝　二　仝

劉楊氏　仝　一　仝

寸恒高　仝　二　仝

10

150

鄭以能	舊縣街	二	全燬
陳宣	仝	二	半燬
史山河	仝	二	仝
何伯陽	仝	十一	仝
梁國欽	仝	一	仝
治湘茶社	仝	一	震壞
湯慎菴	仝	一	半燬
湯慎菴 文和 樹義	仝	十五	仝
梁寅山	仝	二	仝
宋福志	仝	一	震壞

157

11

趙成義	仝	一	震壞
梁坤山	仝	一	仝
李為青	仝	一	仝
周宗溪	仝	十	仝
適足鞋莊	仝	二	仝
張文勝	仝	二	仝
太和醫院	仝	六	震壞二 半燬四
彭少林	仝	五	震壞
胡德卿	仝	四	仝
林春谷	仝	㐅	仝

158

郭家店	酒街	二	全燬
洗槳店	仝	一	仝
趙成	仝	一	仝
陳註	仝	一	仝
李家吉	仝	一	仝
張國順	仝	一	仝
許世昌 江國剛	仝	十五	仝
范衡五	仝	五	仝
張師	仝	一	仝
徐正有	仝	三	仝

159

張相文　酒　街　六　全繳
劉　董　仝　三　仝
王　綱　袁市街　三　仝
劉炳堯　仝　二　仝
李　許　仝　二　仝
楊德輝　仝　一　仝
何嘉祺　仝　二　仝
李恒茂　仝　二　仝
晋　丰　仝　二　仝
萬選堂　仝　二　仝

12

180

麗雲　袁市街　二　全燬

寸承恩　仝　十八　仝

施益臣　仝　二　仝

劉湘寶　仝　三　仝

葉發揚明　仝　十　仝

大有堂　仝　二　仝

尚文號　仝　二　仝

馬秉章　仝　四　仝

萬發號　仝　五　仝

春華號　仝　三　仝

161

義生昌 仝 二 仝

利　興 仝 二 仝

美華利 仝 一 仝

楊誠善 仝 三 仝

音遠記 仝 二 仝

霍瑞林 仝 二 仝

趙發全 仝 〤 仝

滕大元 仝 二 仝

李學文 仝 二 仝

吉祥齋 仝 一 仝

13

162

用舒堂	袁市街	一	全燬
陳用之	仝	五	仝
王蕃	仝	七	仝
吉昌號	仝	二	仝
新生餅莊	仝	二	仝
陳照	仝	二	仝
張培元	仝	二	仝
香丰	仝	十	仝
沙進之	仝	五	仝
暢懷	仝	六	仝

163

14

馬玉堂	仝	二	仝
高明監	仝	二	仝
樂師禹	仝	一	仝
樂龔氏	仝	五	仝
呂誠齋	仝	二	仝
樂梓英	仝	四	仝
邵興	仝	二	仝
汪萬鎰	仝	二	仝
王意如	仝	八	仝
鄭貴書	仝	二	仝

164

張吉琴　袁市街　二　全燬

曾銑　仝　五　仝

德懋祥　仝　一　仝

曾楷　仝　一　仝

曹銘　仝　一　仝

楊秉鈞　仝　一　仝

劉李芳　仝　二　仝

一樂也　仝　二　仝

强身服裝店　仝　二　仝

王殿勛　仝　二　仝

165

孫良臣　仝　二　仝

阮湘臣　仝　二　仝

農民銀行　仝　八　仝

徐三元　仝　二　仝

王鶴雲　仝　三　仝

長壽堂　仝　三　仝

李子明　仝　三　仝

同義昌　仝　三　仝

怡記　仝　三　仝

王調元　仝　二　仝

15

高子和	袁市街	四	全燬
趙尚高	仝	二	仝
吳其光	仝	二	仝
毛榮順	仝	二	仝
李鏡洲	仝	五	仝
尚美號	仝	二	仝
茂昌商店	仝	三	仝
張永和	仝	二	仝
向佩東	仝	二	仝
孫耀先	仝	三	仝

李景春	仝	二	仝
向子明	仝	三	仝
馮希乾	仝	四	仝
邵德芳	仝	四	仝
福壽昌	仝	二	仝
鼎新和	仝	一	仝
時興昌	仝	一	仝
樂露春	仝	一	仝
民生服務社	關廟街	一	仝
鼎新商店	仝	一	仝

甘正國	關廟街	一	全燬
一林春	仝	一	仝
楊秉福	仝	二	仝
福元齋	仝	二	仝
廣永祥	仝	二	仝
孫　靜	仝	二	仝
光裕昌	仝	一	仝
蘇慶堂	仝	二	仝
玉丰軒	仝	二	仝
彭生才	仝	四	仝

169

17

美亞 仝 二 仝
金本潔 仝 二 仝
許奎臣 仝 二 仝
光裕祥 仝 四 仝
秉順祥 仝 二 仝
登雲齋 仝 二 仝
東應選 仝 二 仝
范從先 仝 二 仝
南興和 仝 二 仝
清和店 仝 八 仝

170

宏盛堂	關廟街	二	半燬
李應福	仝	一	半燬
王玉榮	仝	二	震壞
鄭連方	仝	六	全燬五 震壞一
鄭崑	仝	二	震壞
春生堂	仝	二	仝
胡從正	仝	一	仝
中國銀行	仝	六	仝
蔣顯	關廟街	一	半燬
馬驤德	仝	十二	全燬

171

18

金燕　仝　二　半燬
金玉美　仝　二　仝
石光斗　仝　二　仝
何炳文　仝　二　仝
楊天祥　仝　四　震坯
春秦祥　仝　一　仝
許章　仝　一　仝
梁生林　仝　一　仝
科特　仝　一　仝
曹趙氏　仝　一　仝

172

周兆全 關廟街 一 震坯
何泰豐 仝 一 仝
張琴 仝 三 仝
關帝廟 仝 九 仝
張鄧氏 仝 二 仝
趙文榮 仝 一 仝
馬萬青 仝 一 仝燬
周康 仝 二 仝
楊金氏 仝 二 仝
施濟成 仝 一 仝

173

閔志甫　仝　〤　仝
蒲祥林　仝　二　仝
陸敬臣　仝　三　仝
陸恩錫　仝　二　仝
韋海廷　仝　一　仝
益壽源　仝　一　仝
李福培　仝　一　仝
何才記　仝　一　仝
李竹臣　仝　一　仝
董義禮　仝　一　仝

174

儲秉文　關廟街　一　全燬
汪致祥　仝　一　仝
段士義　仝　一　仝
何培生　仝　一　仝
段連忠　仝　二　仝
楊鑑藻　仝　一　仝
汪浩然　仝　一　仝
耀華銀樓　仝　一　仝
王定安　仝　一　仝
何仲蕃　仝　一　仝

175

蘇眉山 同丰街 五 全燬
趙文炳 仝 二 仝
蔡明欽 仝 二 仝
蔡珍 仝 二 仝
鴻陽樓 仝 二 仝
趙潤南 仝 二 仝
趙勳南 仝 二 仝
李鳳翔 仝 一 仝
霍昌林 仝 一 仝
太平洋沐浴室 仝 十 仝

176

上海銀行	同丰街	六	全燬
鄭竹樓	仝	六	仝
鄭伯純	仝	四	仝
白純儒	仝	二	仝
寸德寬	仝	二	仝
保山大旅社	仝	十二	震坏
李松林	仝	一	全燬
陶竹勛	仝	一	仝
張金湘	仝	九	仝
楊春正	仝	一	仝

177

晏景清　仝　二　仝
李德林　仝　一　仝
李德興　仝　一　仝
李秀　仝　一　仝
張鵬飛　仝　一　仝
彭國昌　仝　一　仝
閔席珍　仝　十一　仝
保元堂　仝　一　仝
袁吉五　仝　一　仝
陳天才　仝　一　仝

21

178

趙榮華	同丰街	一	全燬
朱萬益	仝	一	仝
羅存仁	仝	一	仝
王順號	仝	二	仝
段淑貞	仝	二	仝
戈永和	仝	六	仝
范正和	仝	六	仝
王沈氏	仝	一	仝
劉石釗	仝	一	仝
李國柱	仝	一	仝

179

徐柏林　仝　一　仝

王連張　仝　一　仝

汪富　仝　一　仝

蕭華軒　仝　三　仝

高九如　仝　三　仝

唐子仁　仝　三　仝

唐禮生　仝　三　仝

唐禾生　仝　三　仝

胡紹柏　仝　三　仝

劉廷選　仝　一　仝

180

朱必成	同丰街	四	全燬
蕭正榮	仝	四	仝
周現南	仝	二	仝
李雲五	仝	四	仝
張奎五	仝	二	仝
周德美	仝	二	仝
郭金榮	仝	二	仝
黃正興	仝	二	仝
楊春芳	仝	二	仝
邵鑑	仝	二	仝

181

趙有祥　仝　一　仝

楊光榮　仝　一　仝

李王氏　仝　二　仝

翁鄭氏　仝　二　仝

張永光　仝　二　仝

李文彬　仝　一　仝

李金氏　仝　一　仝

劉金堂　仝　二　仝

李廷佐　仝　四　仝

晏景光　仝　二　仝

23

182

宋富堂　同丰街　一　全燬

蘇瑞生　仝　一　仝

楊志賓　仝　二　仝

嚴相金　仝　二　仝

楊信春　仝　二　仝

吳培興　仝　二　仝

閔自榮　仝　二　仝

范興周　上巷街　十　仝

朱　氏　仝　七　仝

段雲五　仝　十一　仝

183

雙子金	仝	三	仝
正和油莊	仝	六	仝
施言章	仝	三	仝
王宗藩	仝	三	震坯
李正昌	仝	二	全煅
賽步武	仝	三	仝
孔述臣	仝	十五	仝
余老十 馬里街		三	仝
李萬美	仝	六	仝
陳錦章	仝	十三	仝

184

楊浩然	馬里街	六	全燬
林鶴祥	仝	六	仝
陶桂芳	仝	十五	仝
杜文林	仝	九	半燬
李欽安	仝	十二	仝
女子中學	仝	十四	全燬三 半燬十一
楊壽	鉄樓街	三	全燬
土地廟	仝	三	半燬
傅榮	仝	三	震坏
張小思	仝	三	震坏

185

趙光榮　仝　三　仝

楊秉坤　仝　三　仝

李尚武　仝　八　全爨

董占寬　仝　三　仝

趙學清　仝　五　半爨

韋乃興　仝　三　震坯

雷報局　仝　二一　震坯

李澤之　仝　三　全爨

楊育之　仝　十一　仝

王希佐　仝　一　仝

186

陳氏	鉄樓街	三	半燬
金毛氏	仝	三	仝
朱維綱	仝	五	仝
趙美五	木龍街	七	震坏
李鍾泗	仝	五	全燬
那如先	米市街	三	半燬
李有仁	仝	三	全燬
仁和旅館	仝	六	半燬
信記	仝	九	全燬
邵天佑	仝	三	仝

印國珠　東門街　十二　全燬

張岳如　仝　八　仝

李良修　仝　一　仝

楊　忠　仝　一　半燬

吳朝佐　仝　一　震坏

徐鑾勲　仝　三　震坏

朱　光　仝　三　半燬

李有仁　仝　十　全燬

陸金臣　仝　四　半燬

恒發店　仝　六　仝

五之堂　通商巷　一　半燬
徐朝德　仝　四　全燬
王先生　仝　一　仝
張學易　仝　四　仝
張笋　仝　二　仝
張天宣　仝　一　半燬
張學清　仝　一　全燬
宋文才　仝　二　震坏
杜發　仝　四　全燬
江成林　仝　一　半燬

189

余紹興	大北門	二	全燬
白士明	仝	一	全燬
黃世和	仝	三	全燬
葉發榮	仝	一	全燬
施廷彥	仝	二	全燬
雷雲廷	仝	九	震坏
西南運輸處	仝	四	全燬
天主堂	仝	三	全燬
徐國意	仝	一	震坏
段發昌	仝	一	震坏

190

王宣　隍祠街　二　半燬
王興　仝　二　仝
邵學才　仝　二　仝
李玉揚　仝　二　仝
馬富元　仝　二　仝
張継先　仝　一　仝
朱文波　仝　一　仝
黄幼竹　仝　四　仝
馬蘇全　仝　四　仝
馬氏　仝　一　仝

191

馬　師　仝　一　仝
金石華　仝　四　全燬
戈景文　仝　十　仝
胡張氏　仝　二　仝
陳積齋　仝　六　震坯
胡煥章　仝　二　全燬
趙士華　仝　六　仝
黨　部　仝　十五　仝
陳紹華　仝　三　仝
胡郜氏　仝　六　仝

192

陳厚發	守府街	二	半燬
何元章	仝	六	全燬
丁佐臣	仝	二	仝
李鍾漢	仝	八	仝
王洪章	仝	四	仝
馬汝志	仝	五	半燬
杜發盈	仝	三	仝
張學志	仝	八	震坯
李富	下巷街	二	半燬
王正春	仝	二	全燬

193

王治國　全　四　全

永盛號　全　二　全

趙金全　全　三　全

候永之　全　三　半燬

杜明元　全　十五　全燬三　半燬十二

董樹　全　七　全燬

彭汝相　全　二　全

湯正先　全　四　全

黃金奎　全　二　全

馬氏　全　二　全

29

194

劉体忠	下巷街	二	全燬
張連榮	仝	二	仝
陳寅生	仝	十二	仝
天德堂	仝	三	仝
閔東海	仝	四	半燬
楊勛臣	仝	十三	全燬
王體三	仝	九	仝
蘇朝進	朱家巷	三	半燬
徐連奎	仝	三	仝
趙連璧	仝	三	全燬

余連清	仝	三	仝
張　增	仝	六	仝
張煥光	仝	三	半燬
萬老鑾	仝	三	仝燬
李德清	仝	六	仝
聶　祥	仝	一	仝
劉　船	仝	一	仝
葉文貴	下所房	三	仝
基督教堂	仝	八	仝
楊　生	仝	三	仝

196

段必祿	下所房	四	全燬
蘭老蛮	仝	三	仝
王 命	仝	三	仝
楊有節	仝	三	仝
張阿傳	仝	四	仝
蘭 森	仝	六	仝
段訓廉	下水河	二	仝
楊培林	仝	三	半燬
段金龍	仝	三	仝
唐貴廷	仝	三	全燬

197

引

尹光祖　仝　四　震坯
李占祖　仝　三　仝燬
段洪章　上水河　八　仝
田善培　仝　六　震坯
段正廉　仝　二　仝燬
趙先生　仝　三　仝
刁老大　仝　二　半燬
趙子紳　仝　四　半燬
顧發松　仝　三　仝燬
阿所　仝　六　仝

198

福音堂	衙門口	十	全燬
張子昌	仝	一	仝
李喬順	仝	五	半燬
孫士韋	仝	一	仝
唸佛堂	上水河	三	全燬
王法順	仝	三	震坏
袁啟鴻	仝	三	震坏
袁啟龍	仝	三	仝
劉興洪	仝	三	半燬
楊秉福	趙家街	六	震坏

199

322

崔秉廉	仝	六	震坯
清真寺	仝	五	仝
張老五	戈家巷	五	仝爨
張桂培	仝	三	震坯
王　華	下巷街	二	仝
鄭文煜	南門街	二	仝爨
黄月秋	仝	五	仝
段連榮	仝	二	仝
品盛馬店	仝	五	半爨
趙學堂	仝	一	仝爨

200

李海青	南門街	一	全燬
李進武	仝	一	半燬
劉洪文	仝	二	仝
宏盛昌	仝	二	仝
許權寬	仝	二	全燬
楊氏	仝	一	仝
鄭伯元	仝	一	仝
蹇從義	仝	一	仝
慶丰亭	仝	三十	仝
孔兆林	仝	一	仝

江西會館	仝	三	仝
楊國璽	仝	一	仝
江兆熊	仝	一	仝
木從義	仝	三	仝
木從仁	仝	二	半燬
徐正綱	仝	六	全燬
周氏	仝	三	仝
徐士科	仝	二	半燬
施宗氏	仝	二	全燬
段錫祿	朝陽街	九	半燬六 震坯三

202

嚴子陵	朝陽街	三	全燬
趙作鑑	仝	十	半燬
蘭義興	仝	九	全燬
趙有山	仝	九	仝
劉德	仝	三	仝
王文科	仝	三	半燬
胡潤芳	仝	六	全燬
烏清雲	仝	五	仝
李清芳	題名坊	十五	仝
陸爽	仝	四	仝

203

保山師範　黌學街　十五　全爨三　半爨十二

保山縣中　仝　十　半爨

金瑞生　仝　三　全爨

江正興　府門口　七　半爨

福音堂　仝　三　仝

王介藩　文忠街　十　全爨

莊玉書　仝　五　半爨

中國銀行　仁壽門　十　仝

張澤　文忠街　三　震坯

陳翰生　仝　八　仝

204

蘭之林	守府街	三	震坏
張義	鼓樓坡	三	全燬
王進升	仝	三	仝
張老蛮	仝	三	震坏
朱忠	仝	六	半燬
汪槐	仝	三	全燬
鄧齋公	仝	三	半燬
儲文保	仝	三	全燬
李老蛮	隍殿街	二	仝
王正清	仝	二	仝

205

111

楊澤培	仝	三	震坯
蔡　培	仝	三	全燬
李紹忠	仝	一	仝
衛生院	仝	五	震坯
劉以靖	仝	八	全燬
李竹臣	仝	一	仝
邢光學	仝	三	震坯
王洪章	仝	二	全燬
陳閔氏	仝	三	半燬
陳惠蘭	仝	三	震坯

206

李水氏	羔羊街	十一	全燬
董樹林	仝	三	仝
沙柱	仝	三	仝
梅子京	仝	三	震壞
包尚志	仝	三	全燬
蘇釗	仝	三	震坯
沙元	仝	四	仝
蔣洪韶	仝	七	全燬四 半燬三
邵大才	仝	三	震坯
劉子玉	仝	三	震坯

207

31.

何興　仝　六　仝

何順　仝　六　仝

黄老五　仝　八　震坯五　全燬三

王嗣槐　仝　一　全燬

彭文明　仝　三　仝

彭國才　仝　十四　全燬一　震坯十三

趙王四　仝　一　全燬

朱偉三　仝　十　全燬七　半燬三

張孝　仝　二　全燬

全白美　仝　二　仝

208

蕭老三　小北門街　二　全燬
霍義　仝　一　震坯
張銅匠　仝　一　仝
趙師　仝　一　仝
李升五　仝　三　半燬
田正良　仝　二　全燬
田正華　仝　五　仝
李英　仝　六　仝
馬子騮　仝　三　仝
李志　仝　二　半燬

209

王加禾 仝 八 全燬
滕生 仝 三 仝
楊鍾俊 仝 十五 仝
靳文社 仝 二 仝
趙占春 仝 七 仝
繆如玉 仝 五 仝
繆如方 仝 四 仝
趙發 仝 四 仝
滕生 仝 二 仝
何永興 仝 二 仝

210

金成榮	小北門街	二	震坏
成華書莊	仝	三	全燬
貞記	仝	十一	全燬五 震坏六
何兆林	仝	三	半燬
劉志祥	仝	十二	全燬
舒子烈	仝	十三	仝
敖鈞	仝	二	震坏
段志	仝	三	仝
聶正明	仝	三	震坏
陶氏	仝	一	全燬

211

張齋太　仝　二　仝
王艸荐　仝　三　仝
張寶善　仝　二　仝
艾世龍　菊巷　十　震坯
龐照玺　仝　三　全燬
耿芝圃　仝　六　半燬
陳明禮　仝　三　全燬
王選明　太和街　十　仝
李少連　仝　六　仝
李白陶　仝　九　震坯

212

王克武	太和街	九	半燬
沙寶珠	仝	五	仝燬
高一宿	香住巷	六	半燬
李幼成	題名坊	六	仝
李自富	仝	三	震坏
王德彰	仝	三	仝
蘇子芬	香住巷	三	仝
楊玉林	仝	三	仝燬
顧永順	仝	九	震坏
馬立早	仝	六	仝燬

馬阿紅	仝	七	仝
姜翠雲	仝	八	仝
胡興	仝	六	仝
任氏祠	仝	三	仝
秦保山	仝	三	仝
趙儒	仝	三	仝
吳楊氏	仝	三	仝
趙有仁	仝	五	仝
白士明	大北門街	二	仝
玉恩祺	黃紙房	一	震坯

214

姓名	住址	数	损毁情形
王恩傑	黃紙房		震壞
陳福謙	仝		仝
高美	仝	二	仝
李育生	沙灘街	一	仝
邵連彭	縣衙街	一	全燬
李洪文	仁壽門	三	仝
龔永康	龔家巷	五	震坯
陳發祥	板橋東村	三	全燬
陳星之	仝	四	仝
陳發清	仝	一	仝

廖玉　仝　　仝

寸惜銀　仝　三　仝

王學楊　仝　二　仝

鍾體仁　仝　一　仝

鍾丙仁　仝　一　仝

門窗板壁瓦片震壞者共計伍百貳拾餘間未詳列

全燬壹千玖百陸拾柒間

半燬叄百捌拾貳間

震壞叄百玖拾捌間

共計叄千貳百陸拾柒間

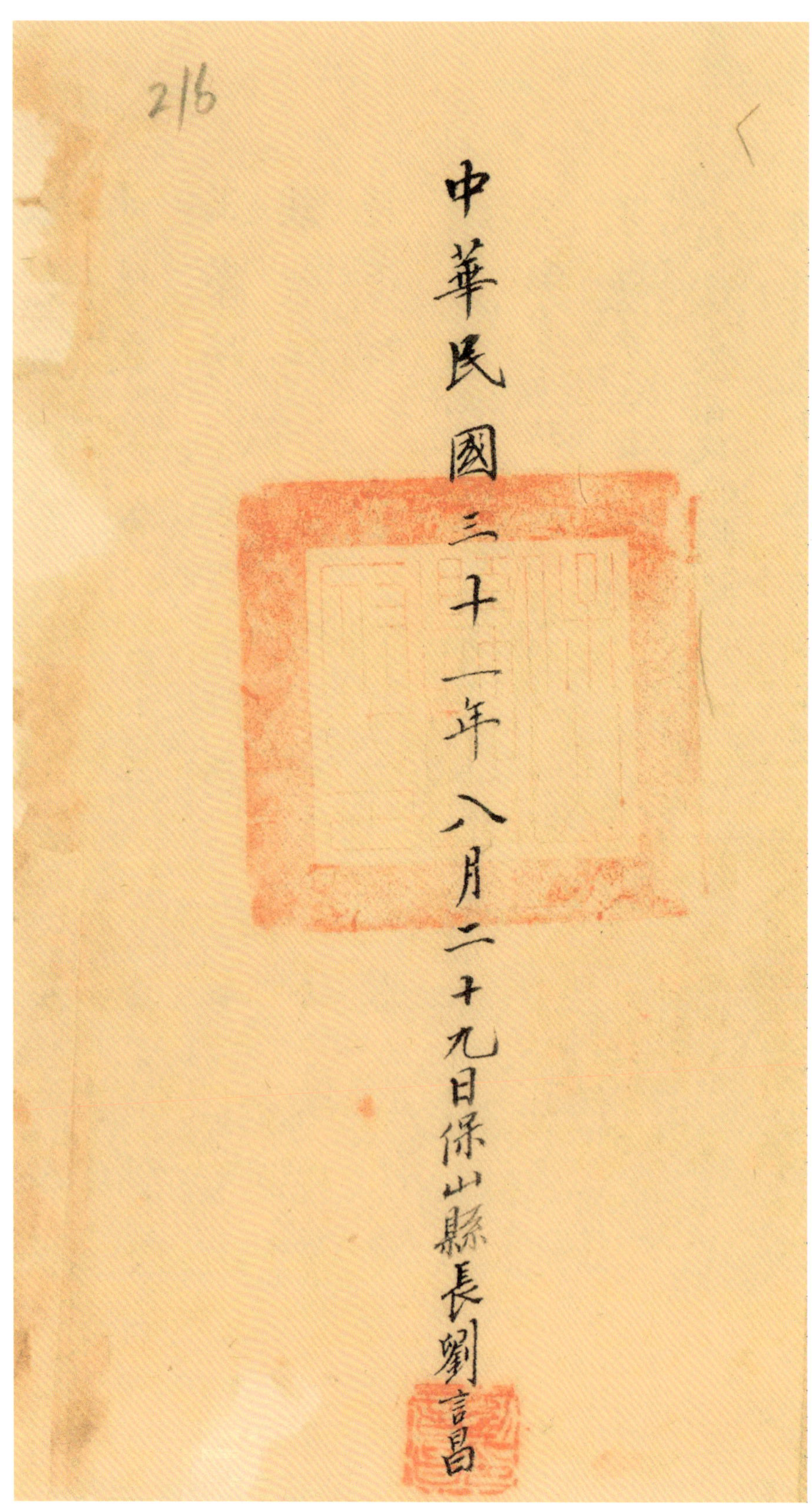
2/6

中華民國三十一年八月二十九日保山縣長劉言昌

云南省政府为保山县呈一九四一年四月二十一日炸灾振恤表册事致云南省振济会指令稿（一九四一年十月十二日）

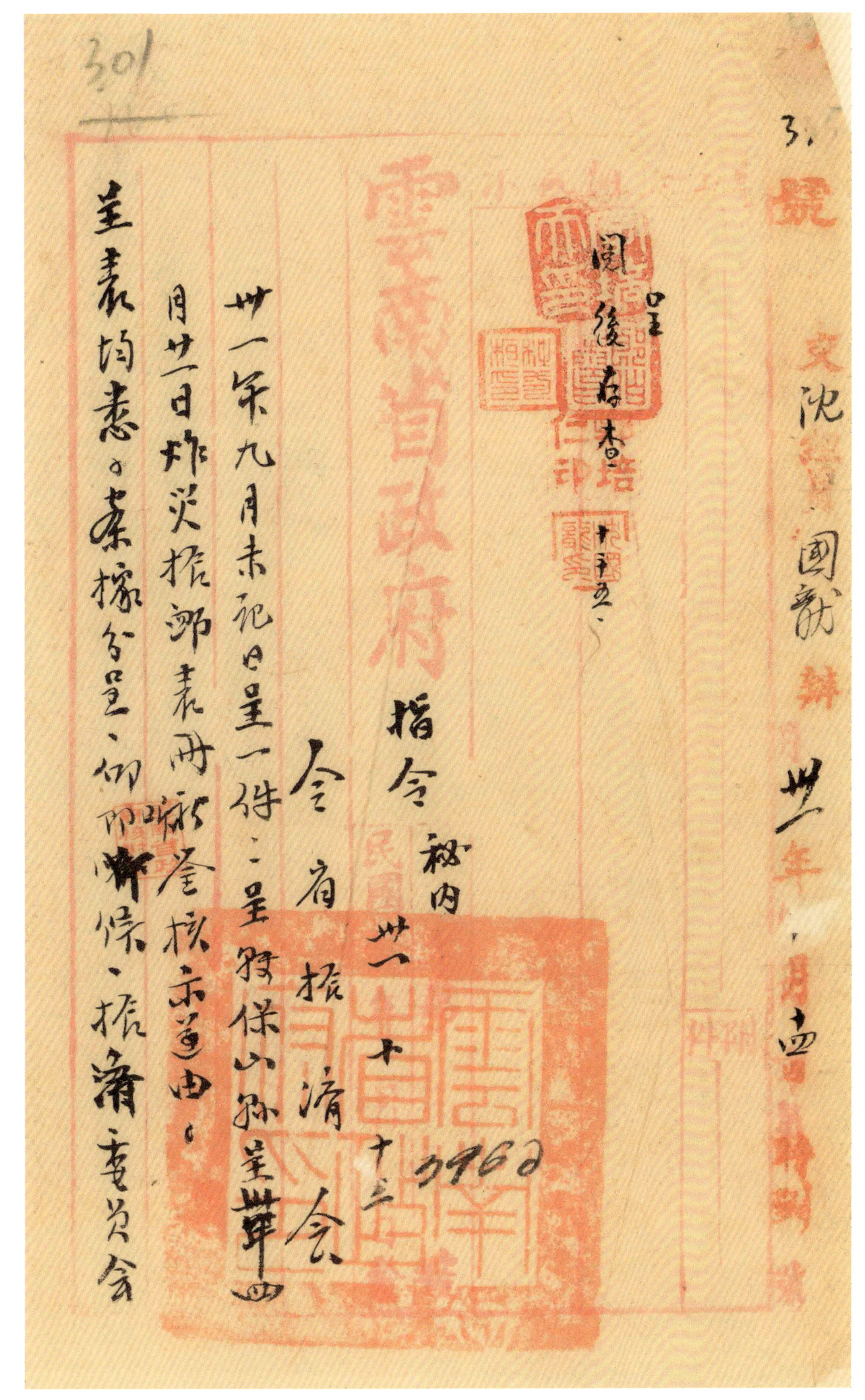

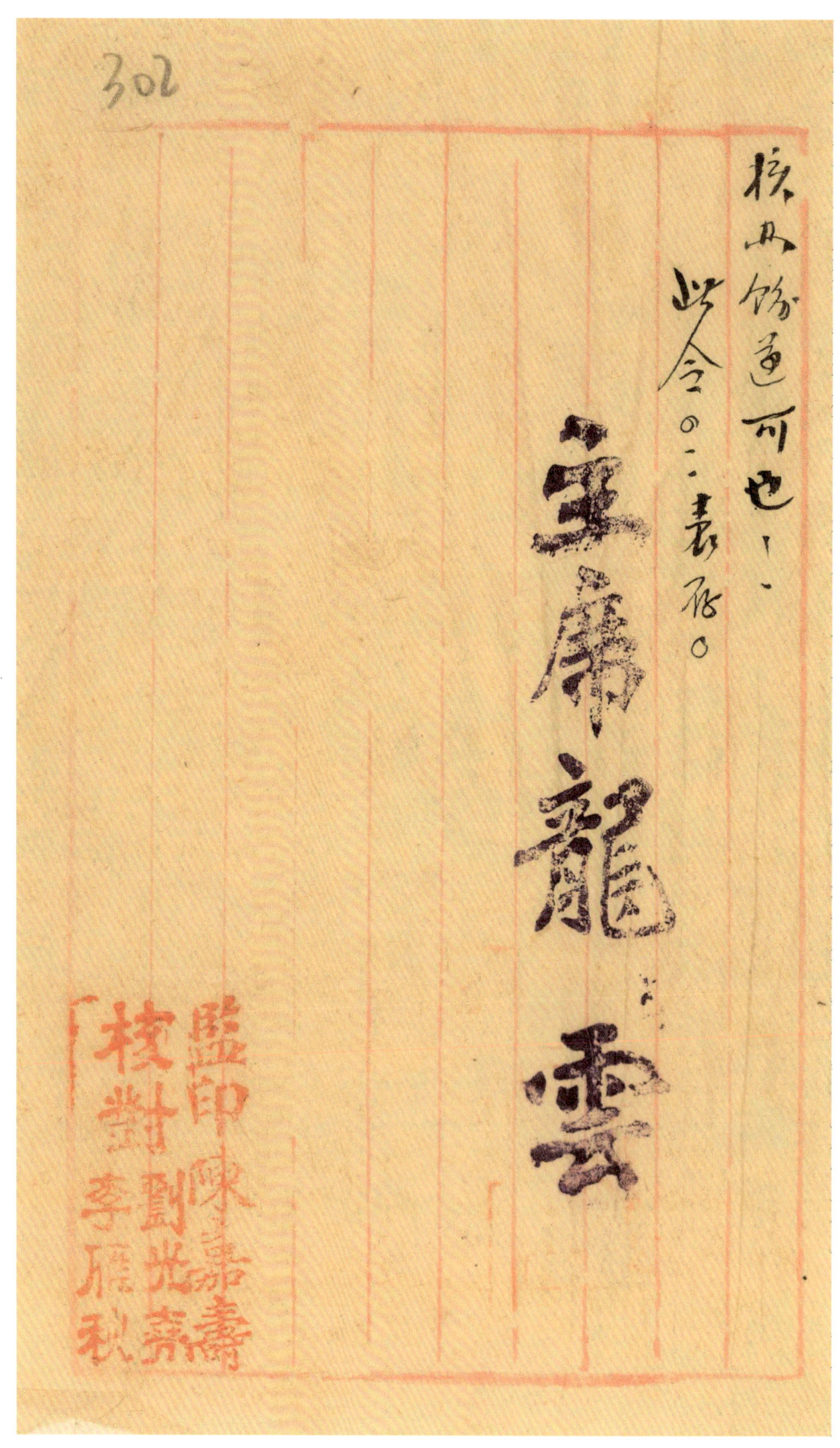
302

核辦飭遵可也。此令。○二表存。

主席 龍雲

監印 陳嘉壽

校對 劉光齊 李雁秋

蒙自县政府关于敌机九架在县东门外第一集团军总司令部投弹四枚扫射造成损失情形致云南省民政厅的代电
（一九四二年十月二十日）

蒙自縣政府快郵代電

字第 號

中華民國卅一年拾月廿六日收到

雲南省民政廳長李鈞鑒：查本日敵機九架於十四點五十分由中和營轉竹園、到碧色寨竄入蒙境，在東門外第一集團軍總司令部投彈四枚，并降低用機槍掃射，隨即向東南方逸去，計炸燬房屋三間，負傷軍人二名，餘無損害。謹此電呈，以鈞長鑒核備查。

中華民國 年 月 日 午 時 發

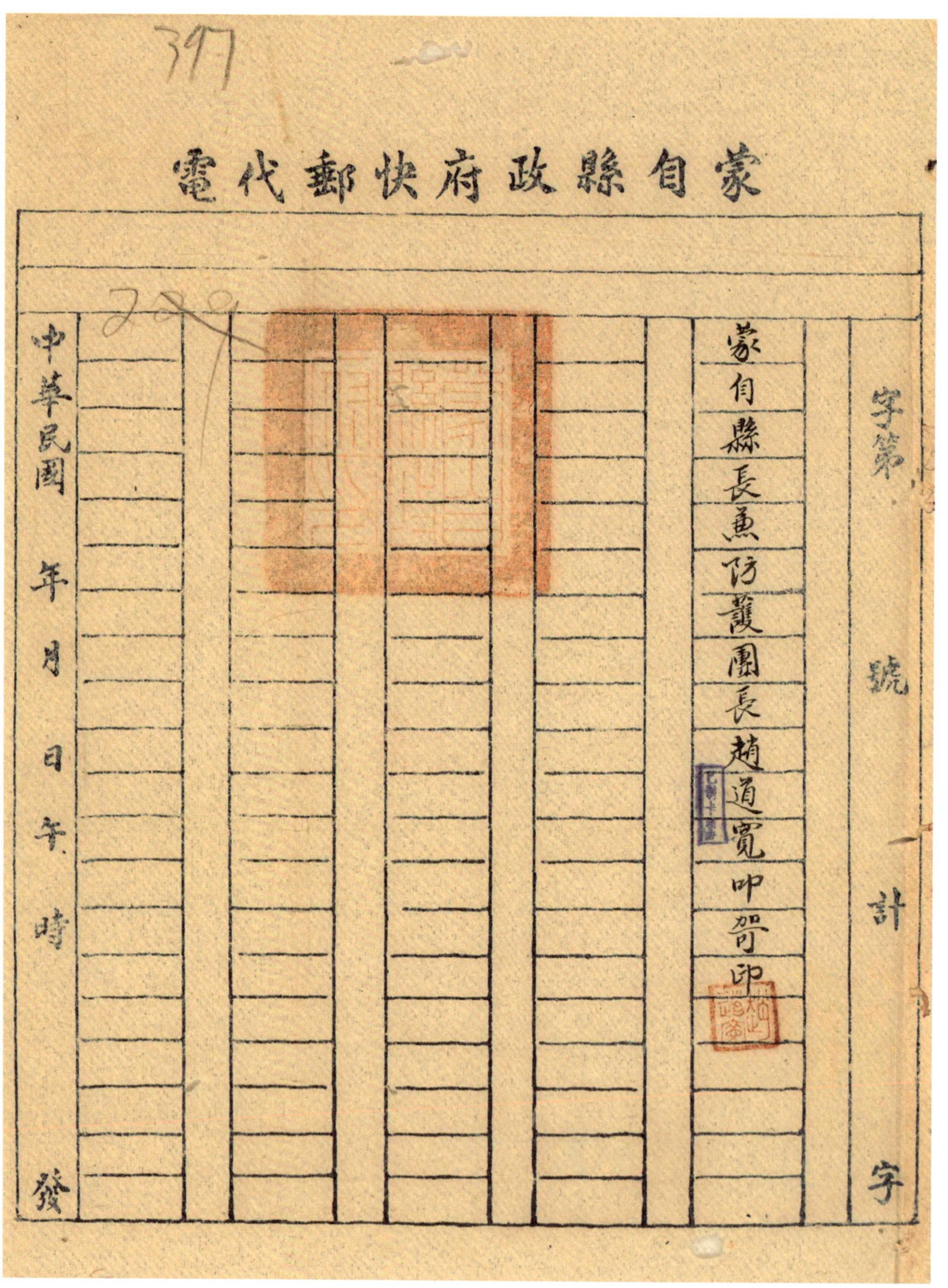

蒙自縣政府快郵代電

字第 號 計 字

蒙自縣長兼防護團長趙道寬叩習印

中華民國 年 月 日 午 時 發

祥云县政府为报告敌机轰炸云南驿机场伤亡人数暨抚恤致云南省民政厅的呈及快邮代电（一九四三年一月九日至二十三日）

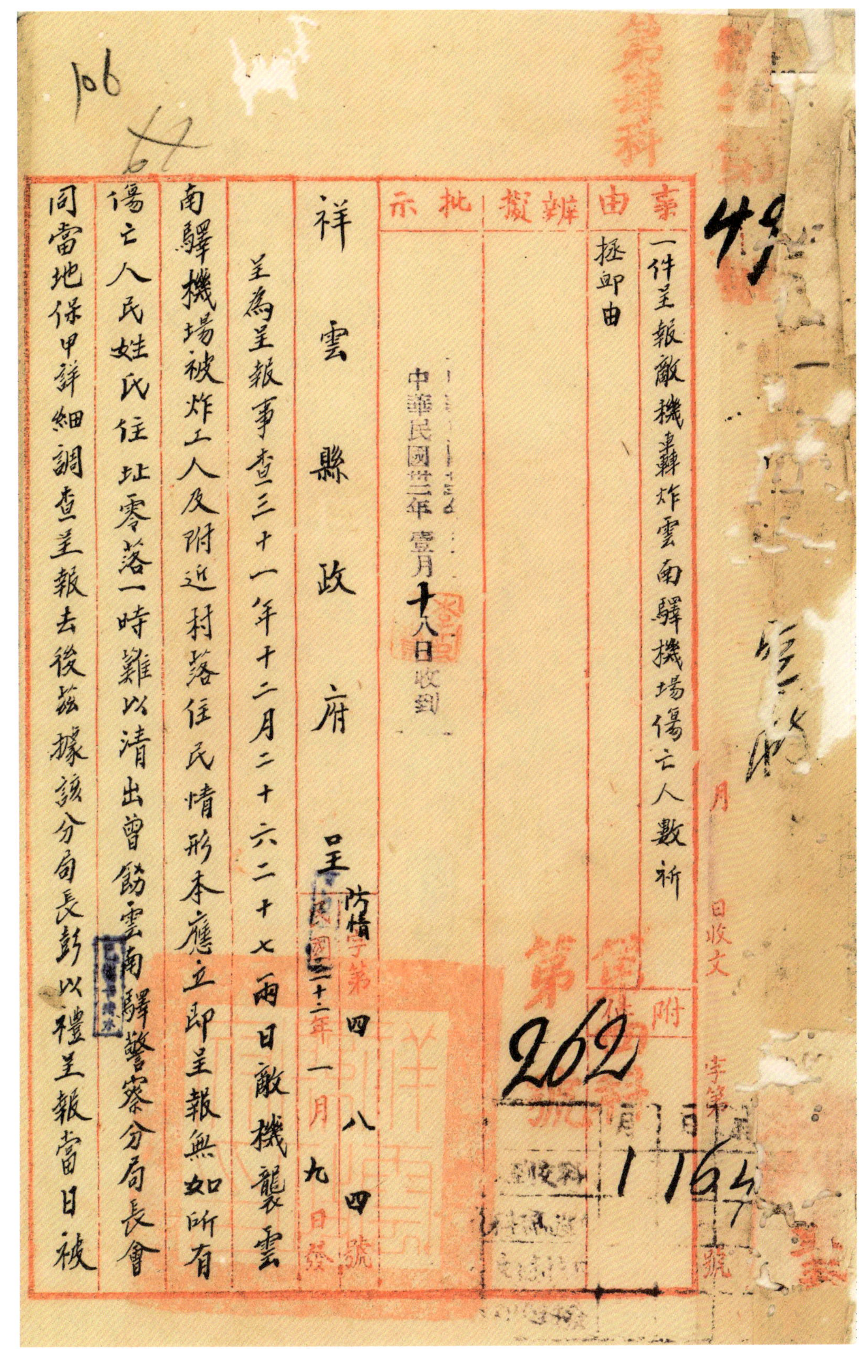

事由：一件呈報敵機轟炸雲南驛機場傷亡人數祈拯卹由

中華民國卅二年壹月十八日收到

祥雲縣政府呈 防情字第四八四號 民國三十二年一月九日發

呈為呈報事查三十一年十二月二十六二十七兩日敵機襲雲南驛機場被炸工人及附近村落住民情形本應立即呈報無如所有傷亡人民姓氏住址零落一時難以清出曾飭雲南驛警察分局長會同當地保甲詳細調查呈報去後茲據該分局長彭以禮呈報當日被

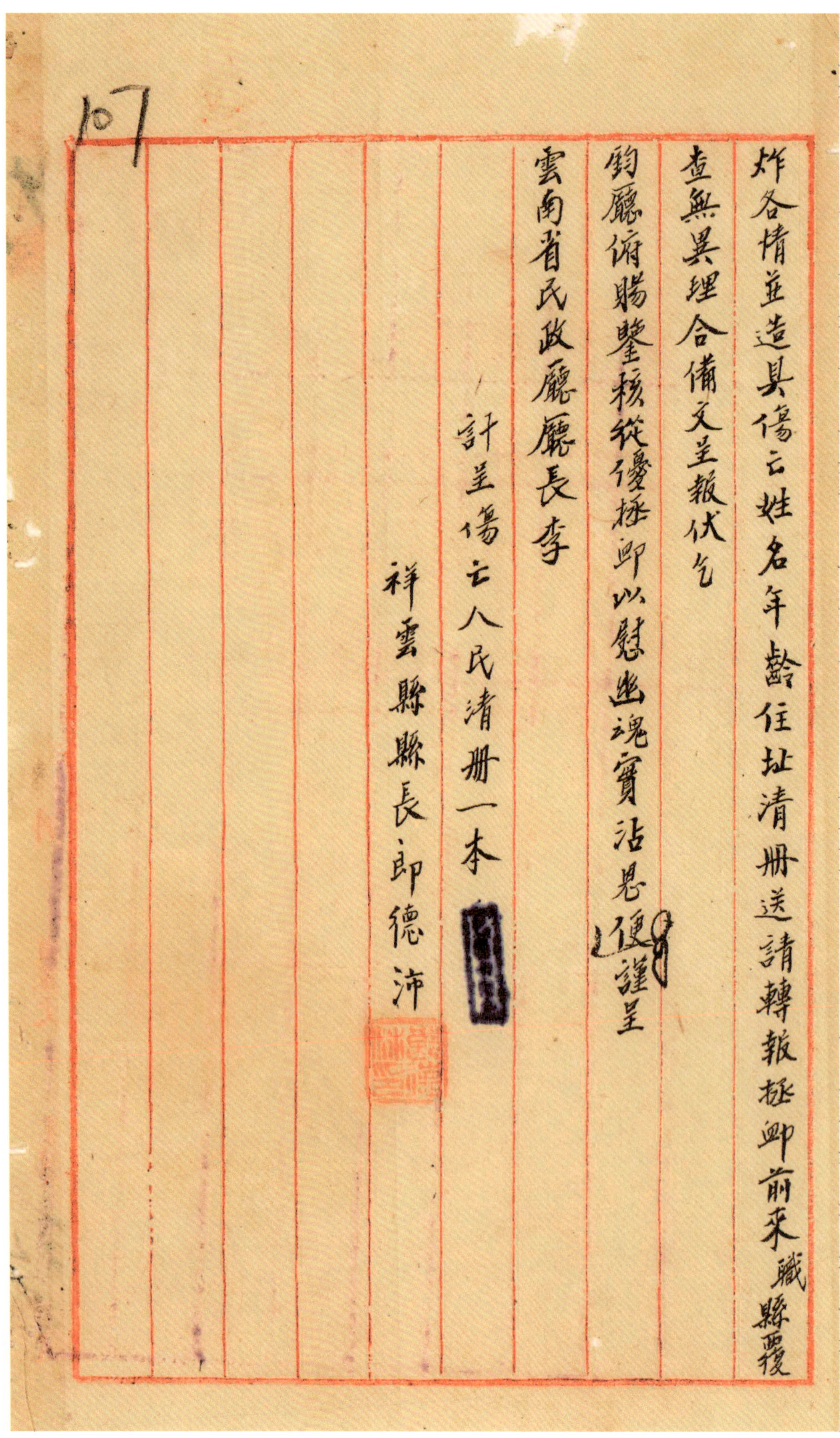

107

炸各情並造具傷亡姓名年齡住址清册送請轉報拯卹前來職縣覆

查無異理合備文呈報伏乞

鈞廳俯賜鑒核從優拯卹以慰幽魂實沾恩便謹呈

雲南省民政廳廳長李

計呈傷亡人民清册一本

祥雲縣縣長郎德沛

祥雲縣雲南驛機場被炸姓氏帶傷清冊

姓名	性別	年齡	住址	備攷
董守鳳之妻	女	四十一歲	大董營	
雲香	女	十二歲	小董營	
小祥	男	八歲	仝上	
楊叔德	男	二十六歲	舊站	
楊榮方	男	十六歲	仝上	
李時正	男	二十四歲	劉廠	
卜少先	男	十歲	雲南驛上村	

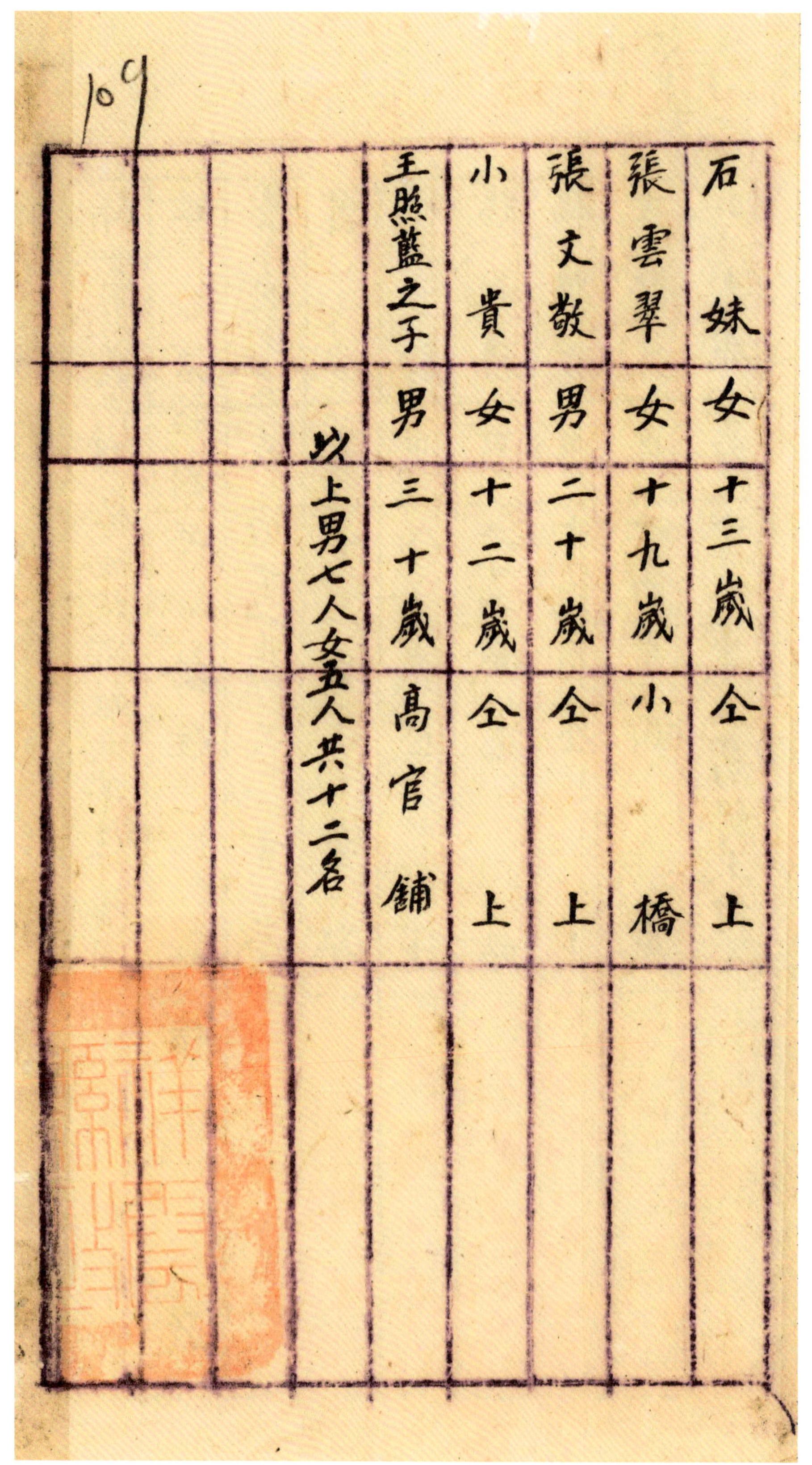

109

姓名	性别	年龄	住址
石妹	女	十三歲	仝上
張雲翠	女	十九歲	小橋
張文敬	男	二十歲	仝上
小貴	女	十二歲	仝上
王照藍之子	男	三十歲	高官鋪

以上男七人女五人共十二名

祥雲縣雲南驛機場被炸姓氏傷亡清册

姓名	性别	年齡	住址	備攷
董正良之妻	女	四十餘歲	大董營	
董小鳳	女	二十餘歲	仝上	
董樹存	女	十餘歲	仝上	
董任英	女	十三歲	小董營	
董任英之妹	女	十歲	仝上	
小荷香	女	十一歲	仝上	
蓉貞	女	十六歲	仝上	

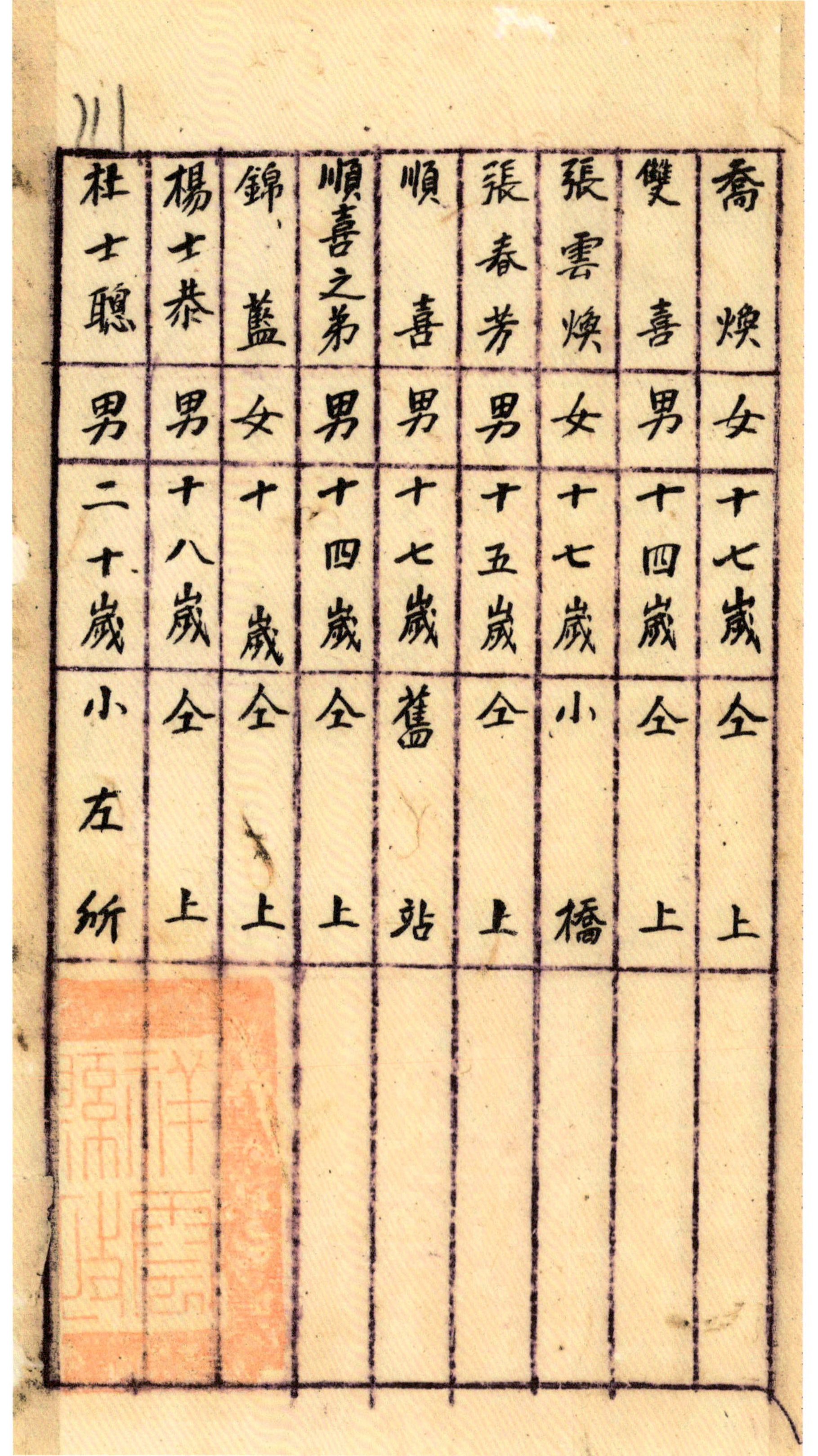

喬煥	女	十七歲	仝上
雙喜	男	十四歲	仝上
張雲煥	女	十七歲	小橋
張春芳	男	十五歲	仝上
順喜	男	十七歲	舊站
順喜之弟	男	十四歲	仝上
錦、藍	女	十歲	仝上
楊士恭	男	十八歲	仝上
杜士聰	男	二十歲	小左所

64
112

姓名	性別	年齡	住址
杜士聰之妻	女	十九歲	仝上
杜士聰之妹	女	十六歲	仝上
卜少先之母	女	四十二歲	雲南驛上村
小拾	女	十二歲	潘營
梅香	女	十一歲	仝上
王照藍	男	六十五歲	高官鋪
王照藍之妻	女	六十歲	仝上
王羅氏	女	四十三歲	仝上
王鳳英	女	十四歲	仝上

113

以上男七人女十八人共戴亡二十五名

民國三十二年一月　日

快郵代電

雲南省民政廳廳長李鈞鑒一月十九日案據雲南驛警察局長彭以禮呈報本月十六日午前八時有敵機三十餘架由西飛來轟炸機塲投彈三十餘枚接近機塲之舊站村中投彈五枚該村楊貴堂之樓房被炸燬一間其子楊本龍年十五歲右膝帶傷又梁德華梁文漢及龍洞楊樹林等亦帶傷現帶傷者已送院療治王廷會之妻王張氏年四十二歲及楊朝綱之子楊啟文年十二歲二人被彈炸死本日帶傷者四人死者二人共死傷男女六人幸我機擊落敵機一架降於龍洞山後理合具文呈請鑒核備查等情據此除飭前所鎮鎮公所將擊落之敵機勘明撿取殘骸呈送查考外理合將情形電呈𠬝鈞廳鑒核給予賑卹以惠災黎祥雲縣縣長郎德沛叩子灝印

第五五二號

中華民國卅三年貳月三日收到

2464

祥云县政府为报告云南驿机场被炸对伤亡民工抚恤医治情形致云南省民政厅的呈（一九四三年五月十四日）

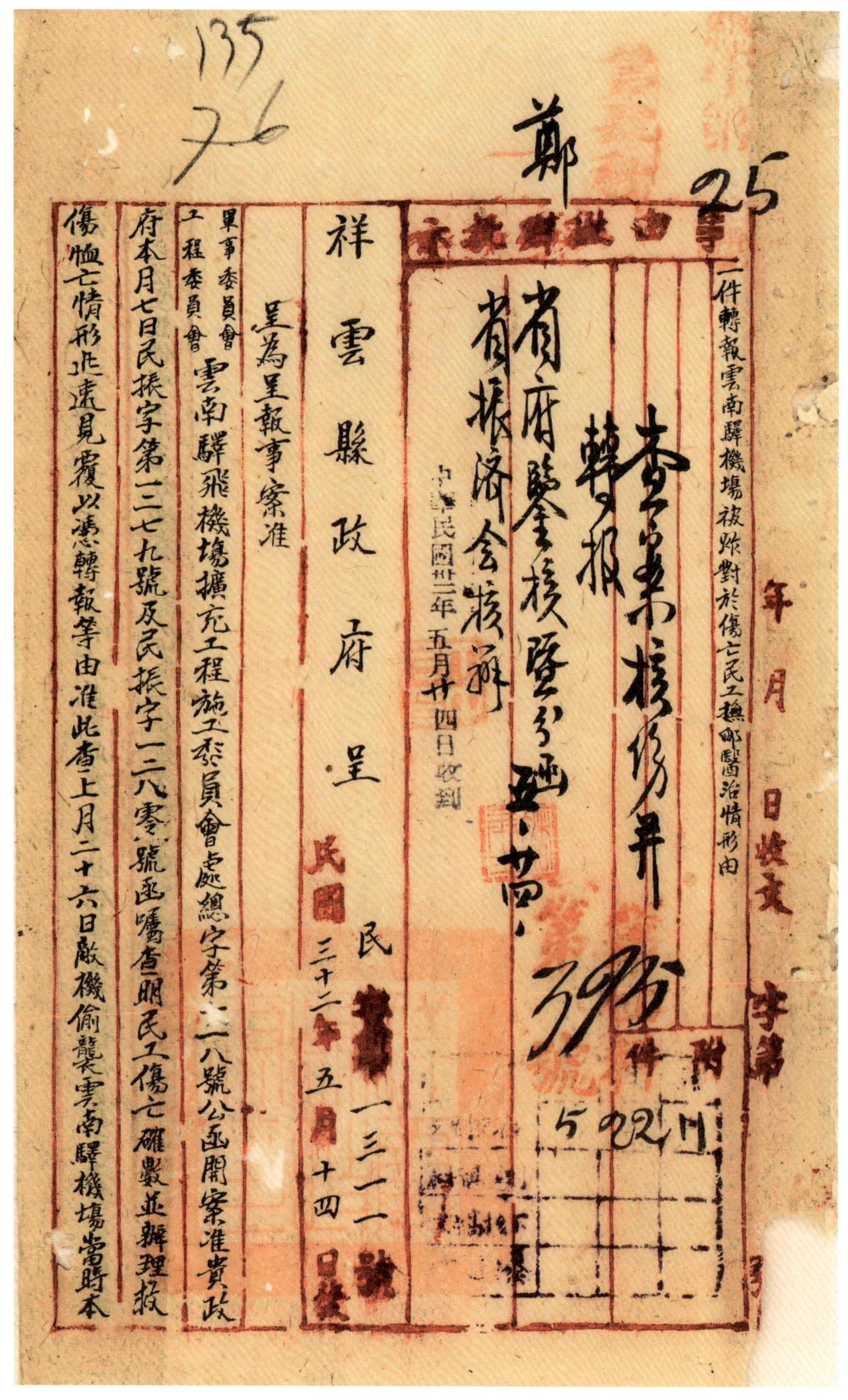

事由：一件轉報雲南驛機場被炸對於傷亡民工撫卹醫治情形由

中華民國卅二年五月廿四日收到

查案核議并轉報
省府鑒核暨函
省振濟会核辦

祥雲縣政府呈　民一三一一號

民國三十二年五月十四日發

呈為呈報事案准

軍事委員會工程委員會雲南驛飛機場擴充工程施工委員會處總字第一二八號公函開案准貴政府本月七日民振字第一二七九號及民振字一二八零號函囑查明民工傷亡確數並辦理救傷恤亡情形此遠見覆以憑轉報等由准此查上月二十六日敵機偷襲雲南驛機場當時本

處員工包商工人及民工等在機場工作者爲數頗衆以事出倉卒除大部份員工及民工等幸賴預築之防空設備安全脱險外尚有小部份員工及民工等不及避免慘遭傷亡至爲痛悼出事後即督率本處全體醫護及運務人員持紅十字旗幟駕車於警報尚未解除聲中冒險馳赴機場奮力救護當將受傷員工及民工等運回醫院及各診療所急救醫治除包商工人已函飭遵照合同着由各包商自行妥爲撫卹及料理外同時指派各縣民工大隊會同鄉保長將死亡民工妥爲掩埋一切費用由本處負担所有受傷民工經救治後重傷者留院醫治現留院醫治之民工計柒拾壹名經過良好輕傷而願自行醫治者由本處暫發療養費每名國幣伍百元其死亡者之撫卹費業已呈請工程委員會優予議卹在未奉批示前暫發急卹費每名國幣貳仟元交由各民工大隊主管人負責分發各家屬掣據具領並飭民工大隊調查傷亡確數列表具報各在案近據具報者計姚安縣民工死亡者八十七名傷壹佰七十八名祥雲縣民工死亡八十九名傷三十八名蒙化縣

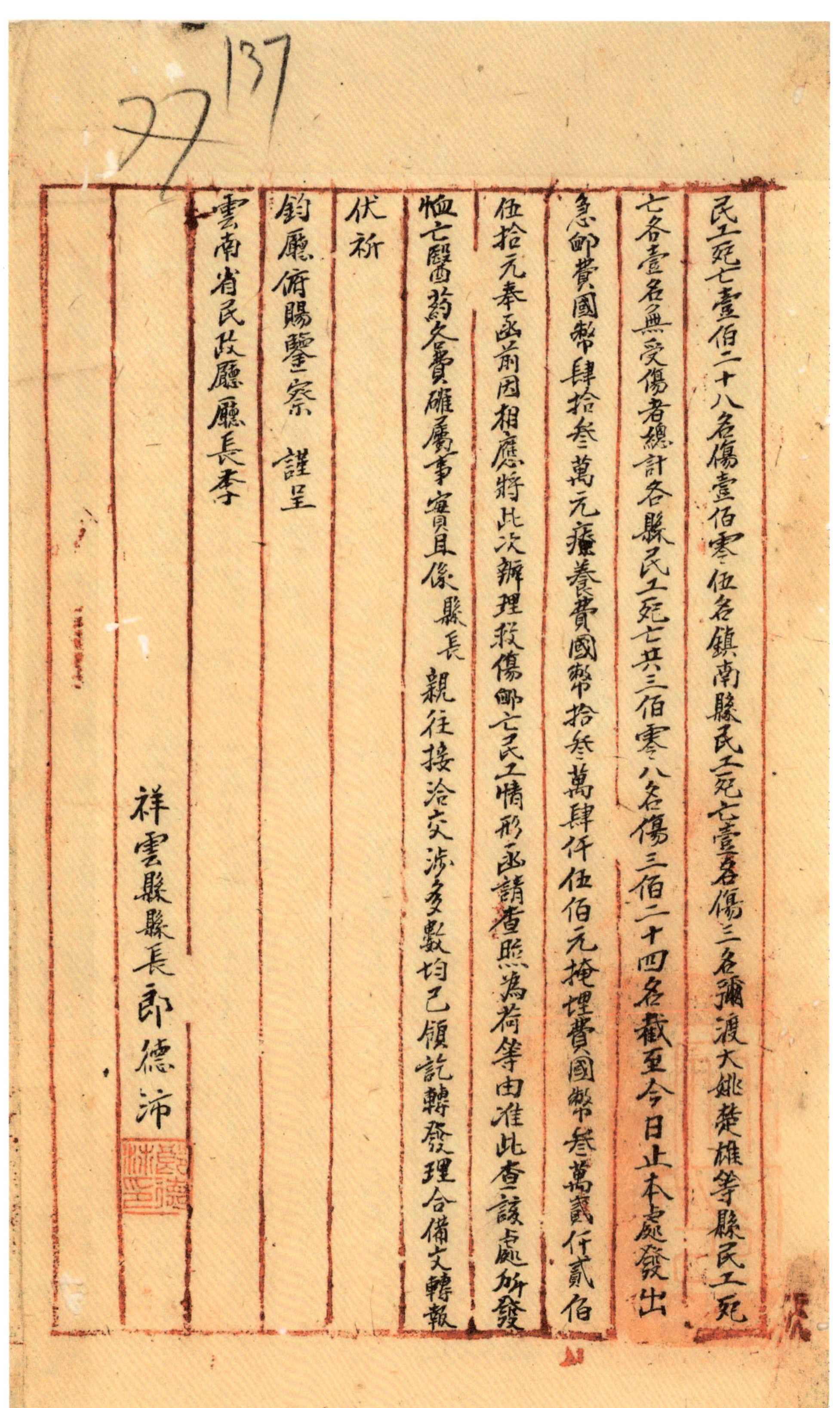

137

27

民工死亡壹佰二十八名傷壹佰零伍名鎮南縣民工死亡壹名傷三名彌渡大姚楚雄等縣民工死亡各壹名無受傷者總計各縣民工死亡共三佰零八名傷三佰二十四名截至今日止本處發出急卹費國幣肆拾叁萬元療養費國幣拾叁萬肆仟伍佰元掩埋費國幣叁萬貳仟貳佰伍拾元奉函前因相應將此次辦理救傷卹亡民工情形函請查照為荷等由准此查該處所發恤亡醫藥各費確屬事實且係縣長親往接洽交涉多數均已領訖轉發理合備文轉報

伏祈

鈞廳俯賜鑒察　謹呈

雲南省民政廳廳長李

祥雲縣縣長郎德沛

138

中華民國三十二年五月　　日

南峤县政府关于一九四三年一月多次被敌机轰炸受损情况致云南省民政厅的代电（一九四三年一月三十日）

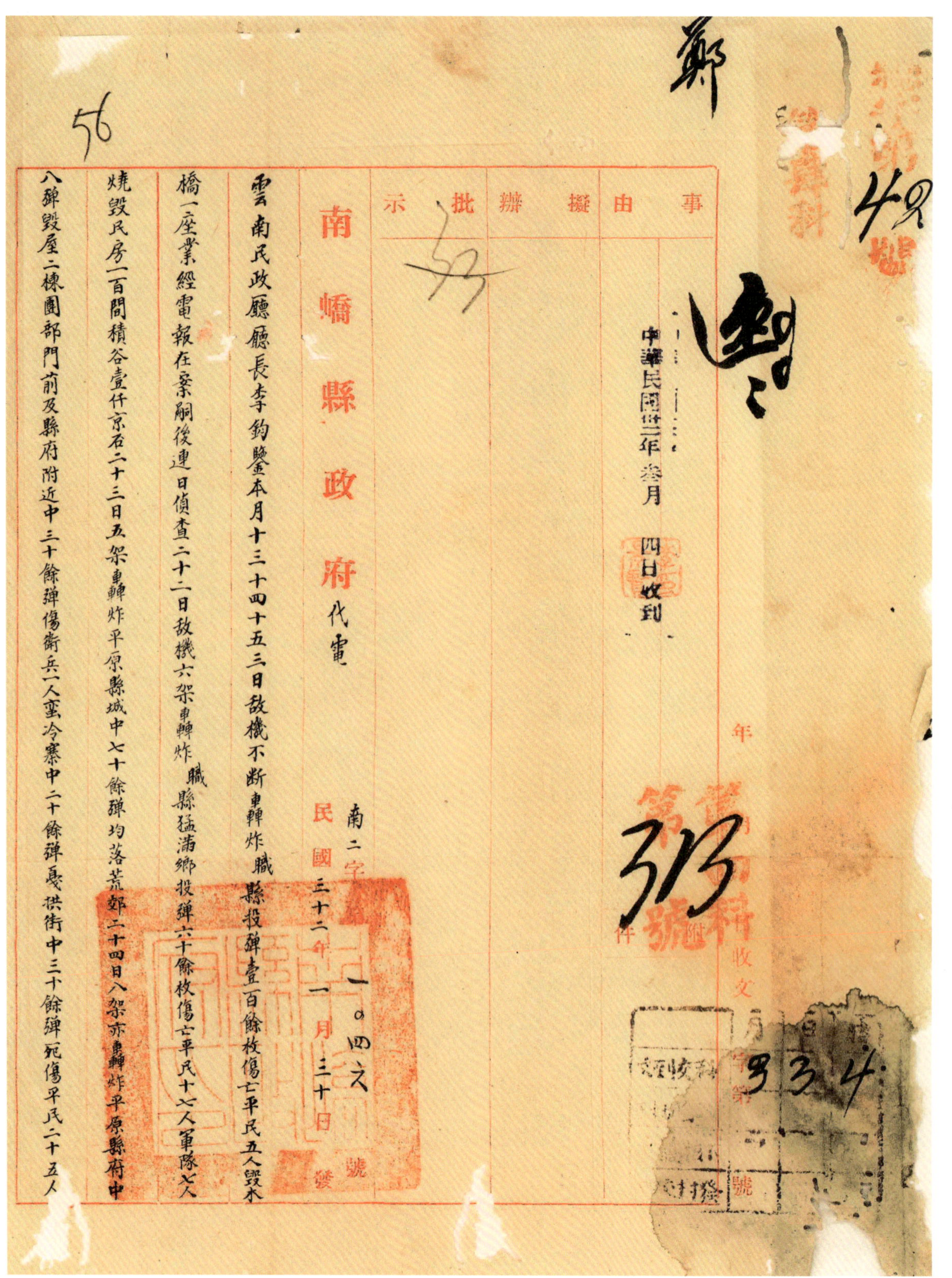

事由
擬辦
批示

南嶠縣政府代電

南二字第一〇四六號

民國三十二年一月三十日發

中華民國卅二年叁月四日收到

雲南民政廳廳長李鈞鑒：本月十三、十四、十五三日敵機不斷轟炸職縣，投彈壹百餘枚，傷亡平民五人，毁木橋一座，業經電報在案。嗣後連日偵查，二十二日敵機六架轟炸職縣猛滿鄉，投彈六十餘枚，傷亡平民十七人、軍隊七人，燒毁民房一百間、積谷壹仟京石。二十三日五架轟炸平原縣城中七十餘彈，均落荒郊。二十四日八架亦轟炸平原縣府中八彈，毁屋二棟；團部門前及縣府附近中三十餘彈，傷衛兵一人；蠻冷寨中二十餘彈；曼拱街中三十餘彈，死傷平民二十五人

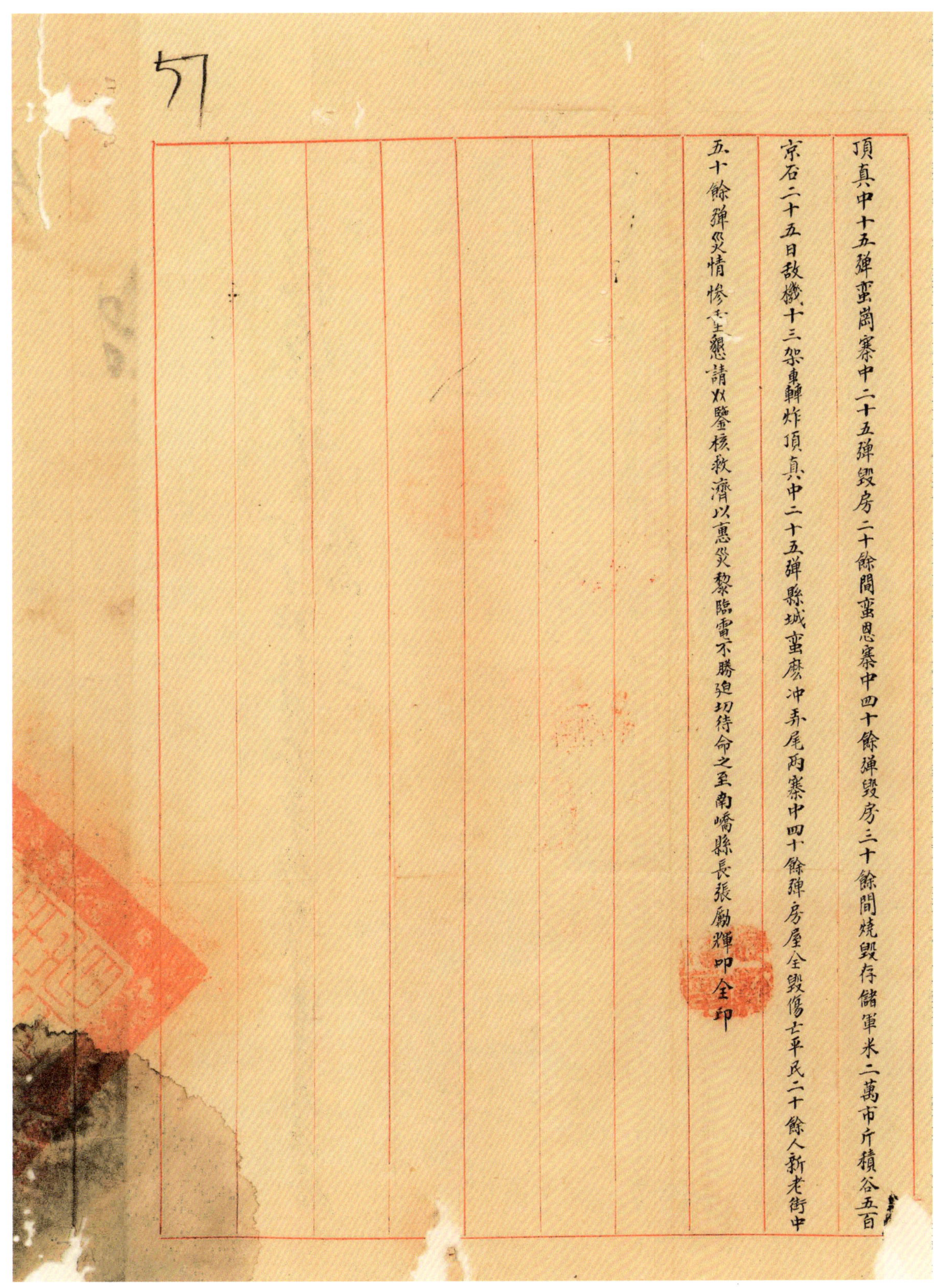

57

頂真中十五彈蠻崗寨中二十五彈毀房二十餘間蠻恩寨中四十餘彈毀房三十餘間燒毀存儲軍米二萬市斤積谷五百

京石二十五日敵機十三架東轉炸頂真中二十五彈縣城蠻麼沖弄尾兩寨中四十餘彈房屋全毀傷亡平民二十餘人新老街中

五十餘彈災情慘重懇請以鑒核救濟以惠災黎臨電不勝迫切待命之至南嶠縣長張勵輝叩全印

南峤县政府关于一九四三年一月份该县被敌机袭炸情形致云南振济委员会的代电（一九四三年一月三十日）

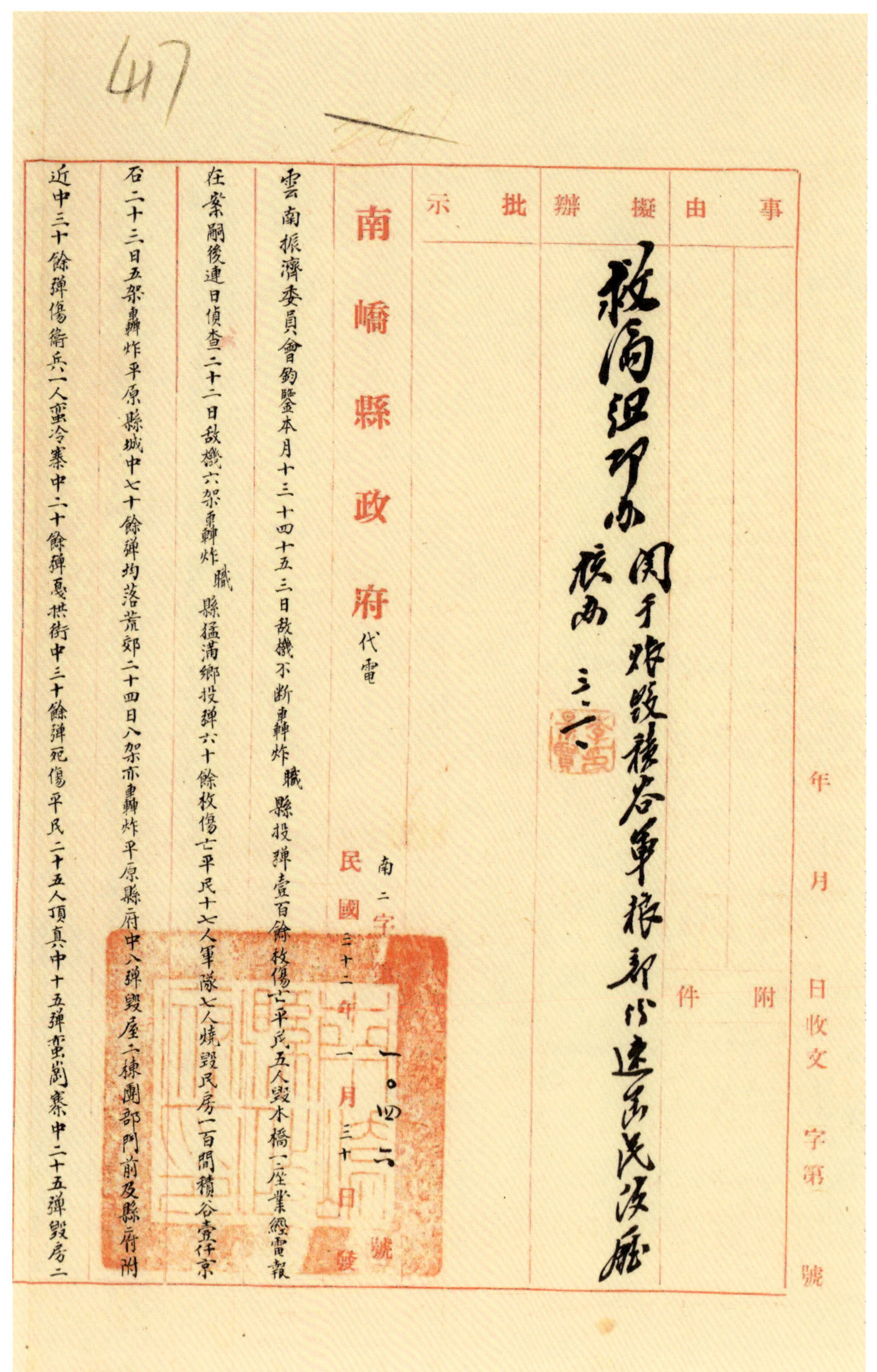

事由　擬辦　批示

關于炸毀積谷軍糧部份速函民政廳

年　月　日收文　字第　號

附件

南嶠縣政府代電

南二字第　號

民國三十二年一月三十日發

雲南振濟委員會鈞鑒：本月十三、十四、十五三日敵機不斷轟炸職縣，投彈壹百餘枚，傷亡平民五人，毀木橋一座，業經電報在案。嗣後連日偵查，二十二日敵機六架轟炸職縣猛滿鄉，投彈六十餘枚，傷亡平民十七人，軍隊七人，燒毀民房一百間，積谷壹仟京石；二十三日五架轟炸平原縣城，中七十餘彈，均落荒郊；二十四日八架亦轟炸平原縣府，中八彈，毀屋二棟，團部門前及縣府附近中三十餘彈，傷衛兵一人；蠻冷寨中二十餘彈；憂拱街中三十餘彈，死傷平民二十五人；頂真中十五彈；蠻崗寨中二十五彈，毀房二

十餘間，蛮恩寨中四十餘彈，毁房三十餘間，燒毁存儲軍米二萬市斤，積谷五百京石。二十五日敵機十三架，輪炸頂真，中二十五彈，

縣城、蛮麽、冲弄、尾硒寨中四十餘彈，房屋全毁，傷亡平民二十餘人，新老街中五十餘彈，災情慘重。懇請以鑒核救濟，以惠災黎。

臨電不勝迫切待命之至。南嶠縣長張勵輝叩。全印

418

云南省民政厅关于南峤县遭受敌机不断轰炸损失惨重等情事致云南省振济会的公函（一九四三年五月七日）

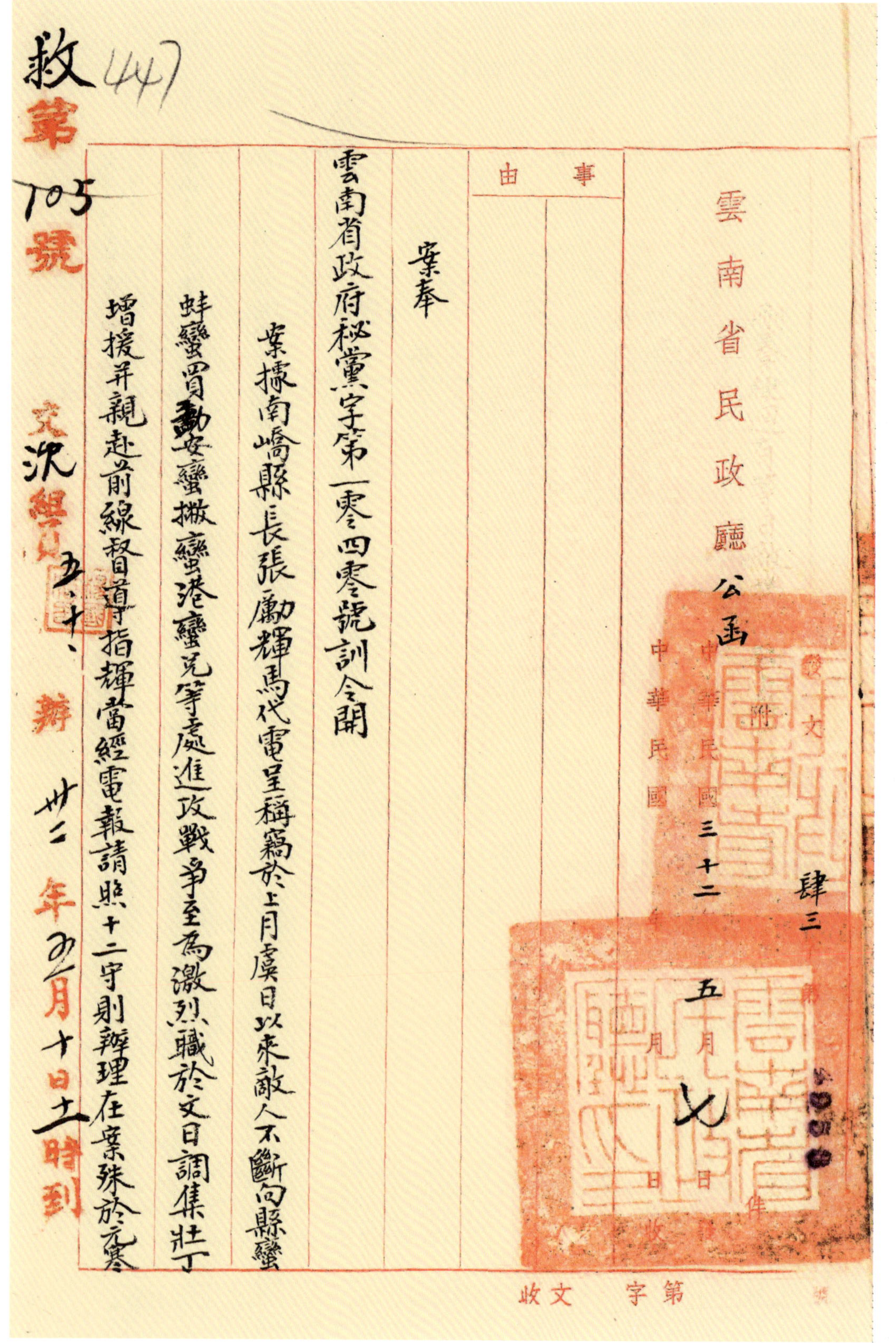
救447第105號

文 沈 經 五、十、 辦

卅二年五月十日十一時到

雲南省民政廳公函

發文肆三　號

附件

中華民國三十二年五月七日

中華民國　年　月　日收

第　字　收文

事由

案奉

雲南省政府秘黨字第一零四零號訓令開

案據南嶠縣長張勵輝馬代電呈稱竊於上月虞日以來敵人不斷向縣蠻

蚌蠻買勐安蠻撒蠻港蠻兒等處進攻戰爭至爲激烈職於文日調集壯丁

增援并親赴前線督導指揮當經電報請照十二守則辦理在案殊於庚寒

448

冊養食棲迴有等日敵機不斷轟炸投彈至五六百枚之多損失慘重各砦人民疏散一空幸我前方將士及人民用命誓以國土共存亡長官均有死之心士卒無生之氣前仆後繼卒將頑敵擊退全部撤回勦養頃據探報該近職縣邊境六十里以内已無敵踪職於廿日返職除撫恤被災人民及招撫疏散人民復業外理合電請鑒核示遵等情據此除轉報昆明行營鑒核暨指令并分令外合行令仰該廳會同振濟核辦飭遵具報此令

等因奉此相應函請

貴會核辦并希主稿挈銜飭遵會報爲荷

此致

雲南省振濟會

李国清关于敌机轰炸保山受损情形致云南省民政厅的代电（一九四三年十月四日）

雲南第六區行政督察專員公署快郵代電

保救防字第一二二四號

雲南民政廳〻長陸鈞鑒：江晨七時五十五分有四引擎飛機一架自滄江向怒江飛去，速度不快，飛經保山市空時在東城內外投下中小型爆炸彈四枚，并用機槍掃射。當立派員到中彈區域視察，並率隊施行救護。據返署報告稱：東門內係中小型爆炸彈二枚，一枚在保岫東路路南燈草田中，一在路南李姓曠園地中，符海全、東哨鎮人當時斃命，李正華左足炸斷，右腿重傷（于夜七時在愛勞醫院傷重斃命），房屋震壞一間，震倒一間，東門外係中小

中華民國　年　月　日發

快郵代電

字第　　號

事由

型爆炸彈二枚落于公路南首田谷中林發秀之妻李氏年五十歲炸傷斃命除督飭所屬救護掩埋加緊防空工作繼續勸告民衆疏散理合詳陳經過敬祈××鑒核示遵

職李國清叩酉支秘防印

中華民國卅二年十月四日發

監印何毓沛

校對袁文麟

凤仪县政府关于珠海乡遭受空袭灾情形致云南省振济会的代电（一九四三年十一月六日）

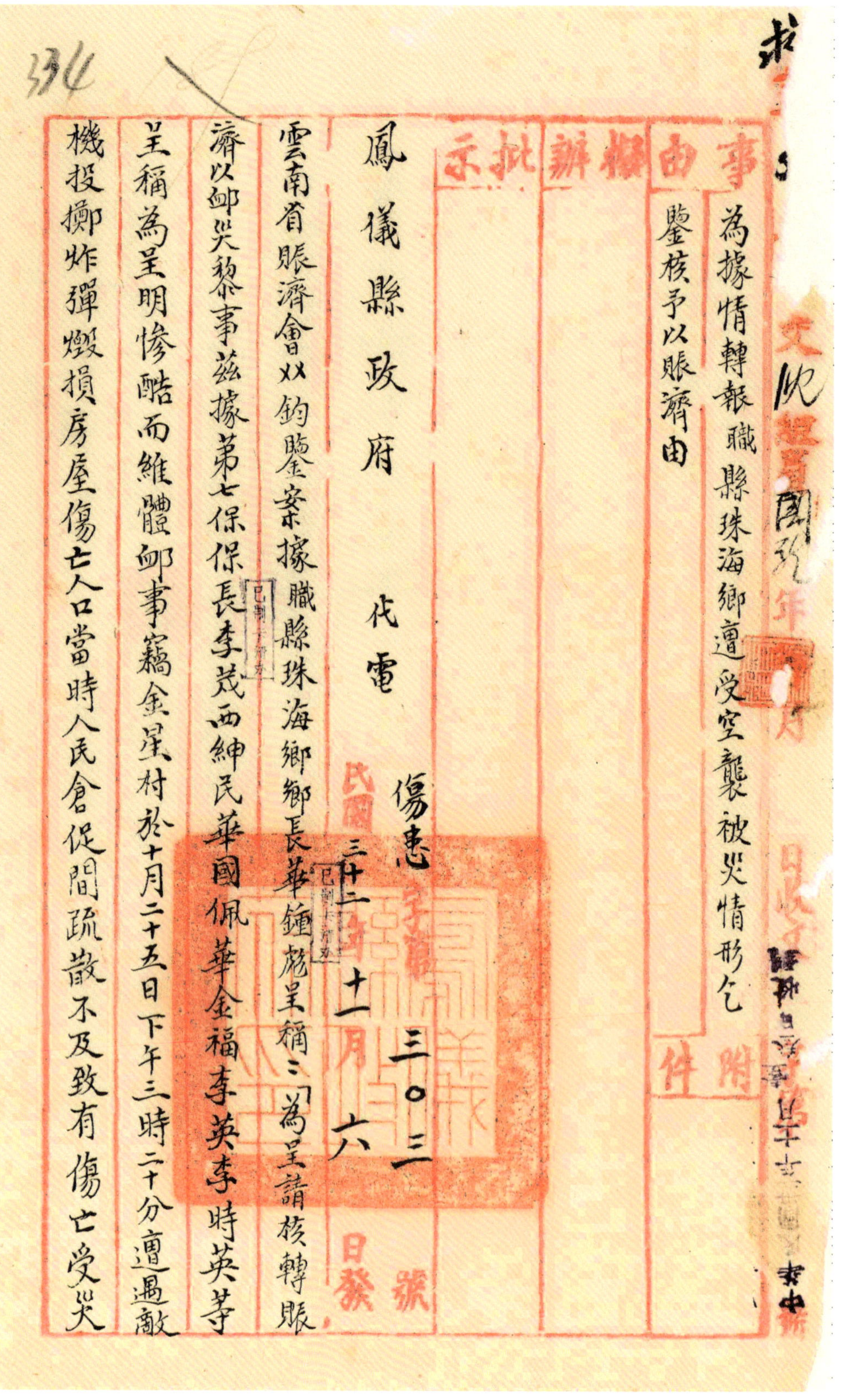

事由　為據情轉報職縣珠海鄉遭受空襲被災情形乞鑒核予以賑濟由

附件

擬辦

批示

鳳儀縣政府代電

傷患三〇三

民國三十二年十一月六日發　字第　號

雲南省賑濟會鈞鑒：案據職縣珠海鄉鄉長華鍾彪呈稱：「為呈請核轉賑濟以卹災黎事。茲據第七保保長李茂西、紳民華國佩、華金福、李英、李時英等呈稱：為呈明慘酷而維體卹事。竊金星村於十月二十五日下午三時二十分遭遇敵機投擲炸彈，燬損房屋，傷亡人口，當時人民倉促間疏散不及，致有傷亡受災

335

者均成家如水洗情殊傷慘懇祈轉呈振濟以卹災黎附財產損失表傷亡人數清册等情到所查是日金星村被炸後職當即率壯丁前往撲滅火警曾將死傷災情函報鈞長外據呈前情理合備文呈請鈞長鑒核轉報振濟以卹災黎實沾德便」等情前來附呈珠海鄉第七保金星村遭受空襲傷亡人數調查表據此經縣長親往被灾地點察勘屬實理合電報以鈞會鑒核予以賑濟無任感禱鳳儀縣縣長胡占一叩成江印

永胜县政府关于仁里镇遭飞机投弹轰炸致云南省民政厅的呈（一九四五年一月十七日）

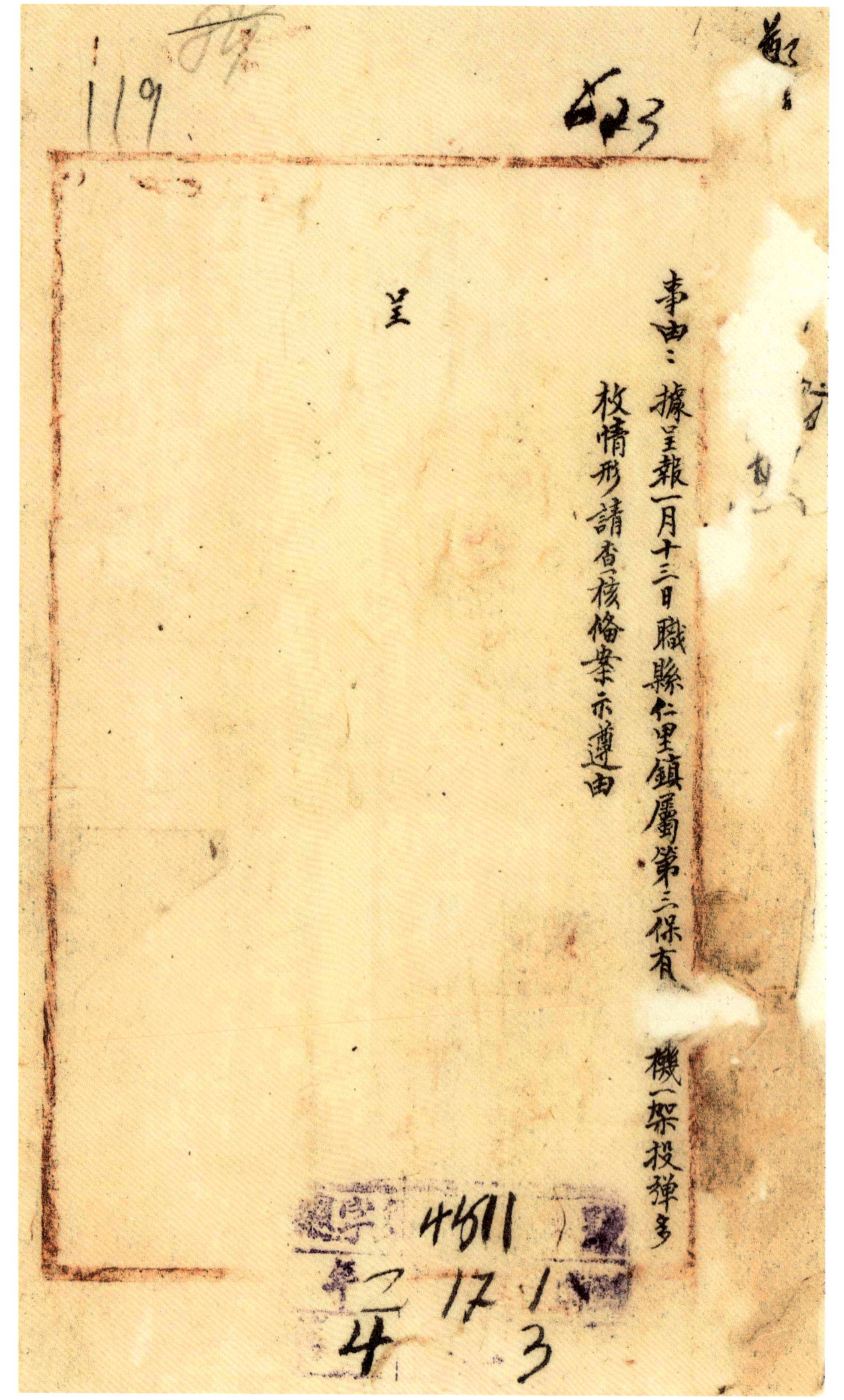
事由：據呈報一月十三日職縣仁里鎮屬第三保有機一架投彈多枚情形請查核備案示遵由

呈

頃據職縣仁里鎮長韓國彬呈報稱：

「為據情呈請備查事。頃據鎮屬第三保保長謝季良報告稱：竊查三月十三日午後一時許，有白色機一架向南飛行，經過太平村右側空際，忽然投彈多枚于山腹荒地，幸人物牲畜均未受損害。職當即親往視察，見已被炸深寬均約丈餘土坑兩個，內各巨彈破殼一枚，形似釀酒之缸，高約二尺，殼身炸破不完。土坑附近又見湯碗大彈穿地孔數處，甚深，似已入地未炸者。除登時派人尋掘，發見彈殼破片，指所保存外，為此報告備查等情。據此，查機為白色，但未認清機身標識，不知敵我飛機，其投彈目的，尤難意度。除立飭保長通告人民不准掘取入地未炸炸彈，以免危險，對已收回彈殼破片，悉數妥為保存，以備查考外，理合據情轉報備查。謹呈」

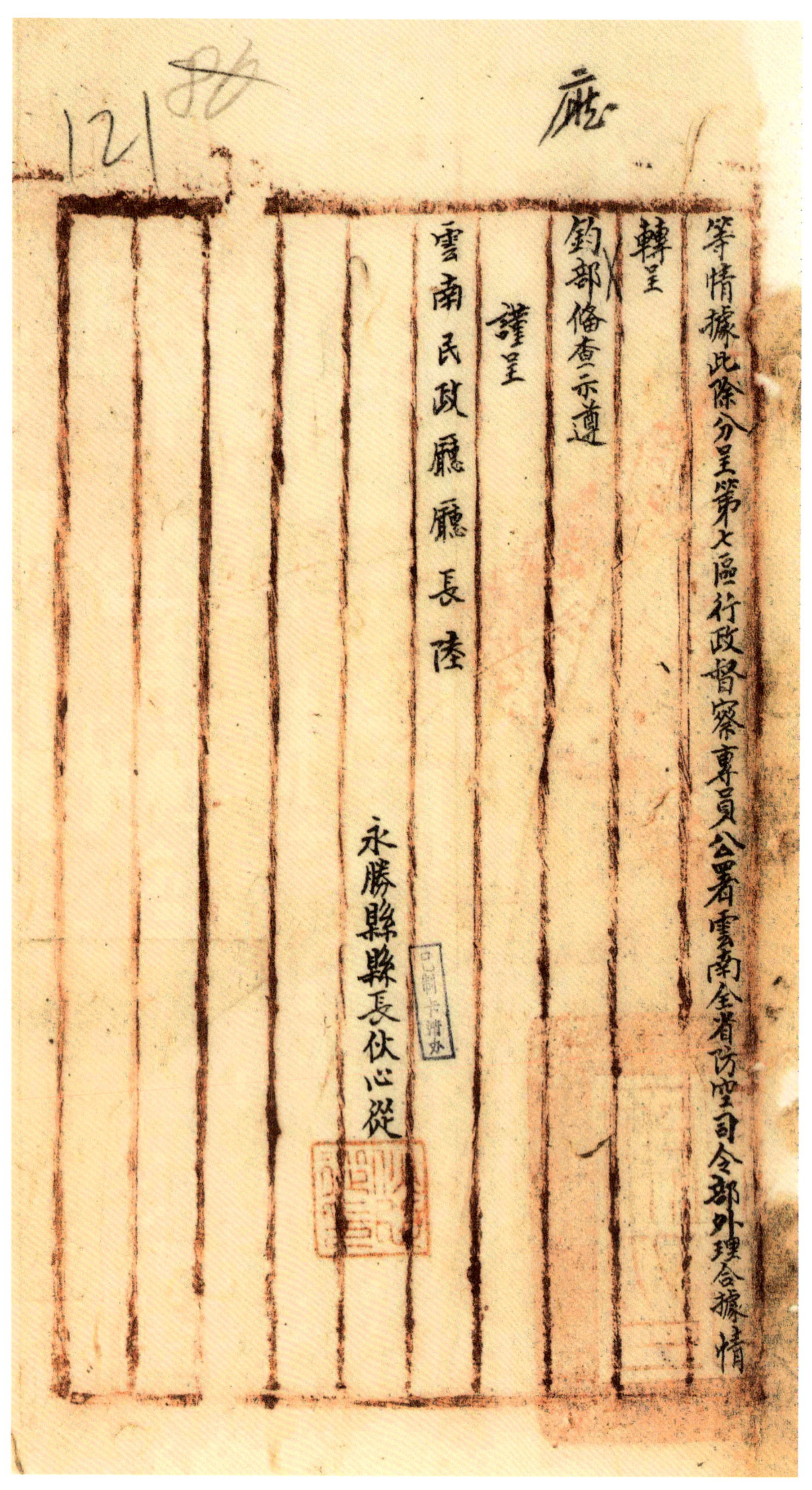

121 88

廳

等情。據此，除分呈第七區行政督察專員公署、雲南全省防空司令部外，理合據情

轉呈

鈞部，備查示遵。

謹呈

雲南民政廳廳長陸

永勝縣縣長伏心從

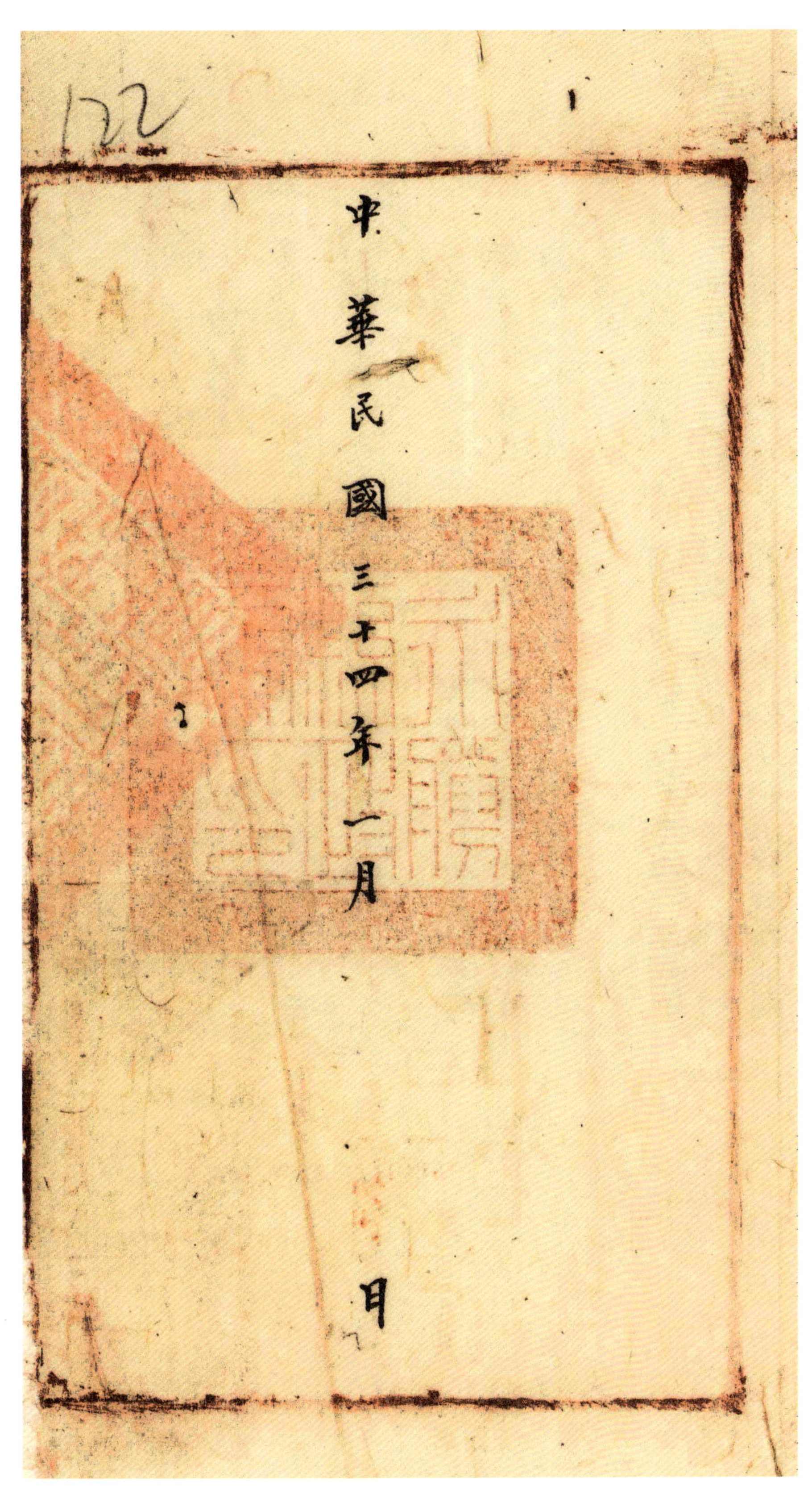

122

中華民國三十四年一月　日

永仁县桂香民众教育馆关于抗战财产损失情况致云南省教育厅的呈（一九四五年十月二十五日）

永仁縣桂香民眾教育館呈 館字第四號 民國三十四年十月二十五日

案奉

鈞廳中一字第三八九號訓令略開：「為嚴令催報事案查關於抗戰損失一案前曾奉頒表式經本廳於上年底仿印表式通令飭遵填報等因後開仰該館長查遵前案令頒表式迅即填報以憑彙轉勿再玩延為要。」

等因奉此。館長遵查前於民國二十四五兩年內郭樊兩縱隊長率師進擊共軍至西康由永仁經過駐城十餘日所有公房一概駐滿過後清查物品本館所有掛圖十組不失即損後西祥公路開闢及抗戰軍隊過往駐紮四五次本館內所有報架看書長棹及坐櫈損失大半所餘無幾對於所有書籍雖經封鎖保存然人數既多品類繁雜被不規則之徒將封鎖撕扭進書屋亂取以致萬有文庫中各組均有損失其他古書無書目可考者亦損失大半茲奉

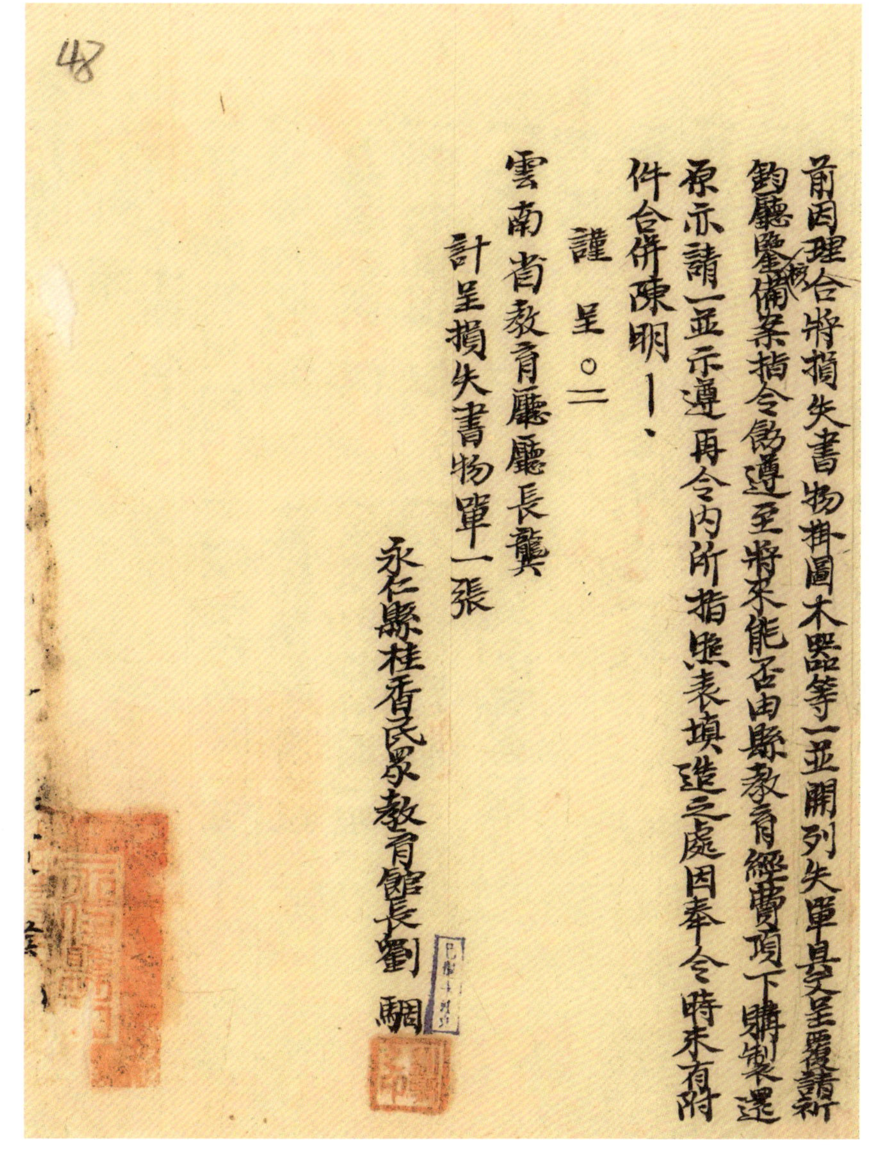

48

前因理合將損失書物并圖木器等一並開列失單具文呈覆請祈
鈞廳鑒備案指令飭遵至將來能否由縣教育經費項下購製案還
原示請一並示遵再令内所指照表填造之處因奉令時未有附
件合併陳明！、

謹　呈○二

雲南省教育廳廳長龔

計呈損失書物單一張

永仁縣桂香民衆教育館長劉　騆

49

謹將永仁縣桂香民眾教育館所有書籍經抗戰軍隊過往駐在損失各數目列單呈請查核備案

計開

掛圖項下十組全失

一林產物掛圖一組
一植物掛圖一組
一鳥類掛圖一組
一獸類掛圖一組
一水產植物掛圖一組
一人體模形掛圖一組
一獸體模形掛圖一組
一水產動物掛圖一組
一人種掛圖一組
一植物根腳掛圖一組

木器項下

一報架八張損失七張存一張
一長椅子十六把損失十把存六把
一長条椅八張損失六張存二張
一長板櫈十六條損失十二條存四條

書籍項下
萬有文庫第壹集

一第一組（總類）　九十八册
一第二組（哲學）　一百九十六册　欠一册
一第三組（宗教）　七册
一第四組（社會科學）　三百八十六册　欠六册
一第五組（語文學）　五十六册　欠四册
一第六組（自然科學）　一百六十二册　欠二册
一第七組（應用技術）　二百三十五册　欠十五册
一第八組（藝術）　一百零五册　欠一册
一第九組（文學）　三百九十六册　欠二十八册
一第十組（史地）　二百三十五册　欠十五册

以上現存館內之書一千八百六十六册（欠七十二册借出）此數尚能收回者二十餘册聲明

十月　二十五　日呈

51
社784.

奉部令飭報抗戰期間財產損失一案，昨准
貴科函請，令發調查表并催报在案。閱於社
教機関部份，現有省立昆華民教館遵令填
报，大除河西甘孫民教館（计十一單位）均呈表并
安損失，相應檢案原件，送請
貴科彙辦，又查蒙自文山龍陵騰衝甘县民
教館或直接中彈，或陷入敵區，当有損失，并
希催报彙轉为荷！此致
中等科

附送原表十二件

社会科 啓 九、二三

宁浪省立小学关于抗战期间教育人员财产损失报告致云南省教育厅的呈（一九四六年二月三日）

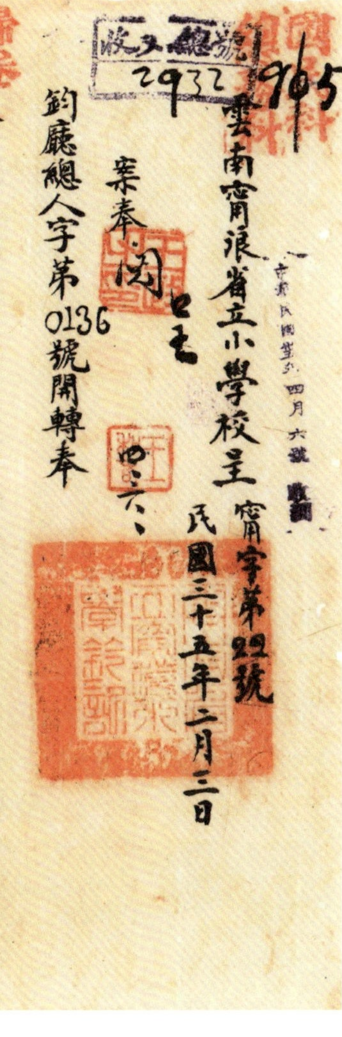

雲南寧浪省立小學校呈　寧字第四四號

民國三十五年二月三日

案奉

鈞廳總人字第0136號開轉奉

教育部三十四年十二月二十九日高字第六六〇〇五號代電開

查各文化機關學校於抗戰期間橫遭敵人焚燬轟炸損失

頗鉅現值復員伊始以及今後恢復之工作一切需要切實呈報以

憑彙辦

各等因奉此除原文有案免錄外竊查本校自二十五年開辦原為永寧省立小學

校舍規模宏大校具圖書儀器亦頗完備自七七事變全體動員即被

秸匪窺伺乘間竊發大肆焚刦本屬壯丁概已應募前線鄰封又無駐兵

受間接之影響損失無餘今祇存一片荒土悲觀萬狀現改為寧浪省立小學

藉廟基設辦因陋就簡地瘠民貧無力恢復雖蒙

鈞廳發給設備充實費四萬元正值粟水低落物價高貴交通險阻無從

購置只得因事制宜挹注修葺殊年來匪患頻仍邊情特殊補葺無計幾

無教育之可言今幸戰事結束太平有象仰懇

鈞廳俯念邊教之苦從新整理恢復舊觀以邊情之銅洋計約兩三萬元懇

懇特派專門人材改革鼎新，恢宏邊教，實沾
德便。惟根據已失，無從列表造報，統希
鑒原。最可憫者，我方學子蓬首赤足，衣無完褌，迭遭夷匪之害，父子不相見，
兄弟妻子離散，呼籲無應。邊域等於淪陷，影響教育前途，良非淺鮮。茲見
體育一科，仰懇
鈞恩特派軍事人材，發以械彈，不徒自衛，藉以鞏固邊圍，推行政令，誠一舉
而三善皆備。不識可否，伏候
鴻裁示遵。如蒙俯允，即由永勝工兵營所遣之漢陽槍配發實級。公便。謹呈
雲南教育廳廳長王
鈞鑒

寧蒗省立小學校長張清華 謹呈

镇康县政府关于该县战时被炸受损情形致云南省民政厅的呈（一九四六年四月十三日）

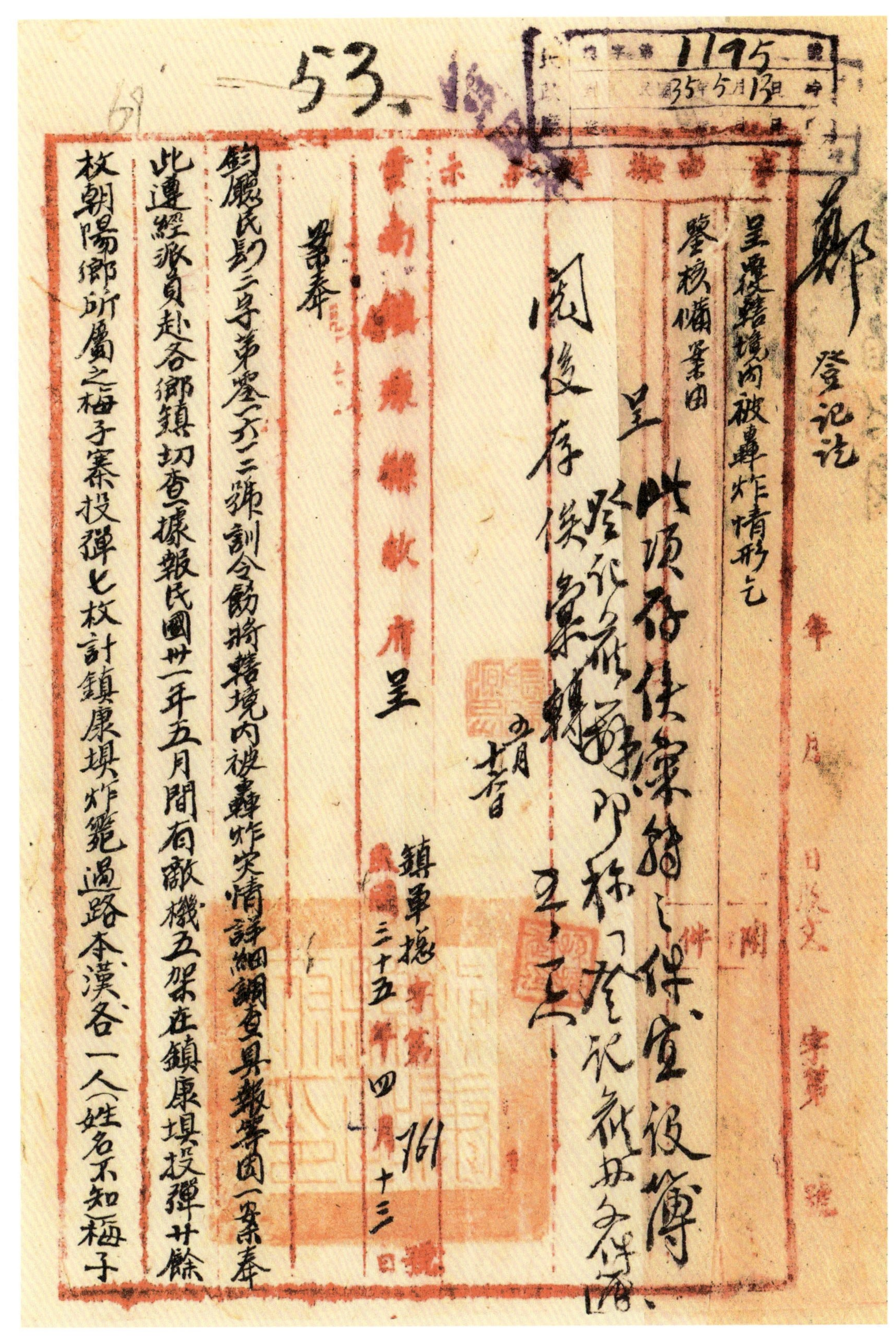

呈覆該縣轄境內被轟炸情形乞鑒核備案由

雲南鎮康縣政府呈　鎮軍總字第　號　三十五年四月十三日

案奉

鈞廳民助二字第鑒（六六二）號訓令飭將轄境內被轟炸災情詳細調查具報等因，奉此，遵經派員赴各鄉鎮切查，據報民國卅一年五月間有敵機五架在鎮康埧投彈廿餘枚，朝陽鄉所屬之梅子寨投彈七枚，計鎮康埧炸斃過路本漢各一人（姓名不知），梅子

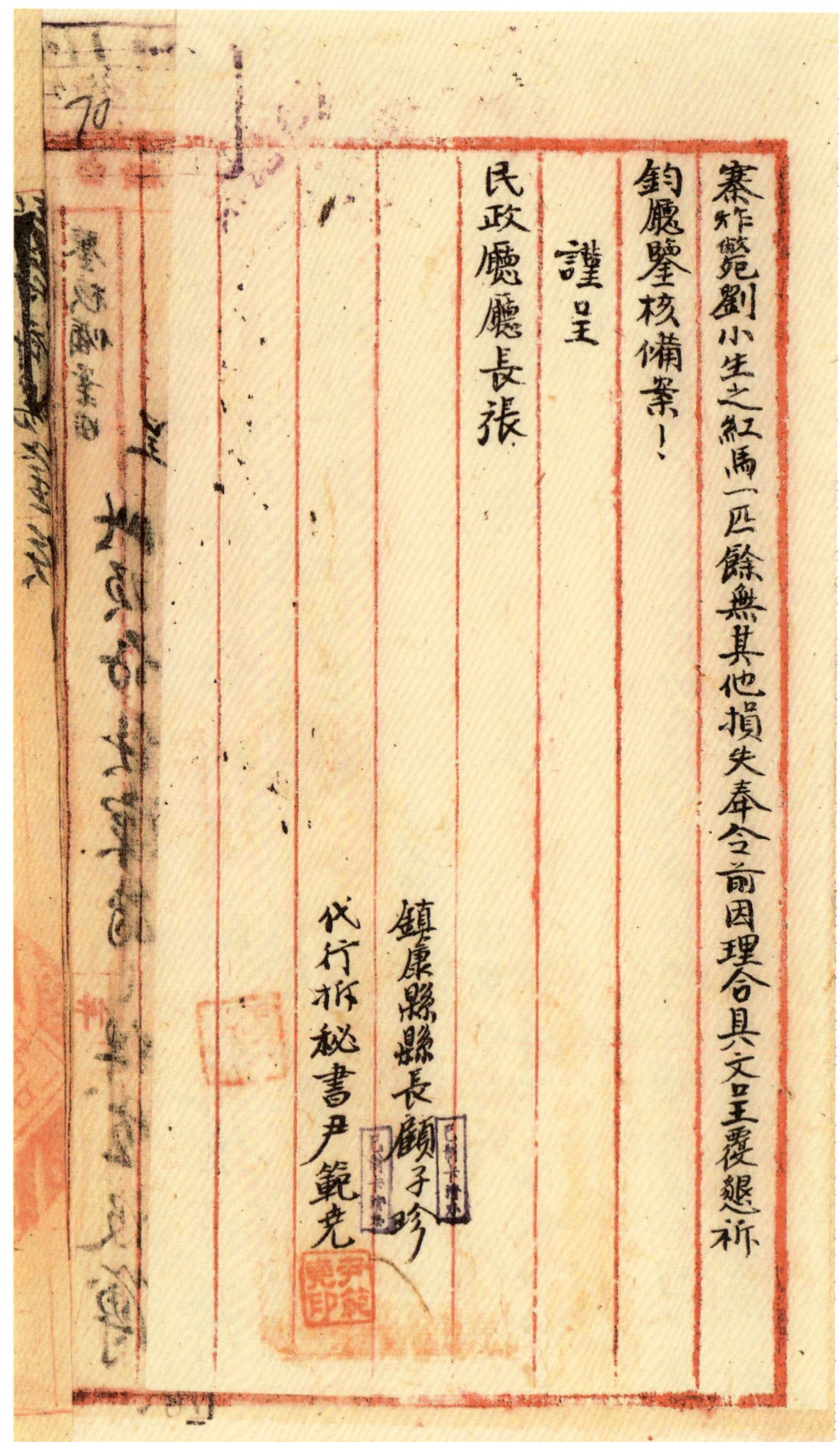

寨炸斃劉小生之紅馬一匹，餘無其他損失，奉令前因，理合具文呈覆，懇祈

鈞廳鑒核備案。

謹呈

民政廳廳長張

鎮康縣縣長顧子珍

代行折秘書尹範光